Excel
人力资源管理实操全流程演练

杨小丽◎编著

中国铁道出版社有限公司
CHINA RAILWAY PUBLISHING HOUSE CO., LTD.

内 容 简 介

本书以人力资源管理工作为主线，将工作中的实际应用与Excel软件结合起来，通过图解操作的方式，教会读者如何运用Excel技术来准确、高效地处理人力资源管理中的各种实际问题。

全书共12章，前两章分别为Excel基础简介以及表格规范操作的讲解，后10章分别介绍了Excel在人力资源规划、招聘面试、培训考评数据处理、人事档案建立、考勤数据处理、员工信息的处理与分析、员工薪资与员工业绩的处理与分析等方面的应用。基本涵盖了人力资源工作中所需要的模板建立、数据统计与分析操作等工作。

本书适用于具有一定Excel基础，想要快速提高工作效率的人力资源相关工作者，以及想要提升相关工作能力的读者。相信本书对于职场新手或经验丰富的人力资源工作者都非常有帮助。

图书在版编目（CIP）数据

Excel人力资源管理实操全流程演练 / 杨小丽编著 . —北京：中国铁道出版社有限公司，2019. 9

ISBN 978-7-113-26036-1

Ⅰ. ①E… Ⅱ. ①杨… Ⅲ. ①表处理软件－应用－人力资源管理 Ⅳ. ①F243-39

中国版本图书馆CIP数据核字（2019）第147208号

书　　名：Excel人力资源管理实操全流程演练
作　　者：杨小丽

责任编辑：张　丹　　　　**读者热线电话**：010-63560056
责任印制：赵星辰　　　　**封面设计**：MXK DESIGN STUDIO

出版发行：中国铁道出版社有限公司（100054，北京市西城区右安门西街8号）
印　　刷：三河市兴达印务有限公司
版　　次：2019年9月第1版　2019年9月第1次印刷
开　　本：700 mm×1 000 mm　1/16　**印张**：18.75　**字数**：357千
书　　号：ISBN 978-7-113-26036-1
定　　价：55.00元

前言

编写目的

人力资源的管理职能主要分为人力资源规划、招聘与配置、培训与开发、绩效管理、薪酬福利管理以及劳动关系管理六大模块。看似只有六大模块，但将其展开后，会发现实际工作却是非常复杂的，很多人事专员觉得十分的烦琐，却又没有有效的解决方法。

为此，我们精心策划并编写了本书，将人力资源工作中的数据处理、管理以及分析与Excel相结合，以实用、便捷的方法进行讲解和操作演示。将原本烦琐且复杂的操作简洁化，让整个人事工作的开展变得轻松自如，游刃有余。

本书内容

本书共12章，可分为三篇，其中：

第一篇为第1章，主要介绍人力资源相关的Excel基础知识，为后续深入学习打好基础。

第二篇为第2章，主要介绍表格的规范操作，包括表格结构的规范、表格内容的规范以及文件的规范，以便使读者养成良好的操作习惯。

第三篇为第3章～第12章，这部分通过对职场中具体的实例进行详解和操作演示，从而提升读者的实战能力。主要介绍了人力资源规划体系建立、招聘与面试数据处理、培训与考核相关表格设计、档案与考勤管理、薪酬与绩效的管理与分析等内容。其中包含了多个工作表模板设计、数据统计与分析以及公式函数的使用等知识，旨在帮助用户快速掌握人力资源相关工作技能。

本书特色

◎内容丰富，针对性强

本书包含大量的行业相关知识，操作详解和知识补充，更有丰富的TIP栏目来扩展知识。同时针对人力资源工作中所需要使用到的知识、表格设计方法以及数据处理技巧进行了详细的讲解，更加适合相关专业人士。

◎由浅入深，层次分明

本书结合人力资源六大模块的工作流程，分别介绍了各个模块数据表格的建立、数据处理与分析。在实际操作中，从表格设计入手讲解Excel功能及相关知识，再建立整个数据表格。从知识结构上讲，前面章节先介绍了Excel相关的基础知识，再逐渐提升至专业领域进行讲解。

◎图文结合，简洁明白

本书在知识安排上，注重知识讲解与操作相结合，并且无论是在基础知识讲解阶段，还是在专业知识提升阶段，都采用全程图解的方式，尤其在操作步骤讲解中，更是一步一图，让整个操作步骤更清晰、流畅，让读者可以轻松地学习和掌握。

本书导读

结构1：介绍基础知识和规范操作，打好基础。

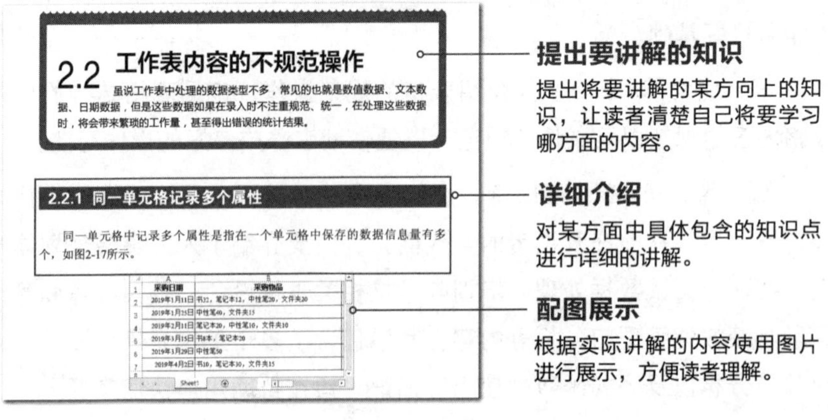

结构2：专业知识讲解，得到更大的提升。

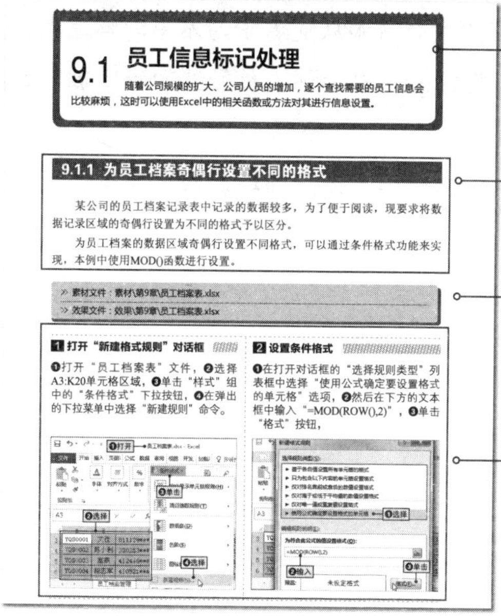

9.1 员工信息标记处理

随着公司规模的扩大、公司人员的增加，逐个查找需要的员工信息会比较麻烦，这时可以使用Excel中的相关函数或方法对其进行信息设置。

9.1.1 为员工档案奇偶行设置不同的格式

某公司的员工档案记录表中记录的数据较多，为了便于阅读，现要求将数据记录区域的奇偶行设置为不同的格式予以区分。

为员工档案的数据区域奇偶行设置不同格式，可以通过条件格式功能来实现，本例中使用MOD()函数进行设置。

>> 素材文件：素材\第9章\员工档案表.xlsx

>> 效果文件：效果\第9章\员工档案表.xlsx

1 打开“新建格式规则”对话框

❶打开“员工档案表”文件，❷选择A3:K20单元格区域，❸单击“样式”组中的“条件格式”下拉按钮，❹在弹出的下拉菜单中选择“新建规则”命令。

2 设置条件格式

❶在打开对话框的“选择规则类型”列表框中选择“使用公式确定要设置格式的单元格”选项，❷然后在下方的文本框中输入“=MOD(ROW(),2)”，❸单击“格式”按钮，

提出处理的问题或工作目标

提出人力资源管理工作中需要处理的具体问题类型或要完成的工作目标是什么。

专业知识讲解

对人力资源工作中遇到的详细问题进行分阶段讲解。

文件路径

展示操作步骤中所使用的素材和效果文件的保存路径。

操作步骤详解

使用详细的操作步骤，对具体问题的解决方法或者要完成的工作目标进行讲解。

结构3：知识点补充讲解，吃透知识。

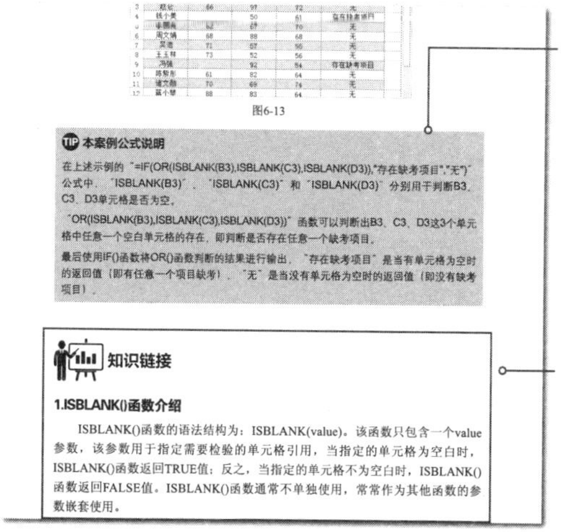

图6-13

TIP 本案例公式说明

在上述示例的“=IF(OR(ISBLANK(B3),ISBLANK(C3),ISBLANK(D3)),"存在缺考项目","无")”公式中，“ISBLANK(B3)”、“ISBLANK(C3)”和“ISBLANK(D3)”分别用于判断B3、C3、D3单元格是否为空。

“OR(ISBLANK(B3),ISBLANK(C3),ISBLANK(D3))”函数可以判断出B3、C3、D3这3个单元格中任意一个空白单元格的存在，即判断是否存在任意一个缺考项目。

最后使用IF()函数将OR()函数判断的结果进行输出，“存在缺考项目”是当有单元格为空时的返回值（即有任意一个项目缺考），“无”是当没有单元格为空时的返回值（即没有缺考项目）。

知识链接

1.ISBLANK()函数介绍

ISBLANK()函数的语法结构为：ISBLANK(value)。该函数只包含一个value参数，该参数用于指定需要检验的单元格引用，当指定的单元格为空白时，ISBLANK()函数返回TRUE值；反之，当指定的单元格不为空白时，ISBLANK()函数返回FALSE值。ISBLANK()函数通常不单独使用，常常作为其他函数的参数嵌套使用。

TIPS补充说明

使用小提示的方式，对讲解过程中需要注意的问题、技巧操作或者某些难点内容进行补充说明，拓展读者的学习面以及帮助读者理解难点内容。

知识链接

对该小节中涉及的新知识点进行讲解，让读者在解决问题后，对相关的知识点也有所掌握，方便进行举一反三。

本书读者

本书主要定位于希望快速提高Excel水平的人力资源从业者。对于普通用户而言，通过对本书的学习，可以更快上手人力资源工作，并掌握一定的Excel知识；对于水平较高的人力资源从业者学习本书内容后也可以得到提升；此外，本书还可以作为各大、中专院校及各类相应培训机构的参考教材使用。

由于编者经验有限，在编写过程中难免出现纰漏或不足之处，恳请专家和读者不吝赐教。

编 者

2019年6月

目录

第1章 HR学Excel必会基础

第 2 章 减少不规范的操作，让你更专业

第 3 章 人力资源规划体系建立，定好大局

第 4 章 招聘与面试体系建立，让招聘更轻松

第 5 章 培训考核体系建立，让培训工作更有条理

第6章 面试、录用与考评数据的处理技巧

第7章 考勤数据管理体系建立，让数据模板化

第 8 章 人事档案体系建立，让人事工作更高效

第9章 员工基本信息的智能标记与处理

第10章 员工结构的可视化分析与展示

第11章 员工薪酬管理，让工资数据简单化

第12章 员工业绩数据计算与分析

第1章 01

HR学Excel必会基础

本章导读

Excel是Office办公软件中的重要组件之一，快速处理和分析数据是其重要的特点。由于操作简单、容易学习，因此被广泛应用于商务工作中。HR工作的繁与杂是从事该工作的相关人员深有体会的。但是借助Excel工具，则可以更加轻松、高效地帮助我们完成工作。在本章，首先来了解一下HR学Excel必会的基础知识有哪些。

本章要点

数据处理效率高
认清操作环境的结构
自定义快速访问工具栏
规律数据的填充技巧
……

1.1 认识Excel对人力资源的重要性

在现代社会中，HR将“人”作为一种资源，已经由传统的统计工作升级到对资源的汇总、统计、分析与调配等方面。作为强大的数据统计与分析工具，Excel在人力资源管理工作中起着十分重要的作用。

1.1.1 表格展示更方便

人力资源管理工作中处理的数据多种多样，如考勤数据、档案数据、客户数据、培训人员数据、考核数据……，如此众多的数据，只有将其存储在一张张的表格中，才能让数据更加规范地进行保存。同时，也可以更方便相关人员在后期基于这些数据进行统计分析工作。如图1-1所示展示的是人力资源管理中常见的各种办公表格。

编号	姓名	出生年月	性别	学历	职称	入厂时间	联系地址	联系电话
BH1001	杨娟	1981年8月23日	女	大专	高级	2004年5月1日	解放路金城大厦	13628584***
BH1002	李聃	1983年4月1日	女	本科		2002年9月1日	南山阳光城	13138644***
BH1003	薛敏	1979年10月7日	女	大专	高级	2004年5月1日	南山阳光城12F	13868688***
BH1004	祝苗	1976年11月12日	男		高级	2004年5月1日	建设路体育商城	13778854***
BH1005	周纳	1980年6月7日	女	大专	高级	1995年10月1日	成都市高新区龙新大厦	13599641***
BH1006	张薇	1962年10月4日	女	大专	中级	1997年7月16日	德阳市泰山南路	13871231***
BH1007	刘瑾瑾	1980年3月18日	男	硕士	高级	1996年7月1日	长春市万达路	18938457***
BH1008	杨晓莲	1966年5月6日	女					
BH1009	何阳	1974年4月25日	男					
BH1010	张炜	1976年12月16日	男					
BH1011	刘岩	1983年8月3日	女					
BH1012	卢鑫怡	1984年5月19日	男					
BH1013	赵丹	1983年4月21日	女					
BH1014	刘可盈	1979年12月31日	女					

办公物资采购表					总部补贴	40%
序号	名称	采购数量	单价	总费用	补贴费用	净费用
0-001	A物品	936	￥37.65	￥35,237.65	￥14,095.06	￥21,142.59
0-002	B物品	1032	￥57.65	￥59,491.76	￥23,796.71	￥35,695.06
0-003	C物品	1152	￥48.24	￥55,567.06	￥22,226.82	￥33,340.24
0-004	D物品	948	￥44.12	￥41,823.53	￥16,729.41	￥25,094.12
0-005	E物品	912	￥46.47	￥42,381.18	￥16,952.47	￥25,428.71
						￥29,816.47
						￥38,155.76
						￥15,759.53
						￥15,416.47
						￥25,602.35
						￥13,036.24
						￥28,825.41

编号	姓名	性别	年龄	学历	联系方式	得分	编号	姓名	性别	年龄	学历	联系方式	得分
1001	祝苗	女	29	博士	13621******	80	1012	范晓霞	女	27	博士	13068******	74
1002	张炜	男	28	博士	13876******	67	1013	罗光波	男	24	硕士	13860******	91
1003	赵磊	男	28	博士	13695******	90	1014	杨小勇	男	27	本科	13320******	53
1004	张同泰	男	28	硕士	13561******	83	1015	李毅	男	32	大专	13671******	67
1005	马英	女	31	研究生	13883******	95	1016	高雪	女	28	硕士	13925******	79
1006	薛敏	女	26	本科	13032******	55	1017	成风	男	35	博士	13673******	82
1007	杨娟	女	28	本科	13890******	68	1018	刘凯	男	34	硕士	13904******	88
1008	卢鑫怡	女	25	本科	13352******	75	1019	马晓	男	27	大专	13615******	96
1009	杨晓莲	女	27	本科	13056******	82	1020	雪原	男	28	本科	13976******	60
1010	李聃	男	32	大专	13561******	74	1021	周成	男	30	大专	13207******	83
1011	王明	男	30	本科	13072******	40	1022	卢希	女	29	硕士	13663******	67

图1-1

1.1.2 信息记录更准确

人力资源不仅有本部门的数据要处理，有些数据还需要提供到其他部门进行使用，这就要求人力资源相关工作人员在记录原始数据时，一定要准确，否则源头数据一旦错误，其他基于该数据的计算、汇总、分析都将错误。而Excel中提供的数据验证功能、记录单功能、数据计算功能、自动更正功能等，都可以方便地对数据的录入进行限制和自动化地录入，从而让数据信息的记录变得更加便捷、准确。

如图1-2所示为使用记录单功能、数据计算功能、数据验证功能录入数据的演示效果。

	报到时间	姓名	部门	性别		学历
2	2019年1月8日	杨娟	销售部	女	131	本科
3	2019年1月8日	张磊	后勤部	男	137	专科
4	2019年1月10日	萧萧	行政部	女	158	本科
5	2019年1月10日	谭佳佳	市场部	女	132	本科
6	2019年1月12日	张丽丽	销售部	女	159	专科
7	2019年1月14日	杨桃	市场部	女	132	本科
8	2019年1月14日	陈波	行政部	男	130	本科
9	2019年1月15日	李佳颖	后勤部	女	138	专科
10	2019年1月15日	黄文莉	销售部	女	136	本科
11	2019年1月15日	李伦香	销售部	女	133	专科
12	2019年1月15日	杨洋	市场部	男	139	专科
13	2019年1月18日	王海东	技术部	男	135	硕士

◀使用记录单功能确保数据输入到对应的字段。

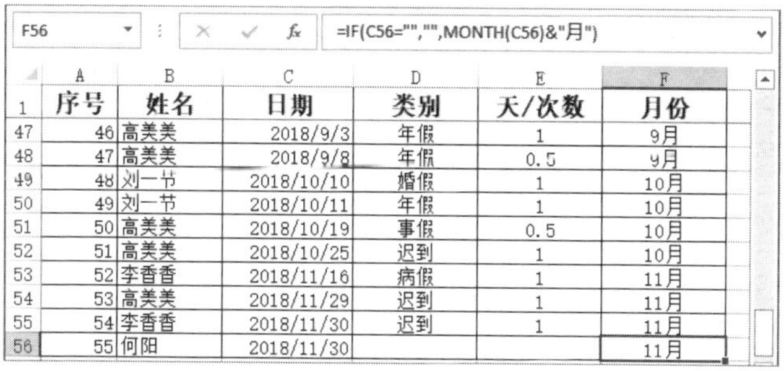

	序号	姓名	日期	类别	天/次数	月份
47	46	高美美	2018/9/3	年假	1	9月
48	47	高美美	2018/9/8	年假	0.5	9月
49	48	刘一节	2018/10/10	婚假	1	10月
50	49	刘一节	2018/10/11	年假	1	10月
51	50	高美美	2018/10/19	事假	0.5	10月
52	51	高美美	2018/10/25	迟到	1	10月
53	52	李香香	2018/11/16	病假	1	11月
54	53	高美美	2018/11/29	迟到	1	11月
55	54	李香香	2018/11/30	迟到	1	11月
56	55	何阳	2018/11/30			11月

◀使用数据计算功能，当输入考勤的日期数据后，自动输入月份数据。

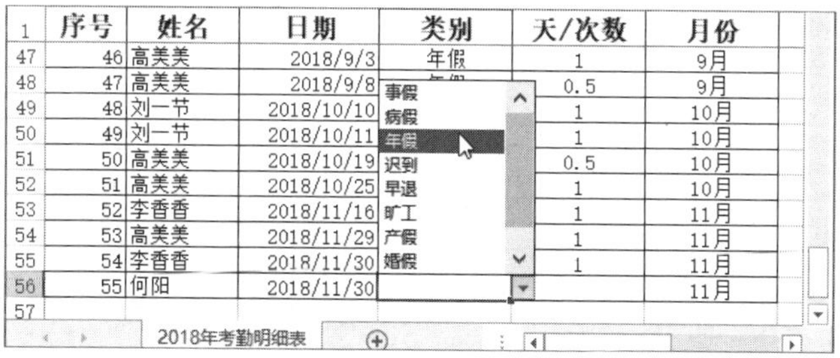

	序号	姓名	日期	类别	天/次数	月份
47	46	高美美	2018/9/3	年假	1	9月
48	47	高美美	2018/9/8		0.5	9月
49	48	刘一节	2018/10/10		1	10月
50	49	刘一节	2018/10/11		1	10月
51	50	高美美	2018/10/19		0.5	10月
52	51	高美美	2018/10/25		1	10月
53	52	李香香	2018/11/16		1	11月
54	53	高美美	2018/11/29		1	11月
55	54	李香香	2018/11/30		1	11月
56	55	何阳	2018/11/30			11月

◀使用数据验证功能，通过下拉列表限制可以输入的考勤类别数据。通过选择输入，不仅速度快，而且有效性更高。

图1-2

1.1.3 数据处理效率高

在Excel中，强大的数据处理功能可以帮助HR执行各种简单和复杂的数学运算、统计运算、财务运算、预测预算等。此外，利用Excel提供的排序、筛选、分类汇总功能、合并运算等，还可以方便地对数据进行管理，从而大大提高人力资源相关工作人员的数据处理效率。如图1-3所示为使用公式、函数、排序和分类汇总功能对数据进行处理。

J2 {=IF(AND(E2:I2=0),50,SUM(-E2*20,-F2*30,-G2*60,-H2*150,I2*30))}

	A	B	C	D	E	F	G	H	I	J	K
1	员工编号	员工姓名	所属部门	担任职务	迟到	病假	事假	旷工	年假	考勤工资	
2	CWB0001	张嘉	财务部	会计	1	0	0	1	0	￥ -170.00	
3	CWB0002	李聃	财务部	出纳	1	0	1	1	0	￥ -230.00	
4	CWB0003	杨娟	财务部	会计	0	0	0	0	0	￥ 50.00	
5	JSB0001	赵丽	技术部	机械师	0	0	0	1	0	￥ -150.00	
6	JSB0002	杨陶	技术部	设计员	0	0	0	0	0	￥ 50.00	
7	JSB0003	张炜	技术部	设计员	1	0	0	0	5	￥ 130.00	
8	SCB0001	周晓红	生产部	主管	1	0	1	0	0	￥ -80.00	
9	SCB0002	薛丽婧	生产部	发料员	1	0	0	1	0	￥ -170.00	

◀使用条件判断函数和求和函数，根据员工的考勤情况分别计算全勤和考勤扣除的工资。

E2 =2019-YEAR(D2)

	A	B	C	D	E	F
1	员工编号	姓名	部门	入厂时间	工龄	补贴
2	JS1001	肖彩芳	技术部	2001年1月29日	18	￥ 1,800.00
3	JS1002	何凤娇	技术部	2001年3月8日	18	￥ 1,800.00
4	JS1003	宋李丽	技术部	1996年10月16日	23	￥ 2,300.00
5	JS1004	陈东	技术部	2005年4月13日	14	￥ 1,400.00
6	JS1005	王翠萍	技术部	2005年5月16日	14	￥ 1,400.00
7	JS1006	段鸣炜	技术部	2005年5月17日	14	￥ 1,400.00
8	JS1007	吴央	技术部	2001年7月1日	18	￥ 1,800.00
9	JS1008	潘双萍	技术部	2005年7月18日	14	￥ 1,400.00
10	JS1009	谢宝珍	技术部	1992年8月22日	27	￥ 2,700.00
11	JS1010	刘伟平	技术部	2005年9月20日	14	￥ 1,400.00
12	JS1011	李军	技术部	1996年10月28日	23	￥ 2,300.00
13	JS1012	刘皙	技术部	2001年4月7日	18	￥ 1,800.00
14			**技术部 汇总**			￥ 21,500.00
15	YF1001	刘雪萍	研发部	2001年9月29日	18	￥ 1,800.00
16	YF1002	左莹	研发部	2001年10月9日	18	￥ 1,800.00
17	YF1003	钟秋萍	研发部	2001年11月19日	18	￥ 1,800.00
18	YF1004	万磊	研发部	2002年1月11日	17	￥ 1,700.00
19	YF1005	邓云刚	研发部	2002年5月3日	17	￥ 1,700.00
20	YF1006	姚芳	研发部	2002年6月6日	17	￥ 1,700.00
21	YF1007	马春雷	研发部	2002年6月17日	17	￥ 1,700.00
22			**研发部 汇总**			￥ 12,200.00
23	SC1001	何阳	市场部	1995年2月2日	24	￥ 2,400.00
24	SC1002	杨柳	市场部	1996年6月30日	23	￥ 2,300.00
25	SC1003	刘仪伟	市场部	1999年3月14日	20	￥ 2,000.00
26	SC1004	王涛	市场部	2000年7月17日	19	￥ 1,900.00
27	SC1005	周满	市场部	2000年10月15日	19	￥ 1,900.00
28	SC1006	曾海燕	市场部	2000年11月25日	19	￥ 1,900.00
29	SC1007	黄荣	市场部	2000年12月9日	19	￥ 1,900.00
30			**市场部 汇总**			￥ 14,300.00
31			**总计**			￥ 48,000.00

◀使用日期函数计算员工的工龄。

◀使用乘法运算计算员工的补贴数据。

◀通过排序功能将表格按部门进行排序，将相同部门的员工信息整理到一起。

◀利用分类汇总功能按部门进行汇总，得出每个部门的补贴总额数据。

图1-3

1.1.4 数据分析更直观、灵活

Excel除了有强大的数据管理和处理能力外，还可以通过合适的图表类型，将数据以图形的方式展示，让数据的分析结果更形象，且一目了然。而且使用Excel中的数据透视表和数据透视图功能还可以对数据进行动态分析，让数据分析更灵活。如图1-4所示为使用饼图对人力资源的部分职位结构进行分析。

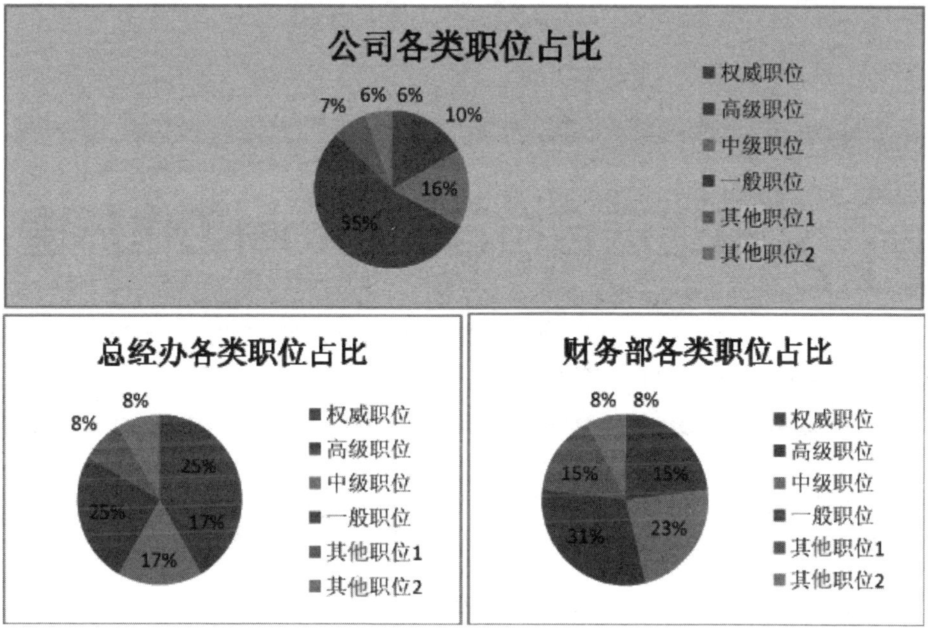

图1-4

1.1.5 HR岗位晋升必备技能

绝大多数HR都是文科生，因此对于数据透视分析、各种公式函数的应用……都是十分陌生的。但是要想在HR的道路上越走越远，不断晋升，这些技术的掌握都是绕不开的难题。为什么这么说呢？

如果说人事专员的一项工作是将职责内的一些数据存储并进行简单分析，那么主管或专业模块经理的工作就是将职责内的数据进行深入分析并找出问题，而经理或总监的工作就是必须在所有数据中进行综合分析，找出人力资源运行中出现的问题并加以解决。

通过上述的描述不难看出，职位越高，所要处理的工作难度也在逐渐提高，要求对应工作人员掌握的Excel技术就越来越高。

人力资源的工作诊断、问题提出等，并不是眼观耳听就可以的，是需要在大量数据中找出规律，根据数据分析问题，以客观、准确的数据作为基础开展工作，指引工作往正确的方向执行。

综上所述，在HR岗位的晋升中，Excel技术掌握的高低起着决定性的作用。如果没有Excel技术作为支撑，任何数据放到你的眼前，都仅仅是几个数据，毫无其他用处。

1.2 打造适合自己的Excel工作环境

Excel作为一款辅助办公的工具，在出厂时就有其默认的设置，而这些设置并不一定符合自己的实际操作习惯和要求，因此有必要对其进行自定义设置，从而打造适合自己的Excel工作环境。

1.2.1 认清操作环境的结构

Excel 2016的工作界面主要由快速访问工具栏、“文件”选项卡、标题栏、功能区、工作表编辑区、状态栏和视图栏等部分组成，如图1-5所示为Excel 2016的工作界面效果。

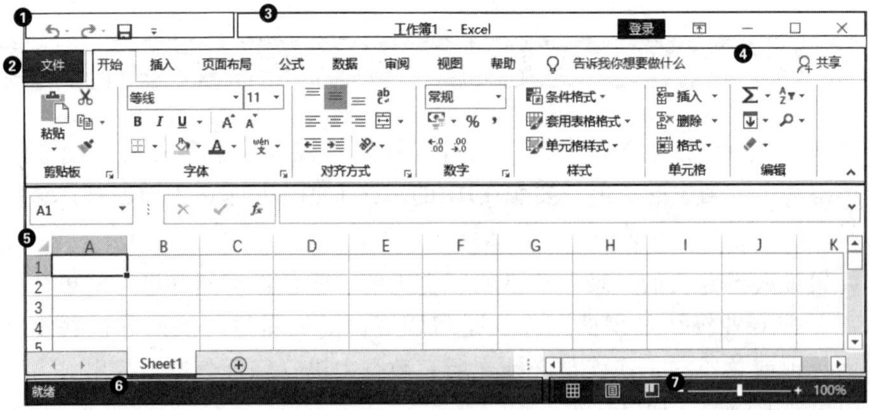

❶快速访问工具栏 ❷“文件”选项卡 ❸标题栏 ❹功能区 ❺工作表编辑区 ❻状态栏 ❼视图栏

图1-5

下面具体对Excel 2016的工作界面进行详细介绍，以便让用户对该软件有更好地认识。

1 快速访问工具栏

快速访问工具栏位于工作界面的左上角，主要放置了常用的命令按钮，默认情况下只包含3个按钮，分别为“保存”按钮，“撤销”按钮和“恢复”按钮。

2 “文件”选项卡

“文件”选项卡位于快速访问工具栏的下方，它将常用的各菜单项整合在一起，单击该选项卡，进入到Backstage视图即可查看到新建、打开、保存、关闭等常用功能，如图1-6所示。单击左上角的左向箭头按钮就可以返回到工作界面。

图1-6

3 标题栏

标题栏位于快速访问工具栏的右侧，它主要由文件名称、应用程序名称和窗口控制按钮组成。如图1-7所示，当前使用的文件名称为“公司日常费用记录.xlsx”，应用程序名称为“Excel”。

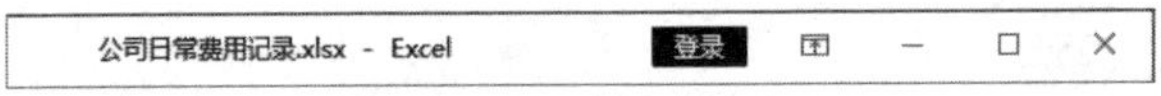

图1-7

标题栏右侧有一个“登录”按钮、一个“功能区选项”按钮和3个窗口控制按钮，其功能分别如下所示。

- “登录”按钮用于登录Microsoft账户，用户登录该账户后，可以更方便地进行协同作业和移动办公。
- “功能区选项”按钮主要用于对功能区的隐藏与显示控制。
- 3个控制按钮分别是“最小化”按钮、“最大化”按钮（“向下还原”按钮）和“关闭”按钮，分别用于最小化窗口、最大化窗口（还原窗口）和关闭窗口。

4 功能区

功能区是由选项卡、组和按钮3部分组成，如图1-8所示。

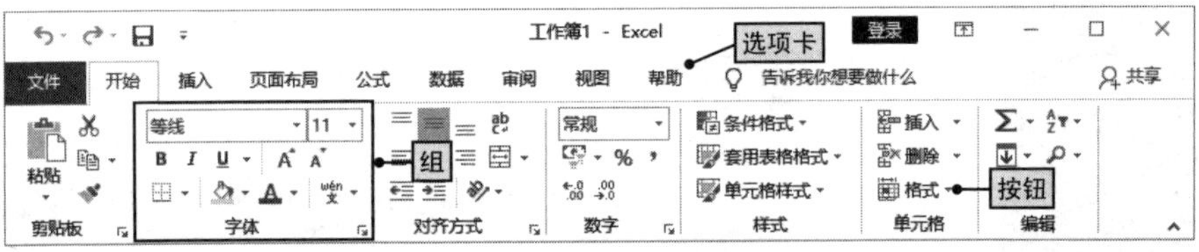

图1-8

各组成部分的具体功能如下所示。

- **选项卡**：在Excel中，存在两种选项卡，一种是一直存在的选项卡，如“开始”选项卡，称为“主选项卡”；另一种是只有在使用时才出现的选项卡，如只有在选择图表之后才会出现的“图表工具”选项卡组，称为“工具选项卡”。
- **组**：组主要用于将同类操作的所有命令整合到一起，如1-9左图所示为“数据”选项卡中的“排序和筛选”组，它主要用于对工作表中的数据进行排序和筛选。某些组中还提供了一个“对话框启动器”按钮，单击该按钮打的对话框或窗格中可进行更多的操作，如1-9右图所示为单击“剪贴板”组的“对话框启动器”按钮打开的“剪贴板”窗格。

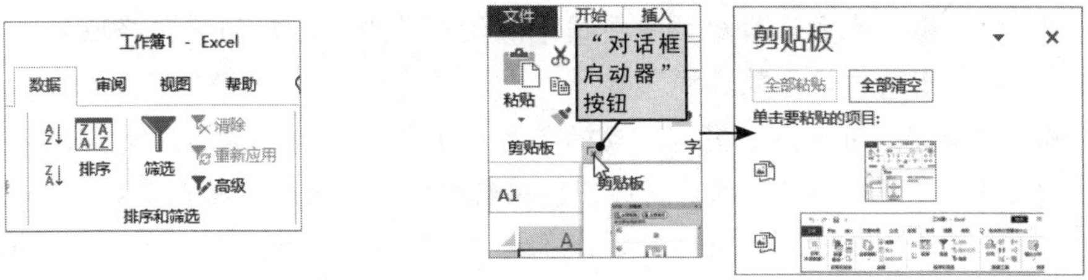

图1-9

◆ **按钮**：每一个按钮都具有特定的功能。在Excel 2016中，有3种按钮，第一种是普通按钮，单击该按钮直接执行操作；第二种是下拉按钮，单击该按钮会弹出下拉列表或下拉菜单，如1-10左图所示；第三种按钮是由前两种按钮组合构成的按钮，如1-10右图所示。

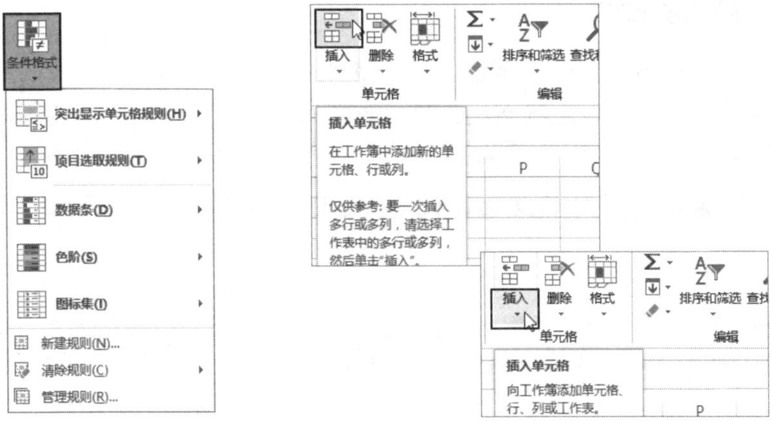

图1-10

5 工作表编辑区

工作表编辑区是编辑表格的主要场所，它由名称框、编辑栏、工作表标签组和单元格部分组成，如图1-11所示。

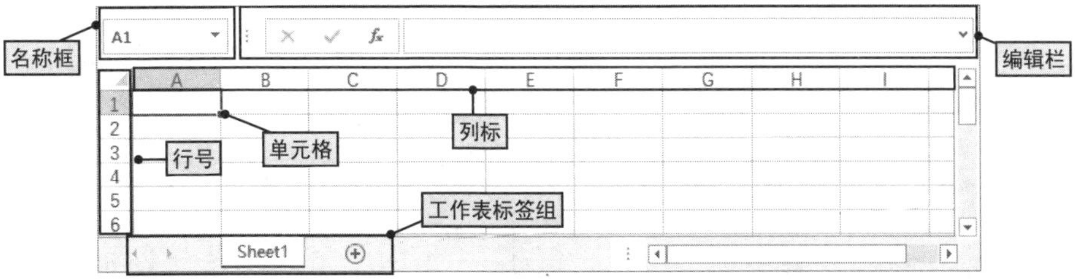

图1-11

各组成部分的具体功能如下所示。

◆ **名称框**：也称地址栏，主要用于显示当前用户选择的单元格地址，或者单元格中使用的函数名称。

◆ **编辑栏**：用于显示当前活动的单元格中的数据，或编辑活动单元格中的数据、公式和函数。默认情况下，编辑栏中只激活了“插入函数”按钮，当文本插入点定位到编辑栏时，将激活“取消”按钮和“输入”按钮。

◆ **工作表标签组**：工作表标签组中的每一个工作表标签都唯一标识一张工作表，在工作表标签组的右侧，还有一个“新工作表”按钮。

◆ **行号、列标与单元格**：编辑栏的下方的一行英文字母就是列标，工作表中最左端的一列数字就是行号。Excel中单元格的地址就是通过列标和行号来表示的，比如工作表中第一个单元格的地址为“A1”。

6 状态栏和视图栏

状态栏和视图栏位于界面底端，左侧状态栏显示了当前工作表的基本状态信息，如选择数据后，在状态栏会显示数据的平均值、计数、求和等信息；右侧视图栏显示当前文档的视图模式和页面缩放比例信息，如图1-12所示。

图1-12

1.2.2 自定义快速访问工具栏

快速访问工具栏包含了常用的命令按钮，如果需要使用其他命令按钮，可通过手动添加。另外，还可通过设置更改快速访问工具栏的位置。

1 自定义快速访问工具栏的显示项目

要将常用的使用工具添加到快速访问工具栏，可以❶单击快速访问工具栏右侧的“自定义快速访问工具栏”按钮，❷在弹出的下拉菜单中可选择需要显示的常规命令选项，如图1-13所示为在快速访问工具栏中添加“打开”按钮。

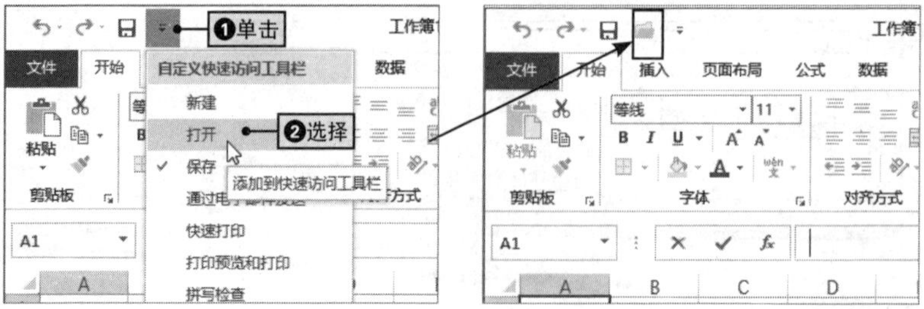

图1-13

如果“快速访问工具栏”下拉菜单中找不到要使用的工具，此时可以通过“Excel选项”对话框中的“快速访问工具栏”选项卡添加更多的命令。下面以添加“记录单”按钮为例讲解相关的操作。

1 执行“其他命令”命令

❶在快速访问工具栏中单击其右侧的下拉按钮，❷选择“其他命令”命令打开“Excel选项”对话框。

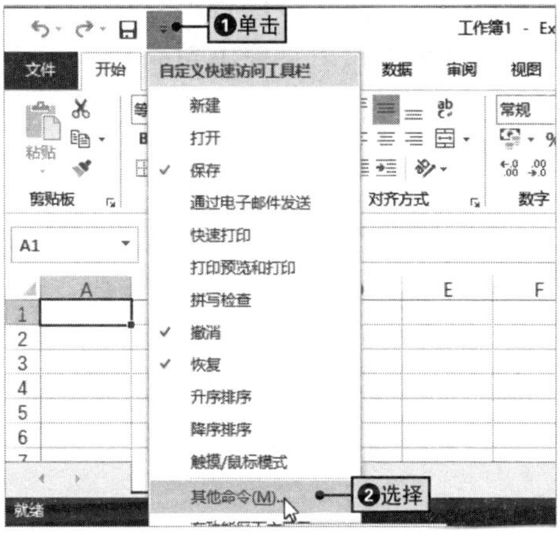

2 选择需要的工具

❶在打开的对话框的“从下列位置选择命令”下拉列表框中选择“所有命令”选项，❷选择“记录单”工具选项。

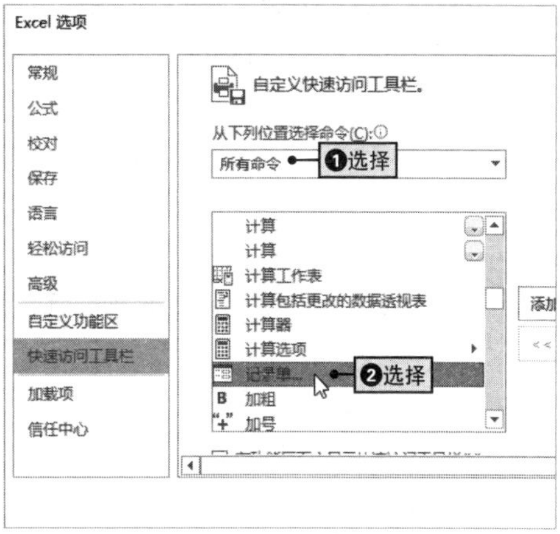

3 确认添加的工具

❶单击“添加”按钮将选择的工具选项添加到“自定义快速访问工具栏”列表框中，❷单击“确定”按钮。

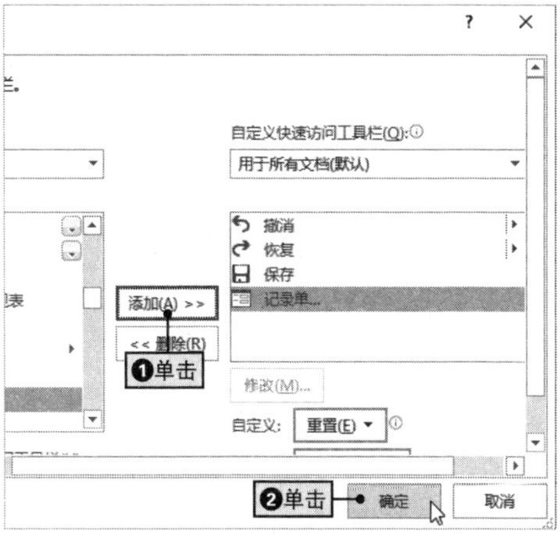

4 查看效果

在返回的工作界面的快速访问工具栏中可查看到添加的“记录单”工具按钮。

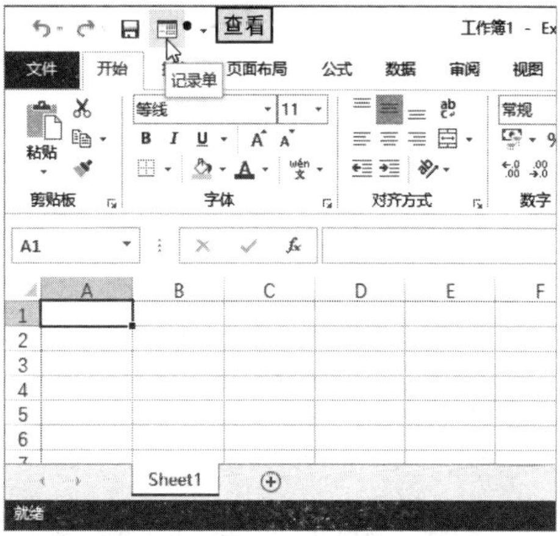

> **TIP 从快速访问工具栏删除命令按钮**
>
> 在快速访问工具栏下拉菜单中取消选择对应的命令即可在快速访问工具栏中删除对应的命令按钮。或者在"Excel选项"对话框的"快速访问工具栏"选项卡中选择要删除的命令选项，单击"删除"按钮即可。

2 更改快速访问工具栏的显示位置

默认情况下快速访问工具栏位于功能区上方，用户也可以根据自己的使用习惯将其显示于功能区的下方，其操作是：在快速访问工具栏下拉菜单中选择"在功能区下方显示"命令，或❶在快速访问工具栏上单击鼠标右键，❷选择"在功能区下方显示快速访问工具栏"命令，如图1-14所示。

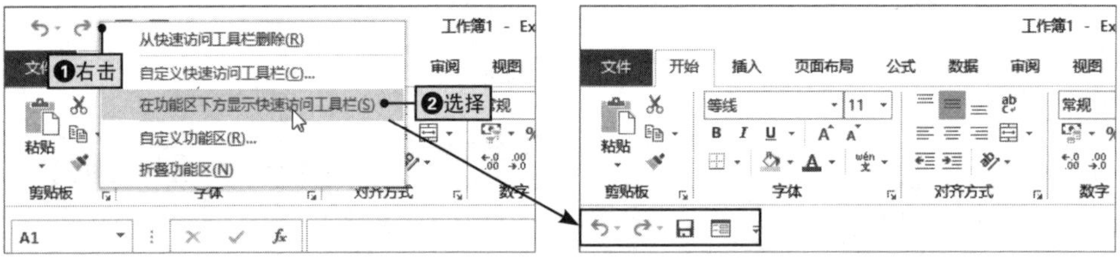

图1-14

1.2.3 自定义功能区的显示方式

在Excel 2016中，功能区的显示方式有3种，分别为自动隐藏功能区、显示选项卡以及显示选项卡和命令。这3种功能区显示方式的设置和效果如下所示。

- **自动隐藏功能区：**❶单击Excel标题栏中的"功能区显示选项"按钮，❷选择"自动隐藏功能区"选项，如图1-15所示。Excel进入全屏状态，功能区完全隐藏。

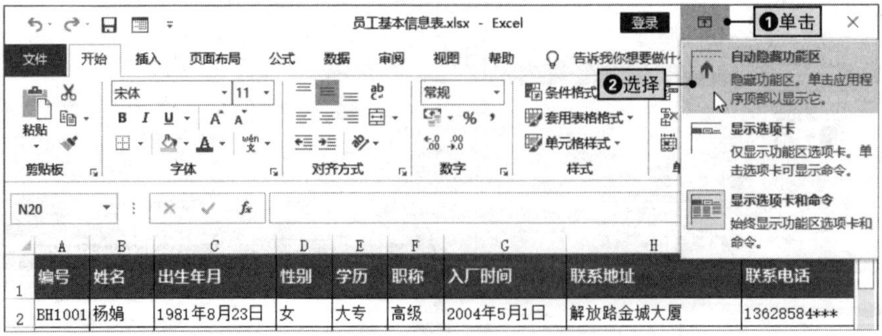

图1-15

TIP 自动隐藏功能区模式下显示选项卡的说明

在自动全屏隐藏功能区的状态下，直接单击标题栏可以将功能区悬浮显示出来，如图1-16所示，功能区显示后，列标和前两行记录被悬浮显示的功能区遮挡了。

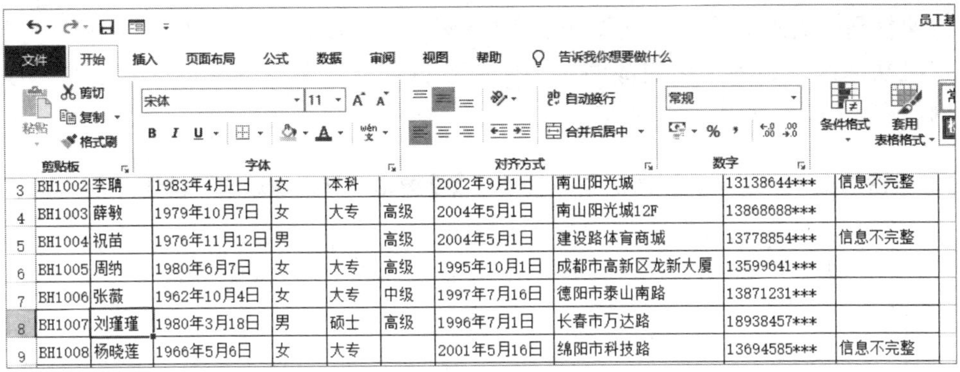

图1-16

◆ **显示选项卡：** 单击Excel标题栏的“功能区显示选项”按钮，选择“显示选项卡”选项，Excel会将选项卡的具体内容隐藏，只显示选项卡标签，如图1-17所示。

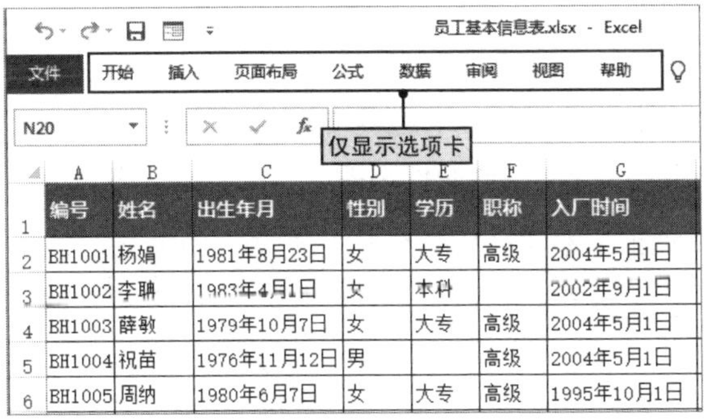

图1-17

TIP 显示选项卡的其他操作

在功能区右击，选择“折叠功能区”命令，或者直接双击任意选项卡可以将选项卡的命令区域隐藏。这两种操作的效果与执行“显示选项卡”命令的效果相同。

◆ **显示选项卡和命令：** 这是Excel中功能区的默认显示方式，当在执行了“自动隐藏功能区”或者“显示选项卡”命令之后，功能区全部或部分被隐藏，单击“功能区显示选项”按钮，选择“显示选项卡和命令”选项，可完全显示功能区。（也可以在“显示选项卡”显示方式下，在功能区右击，取消选择“折叠功能区”命令或双击任意选项卡即可将隐藏的命令区域显示出来）。

1.2.4 自定义一个常用操作工具的选项卡

在Excel中，系统提供了新建选项卡的功能，用户可以将分散在不同选项卡中的一些高频使用工具放到一个选项卡，并进行分组，以便在日常工作中能够快速找到所需的工具。这一系列的操作主要是在“Excel选项”对话框中的“自定义功能区”选项卡中完成的。下面通过自定义一个“常用工具”选项卡为例，讲解相关的操作。

1 单击选项卡

打开“Excel选项”对话框，在左侧单击“自定义功能区”选项卡。

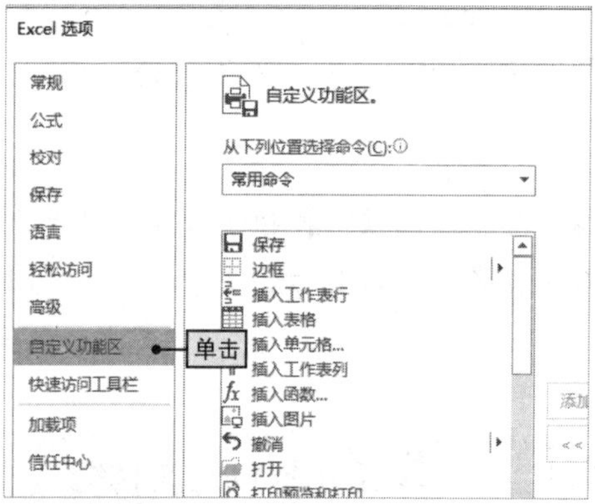

2 单击“新建选项卡”按钮

在右侧单击“新建选项卡”按钮，程序自动新建一个选项卡和组。

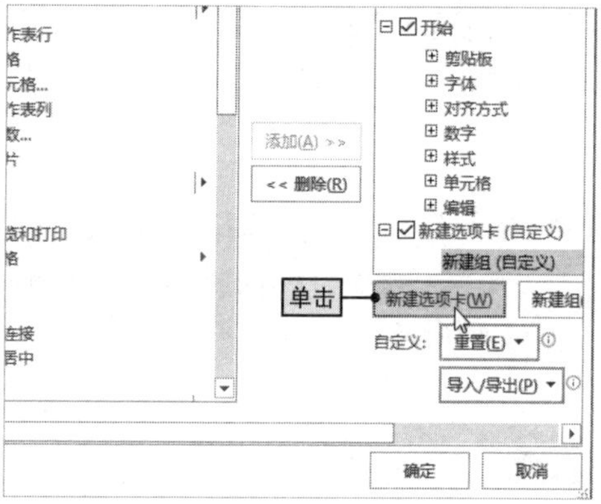

3 单击“重命名”按钮

❶选择新建的选项卡，❷单击“重命名”按钮打开“重命名”对话框。

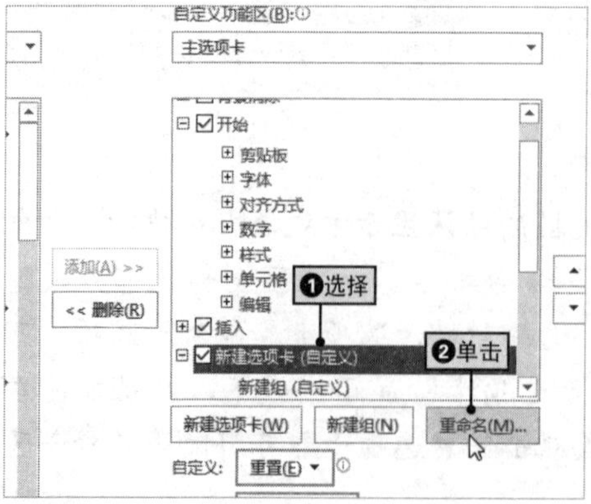

4 重命名选项卡

❶在“显示名称”文本框中输入“常用工具”文本，❷单击“确定”按钮。

5 添加组并重命名

❶单击“新建组”按钮添加一个组，❷用重命名新建选项卡的方法将系统默认新建的组和用户新建的组分别重命名。

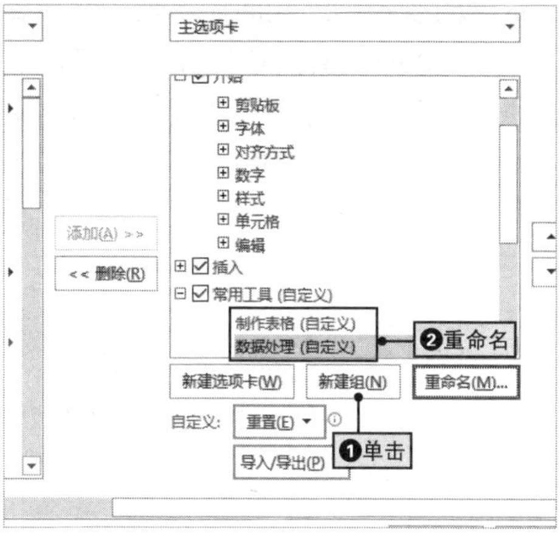

6 选择选项

❶选择“制作表格”组，❷在“从下列位置选择命令”下拉列表框中选择“主选项卡”选项。

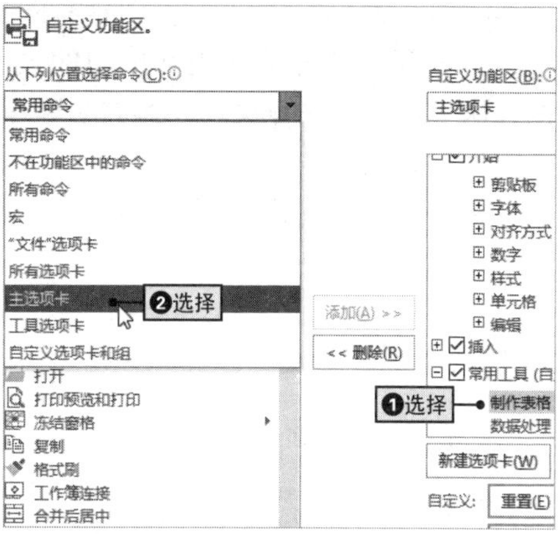

7 为组中添加工具

❶在下方的列表框中选择“插入”选项卡的“表格”组中的“插入表格”选项，❷单击“添加”按钮将其添加到新建的组中。

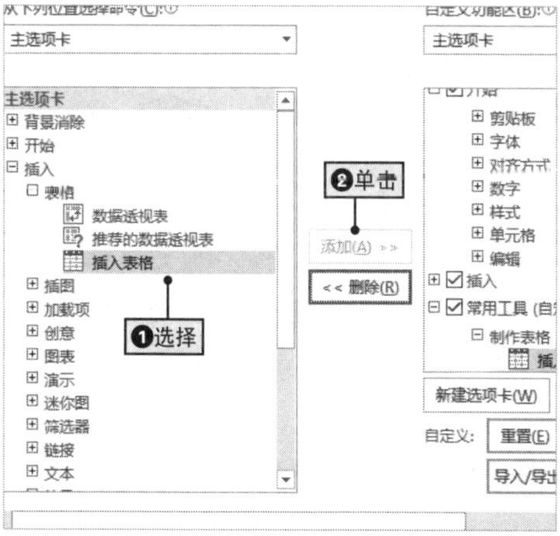

8 查看效果

用相同的方法分别为“制作表格”组和“数据处理”组添加对应的工具，单击“确定”按钮，在返回的工作界面中即可查看到创建的“常用工具”选项卡。

TIP 删除新建的选项卡和组

在“Excel选项”对话框中，如果要删除新建的选项卡和组，除了将目标对象选择后，单击“删除”按钮以外，还可以在目标对象上右击，选择“删除”命令完成操作。

1.2.5 自定义简单数据计算结果从状态栏显示

在介绍状态栏组成部分时，我们已经知道在其中可以显示一些基本的数据计算结果，对于这些数据计算结果，也可以进行自定义，其操作是：在状态栏中右击，在弹出的快捷菜单中的选项前有☑符号的表示已添加的显示项。例如要在状态栏显示选择的一组数据中的最大值，直接选择“最大值”命令即可，如图1-18所示。（选择选项左侧有☑符号的选项可以取消该符号，则该项数据结果也不会在状态栏上显示）。

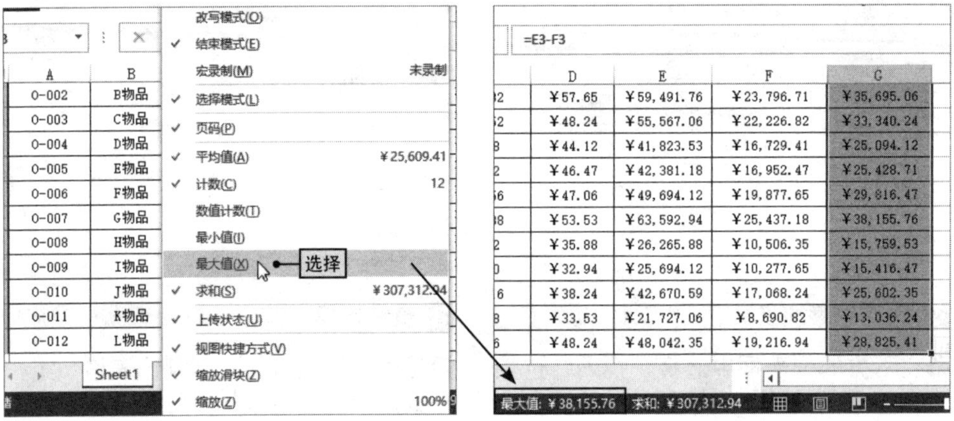

图1-18

1.3 高效录入数据的技巧

在Excel中直接选择目标单元格即可在其中输入数据。在人力资源管理工作中，为了减少将时间花费在录入数据的工作上，对于一些特殊的数据，可以通过简便的方法快速、准确地录入。

1.3.1 规律数据的填充技巧

在制作的电子表格中，有时相邻的多行或者多列是有规律的数据，如面试人员编号、档案编号等，此时可以通过“序列”对话框来填充这些规律数据。下面以在“出差旅费报销明细”表格中填充具有统计功能的序号数据为例，讲解相关的操作方法。

>> 素材文件：素材\第1章\出差旅费报销明细.xlsx

>> 效果文件：效果\第1章\出差旅费报销明细.xlsx

1 输入数据并选择单元格区域

打开素材文件，❶在A3单元格中输入“1”，❷选择所有要填充数据的单元格区域。

2 执行“序列”命令

❶在“开始”选项卡“编辑”组中单击“填充”按钮，❷在弹出的下拉菜单中选择“序列”命令。

3 设置填充序列参数

❶在打开的“序列”对话框中选中“列”单选按钮和“等差序列”单选按钮，其他参数保持不变，❷单击“确定”按钮。

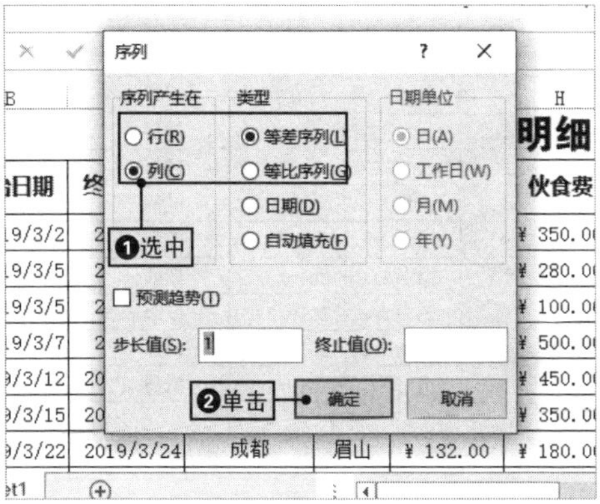

4 查看填充结果

关闭“序列”对话框后在返回的工作表中即可查看到填充的差值为1的等差序列数据。

TIP 序列填充说明

如果要在某行填充序列数据，则在“序列”对话框中选中“行”单选按钮。如果在打开“序列”对话框之前只选择了起始序号数据单元格，在打开对话框后，可以在“步长值”文本框中设置序列间隔值，在“终止值”文本框中设置填充序列的终止值。

通过“序列”对话框填充规律数据的方法适用于填充序列较多的情况，如果填充的规律数据不多，此时可以通过操作控制柄（选择的单元格或单元格区域左下角的顶点）来完成快速填充。

默认情况下，拖动控制柄可以填充相同数据，如果要填充规律数据，则可以使用如下几种方法。

- **左键拖动控制柄填充有规律数据：** 在起始单元格输入数据，选择该单元格，❶拖动其控制柄到结束单元格后释放鼠标左键，❷在“自动填充选项”下拉列表中选中“填充序列”单选按钮完成等差数据的填充，如图1-19所示。或在起始的两个单元格输入等差序列数据，❶然后选择这两个单元格，❷拖动控制柄到结束单元格后释放鼠标左键即可完成填充，如图1-20所示。

图1-19

图1-20

- **右键拖动控制柄填充有规律数据**：在起始单元格输入数据，使用鼠标右键拖动控制柄，到所需位置时释放鼠标，在弹出的快捷菜单中选择“填充序列”命令，单元格区域也将自动填充相应的数据，如图1-21所示。
- **双击控制柄填充有规律数据**：在起始的两个单元格输入等差序列数据，双击控制柄，程序自动填充规律数据到结束单元格。

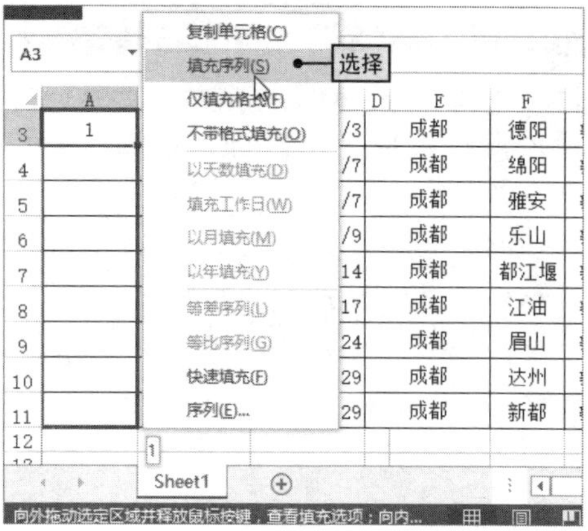

图1-21

1.3.2 限定输入的数据

在Excel 2016中，使用系统提供的数据验证功能可以在指定单元格或单元格区域中限定输入的数据，通过这一功能保证数据输入的正确性的同时，还可以提高数据输入的速度。

限定单元格中的数据有以下3种方式：一是只允许输入指定范围的数值，二是只允许输入指定的序列，三是根据具体情况自定义约束条件。这3种设置都是通过“数据验证”对话框来完成的，下面分别进行介绍。

1 允许输入指定范围的数值

允许输入指定范围的数值是指设置有数据验证的单元格区域只允许接受某一特定范围内的数据，当输入的数据不在此范围内时，数据将不被接受，并打开错误提示对话框。

下面以在“办公物资采购表”表中限定采购数量和采购单价为大于0的数据为例，讲解相关的操作方法。

>> 素材文件：素材\第1章\办公物资采购表.xlsx

>> 效果文件：效果\第1章\办公物资采购表.xlsx

1 选择单元格区域

打开素材文件，❶选择所有采购数量和单价所在的单元格区域，❷单击“数据”选项卡。

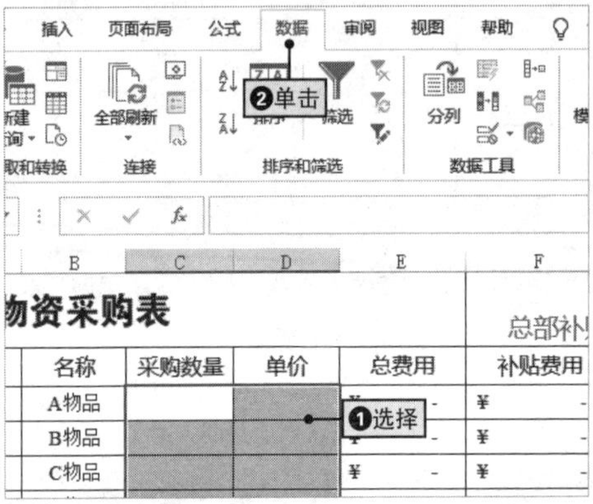

2 执行“数据验证”命令

❶单击“数据工具”组中的“数据验证”按钮右侧的下拉按钮，❷在弹出的下拉菜单中选择“数据验证”命令。

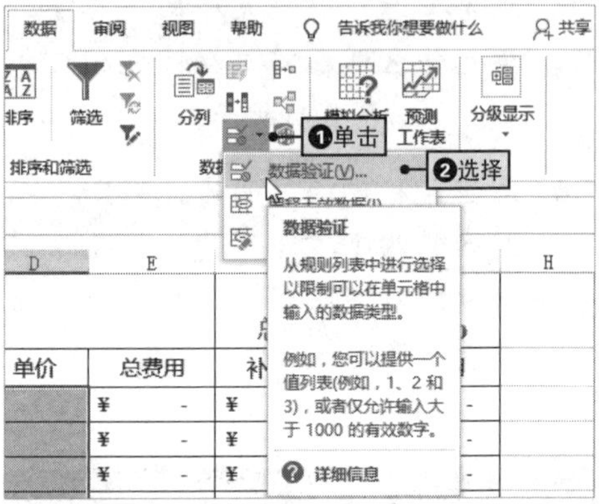

3 设置验证条件允许

在打开的“数据验证”对话框的“允许”下拉列表框中选择“小数”选项。

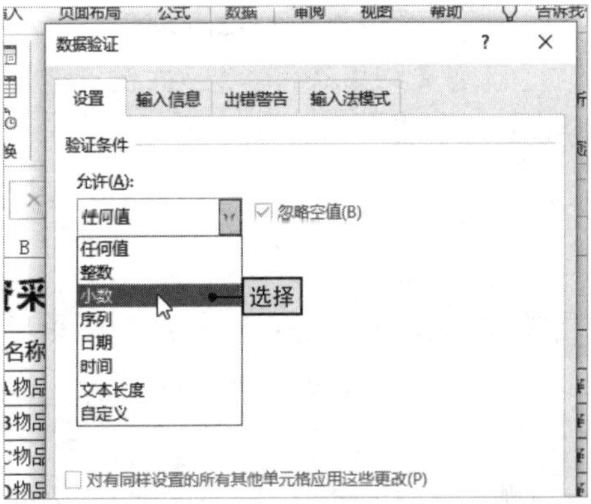

4 设置允许范围

❶在“数据”下拉列表框中选择“大于”选项，❷在“最小值”参数框中输入“0”。

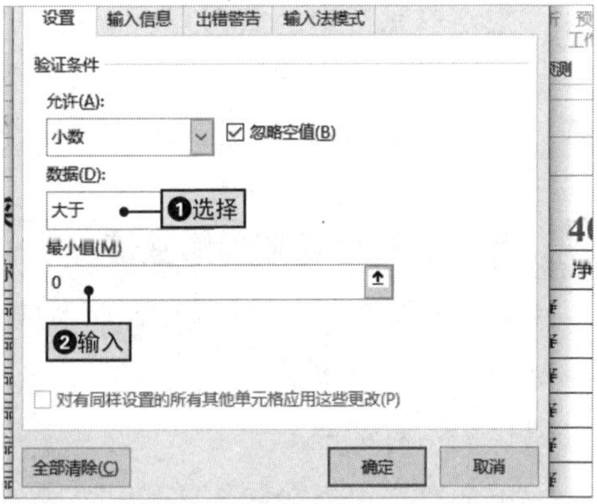

5 设置提示信息

❶单击“输入信息”选项卡，❷在“输入信息”列表框中输入“输入大于0的数值”文本（本操作步骤的作用是当用户输入错误数据时显示的提示信息），单击“确定”按钮关闭对话框。

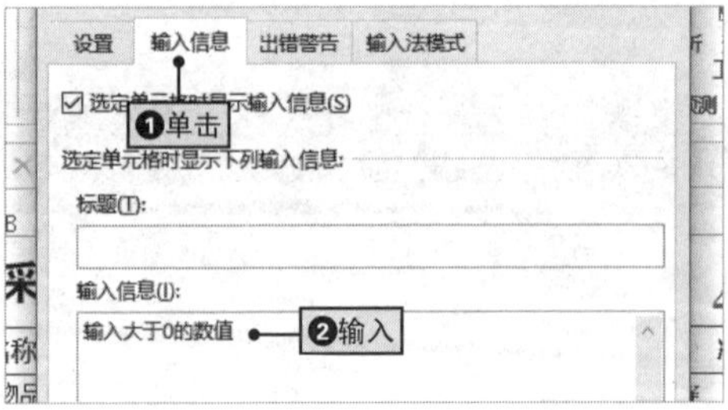

6 输入限定范围以外的数据

在返回的工作表中选择设置了数据验证的单元格，此时系统自动显示设置的输入提示，在其中输入“-1”数据，按【Enter】键。

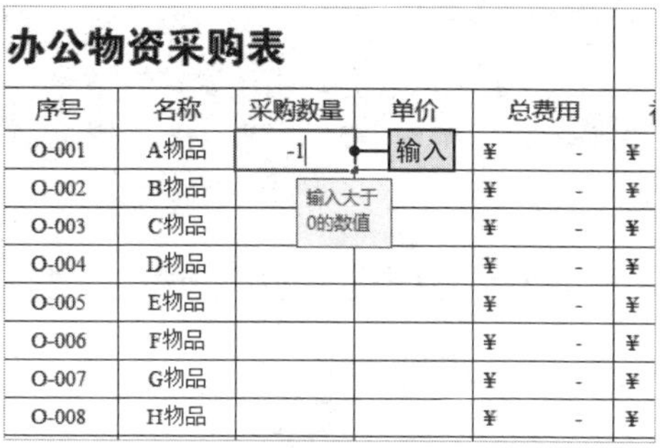

7 提示警告信息

程序自动判断非范围内的数据，并打开警告对话框提示输入的数据与数据验证的限制不匹配。单击“重试”按钮后可以重新开始输入。

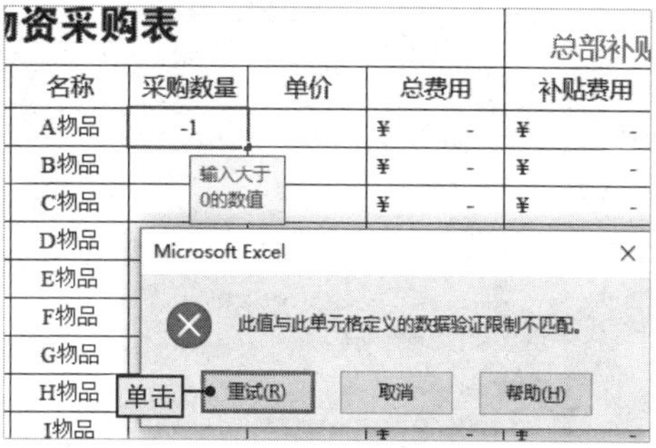

> **TIP “忽略空值”复选框的作用**
>
> 在“数据验证”对话框的“允许”下拉列表框右侧有一个“忽略空值”复选框，如果选中该复选框，表示当设置了数据验证的单元格中输入的是空值时，该单元格不受数据验证条件的限制，只有当单元格输入的是非空值时，才检测单元格中设置的数据验证条件。

2 只允许输入指定的序列

只允许输入指定的序列是指设置有数据验证条件的单元格区域只允许输入特定的序列数据，对于序列以外的其他数据，将不能被输入到单元格中。

下面以在“办公用品领用登记表”表中限定部门名称只能是“财务部，宣传部，销售部，行政部，客服部”序列中的数据为例，讲解相关的操作方法。

>> 素材文件：素材\第1章\办公用品领用登记表.xlsx

>> 效果文件：效果\第1章\办公用品领用登记表.xlsx

1 单击“数据验证”按钮

打开素材文件，❶选择所有部门名称单元格区域，❷单击“数据”选项卡“数据工具”组中的“数据验证”按钮打开“数据验证”对话框。

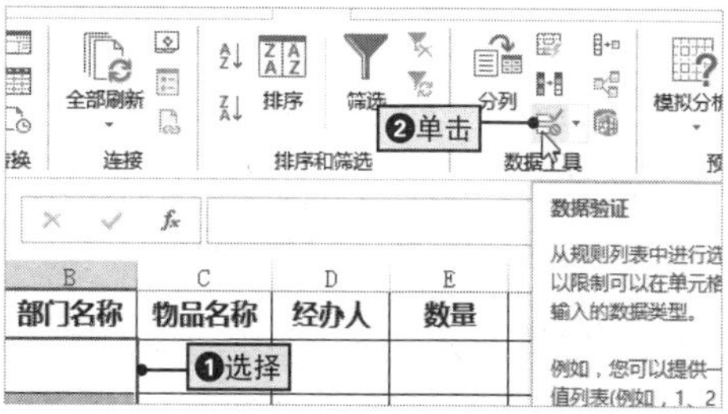

2 设置数据验证条件

❶在对话框的“允许”下拉列表框中选择“序列”选项，❷在“来源”文本框中输入允许在单元格中输入的数据项（各项之间以英文状态下的逗号隔开），单击“确定”按钮。

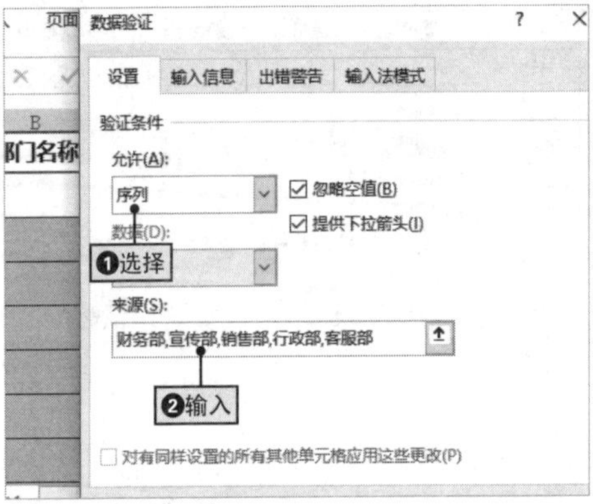

3 通过下拉列表框录入数据

❶在返回的工作表中选择设置了数据验证条件的单元格，其右侧将出现一个下拉按钮，单击该按钮，❷在弹出的下拉列表中选择需要的选项即可将对应的数据快速录入到单元格中。

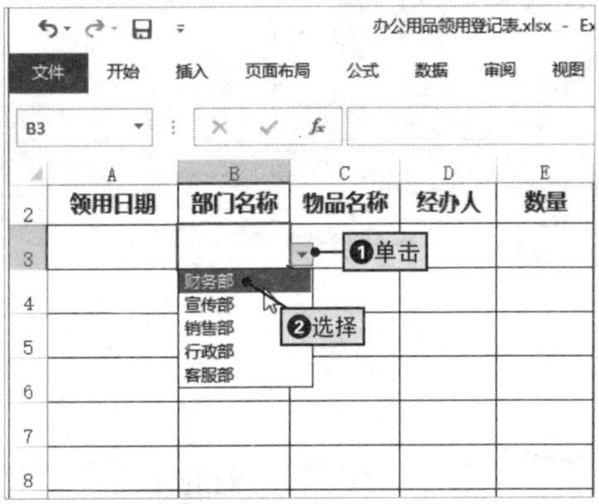

TIP 快速更改或删除数据的有效性

当用户需要对工作表中的多个单元格设置相同的数据验证条件时，如果要想快速更改这些设置，则可以选择设置了验证条件的任意一个单元格，在“数据验证”对话框重新设置验证条件，并选中“对有同样设置的所有其他单元格应用这些更改”复选框，如图1-22所示。单击“确定”按钮即可一次性更改该工作表中具有相同验证条件的所有单元格。

如果需要快速删除工作表中所有数据验证条件时，可以单击“数据验证”对话框中的“全部清除”按钮，如图1-23所示。

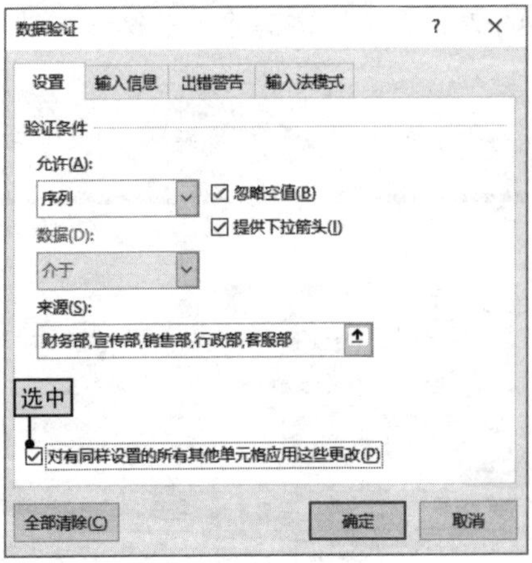

图1-22

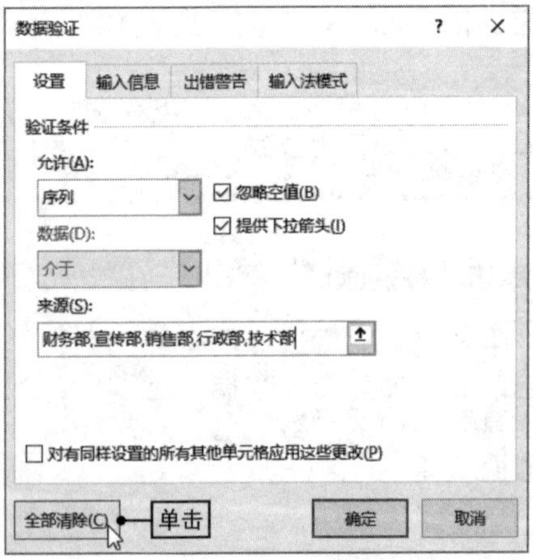

图1-23

3 自定义约束条件

在“数据验证”对话框的“允许”下拉列表框中有整数、小数、序列、日期、时间、文本长度这几种系统内置的有效性类型，如果无法满足用户的需要，则可以在该下拉列表框中选择“自定义”选项，通过用户输入自定义公式来设置数据的约束条件。

下面以在“员工档案管理表”表中限定身份证号码的唯一性为例，讲解自定义约束条件的相关操作方法。

>> 素材文件：素材\第1章\员工档案管理表.xlsx

>> 效果文件：效果\第1章\员工档案管理表.xlsx

1 设置数据验证条件

打开素材文件，❶选择所有身份证号码的单元格区域，这里选择C3:C20单元格区域，❷打开“数据验证”对话框，设置“允许”参数为“自定义”，❸在“公式”参数框中输入“=COUNTIF($C$3:$C$20,C3)=1”公式。

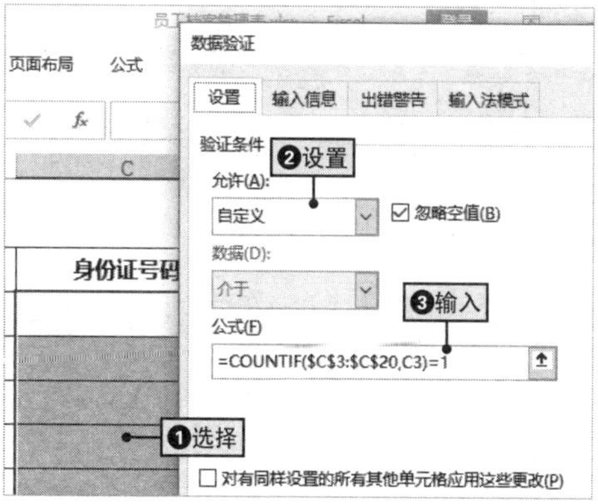

2 设置出错警告

❶单击“出错警告”选项卡，❷在“错误信息”列表框中输入“该身份证号码已经存在”文本（该操作的作用是当用户输入相同身份证号码时打开的警告对话框），❸单击“确定”按钮确认设置的数据验证条件。

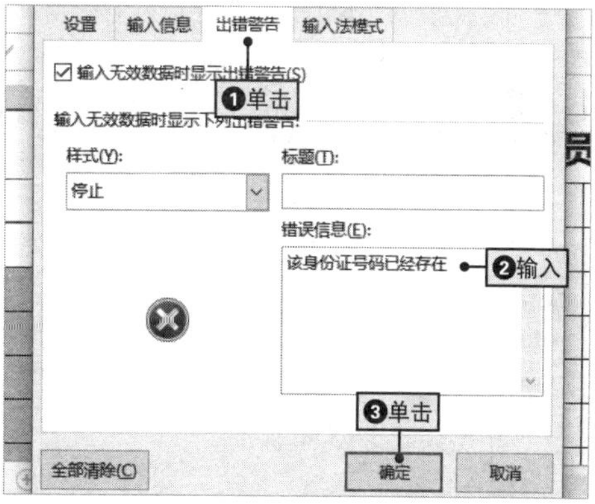

3 验证设置的效果

❶在返回的工作表的C3单元格中输入身份证号码数据，在C4单元格中输入相同的数据，按【Enter】键确认输入后将打开警告对话框，提示该身份证号码已经存在的信息，❷单击“重试”按钮可以重新输入。

1.3.3 利用记录单准确录入数据

在人力资源管理表格中，有些表格包含许多列，此时在其中录入数据，为了不看错位置而录入错误的数据，可以借助Excel提供的记录单功能，通过对话框的方式逐条录入数据，从而确保在多表头的数据表中的每个表头准确录入数据。

下面以在“员工档案管理表1”表中添加记录为例，讲解利用记录单录入数据的相关操作方法。

>> 素材文件：素材\第1章\员工档案管理表1.xlsx

>> 效果文件：效果\第1章\员工档案管理表1.xlsx

1 打开记录单对话框

打开素材文件，❶选择最后一行数据记录的任意数据单元格，这里选择B20单元格，❷在快速访问工具栏中单击“记录单”按钮打开记录单对话框（默认情况下快速访问工具栏中没有该按钮，需要手动添加），❸单击“新建”按钮。

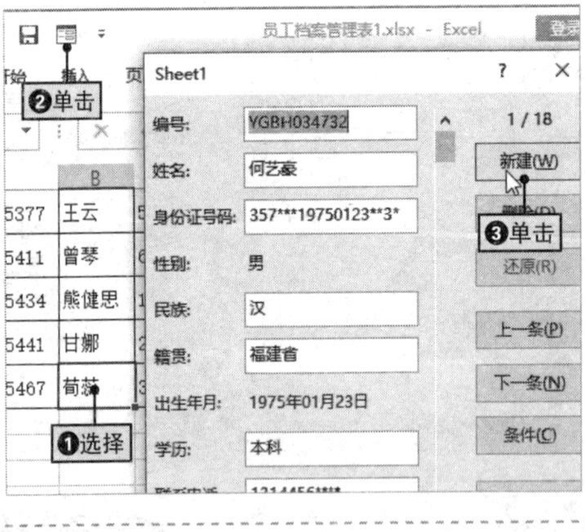

2 添加记录

❶程序自动清空当前的记录并新建一条空白记录，在其中输入相应的数据，❷单击“关闭”按钮完成记录的添加。（由于性别数据和出生年月数据是通过公式的方式从身份证号码中提取，所以此处不需要输入）。

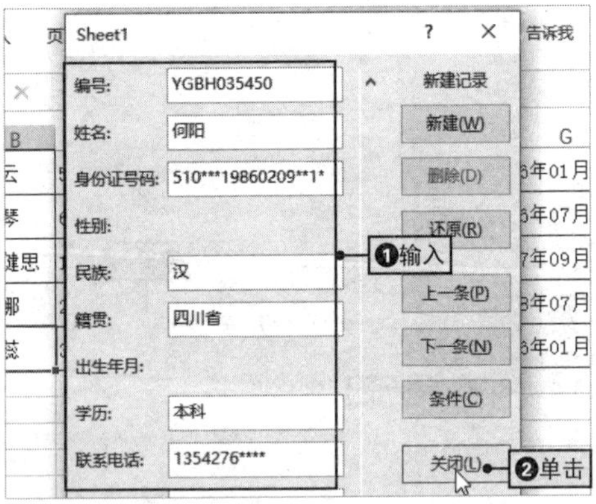

3 查看效果

返回工作表，在数据表的末尾即可查看到添加的数据记录（如果要连续添加多条记录，直接在步骤2中单击“新建”按钮确认当前添加的记录并继续添加新记录）。

15	YGBH035366	吴金玉	368***19850107**3*	男	汉
16	YGBH035377	王云	514***19860125**8*	女	汉
17	YGBH035411	曾琴	620***19860728**2*	女	汉
18	YGBH035434	熊健思	126***19870902**5*	男	汉
19	YGBH035441	甘娜	***19880725**2*	女	汉
20	YGBH035467	荀蕊	346***19860108**6*	女	汉
21	YGBH035450	何阳	510***19860209**1*	男	汉

TIP 记录单对话框的其他用处

在记录单对话框中可以单击"上一条"或"下一条"按钮，或者拖动对话框中的垂直滚动条切换记录。当表格中的数据记录比较多时，如果逐条查找或者拖动查找都比较繁琐，而且效率不高，此时就可以通过单击"条件"按钮，然后在字段名称中设置需要查找的数据，按【Enter】键可快速筛选出该类数据的第一条数据。

1.3.4 其他特殊数据的录入方法

对于一些特殊的数据通过直接输入的方式不能达到预期的效果，此时必须进行手动设置，如以"0"开头的数据和输入超过11位以上的数字数据等。下面介绍一些常见特殊数据的具体录入方法。

1 为整列数据设置相同的前缀和后缀

在制作完表格后，有时候会需要对某列数据统一更改，如在该列的所有数据前后添加前缀和后缀，如要在数据前后分别添加前缀"BH"和后缀"123"，可通过如下操作完成：

选择需要添加前缀和后缀的单元格区域，在"开始"选项卡"数字"组中单击"对话框启动器"按钮打开"设置单元格格式"对话框，❶单击"数字"选项卡，❷在"分类"列表框中选择"自定义"选项，❸在右侧的"类型"列表框中选择"@"选项，❹在文本框中的"@"左右侧分别输入""BH""和""123""，如图1-24所示，单击"确定"按钮完成操作。

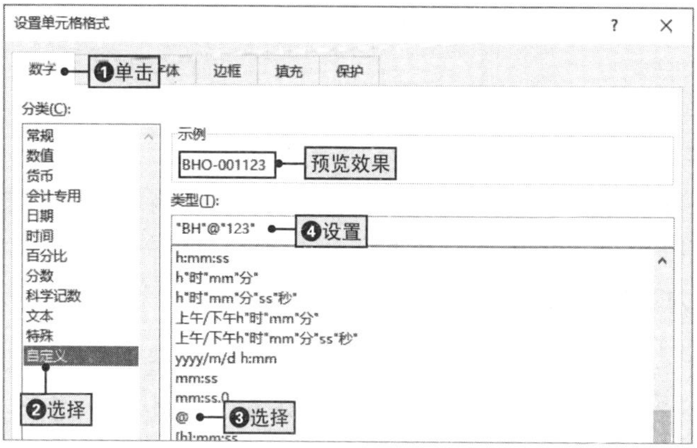

图1-24

当然，如果只需要添加前缀或后缀，可在"@"符号的左侧或者右侧输入对应的带引号的数据。但必须注意，双引号需要在英文状态下输入。

2 巧妙输入以“0”打头的数据

在单元格中直接输入以“0”打头的数据，系统默认情况下不会显示数据前的“0”，如输入数据“0020191001”，按【Enter】键或【Tab】键后显示的数据为“20191001”。如果要显示出完整的数据，首先需要对单元格进行设置，其具体操作为：

选择需要输入数据的单元格或单元格区域，打开“设置单元格格式”对话框，❶在“数字”选项卡“分类”列表框中选择“自定义”选项，❷在右侧的“类型”文本框中输入与数据位数个数相等的“0”，如需要输入的数据有10位，则输入“0000000000”，如图1-25所示，单击“确定”按钮确认设置。

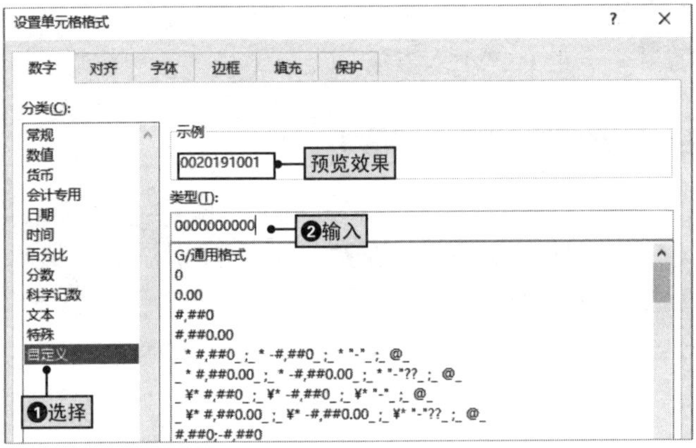

图1-25

除了通过自定义类型设置单元格格式来显示以“0”开头的数据外，还可以通过将单元格设置为“文本”类型显示数据。

3 输入超过11位以上的数字数据

在工作表的单元格中输入超过11位数，单元格将不能直接显示输入的数据，如输入“123000000000”，按【Enter】键后显示的数据为“1.23E+11”，而身份证号码为18位，要正确显示身份证号码，可通过以下3种方法输入数据。

◆ 选择需输入11位以上数字的单元格或单元格区域，打开“设置单元格格式”对话框，在“数字”选项卡的“分类”列表框中选择“自定义”选项，在“类型”文本框下的列表框中选择“@”选项，单击“确定”按钮，再输入数字即可。如果事先已经输入了数字，使用该方法不能恢复全部显示，如图1-26所示。

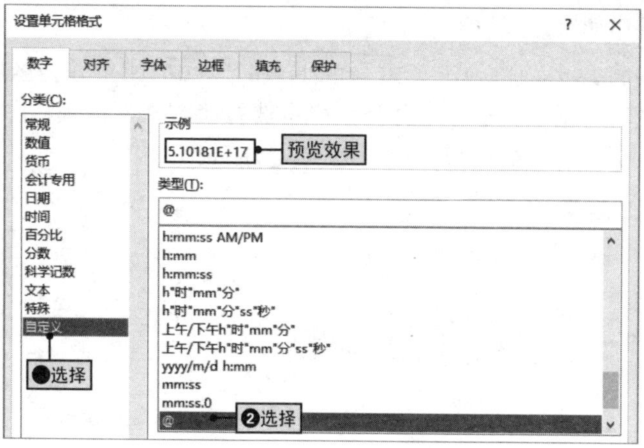

图1-26

- 选择需输入11位以上数字的单元格，在其中先输入一个英文状态下的单引号“'”，再输入11位以上的数字。
- 选择需输入11位以上数字的单元格或单元格区域，在“开始”选项卡的“数字”组的“常规”下拉列表框中选择“文本”选项后再输入11位以上的数字。对于已经输入了数据的，使用该方法同样不能恢复显示数据。

TIP 利用函数恢复11～15位数据的显示

如果要输入的超过11位数的数字在15位以下，如在A1单元格中输入了15位的编号数据，此时可以通过TEXT()函数恢复其显示，具体的公式为：“=TEXT(A1,"000000000000000")”。

4 输入不带超链接的电子邮件

在记录员工基本信息时，输入电子邮件，系统会自动将电子邮件信息变为超链接。如果要使输入的电子邮件不被加上超链接，有如下两种方法。

- 在单元格内输入电子邮件或网址之前先加一个空格。
- 在单元格内输入电子邮件或网址之前先加一个“'”符号（半角状态下的英文单引号）。

5 快速实现数字的大小写转换

一般情况下，在Excel中输入的中文数字属文本类型，不能用于计算。这里可以通过设置单元格格式，转换数字的大小写，使单元格中的中文数字也可用于计算，其操作如下：

选择需要将数字转换为中文大写或小写的单元格或单元格区域，打开“设置单元格格式”对话框，❶在“分类”栏中选择“特殊”选项，❷在右侧的“类型”列表框中选择对应的选项即可，如图1-27所示。

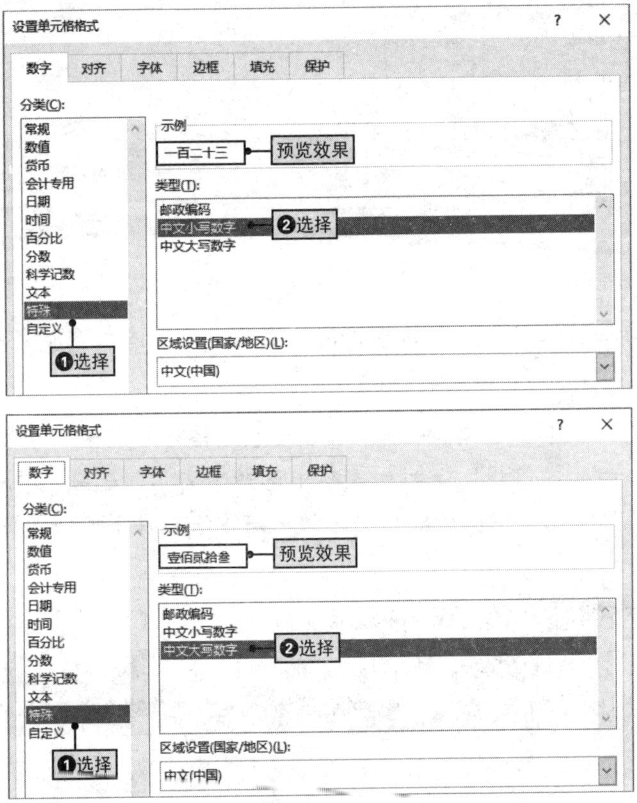

图1-27

第2章 02

减少不规范的操作，让你更专业

本章导读

在人力资源管理中，Excel的应用是很简单的，软件学习也容易。但是有些用户在实际工作中，仍然会遇到各种难以解决的问题，不是自己对软件不熟悉，归根结底是自己的操作不规范，如表格结构不规范、数据不规范、文件存储不规范等。由于不规范的操作，为自己的工作带来了更多新的麻烦，减少这些不规范的操作，工作效率将更高，让你更专业。

本章要点

不规范的复合表头
同一单元格记录多个属性
重要数据要设置保护
Excel文件要分类存放
……

2.1 表格结构的不规范操作

在现代人力资源管理中，要求员工通过处理表格数据，得出更多有价值的信息，因此表格不再仅仅是保存与传递信息的载体，它同样是数据处理与分析工作的基础。在Excel中，要更好地应用系统提供的功能来处理数据，就必须遵循表格结构的规范，如果违背了结构规范，就有可能导致功能不能使用。因此，表格结构规不规范，是影响数据处理的一大重要因素。

2.1.1 不规范的复合表头

在Excel中，根据表格用途的不同，可以将表格划分为两大类型，一种是展示型表格，一种是分析型表格。

所谓展示型表格是指表格中存储的数据主要用于存储信息，如图2-1所示的设备请购表，整个结构就是不规则的复合结构表格。

设备请购表

申请部门： 年 月 日

设备名称		规格型号		配 置	
数 量		单 价		金 额	
经费来源					
预算金额	使用方向			购置类型	
申请理由： 经办人：					
申请部门领导意见 （签字）			申请部门（公章）		
财务处（签字）					
备 注					

注：1、本报告一式二份，一份交财务处，一份交后勤管理处。
2、“经费来源”、“购置类型”、“使用方向”栏用“√”选择。

图2-1

所谓分析型表格是指表格中存储的数据主要用于配合其他Excel功能进行数据分析，从而挖掘出更多有用的信息，因此它是作为数据分析的源数据。对于这种表格，Excel程序要求表格的结构只有一行表头，所有的数据记录都依据该表头中的字段逐个对应，方便程序识别和提取数据。如果在设计表格结构时没有遵循这一规范，在应用Excel功能处理和分析数据时，就会给我们带来麻烦。

如图2-2所示的是包含复合表头的员工信息表。

序号	基本信息									学历信息		
	姓名	性别	出生日期	籍贯	民族	年龄	身份证号码	现住址	联系电话	学历	毕业院校	专业
1	朱宏	男	1987/5/19	四川	汉	32	******198705190418	华西街18号	1386548****	大专	四川师范大学	应用电子技术
2	王宛平	男	1972/11/5	四川	汉	47	******197211051471	西大街2号	1358765****	大专	成都理工大学	计算机应用与维护
3	刘梅	女	1968/10/15	重庆	汉	51	******196810155342	柳林东镇街8号	1304877****	大专	成都纺织高等专科学校	计算机多媒体技术
4	张涛	女	1985/12/20	四川	汉	34	******198512201562	何家大院	1359641****	本科	四川音乐学院绵阳艺术学院	戏剧影视文学
5	宋佳玉	男	1968/10/11	重庆	汉	51	******196810112151	解放路中段15号	1531121****	大专	成都理工大学	计算机网络技术
6	刘宇	女	1985/6/3	四川	汉	34	******198506030127	汇丰大厦1282号	1314456****	大专	西南财经大学	金融管理
7	王婷	女	1987/10/14	重庆	汉	32	******198710140725	金沙街6号	1581512****	本科	四川农业大学	计算机科学与技术
8	顾洪涛	男	1982/2/25	重庆	汉	37	******198202250138	仁和社区108号	1324465****	本科	兰州商学院桥学院	金融学
9	周觅	女	1986/8/21	四川	汉	33	******198608210324	西沙路8号	1324578****	本科	四川大学锦江学院	经济学
10	孙伟强	男	1984/3/8	重庆	汉	35	******198403081237	南海古镇2号	1304453****	大专	成都大学	金融管理与务实
11	郭明	男	1984/3/15	四川	汉	35	******198403150231	罗家湾19号	1361212****	本科	西华大学	经济学
12	姜志林	女	1975/10/23	重庆	汉	44	******197510233762	真源路18号	1369458****	本科	西华大学	经济学
13	李帆	女	1982/4/18	四川	汉	37	******198204183225	高牌坊西街5号	1371512****	大专	四川拓扑信息技术职业学院	计算机信息管理（数据库
14	宋明	男	1988/1/5	重庆	汉	31	******198801051552	红旗镇九沙村2组	1591212****	大专	成都航空职业技术学院	应用电子技术
15	黄晓鹏	女	1986/8/11	四川	汉	33	******198608111321	人民路南段3号	1384451****	本科	西南政法大学	金融
16	杨婷	男	1984/9/17	四川	汉	35	******198409170832	全新街108号	1334678****	本科	吉林工商学院	金融学
17	张晓佳	男	1978/11/15	重庆	汉	41	******197811155353	和平大厦6楼3号	1398066****	本科	宜宾学院	国际经济与贸易
18	赵芳瑞	女	1983/7/20	四川	汉	36	******198307201564	南环路118号	1342674****	本科	四川师范大学	汉语言文学（中外文秘）
19	祝苗	男	1970/11/1	重庆	汉	49	******197011012154	五星街16号	1369787****	大专	四川理工	金融与证券
20	刘瑾瑾	女	1984/9/3	重庆	汉	35	******198409030121	长沙北路6号	1514545****	大专	四川管理职业学院	计算机科学与技术
21	董磊	女	1986/10/19	四川	汉	33	******198610190705	绿源居B栋303号	1391324****	大专	成都大学	汉语言文学

图2-2

从上图中可以看到，该表格在设计时先分大类，再分明细，通过这种多行的复合表头，让整个表格的设计思路清晰，表格信息看着也直观。但是它却不能作为数据源表格进行数据处理与分析。

例如，现在要按籍贯汇总员工的人数，当在表格中按照籍贯字段排序并启用分类汇总功能后，在打开的“分类汇总”对话框中的“分类字段”下拉列表框和“选定汇总项”列表框中都只显示第一行标题，第二行标题不显示，如图2-3所示。

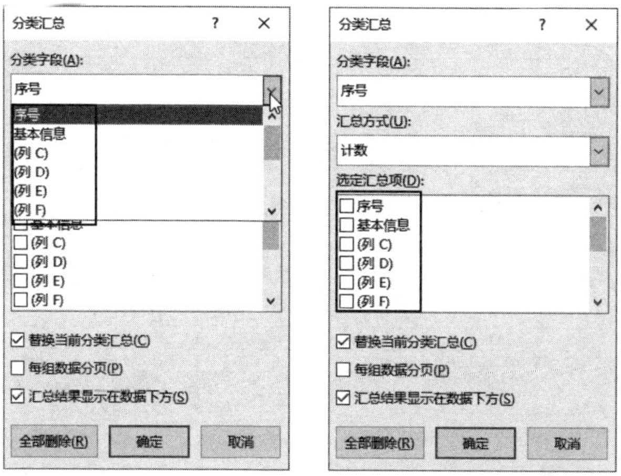

图2-3

对于程序提供的一键美化功能，在复合的多行表头的表格中也不适用，如图2-4所示为套用表格样式后的效果。系统自动将第一行的合并单元格拆分，添加“列1”、“列2”……的表头，而原来的第二行表头则被Excel程序识别为表格的第一条记录。

	A	B	C	D	E	F	G	H	I	J	K
1	序号	基本信息	列1	列2	列3	列4	列5	列6	列7	列8	学历信息
2		姓名	性别	出生日期	籍贯	民族	年龄	身份证号码	现住址	联系电话	学历
3	1	朱宏	男	1987/5/19	四川	汉	32	******198705190418	华西街18号	1386548****	大专
4	2	王宛平	男	1972/11/5	四川	汉	47	******197211051471	西大街2号	1358765****	大专
5	3	刘梅	女	1968/10/15	重庆	汉	51	******196810155342	柳林东镇街8号	1304877****	大专
6	4	张涛	女	1985/12/20	四川	汉	34	******198512201562	何家大院	1359641****	本科
7	5	宋佳玉	男	1968/10/11	重庆	汉	51	******196810112151	解放路中段15号	1531121****	大专
8	6	刘宇	女	1985/6/3	四川	汉	34	******198506030127	汇丰大厦1282号	1314456****	大专
9	7	王婷	女	1987/10/14	重庆	汉	32	******198710140725	金沙街6号	1581512****	本科
10	8	顾洪涛	男	1982/2/25	重庆	汉	37	******198202250138	仁和社区108号	1324465****	本科
11	9	周觅	女	1986/8/21	四川	汉	33	******198608210324	西沙路8号	1324578****	本科
12	10	孙伟强	男	1984/3/8	重庆	汉	35	******198403081237	南海古镇2号	1304453****	大专

图2-4

2.1.2 不规范的合计行

在一张数据表中，如果存在多组数据，分别给每组数据添加一个合计行，可以让整个数据表中各组数据的情况更加直观。如图2-5所示，这个表格效果如果呈报给上司查看，是绝对没有问题的。

	A	B	C	D	E	F	G	H	I	J	K
1	编号	姓名	部门	基本工资	保险扣除	考勤扣除	奖金总额	实际工资	个人所得税	税后工资	实发工资
2	QD2001104	赵杰	总务处	¥ 2,500.00	¥ 269.16	¥ 30.00	¥ 3,045.00	¥ 5,245.84	¥ 69.58	¥ 5,176.26	¥ 5,176.26
3	QD2001105	钟亭亭	总务处	¥ 2,500.00	¥ 269.16	¥ 10.00	¥ 1,275.00	¥ 3,495.84	¥ -	¥ 3,495.84	¥ 3,495.84
4	QD2001108	张伟	总务处	¥ 3,000.00	¥ 269.16	¥ 20.00	¥ 300.00	¥ 3,010.84	¥ -	¥ 3,010.84	¥ 3,010.84
5	QD2001121	龚燕	总务处	¥ 2,500.00	¥ 269.16	¥ 30.00	¥ 3,045.00	¥ 5,245.84	¥ 69.58	¥ 5,176.26	¥ 5,176.26
6	QD2001126	王宏涛	总务处	¥ 3,000.00	¥ 269.16	¥ 10.00	¥ 300.00	¥ 3,020.84	¥ -	¥ 3,020.84	¥ 3,020.84
7	QD2001129	张文泉	总务处	¥ 4,500.00	¥ 269.16	¥ 10.00	¥ 5,815.00	¥ 10,035.84	¥ 752.17	¥ 9,283.67	¥ 9,283.67
8	QD2001132	谢晋	总务处	¥ 2,500.00	¥ 269.16	¥ 30.00	¥ 3,045.00	¥ 5,245.84	¥ 69.58	¥ 5,176.26	¥ 5,176.26
9	QD2001133	赵磊	总务处	¥ 2,500.00	¥ 269.16	¥ 10.00	¥ 1,275.00	¥ 3,495.84	¥ -	¥ 3,495.84	¥ 3,495.84
10	QD2001136	陈东	总务处	¥ 3,000.00	¥ 269.16	¥ 20.00	¥ 300.00	¥ 3,010.84	¥ -	¥ 3,010.84	¥ 3,010.84
11	QD2001141	王小波	总务处	¥ 2,500.00	¥ 269.16	¥ 30.00	¥ 250.00	¥ 2,450.84	¥ -	¥ 2,450.84	¥ 2,450.84
12											**总务处合计：43487.55元**
13	QD2001106	刘岩	后勤部	¥ 5,000.00	¥ 269.16	¥ 100.00	¥ 500.00	¥ 5,130.84	¥ 58.08	¥ 5,072.76	¥ 5,072.76
14	QD2001107	赵磊	后勤部	¥ 3,000.00	¥ 269.16	¥ 30.00	¥ 300.00	¥ 3,000.84	¥ -	¥ 3,000.84	¥ 3,000.84
15	QD2001118	陈昭翔	后勤部	¥ 4,500.00	¥ 269.16	¥ 10.00	¥ 5,815.00	¥ 10,035.84	¥ 752.17	¥ 9,283.67	¥ 9,283.67
16	QD2001119	董晓佳	后勤部	¥ 2,500.00	¥ 269.16	¥ 10.00	¥ 2,975.00	¥ 5,195.84	¥ 64.58	¥ 5,131.26	¥ 5,131.26
17	QD2001120	冯家燕	后勤部	¥ 2,500.00	¥ 269.16	¥ 10.00	¥ 2,835.00	¥ 5,055.84	¥ 50.58	¥ 5,005.26	¥ 5,005.26
18	QD2001122	刘雪琴	后勤部	¥ 2,500.00	¥ 269.16	¥ 10.00	¥ 1,275.00	¥ 3,495.84	¥ -	¥ 3,495.84	¥ 3,495.84
19	QD2001128	张婷益	后勤部	¥ 3,000.00	¥ 269.16	¥ 10.00	¥ 300.00	¥ 3,020.84	¥ -	¥ 3,020.84	¥ 3,020.84
20	QD2001130	周丽华	后勤部	¥ 2,500.00	¥ 269.16	¥ 10.00	¥ 2,975.00	¥ 5,195.84	¥ 64.58	¥ 5,131.26	¥ 5,131.26
21	QD2001140	王鑫	后勤部	¥ 5,000.00	¥ 269.16	¥ 10.00	¥ 500.00	¥ 5,220.84	¥ 67.08	¥ 5,153.76	¥ 5,153.76
22											**后勤部合计：:44461.88元**
23	QD2001101	张佳	客服部	¥ 4,500.00	¥ 269.16	¥ 10.00	¥ 5,815.00	¥ 10,035.84	¥ 752.17	¥ 9,283.67	¥ 9,283.67

3月

图2-5

在这个表格中，清晰地记录了每个部门所有员工的工资明细情况，并且对每个部门的实发工资总额也进行了合计。虽然得到这个效果需要经历“计算每个部门的合计数据→找到合适的位置并插入空行→填写合计数据→美化合计行的效果”这一繁琐的过程，但是相信许多初入职场的工作人员都会不惜花费时间尽量把表格做成这种效果。

但是，殊不知这小小的一个合计行会给往后的工作带来不小的影响，例如需要统计当月实发工资最大值以及员工工资在各部门的排名情况，就是因为这个合计行，打破了表格的连续性，造成数据工作统计麻烦。

此外，由于合计行是人为手动添加的，因此也无法百分之百地保证数据正确。最后，如果表格中的数据量庞大，添加这些合计行，确实会浪费很多时间，因此，此举可谓百害而无一利。

做出这个表格效果的人，其实没有理解清楚数据源表格的真正作用，数据源表格的作用就是准备好一切需要的基础数据，如果你要得到各部门的汇总数据，除了使用分类汇总功能得到汇总数据，利用数据透视表功能也可以轻松“变”出各种你需要的汇总表，如图2-6所示。

	A	B
3	行标签	求和项:实发工资
4	工程部	49120.86
5	后勤部	44295.49
6	客服部	37998.15
7	总务处	43297.49
8	总计	174711.99

只对部门实发工资汇总。

	A	B
3	行标签	求和项:实发工资
4	⊟工程部	49120.86
5	曹密	2450.84
6	陈守宁	3020.04
7	胡艳	3020.84
8	李孝英	3020.84
9	罗成勇	5072.76
10	罗雪瑶	3000.84
11	马春雷	5072.76
12	马建宇	3010.84
13	庞洋	3020.84
14	宋洁	3020.84
15	闫品	3020.84
16	杨晓莲	1910.84
17	余婷	2450.84
18	赵伟	5005.26
19	钟莹	3020.84
20	⊟后勤部	44295.49
21	陈昭翔	9283.67

不仅有部门的汇总，同时显示了部门各员工的实发工资数据。

	A	B	C	D	E	
3	行标签	求和项:基本工资	求和项:保险扣除	求和项:考勤扣除	求和项:奖金总额	求和项
4	⊟工程部	46500	4037.4	410	7235	
5	曹密	2500	269.16	30	250	
6	陈守宁	3000	269.16	10	300	
7	胡艳	3000	269.16	10	300	
8	李孝英	3000	269.16	10	300	
9	罗成勇	5000	269.16	100	500	
10	罗雪瑶	3000	269.16	30	300	
11	马春雷	5000	269.16	100	500	
12	马建宇	3000	269.16	20	300	
13	庞洋	3000	269.16	10	300	
14	宋洁	3000	269.16	10	300	
15	闫品	3000	269.16	10	300	
16	杨晓莲	2000	269.16	20	200	
17	余婷	2500	269.16	30	250	
18	赵伟	2500	269.16	10	2835	
19	钟莹	3000	269.16	10	300	
20	⊟后勤部	30500	2422.44	200	17475	
21	陈昭翔	4500	269.16	10	5815	

不仅有详细数据，而且对每个项都按部门进行了汇总。

图2-6

因此，当你在使用Excel手动重复地进行某项工作时，你就应该停下来思考一下，是不是有什么快捷的操作来完成？这样在一定程度上也规避了手动工作造成的错误。

2.1.3 不规范的合并单元格

在电子表格中使用合并操作对单元格区域进行合并是最常见的操作，在适合的情况下合并单元格可以达到很好的表达效果，然而不是所有的表格都适用于单元格合并。通常，对于直接描述记录数据的展示型表格适用于合并单元格，例如制作表格标题、设计表头数据或者输入长文本等，如图2-7所示的差旅费报销单表格。

差 旅 费 报 销 单

单位：[请输入单位名称]　　[请输入报销日期]

出发				到达				人数	交通工具	交通费金额	伙食补助		其他补助			出差事由		
月	日	时	地名	月	日	时	地名				天数	金额	项目	天数	金额			
													住宿费			出差人姓名	职务	附件
													市内车费					
													邮电费					
													未卧补助					
													其他					张
																借款人姓名		
合计																予借旅费		
报销总额	人民币（大写）							零元零角零分				¥			-	补领金额	0.00	
																退还金额	0.00	

单位负责人：　　审核：　　出纳：　　领款人：

图2-7

但是，对于表格中的数据需要作为其他操作的源数据时，如果在表格中对某些单元格应用了合并单元格操作，在使用排序、筛选、汇总、透视表、图表等功能进行数据分析时，不仅会达不到指定的效果，还会使获取到的数据不准确。

如图2-8所示的工资表中，在同一部门数据中出现了合并单元格，此时对这个数据源进行筛选操作，将总务处的所有数据记录筛选出来，结果却只显示了一条数据记录。

在这里合并单元格影响了数据分析，是因为合并单元格时，只有首个单元格中有数据，其他单元格都是空白单元格。

即在下图中，将C2:C11单元格合并后，虽然我们肉眼看到的是C2:C11单元格区域中的每个单元格中都是“总务处”数据，但是事实上，Excel只能判断出C2单元格中的值是“总务处”数据，C3:C11单元格区域中的每个单元格中的值都是空白，所以在筛选数据时，程序只能筛选出一条数据记录。

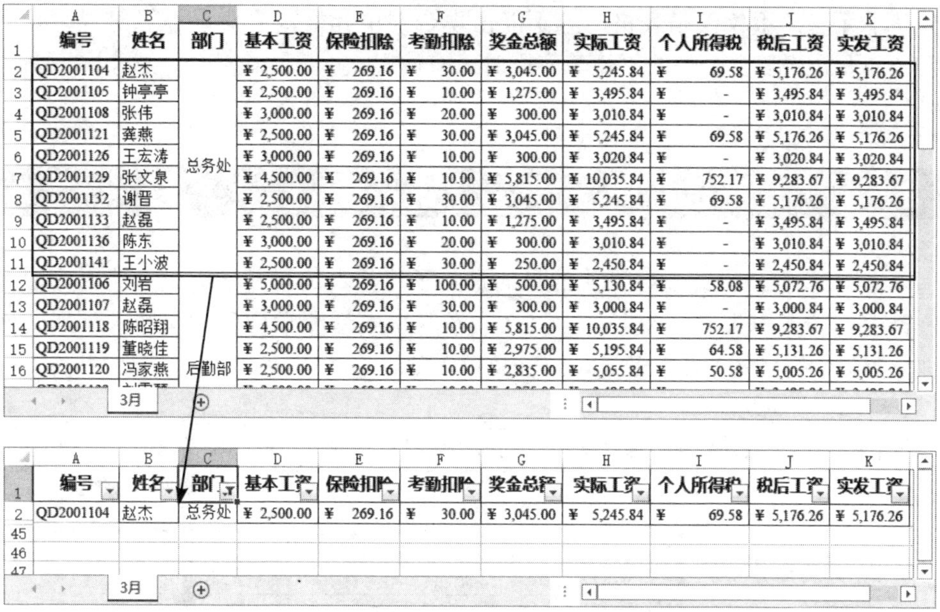

	A	B	C	D	E	F	G	H	I	J	K
1	编号	姓名	部门	基本工资	保险扣除	考勤扣除	奖金总额	实际工资	个人所得税	税后工资	实发工资
2	QD2001104	赵杰	总务处	¥ 2,500.00	¥ 269.16	¥ 30.00	¥ 3,045.00	¥ 5,245.84	¥ 69.58	¥ 5,176.26	¥ 5,176.26
3	QD2001105	钟亭亭		¥ 2,500.00	¥ 269.16	¥ 10.00	¥ 1,275.00	¥ 3,495.84	¥ -	¥ 3,495.84	¥ 3,495.84
4	QD2001108	张伟		¥ 3,000.00	¥ 269.16	¥ 20.00	¥ 300.00	¥ 3,010.84	¥ -	¥ 3,010.84	¥ 3,010.84
5	QD2001121	龚燕		¥ 2,500.00	¥ 269.16	¥ 30.00	¥ 3,045.00	¥ 5,245.84	¥ 69.58	¥ 5,176.26	¥ 5,176.26
6	QD2001126	王宏涛		¥ 3,000.00	¥ 269.16	¥ 10.00	¥ 300.00	¥ 3,020.84	¥ -	¥ 3,020.84	¥ 3,020.84
7	QD2001129	张文泉		¥ 4,500.00	¥ 269.16	¥ 10.00	¥ 5,815.00	¥ 10,035.84	¥ 752.17	¥ 9,283.67	¥ 9,283.67
8	QD2001132	谢晋		¥ 2,500.00	¥ 269.16	¥ 30.00	¥ 3,045.00	¥ 5,245.84	¥ 69.58	¥ 5,176.26	¥ 5,176.26
9	QD2001133	赵磊		¥ 2,500.00	¥ 269.16	¥ 10.00	¥ 1,275.00	¥ 3,495.84	¥ -	¥ 3,495.84	¥ 3,495.84
10	QD2001136	陈东		¥ 3,000.00	¥ 269.16	¥ 20.00	¥ 300.00	¥ 3,010.84	¥ -	¥ 3,010.84	¥ 3,010.84
11	QD2001141	王小波		¥ 2,500.00	¥ 269.16	¥ 30.00	¥ 250.00	¥ 2,450.84	¥ -	¥ 2,450.84	¥ 2,450.84
12	QD2001106	刘岩	后勤部	¥ 5,000.00	¥ 269.16	¥ 100.00	¥ 500.00	¥ 5,130.84	¥ 58.08	¥ 5,072.76	¥ 5,072.76
13	QD2001107	赵磊		¥ 3,000.00	¥ 269.16	¥ 30.00	¥ 300.00	¥ 3,000.84	¥ -	¥ 3,000.84	¥ 3,000.84
14	QD2001118	陈昭翔		¥ 4,500.00	¥ 269.16	¥ 10.00	¥ 5,815.00	¥ 10,035.84	¥ 752.17	¥ 9,283.67	¥ 9,283.67
15	QD2001119	董晓佳		¥ 2,500.00	¥ 269.16	¥ 10.00	¥ 2,975.00	¥ 5,195.84	¥ 64.58	¥ 5,131.26	¥ 5,131.26
16	QD2001120	冯家燕		¥ 2,500.00	¥ 269.16	¥ 10.00	¥ 2,835.00	¥ 5,055.84	¥ 50.58	¥ 5,005.26	¥ 5,005.26

	A	B	C	D	E	F	G	H	I	J	K
1	编号	姓名	部门	基本工资	保险扣除	考勤扣除	奖金总额	实际工资	个人所得税	税后工资	实发工资
2	QD2001104	赵杰	总务处	¥ 2,500.00	¥ 269.16	¥ 30.00	¥ 3,045.00	¥ 5,245.84	¥ 69.58	¥ 5,176.26	¥ 5,176.26
45											
46											

图2-8

同样的，以图2-8上图所示的表格作为数据源，当使用数据透视表分析数据时，只有每组的第一条记录会被显示到对应的组中，其他数据都将显示到“空白”组中，如图2-9所示。

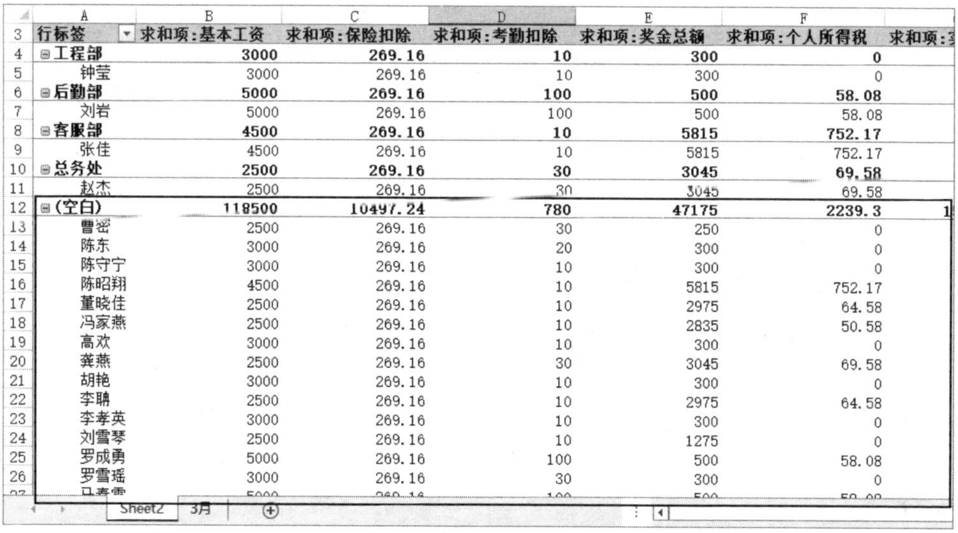

	A	B	C	D	E	F
3	行标签	求和项:基本工资	求和项:保险扣除	求和项:考勤扣除	求和项:奖金总额	求和项:个人所得税
4	⊟工程部	3000	269.16	10	300	0
5	钟莹	3000	269.16	10	300	0
6	⊟后勤部	5000	269.16	100	500	58.08
7	刘岩	5000	269.16	100	500	58.08
8	⊟客服部	4500	269.16	10	5815	752.17
9	张佳	4500	269.16	10	5815	752.17
10	⊟总务处	2500	269.16	30	3045	69.58
11	赵杰	2500	269.16	30	3045	69.58
12	⊟(空白)	118500	10497.24	780	47175	2239.3
13	曹密	2500	269.16	30	250	0
14	陈东	3000	269.16	20	300	0
15	陈守宁	3000	269.16	10	300	0
16	陈昭翔	4500	269.16	10	5815	752.17
17	董晓佳	2500	269.16	10	2975	64.58
18	冯家燕	2500	269.16	10	2835	50.58
19	高欢	3000	269.16	10	300	0
20	龚燕	2500	269.16	30	3045	69.58
21	胡艳	3000	269.16	10	300	0
22	李聃	2500	269.16	10	2975	64.58
23	李孝英	3000	269.16	10	300	0
24	刘雪琴	2500	269.16	10	1275	0
25	罗成勇	5000	269.16	100	500	58.08
26	罗雪瑶	3000	269.16	30	300	0

图2-9

在表格中使用合并单元格的影响还有许多，如影响排序结果、影响数据记录的顺序调整等。因此，如果数据源要用于数据分析，在设计表格时不能出现合并单元格，不仅仅是表格内容不能出现合并单元格，表头也不能出现，其原因在前面介绍复合表头的不规范应用时已有体现。

2.1.4 不规范的隔断

在图2-2中，设计复合表头的目的是为了让基本信息和学历信息能更好地分隔查看。既然表头不能为多行，那么，在联系电话和学历列之间插入一列空列进行分隔，得到图2-10的效果，这样总可以吧。

	A	B	C	D	E	F	G	H	I	J	K	L	M
1	序号	姓名	性别	出生日期	籍贯	民族	年龄	身份证号码	现住址	联系电话		学历	毕业院校
2	1	朱宏	男	1987/5/19	四川	汉	32	******198705190418	华西街18号	1386548****		大专	四川师范大学
3	2	王宛平	男	1972/11/5	四川	汉	47	******197211051471	西大街2号	1358765****		大专	成都理工大学
4	3	刘梅	女	1968/10/15	重庆	汉	51	******196810155342	柳林东镇街8号	1304877****		大专	成都纺织高等专科学校
5	4	张涛	女	1985/12/20	四川	汉	34	******198512201562	何家大院	1359641****		本科	四川音乐学院绵阳艺术学
6	5	宋佳玉	男	1968/10/11	重庆	汉	51	******196810112151	解放路中段15号	1531121****		大专	成都理工大学
7	6	刘宇	女	1985/6/3	四川	汉	34	******198506030127	汇丰大厦1282号	1314456****		大专	西南财经大学
8	7	王婷	女	1987/10/14	重庆	汉	32	******198710140725	金沙街6号	15[illegible]***	空列	本科	四川农业大学
9	8	顾洪涛	男	1982/2/25	重庆	汉	37	******198202250138	仁和社区108号	1324465****		本科	兰州商学院桥学院
10	9	周觅	女	1986/8/21	四川	汉	33	******198608210324	西沙路8号	1324578****		本科	四川大学锦江学院
11	10	孙伟强	男	1984/3/8	重庆	汉	35	******198403081237	南海古镇2号	1304453****		大专	成都大学
12	11	郭明	男	1984/3/15	四川	汉	35	******198403150231	罗家湾19号	1361212****		本科	西华大学
13	12	姜志林	女	1975/10/23	重庆	汉	44	******197510233762	真源路18号	1369458****		本科	西华大学
14	13	李帆	女	1982/4/18	四川	汉	37	******198204183225	高牌坊西街5号	1371512****		大专	四川拓扑信息技术职业学
15	14	宋明	男	1988/1/5	重庆	汉	31	******198801051552	红旗镇九沙村2组	1591212****		大专	成都航空职业技术学院
16	15	黄晓鹏	女	1986/8/11	四川	汉	33	******198608111321	人民路南段3号	1384451****		本科	西南政法大学
17	16	杨婷	男	1984/9/17	四川	汉	35	******198409170832	全新街108号	1334678****		本科	吉林工商学院
18	17	张晓佳	男	1978/11/15	重庆	汉	41	******197811155353	和平大厦6楼3号	1398066****		本科	宜宾学院
19	18	赵芳瑞	女	1983/7/20	四川	汉	36	******198307201564	南环路118号	1342674****		本科	四川师范大学

图2-10

答案为：不可以。

在上图中，通过K列空白列将表格“切成”了两个部分，虽然这在整体视觉上可以看到员工信息表中的基本信息和学历信息。

但是从Excel程序的角度来看，系统认为这两个部分是完全独立的部分，没有任何联系，因为在Excel中，程序是根据连续行列的连续性来识别数据之间的关联。插入的空列就“斩断”了数据之间的关联关系，当使用排序、筛选等功能对数据进行处理和分析时，程序只对当前部分进行处理，不会关联处理其他部分。

如图2-11所示，将表格按照年龄的降序顺序进行排序，程序只变动A～J列的数据，L～N列的数据的位置不发生变化。

	A	B	C	D	E	F	G	H	I	J	K	L	M
1	序号	姓名	性别	出生日期	籍贯	民族	年龄	身份证号码	现住址	联系电话		学历	毕业院校
2	3	刘梅	女	1968/10/15	重庆	汉	51	******196810155342	柳林东镇街8号	1304877****		大专	四川师范大学
3	5	宋佳玉	男	1968/10/11	重庆	汉	51	******196810112151	解放路中段15号	1531121****		大专	成都理工大学
4	19	祝苗	男	1970/11/1	重庆	汉	49	******197011012154	五星街16号	1369787****		大专	成都纺织高等专科学校
5	2	王宛平	男	1972/11/5	四川	汉	47	******197211051471	西大街2号	1358765****		本科	四川音乐学院绵阳艺术学
6	22	李聃	女	1972/2/14	重庆	汉	47	******197202143085	李家大院108号	1378434****		大专	成都理工大学
7	12	姜志林	女	1975/10/23	重庆	汉	44	******197510233762	真源路18号	1369458****		大专	西南财经大学
8	27	周纳	女	1977/2/12	广州	汉	42	******197702125642	解放路中段15号	1395487****		本科	四川农业大学
9	17	张晓佳	男	1978/11/15	重庆	汉	41	******197811155353	和平大厦6楼3号	1398066****		本科	兰州商学院桥学院
10	29	杨晓莲	男	1979/1/25	四川	汉	40	******197901252657	清泉南路112号	1358259****		本科	四川大学锦江学院
11	26	薛敏	男	1981/7/22	四川	汉	38	******198107221478	南海古镇2号	1513434****		大专	成都大学
12	30	赵丹	男	1981/3/17	上海	汉	38	******198103173654	华西街18号	1386548****		本科	西华大学
13	8	顾洪涛	男	1982/2/25	重庆	汉	37	******198202250138	仁和社区108号	1324465****		本科	西华大学
14	13	李帆	女	1982/4/18	四川	汉	37	******198204183225	高牌坊西街5号	1371512****		大专	四川拓扑信息技术职业学
15	28	赵薇	女	1982/3/26	四川	汉	37	******198203265741	金沙街6号	1364466****		大专	成都航空职业技术学院
16	32	张家	女	1982/11/20	四川	汉	37	******198211206743	罗家湾19号	1315159****		本科	西南政法大学
17	18	赵芳瑞	女	1983/7/20	四川	汉	36	******198307201564	南环路118号	1342674****		本科	吉林工商学院
18	24	卢鑫怡	女	1983/1/18	重庆	汉	36	******198301184387	汇川路13号	1367999****		本科	宜宾学院
19	31	刘可盈	女	1983/3/7	云南	汉	36	******198303071024	南环路118号	1381154****		本科	四川师范大学

图2-11

此外，一个最直观的体验，在连续的表格中，按【Ctrl+A】组合键可以选择所有数据单元格，但是在隔断的数据表中，程序只能选择当前连续列的数据，即在图2-10所示的表格中，如果选择A～J列单元格中的任意数据单元格，只能选择A～J列单元格区域；如果选择L～M列单元格中的任意数据单元格，只能选择L～M列单元格区域。

因此，在连续表格中添加多余隔断，对表格操作和数据分析的影响都是非常大的，在设计表格结构时一定要避免这种不规范的操作。

如果用户确实有需要隔断查看表格数据的需求，此时可以将分隔列的边框设置得粗一些，如图2-12所示。

	A	B	C	D	E	F	G	H	I	J	K	L
1	序号	姓名	性别	出生日期	籍贯	民族	年龄	身份证号码	现住址	联系电话	学历	毕业院校
2	1	朱宏	男	1987/5/19	四川	汉	32	******198705190418	华西街18号	1386548****	本科	重庆大学
3	2	王宛平	男	1972/11/5	四川	汉	47	******197211051471	西大街2号	1358765****	本科	四川音乐学院绵阳艺术学院
4	3	刘梅	女	1968/10/15	重庆	汉	51	******196810155342	柳林东镇街8号	1304877****	大专	四川师范大学
5	4	张涛	女	1985/12/20	四川	汉	34	******198512201562	何家大院	1359641****	大专	四川航天职业技术学院
6	5	宋佳玉	男	1968/10/11	重庆	汉	51	******196810112151	解放路中段15号	1531121****	大专	成都理工大学
7	6	刘宇	女	1985/6/3	四川	汉	34	******198506030127	汇丰大厦[illegible]	[illegible]****	本科	西南科技大学
8	7	王婷	女	1987/10/14	重庆	汉	32	******198710140725	金沙街6[illegible]	[illegible]****	大专	成都纺织高等专科学校
9	8	顾洪涛	男	1982/2/25	重庆	汉	37	******198202250138	仁和社区108号	1324465****	本科	西华大学
10	9	周觅	女	1986/8/21	四川	汉	33	******198608210324	西沙路8号	1324578****	本科	四川理工学院
11	10	孙伟强	男	1984/3/8	重庆	汉	35	******198403081237	南海古镇2号	1304453****	大专	四川理工
12	11	郭明	男	1984/3/15	四川	汉	35	******198403150231	罗家湾19号	1361212****	大专	四川管理职业学院
13	12	姜志林	女	1975/10/23	重庆	汉	44	******197510233762	真源路18号	1369458****	大专	西南财经大学
14	13	李帆	女	1982/4/18	四川	汉	37	******190204183225	高牌坊西街5号	1371512****	大专	四川拓扑信息技术职业学院
15	14	宋明	男	1988/1/5	重庆	汉	31	******198801051552	红旗镇九沙村2组	1591212****	本科	云南师范大学
16	15	黄晓鹏	女	1986/8/11	四川	汉	33	******198608111321	人民路南段3号	1384451****	本科	西华大学
17	16	杨婷	男	1984/9/17	四川	汉	35	******198409170832	全新街108号	1334678****	大专	成都大学

粗边框线分隔

图2-12

也可以为不同的表格部分设置不同的填充色，具体效果如图2-13所示。

	A	B	C	D	E	F	G	H	I	J	K	L
1	序号	姓名	性别	出生日期	籍贯	民族	年龄	身份证号码	现住址	联系电话	学历	毕业院校
2	1	朱宏	男	1987/5/19	四川	汉	32	******198705190418	华西街18号	1386548****	本科	重庆大学
3	2	王宛平	男	1972/11/5	四川	汉	47	******197211051471	西大街2号	1358765****	本科	四川音乐学院绵阳艺术学院
4	3	刘梅	女	1968/10/15	重庆	汉	51	******196810155342	柳林东镇街8号	1304877****	大专	四川师范大学
5	4	张涛	女	1985/12/20	四川	汉	34	******198512201562	何家大院	1359641****	大专	四川航天职业技术学院
6	5	宋佳玉	男	1968/10/11	重庆	汉	51	******196810112151	解放路中段15号	1531121****	大专	成都理工大学
7	6	刘宇	女	1985/6/3	四川	汉	34	******198506030127	汇丰大厦1282号	1314456****	本科	西南科技大学
8	7	王婷	女	1987/10/14	重庆	汉	32	******198710140725	金沙街6号	1581512****	大专	成都纺织高等专科学校
9	8	顾洪涛	男	1982/2/25	重庆	汉	37	******198202250138	仁和社区108号	1324465****	本科	西华大学
10	9	周觅	女	1986/8/21	四川	汉	33	******198608210324	西沙路8号	1324578****	本科	四川理工学院
11	10	孙伟强	男	1984/3/8	重庆	汉	35	******198403081237	南海[illegible]	[illegible]	大专	四川理工
12	11	郭明	男	1984/3/15	四川	汉	35	******198403150231	罗家湾19号	1361212****	大专	四川管理职业学院
13	12	姜志林	女	1975/10/23	重庆	汉	44	******197510233762	真源路18号	1369458****	大专	西南财经大学
14	13	李帆	女	1982/4/18	四川	汉	37	******198204183225	高牌坊西街5号	1371512****	大专	四川拓扑信息技术职业学院
15	14	宋明	男	1988/1/5	重庆	汉	31	******198801051552	红旗镇九沙村2组	1591212****	本科	云南师范大学
16	15	黄晓鹏	女	1986/8/11	四川	汉	33	******198608111321	人民路南段3号	1384451****	本科	西华大学
17	16	杨婷	男	1984/9/17	四川	汉	35	******198409170832	全新街108号	1334678****	大专	成都大学

用不同的填充色分隔

图2-13

还可以添加醒目的直线形状对表格的各部分进行分隔，具体效果如图2-14所示。

	A	B	C	D	E	F	G	H	I	J	K	L
1	序号	姓名	性别	出生日期	籍贯	民族	年龄	身份证号码	现住址	联系电话	学历	毕业院校
2	1	朱宏	男	1987/5/19	四川	汉	32	******198705190418	华西街18号	1386548****	本科	重庆大学
3	2	王宛平	男	1972/11/5	四川	汉	47	******197211051471	西大街2号	1358765****	本科	四川音乐学院绵阳艺术学院
4	3	刘梅	女	1968/10/15	重庆	汉	51	******196810155342	柳林东镇街8号	1304877****	大专	四川师范大学
5	4	张涛	女	1985/12/20	四川	汉	34	******198512201562	何家大院	1359641****	大专	四川航天职业技术学院
6	5	宋佳玉	男	1968/10/11	重庆	汉	51	******196810112151	解放路中段15号	1531121****	大专	成都理工大学
7	6	刘宇	女	1985/6/3	四川	汉	34	******198506030127	汇丰大厦12[illegible]	[illegible]	本科	西南科技大学
8	7	王婷	女	1987/10/14	重庆	汉	32	******198710140725	金沙街6号	[illegible]	大专	成都纺织高等专科学校
9	8	顾洪涛	男	1982/2/25	重庆	汉	37	******198202250138	仁和社区108号	1324465****	本科	西华大学
10	9	周觅	女	1986/8/21	四川	汉	33	******198608210324	西沙路8号	1324578****	本科	四川理工学院
11	10	孙伟强	男	1984/3/8	重庆	汉	35	******198403081237	南海古镇2号	1304453****	大专	四川理工
12	11	郭明	男	1984/3/15	四川	汉	35	******198403150231	罗家湾19号	1361212****	大专	四川管理职业学院
13	12	姜志林	女	1975/10/23	重庆	汉	44	******197510233762	真源路18号	1369458****	大专	西南财经大学
14	13	李帆	女	1982/4/18	四川	汉	37	******198204183225	高牌坊西街5号	1371512****	大专	四川拓扑信息技术职业学院
15	14	宋明	男	1988/1/5	重庆	汉	31	******198801051552	红旗镇九沙村2组	1591212****	本科	云南师范大学
16	15	黄晓鹏	女	1986/8/11	四川	汉	33	******198608111321	人民路南段3号	1384451****	本科	西华大学
17	16	杨婷	男	1984/9/17	四川	汉	35	******198409170832	全新街108号	1334678****	大专	成都大学

用形状分隔

图2-14

2.1.5 不规范的标题位置

表格标题的作用就是告诉他人这张表格中记录了什么数据，但是在Excel中，程序提供了两个地方用于显示标题，一是工作簿名称，二是工作表名称。如果工作簿中只有一个表格，则直接对工作簿名称进行命名；如果工作簿中有多个工作表，则对每个工作表进行命名，如图2-15所示。

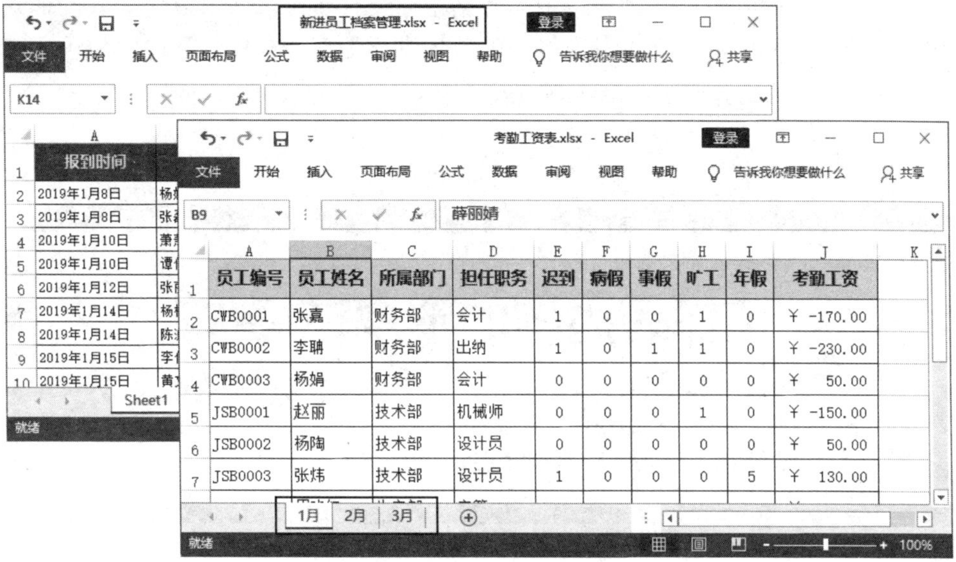

图2-15

但是，大多数的人还是会习惯性地在表格的第一行添加表格标题，如图2-16所示。

图2-16

其实，并不是所有的表格都需要在第一行添加表格标题的，其是否添加表格标题的依据是该表格的作用到底是数据源表格还是报表表格。

如果作为数据源表格，则表格本身是给自己看的，表格中的数据是需要作为数据源来进行处理和分析的，因此为了确保各种Excel功能能够在表格中顺利执行，此时就不需要在第一行添加表格标题。

如果作为报表表格，则表格中的数据是需要打印出来或者以电子版的形式传递给他人查阅的，不会再对表格中的数据进行处理与分析。因此，为了让表格中的信息更清晰、明了，此时就需要在表格的第一行添加表格标题。

2.2 工作表内容的不规范操作

虽说工作表中处理的数据类型不多，常见的也就是数值数据、文本数据、日期数据，但是这些数据如果在录入时不注重规范、统一，在处理这些数据时，将会带来繁琐的工作量，甚至得出错误的统计结果。

2.2.1 同一单元格记录多个属性

同一单元格中记录多个属性是指在一个单元格中保存的数据信息量有多个，如图2-17所示。

	A	B
1	采购日期	采购物品
2	2019年1月11日	书32，笔记本12，中性笔20，文件夹20
3	2019年1月25日	中性笔40，文件夹15
4	2019年2月11日	笔记本20，中性笔10，文件夹10
5	2019年3月15日	书8本，笔记本20
6	2019年3月29日	中性笔50
7	2019年4月2日	书10，笔记本30，文件夹15
8		

Sheet1

图2-17

在上图中，如要统计每种物品的采购总量，将是一项麻烦的工作。就算采购信息不多，也需要逐个进行统计，这就可能出现多统计、漏统计的情况，从而造成数据统计结果错误。如果采购信息比较多，那更是一项让人看着就头疼的工作。

Excel表格不同于Word表格，在Excel中，不同属性的数据要分不同的行列来存储，这样才能更好地通过Excel来处理和分析这些数据。

如果将图2-17中的数据重新按图2-18所示的效果进行存储，那么统计工作就会变得很简单，即使采购信息有很多，也可以用SUM()函数方便地在每列的末尾统计出当前该物品采购的总量。

	A	B	C	D	E
1	采购日期	书	笔记本	中性笔	文件夹
2	2019年1月11日	32	12	20	20
3	2019年1月25日			40	15
4	2019年2月11日		20	10	10
5	2019年3月15日	8	20		
6	2019年3月29日			50	
7	2019年4月2日	10	30		15

图2-18

综上可知，越是基础的数据，越需要分行列单独存储，不能在一个单元格中记录多个属性，特别是刚接触Excel的职场新人，对一些Excel技能还没有驾驭能力时，尽量地将数据源规范化。这些问题看起来很小，但是却可以为后面的工作节省很多时间，大大提高了工作效率。

2.2.2 滥用空格

有些办公人员在制作表格时，为了让表格数据对齐效果更好，就在文本之间添加了空格，如图2-19所示的考勤工资表中，由于员工的姓名有两个字和三个字的情况，对于两个字的名字，工作人员在文字之间使用了空格进行分隔。

	A	B	C	D	E	F	G	H	I	J
1	员工编号	姓名	所属部门	担任职务	迟到	病假	事假	旷工	年假	考勤工资
2	CWB0001	张　嘉	财务部	会计	1	0	0	1	0	¥ -170.00
3	CWB0002	李　聃	财务部	出纳	1	0	1	1	0	¥ -230.00
4	CWB0003	杨　娟	财务部	会计	0	0	0	0	0	¥ 50.00
5	JSB0001	赵　丽	技术部	机械师	0	0	0	1	0	¥ -150.00
6	JSB0002	杨　陶	技术部	设计员	0	0	0	0	0	¥ 50.00
7	JSB0003	张　炜	技术部	设计员	1	0	0	0	5	¥ 130.00
8	SCB0001	周晓红	生产部	主管	1	0	1	0	0	¥ -80.00
9	SCB0002	薛丽婧	生产部	发料员	1	0	0	1	0	¥ -170.00

图2-19

从表面上看，“张嘉”和“张　嘉”都是指的同一个人，但是在Excel看来，这是两个不同的对象。如图2-20所示，在M2单元格中输入“=INDEX(A1:J15,MATCH(L2,B1:B15,0),MATCH(M1,A1:J1,0))”公式，进行根据姓名查询对应员工的考勤工资，当在L2单元格中输入“张嘉”文本时，查询结果显示“#N/A”，表示查无结果；当输入“张 嘉”文本时，查询出该员工的考勤工资。

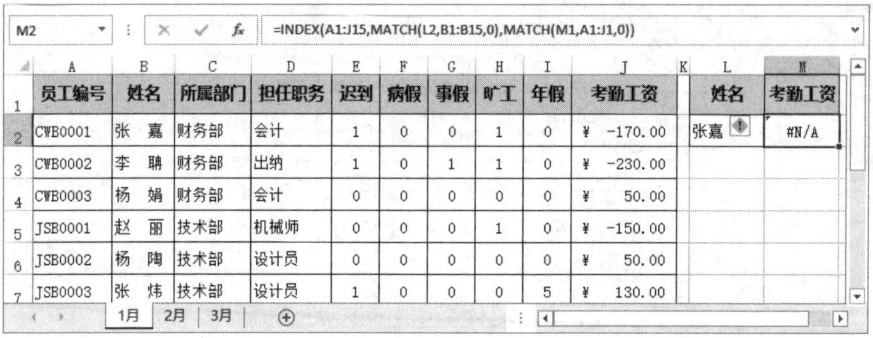

M2 =INDEX(A1:J15,MATCH(L2,B1:B15,0),MATCH(M1,A1:J1,0))

	A	B	C	D	E	F	G	H	I	J	K	L	M
1	员工编号	姓名	所属部门	担任职务	迟到	病假	事假	旷工	年假	考勤工资		姓名	考勤工资
2	CWB0001	张 嘉	财务部	会计	1	0	0	1	0	¥ -170.00		张嘉	#N/A
3	CWB0002	李 聃	财务部	出纳	1	0	1	1	0	¥ -230.00			
4	CWB0003	杨 娟	财务部	会计	0	0	0	0	0	¥ 50.00			
5	JSB0001	赵 丽	技术部	机械师	0	0	0	1	0	¥ -150.00			
6	JSB0002	杨 陶	技术部	设计员	0	0	0	0	0	¥ 50.00			
7	JSB0003	张 炜	技术部	设计员	1	0	0	0	5	¥ 130.00			

1月 2月 3月

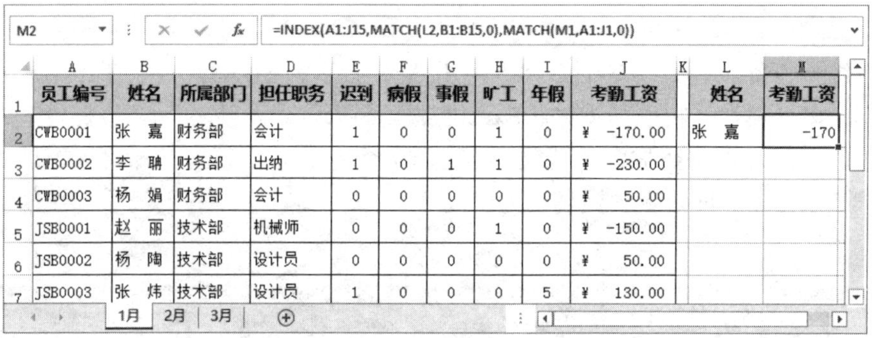

M2 =INDEX(A1:J15,MATCH(L2,B1:B15,0),MATCH(M1,A1:J1,0))

	A	B	C	D	E	F	G	H	I	J	K	L	M
1	员工编号	姓名	所属部门	担任职务	迟到	病假	事假	旷工	年假	考勤工资		姓名	考勤工资
2	CWB0001	张 嘉	财务部	会计	1	0	0	1	0	¥ -170.00		张 嘉	-170
3	CWB0002	李 聃	财务部	出纳	1	0	1	1	0	¥ -230.00			
4	CWB0003	杨 娟	财务部	会计	0	0	0	0	0	¥ 50.00			
5	JSB0001	赵 丽	技术部	机械师	0	0	0	1	0	¥ -150.00			
6	JSB0002	杨 陶	技术部	设计员	0	0	0	0	0	¥ 50.00			
7	JSB0003	张 炜	技术部	设计员	1	0	0	0	5	¥ 130.00			

1月 2月 3月

图2-20

我们再来看看图2-21，在图中，B2:B7单元格区域中没有输入任何内容，C2:C7单元格区域中输入空格内容，同样使用COUNTA()函数统计非空单元格，空值单元格的统计结果为0，空格单元格的统计结果为6。

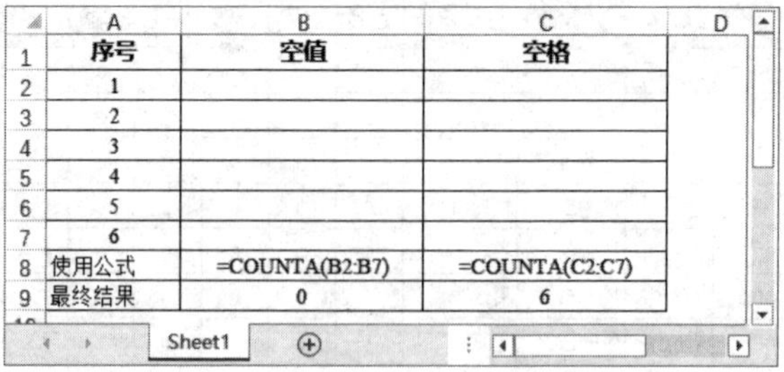

	A	B	C	D
1	序号	空值	空格	
2	1			
3	2			
4	3			
5	4			
6	5			
7	6			
8	使用公式	=COUNTA(B2:B7)	=COUNTA(C2:C7)	
9	最终结果	0	6	

Sheet1

图2-21

从上例中可以得出，空格不能代表它不存在，而Excel是根据程序设定的规则来判断数据的，它不会自动过滤掉空格。因此，我们不能小瞧了空格，它的存在不仅会导致数据查询操作出错，也会导致数据的统计结果错误。所以，在数据源表格中，一定不要滥用空格。

TIP 日期和时间在同一单元格中，空格不能省

有些工作人员在记录日期和时间数据时，习惯将日期和时间在同一单元格中显示，在这种情况下，要确保数据能够正确参加计算，或者使用Excel的排序功能得到正确的排序顺序，就必须在日期和时间中添加空格，否则得到的排序结果将会出错，如图2-22所示。

在右图中，日期和时间之间没有空格分隔，程序自动将其按字符串进行处理，从左到右逐位进行比较，从而得出排序结果。但是，为了更加方便地指定日期和时间各自的排序依据，最好还是将日期和时间分别在不同列中显示，不要在同一个单元格中记录多个属性。

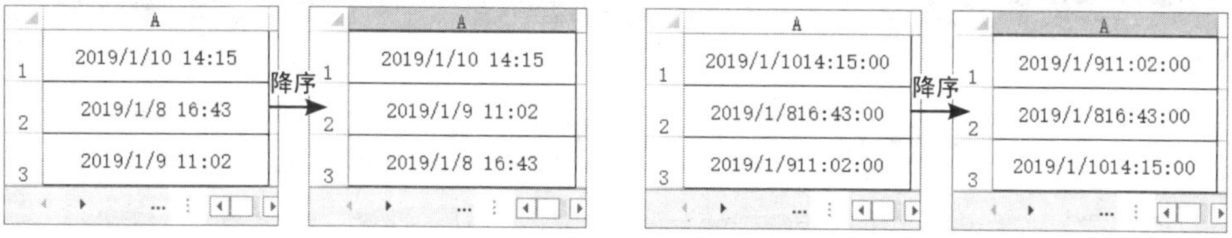

图2-22

2.2.3 数据表达不统一

在向表格中录入数据时，一定要注意数据表达前后要统一。有些数据，虽然人能够看懂，但是Excel程序却不能识别。如学历为“专科”和“大专”，又如毕业院校为“四川大学”和“川大”，虽然我们都知道二者表达的是同一个意思，但是Excel只能按照程序对文本进行字符匹配，字符不一样，程序就判断为两个数据。如图2-23所示。

	F	G	H	I	J	K	L	M
1	民族	年龄	身份证号码	现住址	联系电话	学历	毕业院校	专业
2	汉	34	******198512201562	何家大院	1359641****	专科	四川航天职业技术学院	图形图像设计与制作
3	汉	32	******198710140725	金沙街6号	1581512****	专科	成都纺织高等专科学校	精细化学品生产技术
4	汉	35	******198403150231	罗家湾19号	1361212****	专科	四川管理职业学院	计算机科学与技术
5	汉	37	******198204183225	高牌坊西街5号	1371512****	专科	四川拓扑信息技术职业学院	计算机信息管理（数据库
6	汉	49	******197011012154	五星街16号	1369787****	专科	成都纺织高等专科学校	计算机多媒体技术
7	汉	33	******198610190705	绿源居B栋303号	1391324****	专科	黑龙江信息技术职业学院	电子工程
8	汉	37	******198203265741	金沙街6号	1364466****	专科	成都航空职业技术学院	应用电子技术
9						专科 计数	7	
10	汉	51	******196810155342	柳林东镇街8号	1304877****	大专	四川师范大学	应用电子技术
11	汉	51	******196810112151	解放路中段15号	1531121****	大专	成都理工大学	计算机应用与维护
12	汉	35	******198403081237	南海古镇2号	1304453****	大专	四川理工	金融与证券
13	汉	44	******197510233762	真源路18号	1369458****	大专	西南财经大学	金融管理
14	汉	35	******198409170832	全新街108号	1334678****	大专	成都大学	汉语言文学
15	汉	47	******197202143085	李家大院108号	1378434****	大专	成都理工大学	计算机网络技术
16	汉	31	******198807010581	清泉南路112号	1348259****	大专	成都工业学院	无线电技术
17	汉	38	******198107221478	南海古镇2号	1513434****	大专	成都大学	金融管理与务实
18						大专 计数	8	
19	汉	32	******198705190418	华西街18号	1386548****	本科	重庆大学	应用物理学

图2-23

上图是利用分类汇总功能统计各学历的员工人数，但是由于存在数据录入不统一，程序对“大专”和“专科”学历的信息进行了分别汇总。

因此，为了确保我们在使用排序、筛选、分类汇总、公式与函数等功能处理数据时，能够得到正确的数据结果，必须从源头开始抓起，将数据按照统一的规范进行录入。而要达到这种目的，使用Excel提供的数据验证功能就能对录入的数据进行有效约束。

2.3 电脑中Excel文件管理的好习惯

人力资源工作要管理的文件相对而言是比较多的，为了确保在需要时能够快速找到文件，文件内容不被泄露和恶意更改，就需要对电脑中的Excel文件进行科学地管理，并将这些管理方法养成习惯。

2.3.1 重要数据要设置保护

重要数据要设置保护是作为每个从事人力资源工作的工作人员所必须要掌握的一项技能。对数据进行保护可以通过保护工作表和保护工作簿两种方式来实现。

保护工作表仅仅是保护工作表中的数据不被他人恶意修改，但是其中的数据内容是任何人都可以查阅的。

保护工作簿则从打开权限和修改权限两个方面进行，即在没有输入正确的打开权限密码时，他人是不能查阅表格数据的；如果不小心被他人破解了打开权限密码，此时也只能通过只读方式阅读表格数据。只有将打开权限密码和修改权限密码同时输入正确，才能打开查阅并编辑表格数据。

因此，掌握为工作簿设置打开权限和修改权限密码的操作，显得尤为重要。下面通过为“员工信息表”工作簿设置保护为例，讲解相关的操作方法，其具体操作如下。

>> 素材文件：素材\第2章\员工信息表.xlsx

>> 效果文件：效果\第2章\员工信息表.xlsx

1 单击“浏览”按钮

打开素材文件，切换到“文件”选项卡中，❶单击“另存为”选项卡，❷单击“浏览”按钮。

2 执行“常规选项”命令

❶在打开的“另存为”对话框中设置文件的保存位置，❷单击“工具”下拉按钮，❸选择“常规选项”命令。

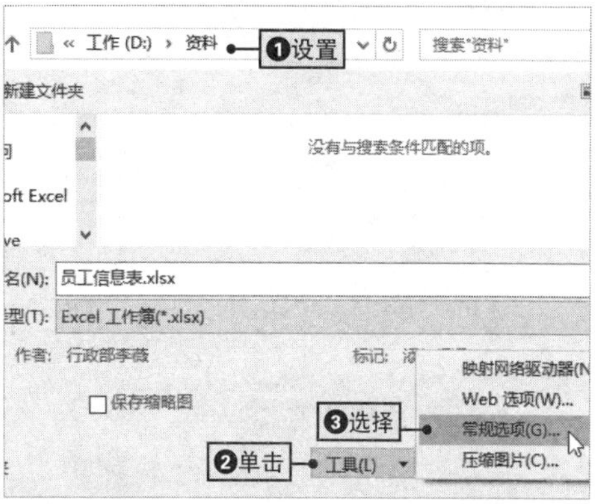

3 设置密码

❶在打开的“常规选项”对话框中设置打开权限密码和修改权限密码分别为“123456”和“456789”，❷单击“确定”按钮。

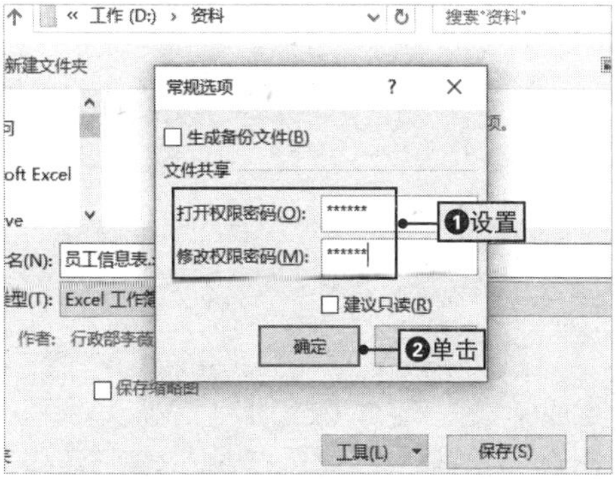

4 确认设置的打开权限密码

❶在打开的“确认密码”对话框中重新输入“123456”，❷单击“确定”按钮确认设置的打开权限密码。

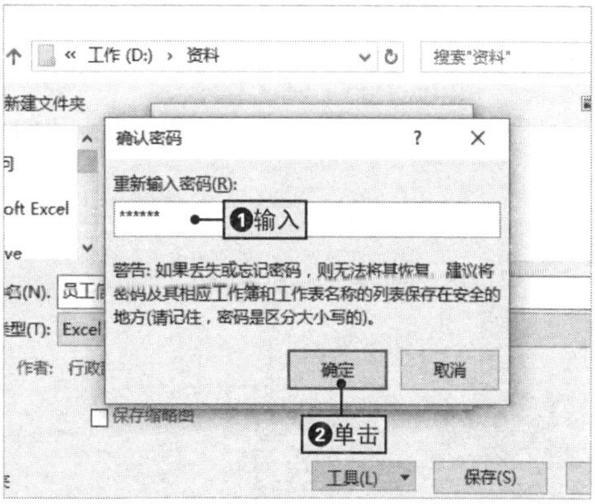

TIP 打开权限密码与修改权限密码的设置说明

由于为工作簿文件设置打开权限和修改权限，目的就是为文件设置双重保护，因此在设置打开权限密码与修改权限密码时，二者不能为同一个密码；并且最好不要是有规律的数据，否则容易被别人破解，可以设置为数字、字母的组合。上例中设置的打开权限密码和修改权限密码仅仅是为了演示设置操作，实际中不能将密码设置得这么简单和有规律。

5 确认设置的修改权限密码

❶在继续打开的“确认密码”对话框中输入“456789”，❷单击“确定”按钮确认设置的修改权限密码。

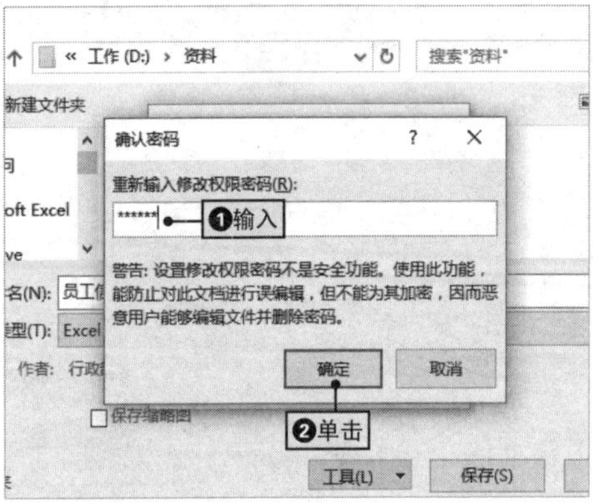

6 单击“保存”按钮

在返回的“另存为”对话框中单击“保存”按钮完成整个设置（如果另存为位置为文件的打开位置，此处将提醒文件已存在，是否替换的信息）。

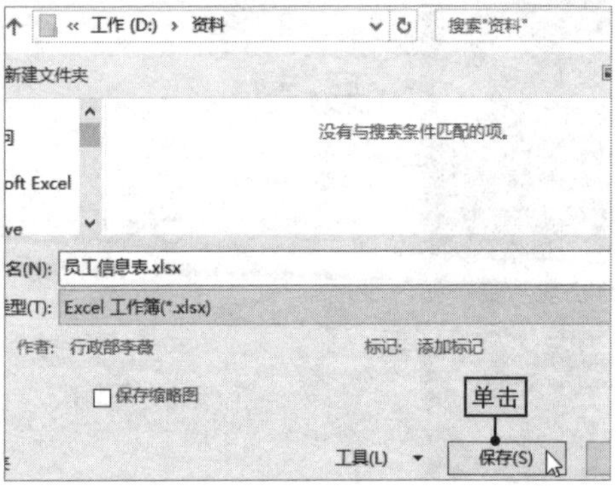

7 通过打开权限密码查阅文件

关闭文件，重新打开设置了打开权限和修改权限的工作簿文件，❶程序将打开提示对话框，在其中输入设置的打开权限密码，❷单击“确定”按钮。（若输入错误密码，文件就打不开）。

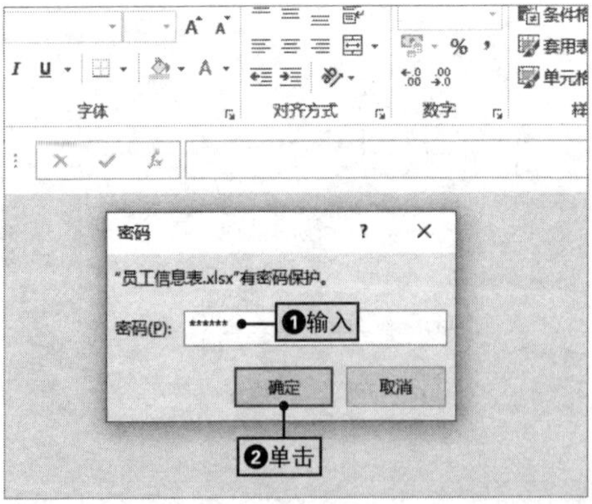

8 执行“序列”命令

❶在打开的对话框中输入正确的修改权限密码，❷单击“确定”按钮即可查阅并编辑表格数据。（若不知道编辑权限密码，可以单击“只读”按钮，以只读方式查阅表格数据）。

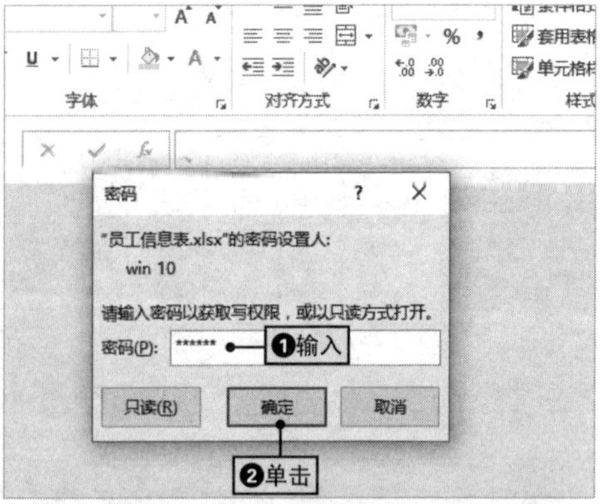

2.3.2 工作表、工作簿名称应一致

前面我们介绍了不规范的标题位置的相关内容，了解了在Excel中，工作表标题的正确显示位置，一个是在工作表标签位置，一个是标题栏的工作簿文件名称。

所谓工作表名称一致，是指当一个工作簿中存在多张工作表时，如果工作表内容属于相同内容，则要求这些工作表标签的名称保持一致性，如图2-24所示的2018年员工考勤统计工作簿中分别用“×月”工作表记录了当年各月员工的考勤统计数据。

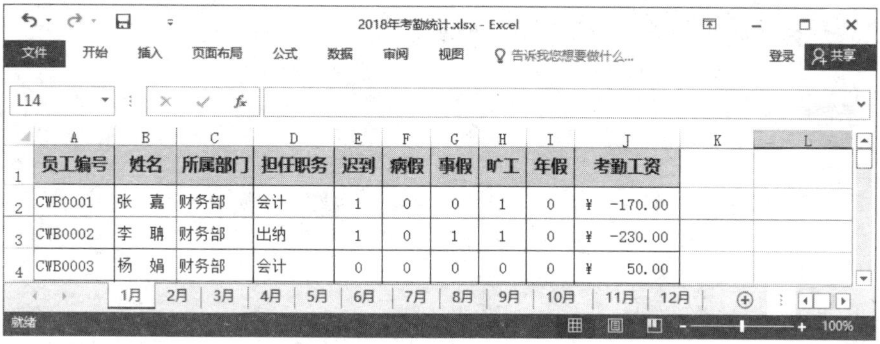

图2-24

如果将工作表名称记录为“1月”“2月考勤”“3”“4月”这种名称，此种情况是不行的，它不仅在显示上容易给人造成错乱，在引用数据上显示也不方便，如“='1月'!J2+'2月考勤'!J2+'3'!J2+'4月'!J2……”。

工作簿名称一致性与工作表名称一致性相似，如图2-25所示，工作簿名称为“2015年考勤统计”、“2016年考勤统计”“2017年考勤统计”“2018年考勤统计”“2019年考勤统计”，就保持了高度的一致性。

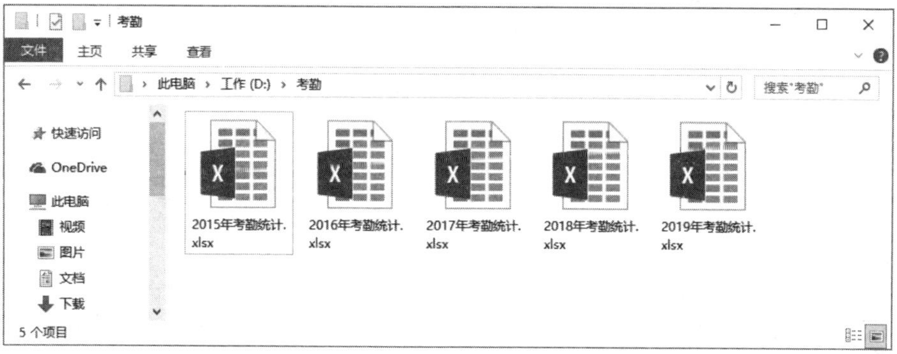

图2-25

如果工作簿名称命名存在不一致性，如“2015年考勤统计”“16年考勤统计”“2017年考勤”“2018年”“2019年考勤统计”，这种不规范的名称，当使用搜索功能查找文件时，也会因为名称错误而搜索不到。

所以，相似属性的工作表名称或工作簿名称，在命名时就要注意到名称的一致性。

2.3.3 Excel文件要分类存放

Excel文件分类存放不仅仅是指相同属性的数据放在同一个工作簿中，也包括将相似数据的工作簿按照不同的文件夹分类进行保存，而不是杂乱地将所有的文件放在一个文件夹中，如图2-26所示。

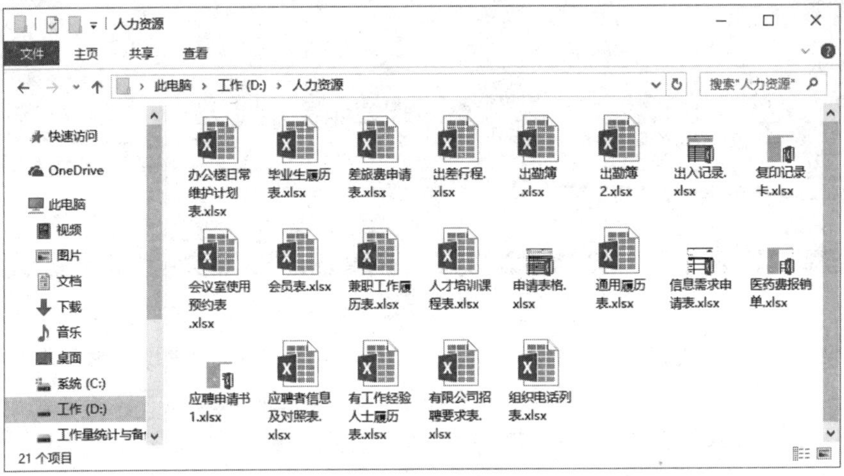

图2-26

这样杂乱无序的堆放文件，不仅让人眼花，而且要使用某个文件时，也不方便查找，如果按照不同的文件夹进行归类存放，如图2-27所示，要查找某个文件，直接打开相关的文件夹，查找起来就更快捷。

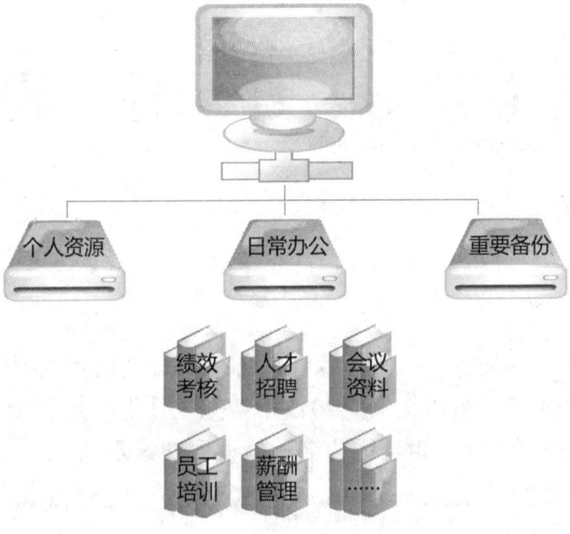

图2-27

第3章 03

人力资源规划体系建立，定好大局

本章导读

人力资源规划是企业内一项非常重要的工作，同时又是一项系统的战略工程，它可以使企业稳定流畅地运行。其主要工作可以分为两类，分别是工作的统筹规划和人力资源费用预测，使用Excel即可轻松解决其中会涉及的表格设计及数据运算等问题。

本章要点

各部门月度重点工作计划表设计
年度人力资源需求预测
岗位工作分析调查问卷
工资奖金预算表设计
……

3.1 工作统筹规划

工作统筹规划即统一、协调各项人力资源，以便及时对人力资源的供给和需求进行预测和规划，实现企业发展与人力资源需求间的动态匹配。

3.1.1 各部门月度重点工作计划表设计

各部门月度重点工作计划表主要是企业管理人员记录企业中各部门一个月内的主要工作事项，以及完成的时间等以表格的形式展示出来。用于指导和安排各部门人员的工作，同时对具体时间和涉及人员进行展示，有较强的指导作用。具体包含的内容有部门、主要工作内容、计划完成日期、负责人及备注等。

本节主要分为两部分为大家详细介绍如何制作一份公司各部门的月度重点工作计划表。

>> 素材文件：素材\第3章\无

>> 效果文件：效果\第3章\各部门月度重点工作计划表.xlsx

1 建立各部门月度重点工作计划表结构

1 新建工作簿并执行“重命名”命令

❶新建“各部门月度重点工作计划表”文件，❷在“Sheet1”工作表标签上右击，❸选择“重命名”命令。

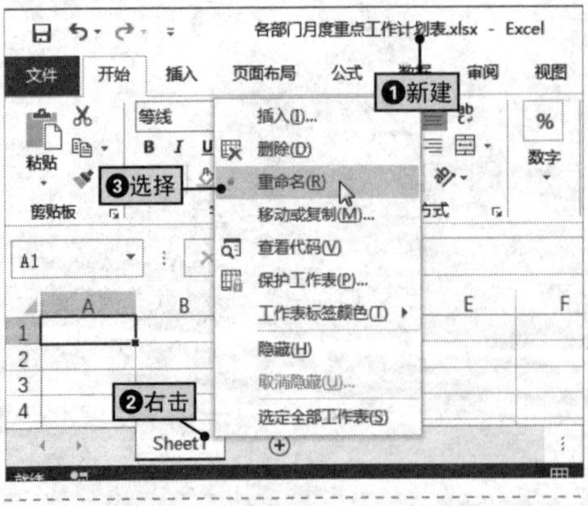

2 重命名工作表

❶工作表标签变为可编辑状态，输入工作表名称，❷单击任意空白位置或按【Enter】键确认重命名操作。

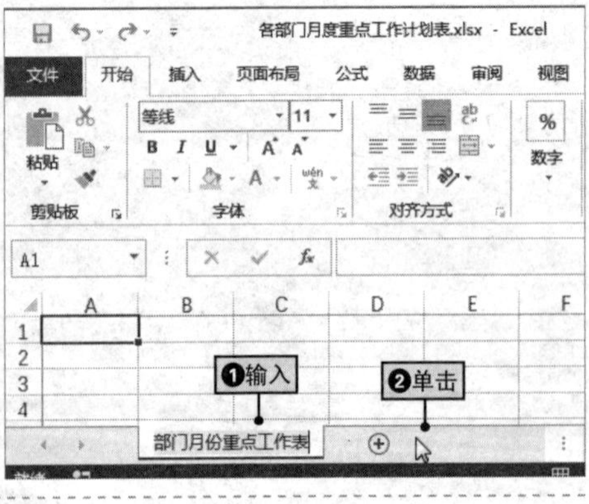

3 选择“行高”命令

❶选择第2行单元格并在其对应行号上右击，❷在弹出的快捷菜单中选择“行高”命令。

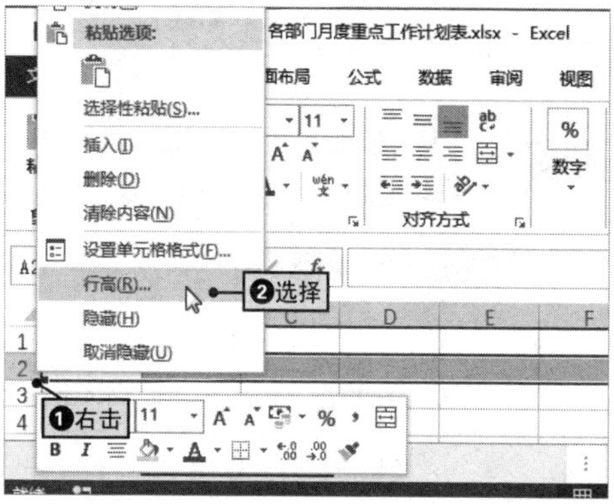

4 设置第2行行高

❶在打开的“行高”对话框中的“行高”文本框中输入“42”，❷单击“确定”按钮。

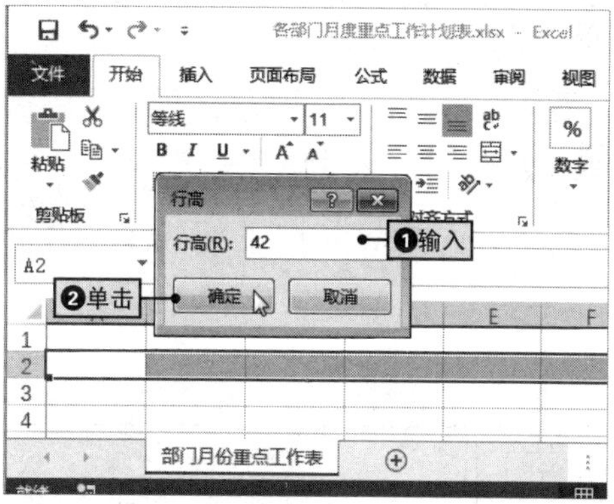

5 选择“列宽”命令

❶选择第2列单元格区域，❷单击“开始”选项卡下“单元格”组中的“格式”下拉按钮，❸选择“列宽”命令。

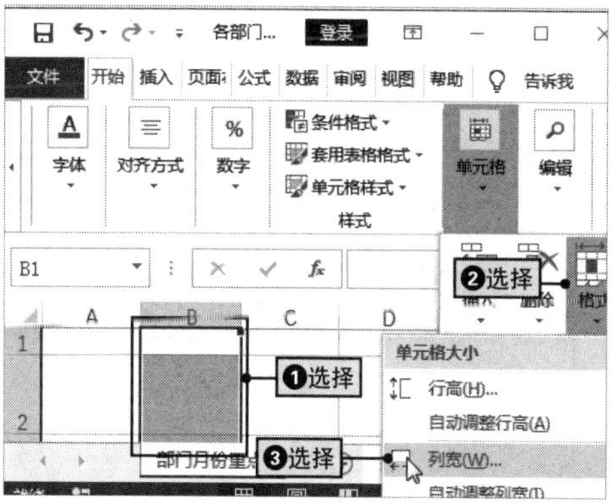

6 设置第2列列宽

❶在打开的“列宽”对话框中的“列宽”文本框中输入“13”，❷单击“确定”按钮。

7 分别设置C、D和F列的列宽

用同样的方法，将C列的列宽设置为26；D～F的列宽设置为18，完成后即可查看最终的效果。

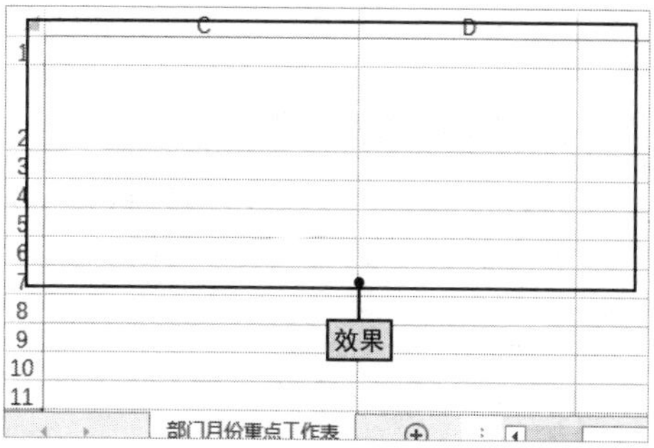

2 完善表结构并美化工作表

1 合并单元格

❶在工作表中选择B2:F2单元格区域，❷在“开始”选项卡下“对齐方式”组中单击“合并后居中”按钮。

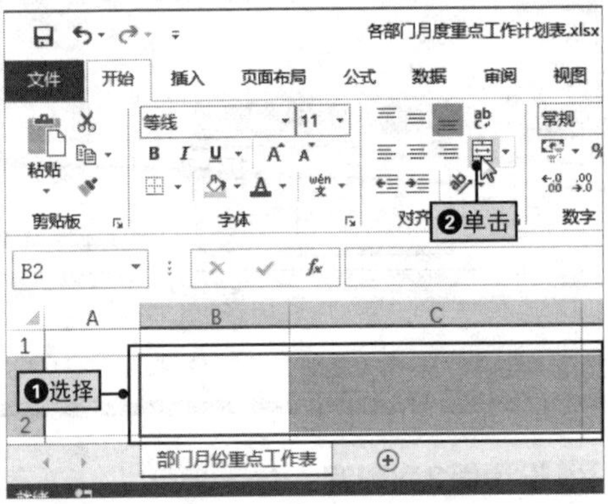

2 设置表名称格式

❶在合并后的单元格中输入表名称，❷将字体设置为“方正大黑简体”，❸字号设置为20，❹设置字体填充颜色。

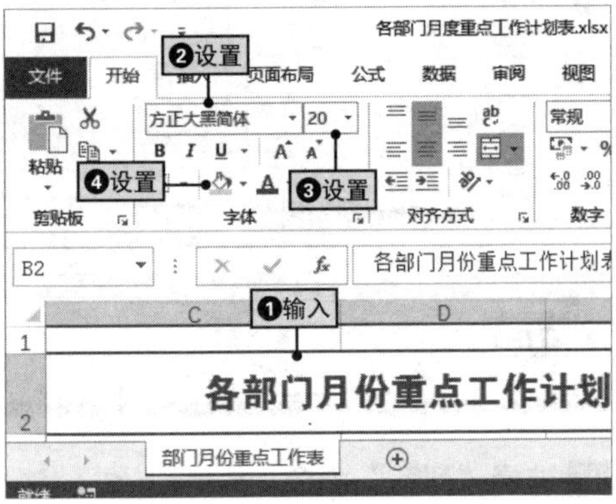

3 设置日期数据

❶用同样的方法合并B3:F3单元格区域，配合【Space】键输入“日期：”“年”和“月”，❷设置字体为“微软雅黑”。

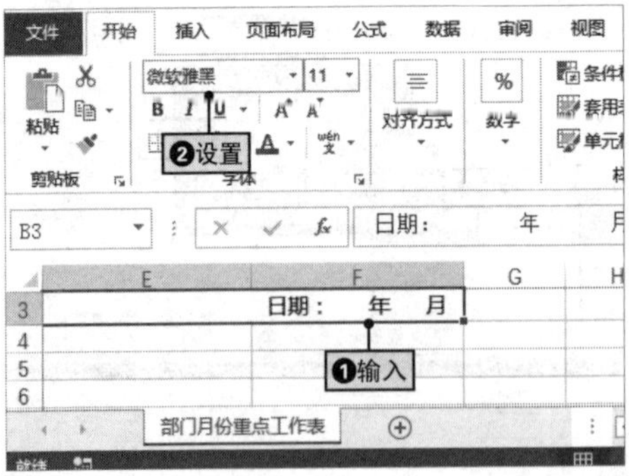

4 设置其他行的行高

❶以同样的方法将第4行到第13行的行高设置为“28”，❷将第14行的行高设置为“82”。

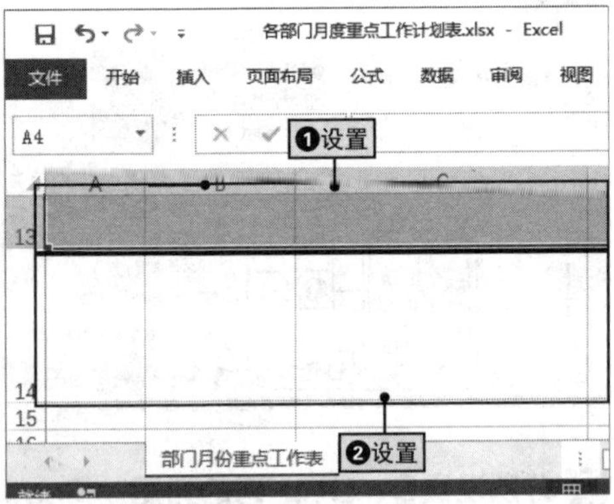

5 选择“其他边框”命令

选择B4:F14单元格区域，❶单击“开始”选项卡下“字体”组中的“下框线”下拉按钮，❷在打开的下拉菜单中选择“其他边框”命令。

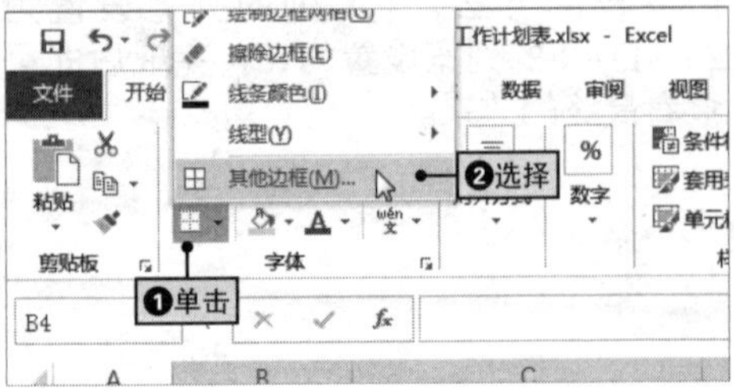

6 设置表格边框

❶在打开的对话框的“样式”栏中选择细线，❷单击“内部”按钮，❸选择粗线，❹单击右侧的“外边框”按钮。

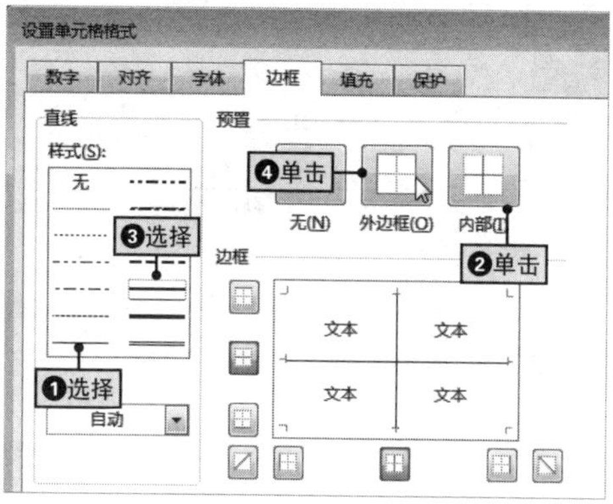

7 设置表格格式

单击“确定”按钮后，用前面的方法把B5:B7、B8:B10、B11:B13和C14:F14进行合并单元格。

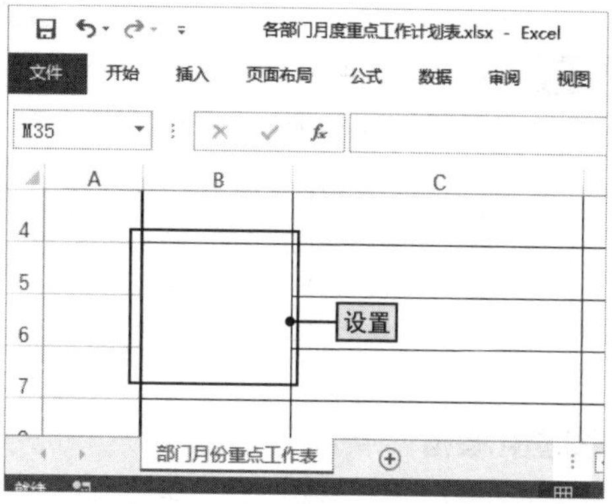

8 输入文本并设置格式

❶在单元格中输入内容，选择B4:F14单元格区域，❷在“对齐方式”组中单击“居中”和“垂直居中”按钮。

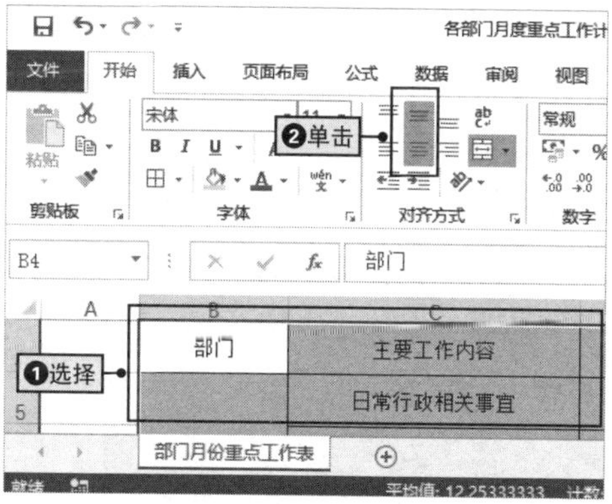

9 设置文字方向

❶选择B5单元格，❷在“开始”选项卡下“对齐方式”组中单击“方向”下拉按钮，❸选择“竖排文字”命令。

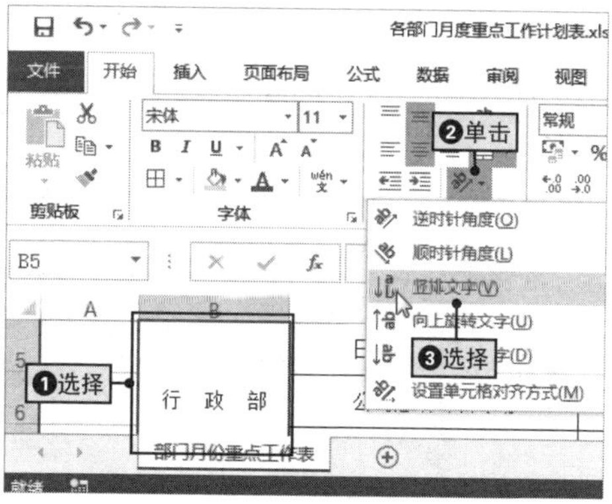

10 为其他单元格设置文字方向

返回到工作表中即可查看到单元格中的文本竖向显示，用同样的方法把“生产部”和“人事部”都设置为竖排文字，最终效果如右图。

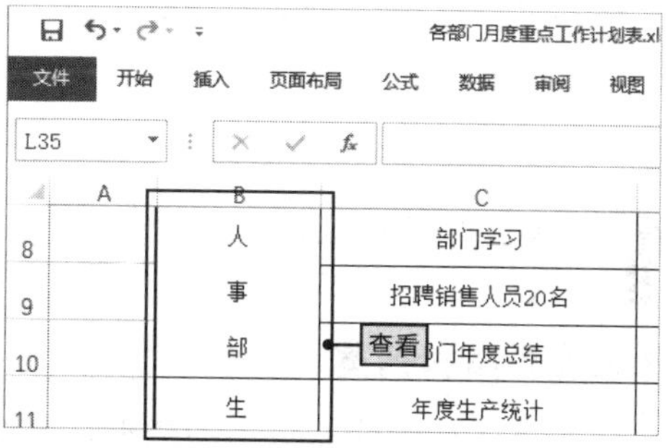

11 调整行间距

将鼠标光标定位到“其他部门”后，按住【Alt】键，再按【Enter】键调整两行文本间的距离。

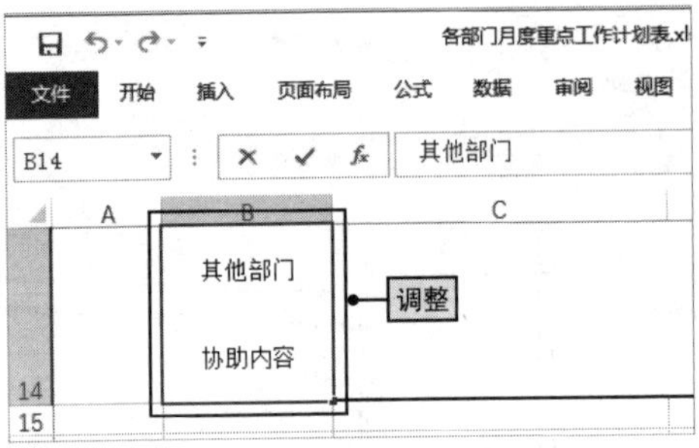

12 制作底行内容

❶把B15:F15单元格区域进行合并，分别输入“审批：”“审核：”和“编制：”，❷单击“左对齐”按钮。

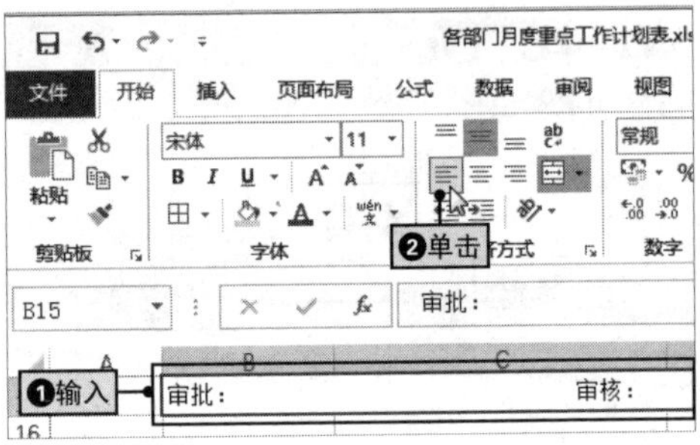

13 美化表格

❶选择B2:F15单元格区域，❷单击“开始”选项卡下“字体”组中的“填充颜色”下拉按钮，❸选择“绿色，个性色6，淡色80%”选项。

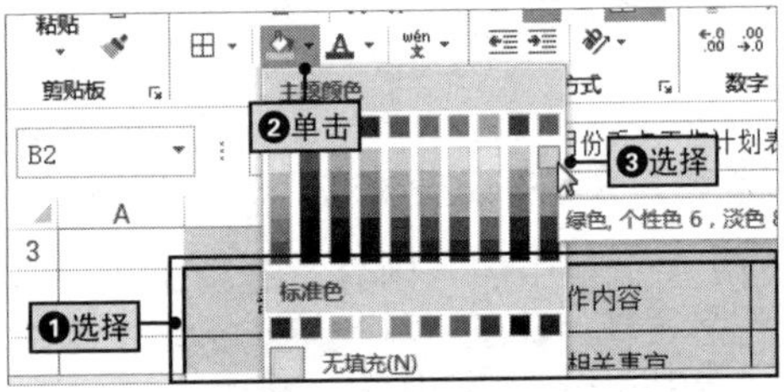

通过如上两个阶段即可完成本案例的表格制作，其最终效果展示如图3-1所示，从该图中可以清晰地查看到各部门的工作安排，以及相关时间和负责人。

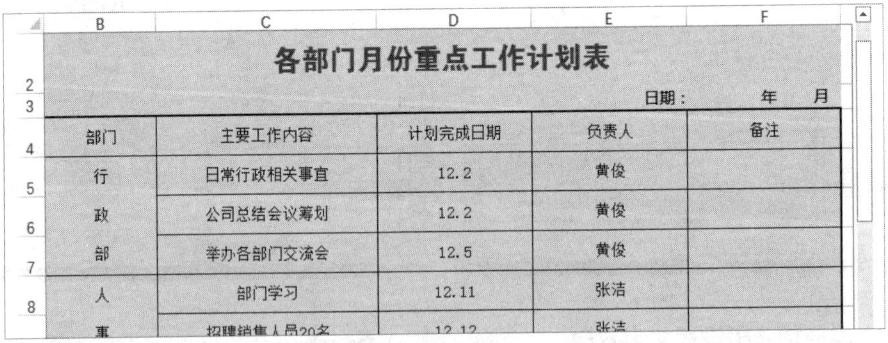

图3-1

知识链接

1.设置行高和列宽

在单元格中输入过多的数据，系统将不能完整显示，用户可以通过调整单元格行高和列宽来解决这个问题。

除了前面案例中介绍的精确调整行高和列宽的方法以外，还有两种更快捷的设置方法，分别是通过手动拖动调整和自动调整。

（1）手动调整行高和列宽

如果不需要精确设置行高和列宽，可直接通过手动拖动进行调整。其方法为：将鼠标光标移动到需要调整单元格行高（或列宽）的行标记（或列标记）上，当鼠标光标变为形状（或形状）时，按住鼠标不放进行拖动即可，如图3-2所示。

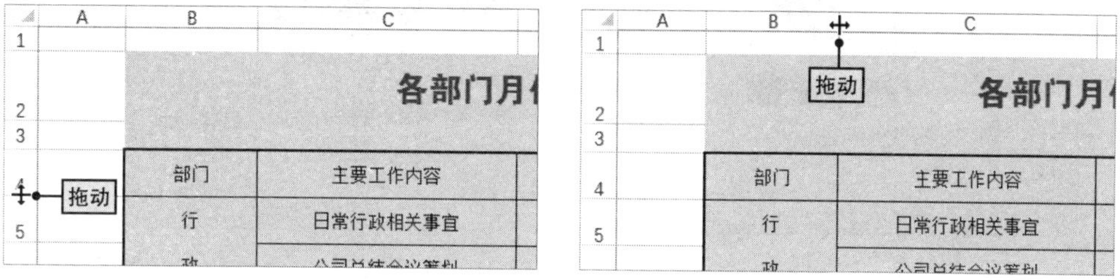

图3-2

（2）自动调整行高和列宽

自动调整是系统根据单元格中输入的内容将其调整至能完全显示数据的状态，其方法如下：

❶选择需要自动调整行高或者列宽的单元格区域，❷在“开始”选项卡的“单元格”组中单击“格式”下拉按钮，❸在弹出的下拉菜单中选择“自动调整行高”或“自动调整列宽”选项即可，如图3-3所示。

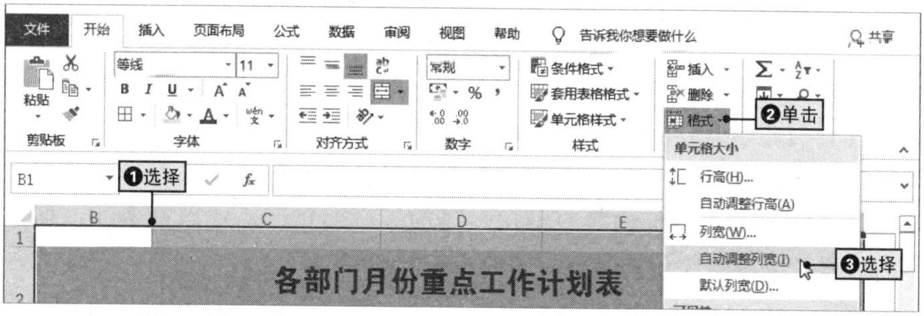

图3-3

2.设置单元格填充

在对单元格进行美化或是需要用不同背景色展示表格数据时，就可以使用Excel中的背景填充功能。

除了前面介绍的，在“填充颜色”下拉列表中选择颜色外，还可以选择

"无填充"选项消除填充颜色。

如果该下拉菜单中没有符合要求的颜色，也可以选择"其他颜色"命令，在打开的"颜色"对话框中有更多的颜色可供用户使用，如图3-4所示。

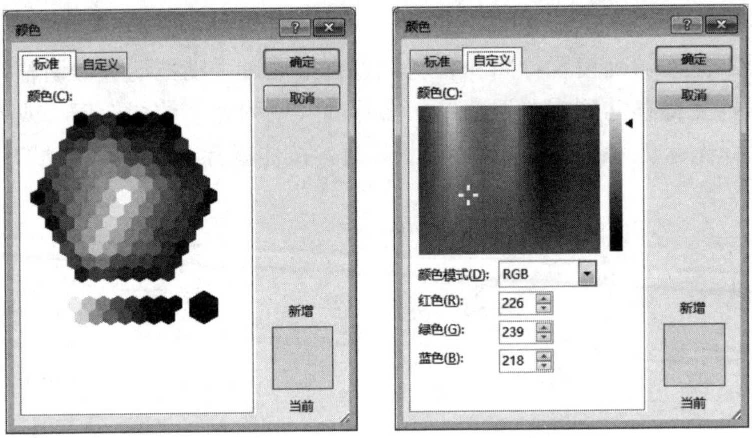

图3-4

TIP 如何进行强制手动换行

在日常工作中，有时候需要在一个单元格内分几行展示文本，使用自动换行功能默认在单元格列宽位置换行。如果要在任意位置换行，可以直接在需要换行的位置按【Alt+Enter】组合键进行手动强制换行。

3.1.2 年度人力资源需求预测

人力资源需求预测表可用于预测企业内部各个部门员工的需求情况，即根据企业现有员工数量，预测未来招聘员工的总需求。通过预测未来招聘员工的需求，可以提前对相关工作事宜进行安排，对相关人员的工作有一定的指导作用。该表格中具体包含的内容有部门、当前年、明年、后年以及备注，通过当前年的数据，来获得来年的数据。

在制作人力资源需求预测表时要注意录入的当前年的数据要准确，这样预测出的数据才能更加准确。下面为大家详细介绍如何制作一份年度人力资源需求预测表。

>> 素材文件：素材\第3章\无

>> 效果文件：效果\第3章\年度人力资源需求预测表.xlsx

1 新建工作簿并设置格式

❶新建“年度人力资源需求预测表”文件，❷合并相关单元格，设置表格边框，设置行高和列宽。

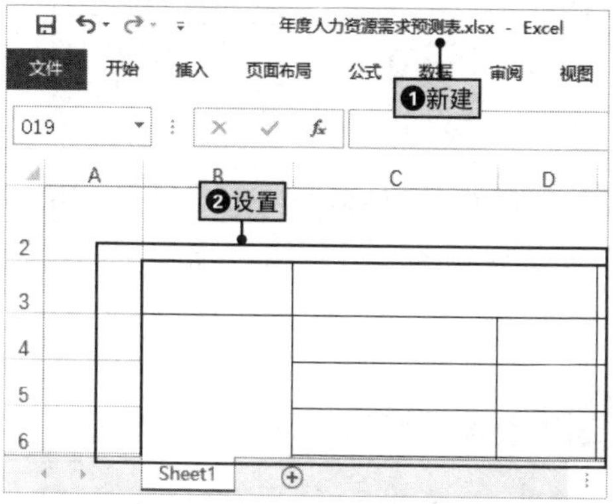

2 输入表格内容并设置字体格式

在表格中需要录入数据的位置录入相应的数据，再为表格中的文字设置相应的字体格式。

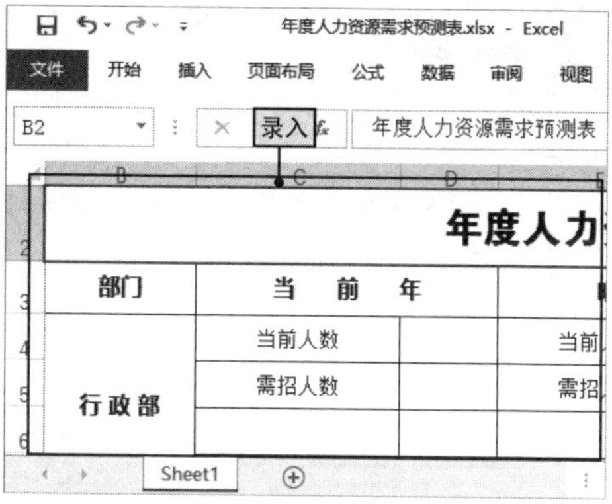

3 设置竖排文字

❶选择B4:B15单元格区域，❷在“开始”选项卡“对齐方式”组单击“方向”按钮，❸选择“竖排文字”选项。

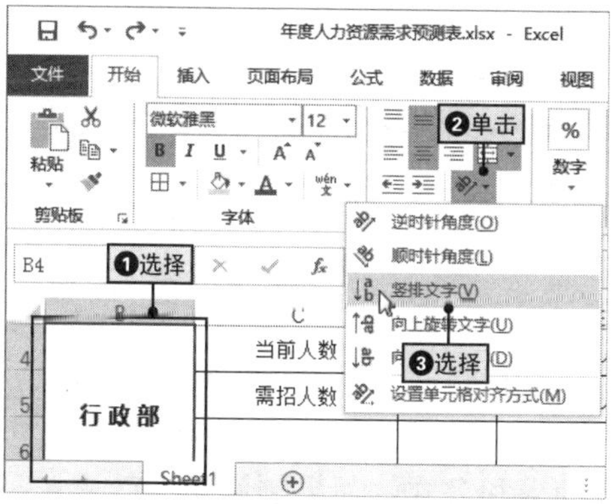

4 设置求和公式

❶选择D7单元格，❷在编辑栏中输入公式“=D5+D6”，按【Ctrl+Enter】键即可进行计算。

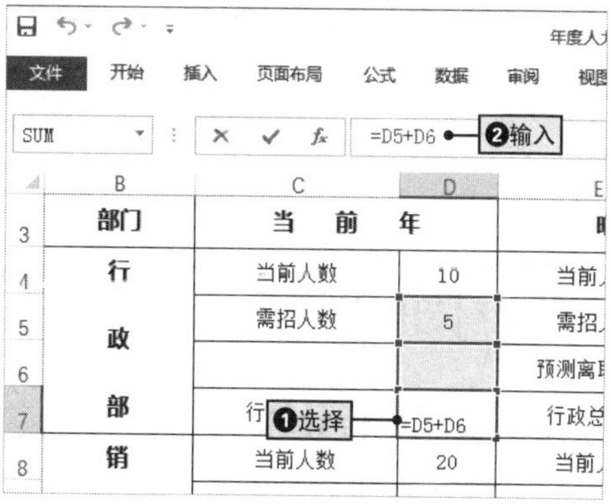

5 计算其他数据

在F7单元格中输入“=F5+F6”，以同样的方法分别输入公式在D11、F11和H11单元格中进行计算。

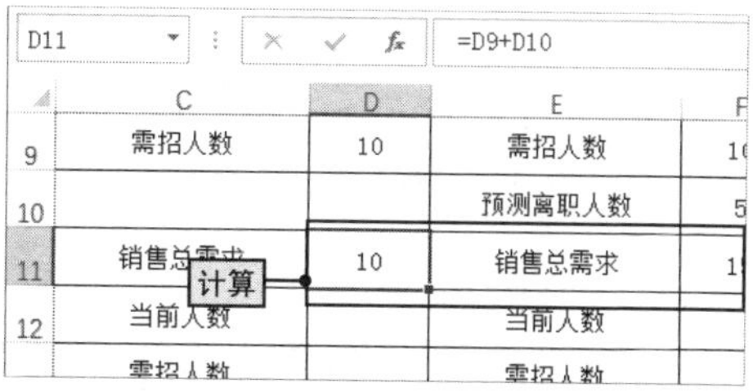

6 计算总计数据

在D12单元格中输入“=D4+D8”，D13单元格中输入“=D5+D9”，在D15单元格中输入“=D13+D14”进行计算，用同样的方法计算其他总计数据。最后为表格设置背景填充。

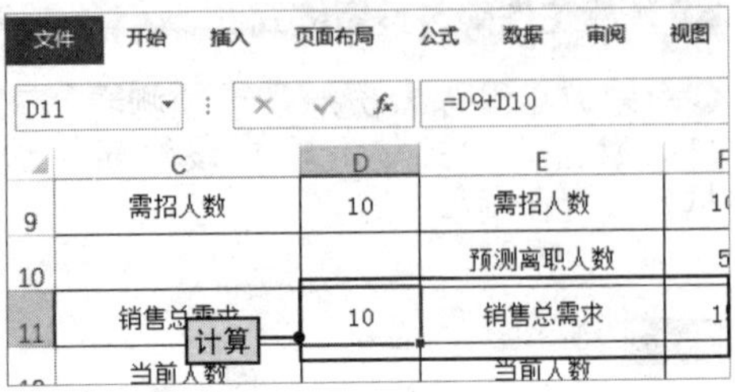

完成年度人力资源需求预测表制作后，其最终效果展示如图3-5所示，从该图中可以清晰地查看到各部门本年、明年以及后年的人数需求，需要招聘或裁员等信息。

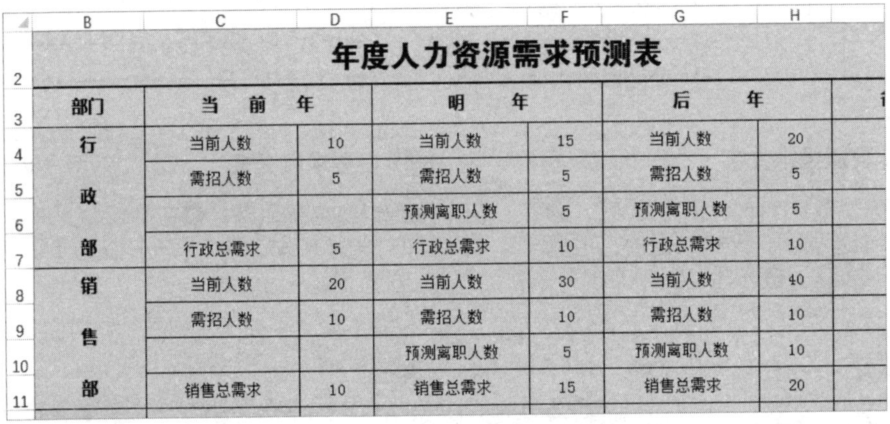

年度人力资源需求预测表						
部门	当　前　年		明　　年		后　　年	
行政部	当前人数	10	当前人数	15	当前人数	20
	需招人数	5	需招人数	5	需招人数	5
			预测离职人数	5	预测离职人数	5
	行政总需求	5	行政总需求	10	行政总需求	10
销售部	当前人数	20	当前人数	30	当前人数	40
	需招人数	10	需招人数	10	需招人数	10
			预测离职人数	5	预测离职人数	10
	销售总需求	10	销售总需求	15	销售总需求	20

图3-5

知识链接

1.复制公式进行计算

本节中在进行数据计算时运用了大量的求和公式，如果频繁的手动输入，非常麻烦且容易出错。因此，对于类似的计算，就可以使用复制、粘贴的方式进行计算。

要实现复制公式运算，通常可以通过快捷键操作或是通过选项卡命令操作，下面分别对其进行介绍。

（1）通过快捷键操作

下面以将D7单元格中的公式复制到F7单元格中计算相关数据为例，介绍快捷键操作。❶需要选择D7单元格，按【Ctrl+C】组合键复制单元格，❷选择F7单元格，按【Ctrl+V】组合键即可将公式复制到F7单元格，如图3-6所示。

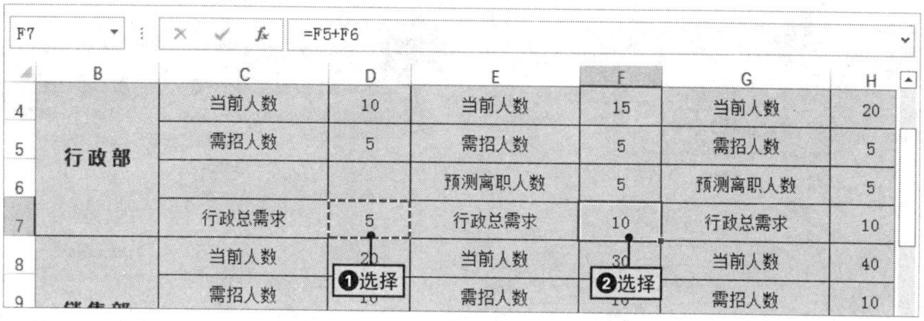

图3-6

（2）通过选项卡命令操作

下面以将D7单元格中的公式复制到D11单元格中计算相关数据为例，介绍通过选项卡命令进行操作。❶需要选择D7单元格，按【Ctrl+C】组合键复制单元格，❷选择D11单元格，❸单击“开始”选项卡下“剪贴板”组中的“粘贴”下拉按钮，❹选择“选择性粘贴”命令，❺在打开的对话框中选中“公式”单选按钮，❻单击“确定”按钮即可，如图3-7所示。

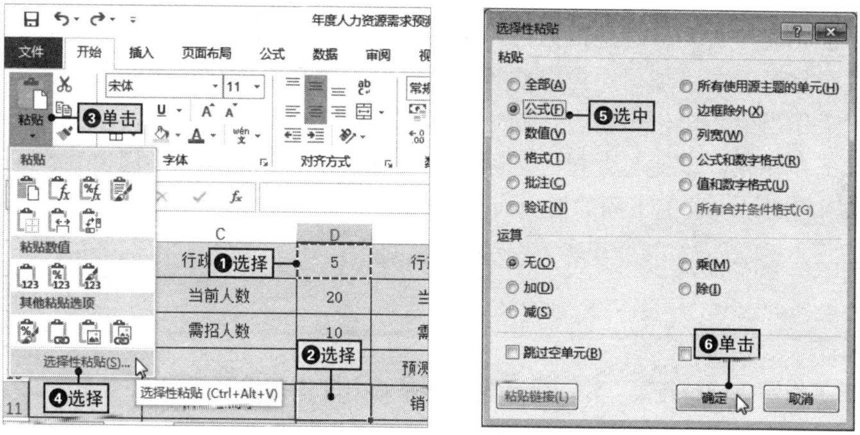

图3-7

2.使用函数进行求和

前面介绍的是使用公式进行数据求和的方法，还可以使用函数对连续数据进行求和，涉及到的函数为SUM()函数。

下面以将D7单元格中的计算公式改为用SUN()函数进行计算，介绍使用函数进行快速计算的方法。❶选择D7单元格，❷单击“公式”选项卡下“函数库”组中的“自动求和”下拉按钮，❸选择“求和”选项，❹选择需要求和的单元格，按【Ctrl+Enter】组合键即可，如图3-8所示。

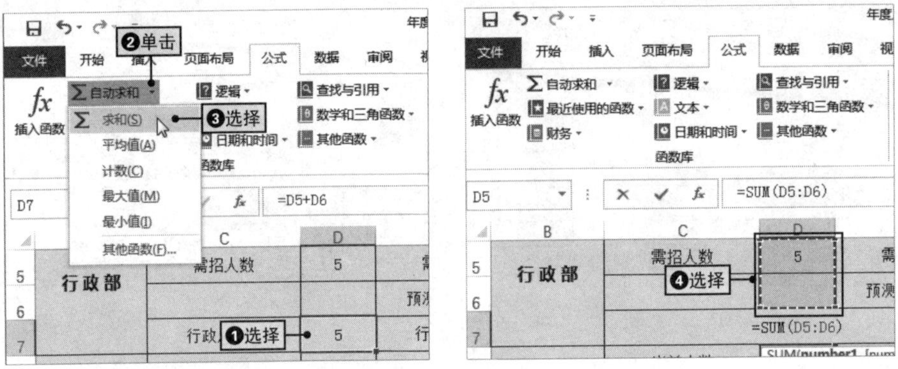

图3-8

3.1.3 岗位职能说明表设计

岗位职能说明表，是表明企业期望员工做些什么、规定员工应该做些什么、应该怎么做和在什么样的情况下履行职责的总汇。

岗位职能说明表最好是根据公司的具体情况进行制定，而且在编制时，要使用浅显易懂的文字填写；内容要越具体越好，避免形式化、书面化。另外，在实际工作当中，岗位说明表在制定之后，还要在一定的时间内，给予一定程度的修正和补充，以便与公司的实际发展状况保持同步。而且，岗位工作说明表的基本格式，也要因不同的情况而异。

>> 素材文件：素材\第3章\无

>> 效果文件：效果\第3章\岗位职能说明表.xlsx

1 新建工作簿并调整行高

❶新建“岗位职能说明表”文件，❷并合并相关单元格，设置行高和列宽。

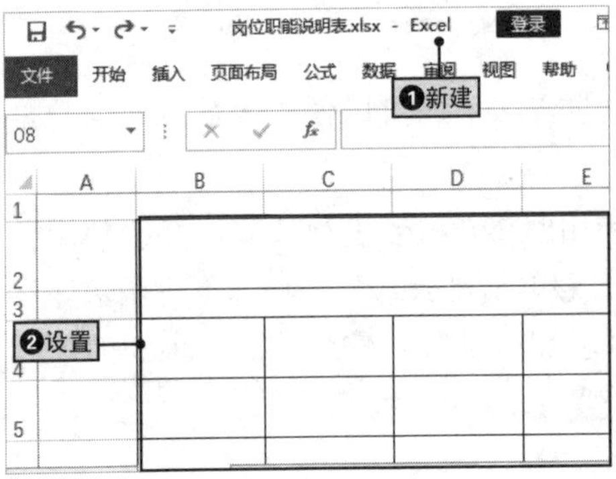

2 输入文本并设置格式

在表格中相应的单元格内录入数据，并设置相应的字体格式和边框。

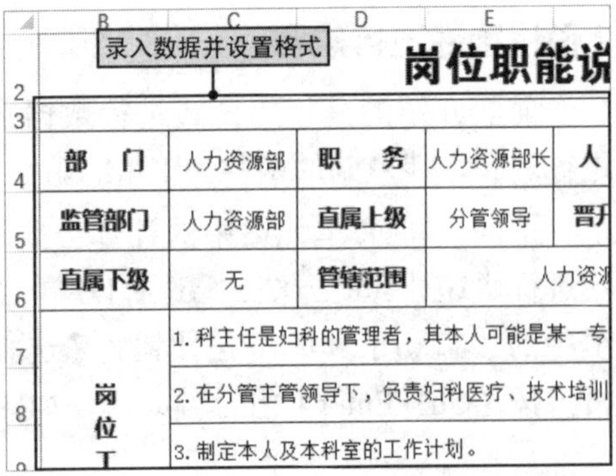

3 设置背景填充色

❶选择B2:I28单元格区域，❷单击“开始”选项卡下“填充颜色”下拉按钮，❸选择“蓝色，个性色5”选项。

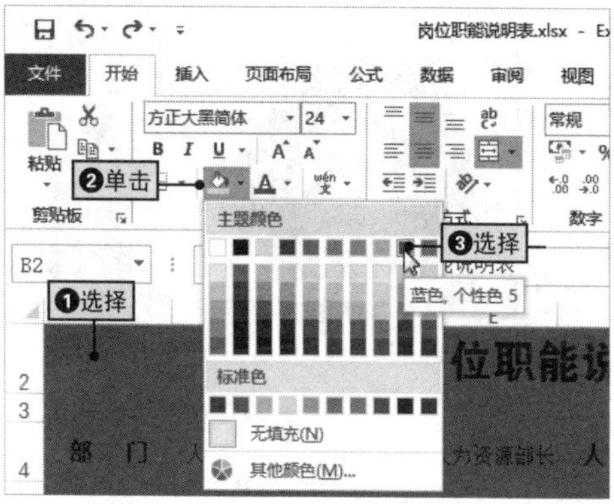

4 设置字体填充色

❶选择B2:I28单元格区域，❷单击“开始”选项卡下“字体颜色”下拉按钮，❸选择“白色，背景1”选项。

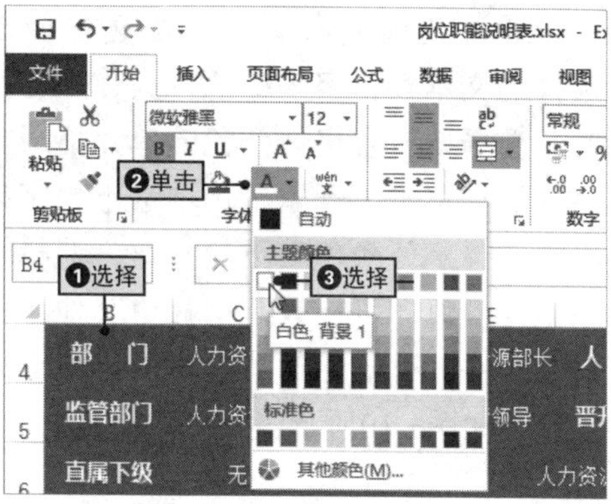

完成岗位职能说明表制作后，其最终效果展示如图3-9所示，从该图中可以清晰地查看到该职位的具体介绍，包括所属部门、下属部门以及岗位职责等具体信息。

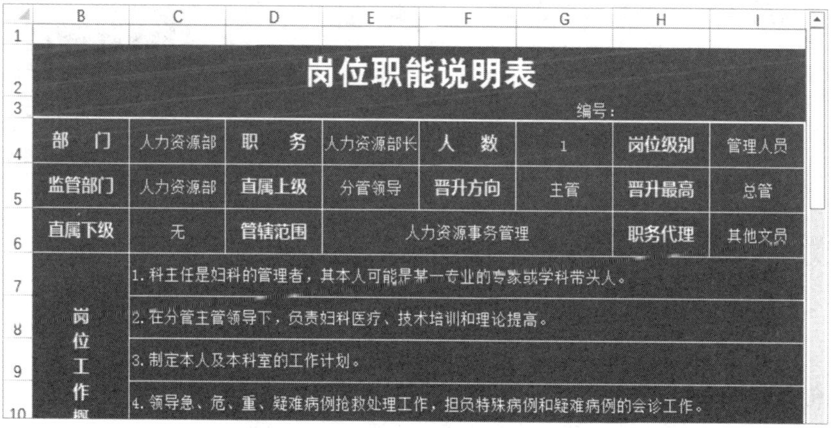

岗位职能说明表							
					编号：		
部 门	人力资源部	职 务	人力资源部长	人 数	1	岗位级别	管理人员
监管部门	人力资源部	直属上级	分管领导	晋升方向	主管	晋升最高	总管
直属下级	无	管辖范围	人力资源事务管理			职务代理	其他文员
岗位工作概	1. 科主任是妇科的管理者，其本人可能是某一专业的专家或学科带头人。						
	2. 在分管主管领导下，负责妇科医疗、技术培训和理论提高。						
	3. 制定本人及本科室的工作计划。						
	4. 领导急、危、重、疑难病例抢救处理工作，担负特殊病例和疑难病例的会诊工作。						

图3-9

知识链接

设置字体颜色

与填充背景色相似，设置字体颜色就是给选中的单元格区域中的文本内容设置颜色，起到强调文本的作用。如本例中通过文本颜色与背景色的深浅搭配，起到了突出文本内容的作用。

设置文本颜色主要可以通过选项卡命令以及通过对话框设置两种，下面分别介绍这两种方法。

（1）通过选项卡命令设置字体颜色

通过选项卡命令可以快速方便地对选择的文本设置字体颜色，具体操作步骤为：选择要设置字体颜色的单元格或单元格区域，单击“开始”选项卡下“字体”组中的“字体颜色”下拉按钮，选择合适的字体颜色即可；或是选择“其他颜色”命令，在打开的对话框中可以选择更多的颜色，如图3-10所示。

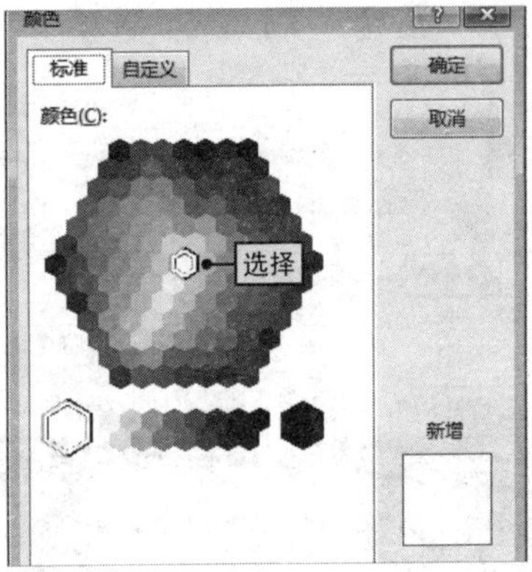

图3-10

（2）通过对话框设置字体颜色

当需要为单元格设置多种字体样式或格式时，在对话框中进行统一设置会比较方便。具体操作步骤为：选择要设置字体颜色的单元格或单元格区域，单击“开始”选项卡下“字体”组中的“对话框启动器”按钮，在打开的“设置单元格格式”对话框中的“字体”选项卡中单击“颜色”下拉按钮，在弹出的下拉菜单中选择合适的颜色即可，如图3-11所示。

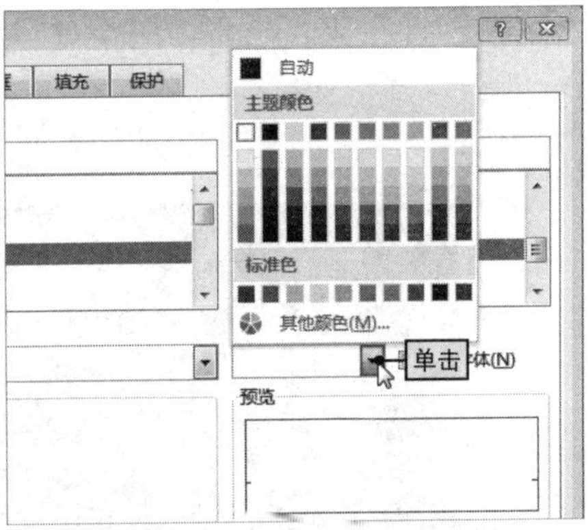

图3-11

TIP 使用快捷键打开“设置单元格格式”对话框

除了可以通过单击“对话框启动器”按钮或是通过选择对应快捷菜单中的命令打开“设置单元格格式”对话框外，还可以通过按【Ctrl+1】组合键快速打开该对话框，极大地减少了操作步骤。

3.1.4 岗位工作分析调查问卷

岗位分析调查问卷表主要用于收集员工所在岗位的相关信息，主要包括员工的基本信息、所处岗位、所属部门、工作时间、工作综述以及员工权限等信息，再由人力资源专员来分析、完善现有岗位的各项要求。还可以为进一步制定岗位职责提供相应的依据，在人力资源工作中十分重要。

需要注意的是要想调查报告的内容能起到一定作用，首先需要员工在填写报告时认真准确，不掩饰、也不夸张，实事求是地填写。调查表中的内容要求简洁明了，不仅要让员工能够看懂，还要让他们知道该如何填写。

下面具体介绍岗位工作分析调查问卷的制作方法。

>> 素材文件：素材\第3章\无

>> 效果文件：效果\第3章\岗位工作分析调查问卷.xlsx

1 新建工作簿并设置格式

❶新建“岗位工作分析调查问卷”文件，❷并根据实际需求设置合适的行高和列宽，合并单元格。

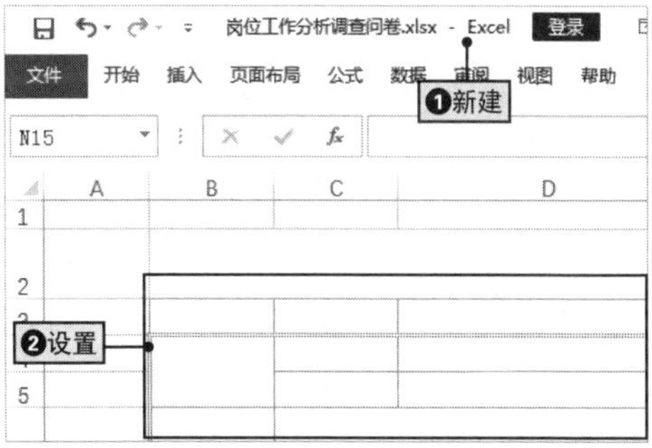

2 录入文本并设置字体格式

❶在表格中需要的单元格中录入文本并设置字体格式，❷为C4:F5单元格区域设置合适的背景色。

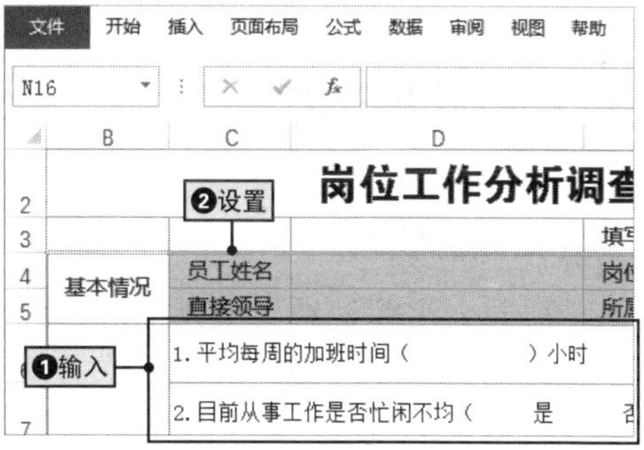

3 单击“符号”按钮

❶选择C7单元格，将文本插入点置于“是”的左侧，❷单击“插入”选项卡下“符号”组中的“符号”按钮。

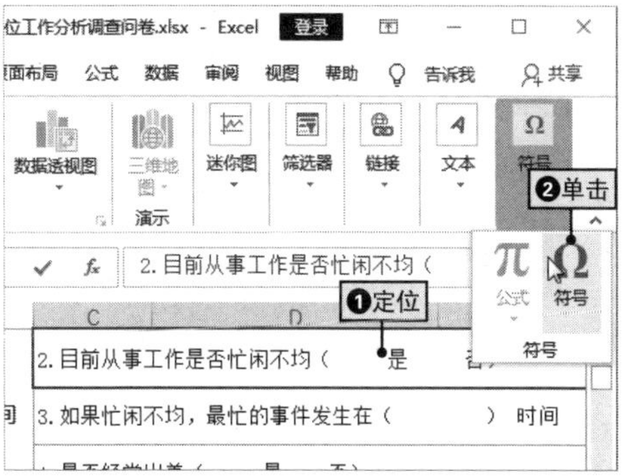

4 插入符号

❶在打开的文本框中的“字体”下拉列表框中选择“Wingdings2”选项，❷选择需要的符号，单击“插入”按钮即可。

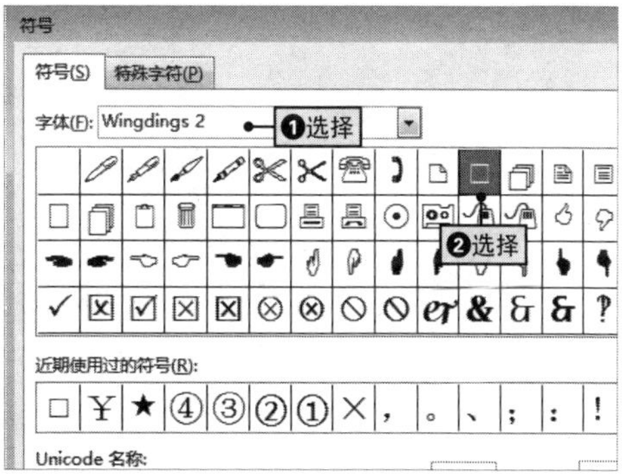

完成岗位分析调查问卷的制作后，其最终效果展示如图3-12所示，从该图中可以清晰地查看到该问卷可以获取员工的基本信息、职位、相关工作状况以及工作设备等情况。

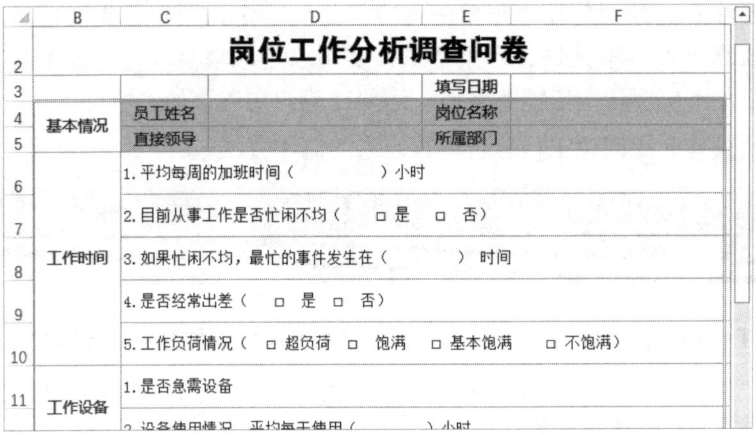

图3-12

知识链接

单元格数据填充

前面介绍的是通过填充柄填充数据，除此之外，还可以通过“序列”对话框进行数据填充，❶只需要设置好序列的初始值并选择填充区域，❷单击“开始”选项卡“编辑”组中的“填充”下拉按钮，❸选择“序列”命令，❹在打开的“序列”对话框中设置填充方式，❺单击“确定”按钮即可快速填充序列，如图3-13所示。

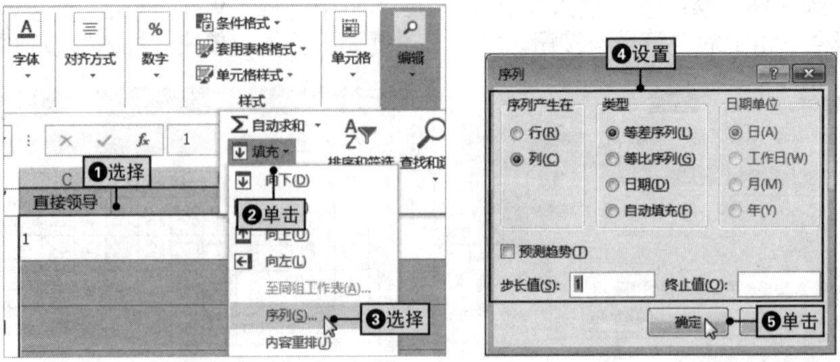

图3-13

3.2 年度人力资源费用预算编制

年度人力资源费用预算编制是人力资源经理需要掌握的一项技能，本节主要介绍如何使用Excel技巧快速制作相关表格。

3.2.1 工资奖金预算表设计

工资奖金测算时，要结合年度定员定编的情况和年度招聘计划，分析静态和动态的数据，最后将两组数据结合得出预算数据。以12月31日为截止日期可以预算前一年度，在职人员的工资数据，并将人员的增减情况、工龄变动情况等精确到月份数据进行核算。

用户在编制表格的过程中要注意相关数据的计算核实要准确，只有准确地计算数据才能最终得出可信的预算数据。

下面具体介绍编制2019年工资奖金预算表的设计方法。

>> 素材文件：素材\第3章\无

>> 效果文件：效果\第3章\工资奖金预算表.xlsx

1 新建工作簿并录入数据

❶新建“工资奖金预算表”文件，❷设置工作表结构，并在其中录入相应的表格数据。

2 填写人员流动信息

根据实际情况填写“是否离职”和“备注”栏信息。

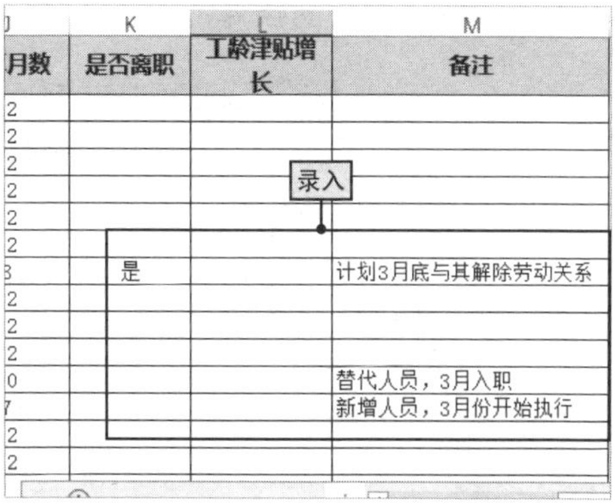

3 计算工龄津贴增长

❶选择L2:L21单元格区域，❷在编辑栏中输入运算公式“=IF(K2="是",MAX(MONTH(D2)-J2,0)*100,IF(YEAR(D2)<2019,(12-MONTH(D2))*100,0))”，按【Ctrl+Enter】键进行计算。

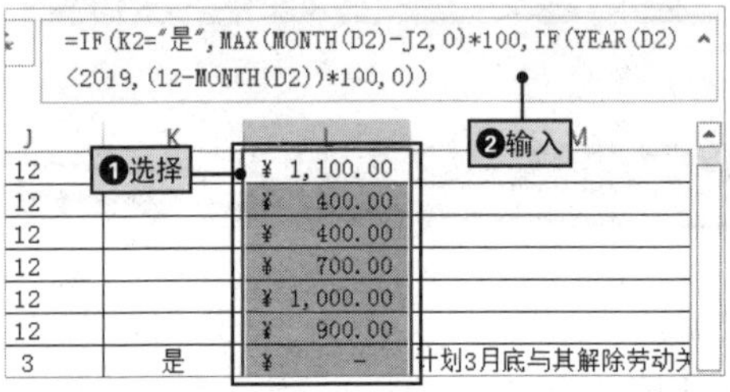

4 建立汇总表格

员工个人数据处理完成后，在R1:W10单元格区域建立汇总表格。

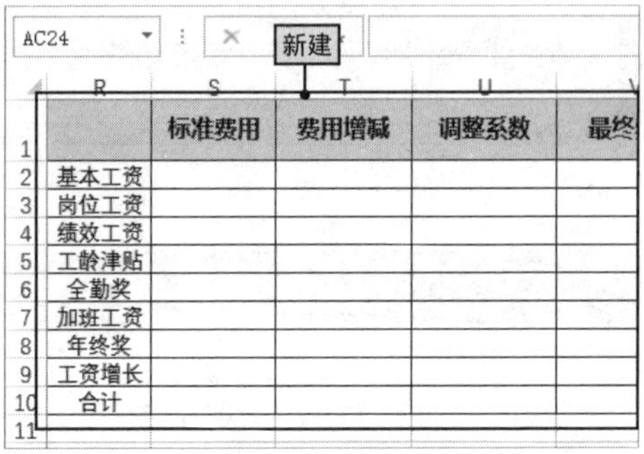

5 公式编辑

分别在各单元格分别输入如下公式进行数据计算。

6 录入信息

❶分别在U列录入比例数据，❷在W列录入备注信息，❸选择V10单元格，❹在编辑栏中输入“=SUM（V2:V9）”求和。

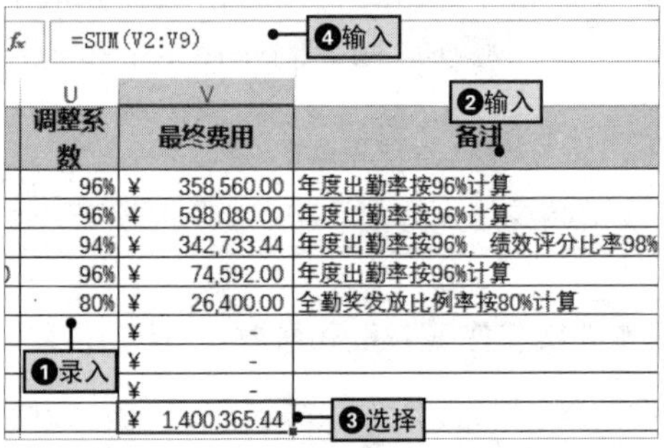

完成工资奖金预算表的制作后，其最终效果展示如图3-14所示，从该图中可以查看各项费用的预算情况。

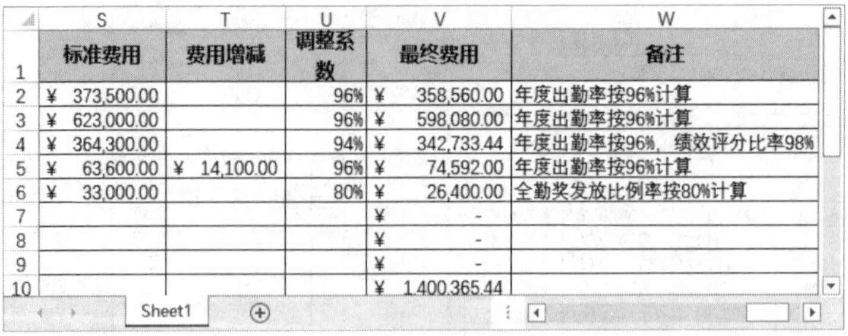

	标准费用	费用增减	调整系数	最终费用	备注
2	¥ 373,500.00		96%	¥ 358,560.00	年度出勤率按96%计算
3	¥ 623,000.00		96%	¥ 598,080.00	年度出勤率按96%计算
4	¥ 364,300.00		94%	¥ 342,733.44	年度出勤率按96%，绩效评分比率98%
5	¥ 63,600.00	¥ 14,100.00	96%	¥ 74,592.00	年度出勤率按96%计算
6	¥ 33,000.00		80%	¥ 26,400.00	全勤奖发放比例率按80%计算
7				¥ -	
8				¥ -	
9				¥ -	
10				¥ 1,400,365.44	

图3-14

TIP SUMPRODUCT()函数简介

该函数是指在给定的几组数组中，将数组间对应的元素相乘，并返回乘积之和。其语法结构为：SUMPRODUCT（array1,array2,array3, ...），Array1,array2,array3, ... 为 2 到 30 个数组，其相应元素需要进行相乘并求和。

3.2.2 保险福利预算表设计

保险福利费用总额是指各单位在工资以外实际支付给职工个人和用于集体的劳动保险（不包括用于职工的劳动保护费用）和生活福利费用的总称。在企业单位，包括由职工福利基金支出的部分和由企业营业外支出、企业基金或利润留成、工会文教费、企业管理费支出的部分。在预算单位包括由职工福利费、公务费、差额补助费等支出的部分。

表格中的福利信息用户应当根据公司的实际福利情况，录入相关的福利项目，具体数据同样需要据实录入。

保险福利预算表同样要结合年度定员定编情况和年度招聘情况。下面具体介绍保险福利预算表的设计方法。

>> 素材文件：素材\第3章\保险福利预算

>> 效果文件：效果\第3章\保险福利预算

1 输入公式引用数据

❶打开“保险福利预算”文件夹中的两个素材文件，在“保险福利预算表”工作表中的A1单元格中输入“=INDEX([工资奖金预算表.xlsx]Sheet1!A:A,ROW(1:1))&""”，❷填充到C1单元格。

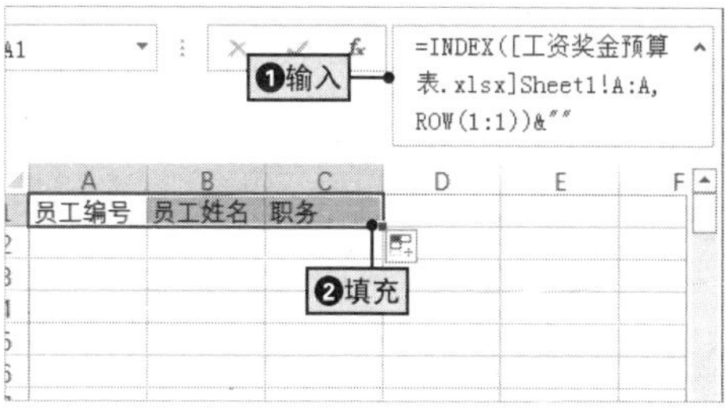

2 填写人员流动信息

❶在D1单元格输入“=INDEX([工资奖金预算表.xlsx]Sheet1!J:J,ROW(1:1))&""”，❷选择A1:D1单元格区域，向下填充公式引用数据。

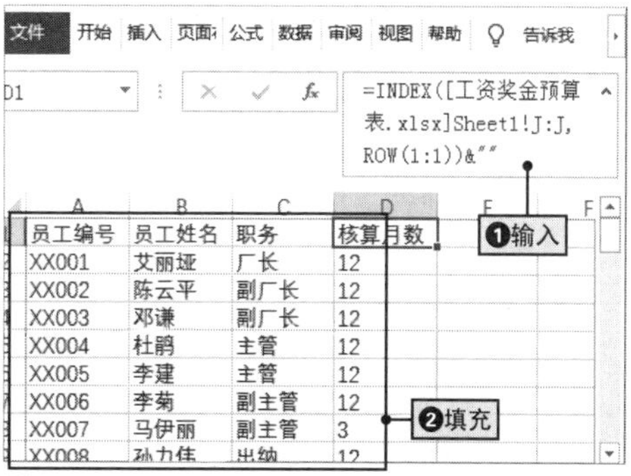

3 录入数据

将保险数据和公积金数据全部导入到工作表中。

	A	B	C	D	E
1	员工编号	员工姓名	职务	核算月数	养老（个人）
2	XX001	艾丽娅	厂长	12	¥ 365.50
3	XX002	陈云平	副厂长	12	¥ 365.50
4	XX003	邓谦	副厂长	12	¥ 365.50
5	XX004	杜鹃	主管	12	¥ 365.50
6	XX005	李建	主管	12	¥ 365.50
7	XX006	李菊	副主管	12	
8	XX007	马伊丽	副主管	3	
9	XX008	孙力伟	出纳	12	¥ 365.50
10	XX009	孙曦	会计	12	¥ 365.50
11	XX010	汪海军	办公室主任	12	¥ 364.50

导入数据

4 设计汇总表

在S1:X14单元格区域建立汇总表，结构如下所示。

S	T	U	V
	标准	标准费用	调整系数
劳动保护用品			
高温补贴			
员工餐补			
养老（个人）			
失业（个人）			
医疗（个人）			
公积金（个人）			
养老（公司）			
工伤（公司）			
失业（公司）			

新建

5 输入计算公式

在需要计算的单元格中输入如下图所示的公式进行计算。

T	U	V	W
标准	标准费用	调	最终费用
50	=SUM(D2:D21)*T2		=U2*V2
1.5	=10*900*T3		=U3*V3
300	=SUM(D2:D21)*T4		=U4*V4
	=SUMPRODUCT(D2:D21,E2:E21)		=U5*V5
	=SUMPRODUCT(D2:D21,H2:H21)		=U6*V6
	=SUMPRODUCT(D2:D21,J2:J21)		=U7*V7
	=SUMPRODUCT(D2:D21,M2:M21)		=U8*V8
	=SUMPRODUCT(D2:D21,F2:F21)		=U9*V9
	=SUMPRODUCT(D2:D21,G2:G21)		=U10*V10
	=SUMPRODUCT(D2:D21,I2:I21)		=U11*V11
	=SUMPRODUCT(D2:D21,K2:K21)		=U12*V12

输入并计算

6 完善表格

❶在V列单元格中输入调整系数，❷在X列单元格中输入备注信息。

调整系数	最终费用	备注
100%	¥ 11,200.00	按50元/月.人核算
100%	¥ 13,500.00	按10人享受高温补贴900H/人核算
100%	¥ 67,200.00	按300元/月.人核算
110%	¥ 90,035.00	保险增长比例按10%预算
110%	¥ 33,332.20	保险增长比例按10%预算
110%	¥ 26,903.80	保险增长比例按10%预算
110%	¥ 84,309.50	保险增长比例按10%预算
110%	¥297,533.50	保险增长比例按10%预算
110%	¥ 8,961.72	保险增长比例按10%预算
110%	¥150,020.20	保险增长比例按10%预算
110%	¥ 87,098.00	保险增长比例按10%预算

❶输入 ❷输入

完成保险福利预算表的制作后，其最终效果展示如图3-15所示，从该图中可以查看公司各项福利的预算情况，通过福利预算，可以方便分析下一年的福利费用。

	S	T	U	V	W	X
1		标准	标准费用	调整系数	最终费用	备注
2	劳动保护用品	¥ 50.00	¥ 11,200.00	100%	¥ 11,200.00	按50元/月.人核算
3	高温补贴	¥ 1.50	¥ 13,500.00	100%	¥ 13,500.00	按10人享受高温补贴900H/人
4	员工餐补	¥ 300.00	¥ 67,200.00	100%	¥ 67,200.00	按300元/月.人核算
5	养老（个人）		¥ 81,850.00	110%	¥ 90,035.00	保险增长比例按10%预算
6	失业（个人）		¥ 30,302.00	110%	¥ 33,332.20	保险增长比例按10%预算
7	医疗（个人）		¥ 24,458.00	110%	¥ 26,903.80	保险增长比例按10%预算
8	公积金（个人）		¥ 76,645.00	110%	¥ 84,309.50	保险增长比例按10%预算
9	养老（公司）		¥270,485.00	110%	¥297,533.50	保险增长比例按10%预算
10	工伤（公司）		¥ 8,147.02	110%	¥ 8,961.72	保险增长比例按10%预算
11	失业（公司）		¥136,382.00	110%	¥150,020.20	保险增长比例按10%预算
12	医疗（公司）		¥ 79,180.00	110%	¥ 87,098.00	保险增长比例按10%预算
13	生育（公司）		¥ 7,969.00	110%	¥ 8,765.90	保险增长比例按10%预算
14	公积金（公司）		¥ 76,645.00	110%	¥ 84,309.50	保险增长比例按10%预算

Sheet1

图3-15

知识链接

INDEX()函数介绍

函数INDEX()有如下两种形式。

- **数组形式**：INDEX(array，row_num，column_num)。
- **引用形式**：INDEX(reference，row_num，column_num，area_num)。

数组形式通常返回数值或数值数组；引用形式通常返回引用。函数参数说明如下：

array为单元格区域或数组常数；row_num为数组中某行的行序号，函数从该行返回数值。column_num是数组中某列的列序号，函数从该列返回数值。

reference是对一个或多个单元格区域的引用，如果为引用输入一个不连续的选定区域，必须用括号括起来。area_num是选择引用中的一个区域，并返回该区域中row_num和column_num的交叉区域。

3.2.3 招聘费用预算表设计

在制作年度招聘计划时，一般会进行招聘费用的预算，如果招聘费用各项都有相关明细数据，可以直接引用数据，否则需要将招聘费用各项目进行详细的预算。

招聘费用预算表一般包括招聘前的调研费、广告费、招聘会经费、高校奖学金；招聘中的选拔测试方案制定与实施经费、获取测试工具经费等；招聘后的通知录取结果经费、分析招聘结果经费、签订劳动合同经费等。除此之外，还包括食宿费用、推荐奖励以及其他费用，用户也可只列举实际招聘过程涉及的费用项目。

在制作招聘费用预算表时，需要注意将涉及的费用科目罗列完整，相关数据录入准确。

下面具体介绍招聘费用预算表的设计方法。

>> 素材文件：素材\第3章\无

>> 效果文件：效果\第3章\招聘费用预算表.xlsx

1 新建工作表并录入数据

❶新建“招聘费用预算表”文件，❷根据需要设置表格格式，并将各月费用录入表格。

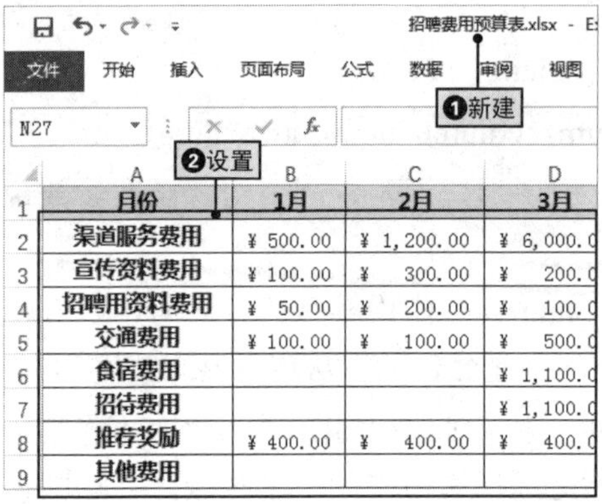

	A	B	C	D
1	月份	1月	2月	3月
2	渠道服务费用	¥ 500.00	¥ 1,200.00	¥ 6,000.0
3	宣传资料费用	¥ 100.00	¥ 300.00	¥ 200.0
4	招聘用资料费用	¥ 50.00	¥ 200.00	¥ 100.0
5	交通费用	¥ 100.00	¥ 100.00	¥ 500.0
6	食宿费用			¥ 1,100.0
7	招待费用			¥ 1,100.0
8	推荐奖励	¥ 400.00	¥ 400.00	¥ 400.0
9	其他费用			

2 计算合计数据

❶选择N2:N9单元格区域，❷在编辑栏中输入“=SUM(B2:M2)”公式，按【Ctrl+Enter】组合键计算合计数据。

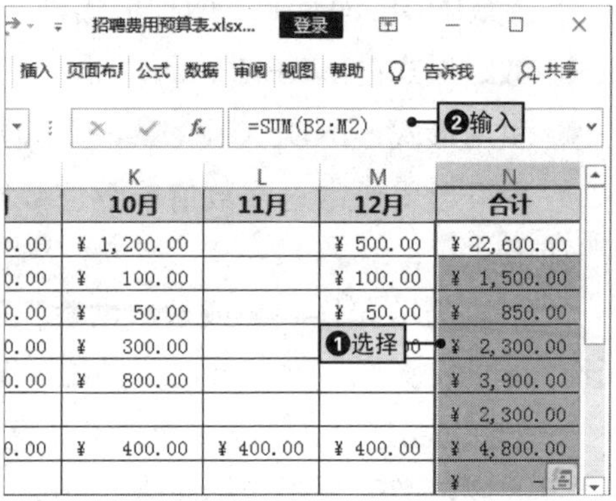

	J	K	L	M	N
1		10月	11月	12月	合计
2	0.00	¥ 1,200.00		¥ 500.00	¥ 22,600.00
3	0.00	¥ 100.00		¥ 100.00	¥ 1,500.00
4	0.00	¥ 50.00		¥ 50.00	¥ 850.00
5	0.00	¥ 300.00			¥ 2,300.00
6	0.00	¥ 800.00			¥ 3,900.00
7					¥ 2,300.00
8	0.00	¥ 400.00	¥ 400.00	¥ 400.00	¥ 4,800.00
9					¥ -

完成招聘费用预算表的制作后，其最终效果展示如图3-16所示，从该图中可以查看公司每个月用于招聘的各种费用的详细数据，并且通过费用合计数据可以大概了解到公司一年中招聘过程的具体花费。

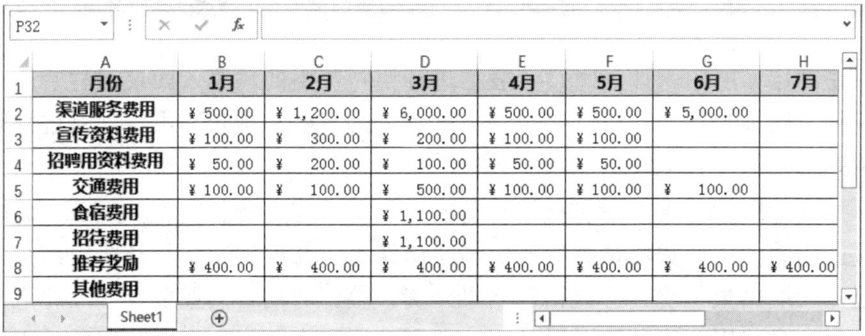

	A	B	C	D	E	F	G	H
1	月份	1月	2月	3月	4月	5月	6月	7月
2	渠道服务费用	¥ 500.00	¥ 1,200.00	¥ 6,000.00	¥ 500.00	¥ 500.00	¥ 5,000.00	
3	宣传资料费用	¥ 100.00	¥ 300.00	¥ 200.00	¥ 100.00	¥ 100.00		
4	招聘用资料费用	¥ 50.00	¥ 200.00	¥ 100.00	¥ 50.00	¥ 50.00		
5	交通费用	¥ 100.00	¥ 100.00	¥ 500.00	¥ 100.00	¥ 100.00	¥ 100.00	
6	食宿费用			¥ 1,100.00				
7	招待费用			¥ 1,100.00				
8	推荐奖励	¥ 400.00	¥ 400.00	¥ 400.00	¥ 400.00	¥ 400.00	¥ 400.00	¥ 400.00
9	其他费用							

图3-16

3.2.4 培训费用预算表设计

在制作年度培训计划时，一般会进行培训费用的预算，同招聘费用一样，如果各项培训费用都有相关明细数据，可以直接引用数据，否则需要将培训费用各项目进行详细的预算。

培训经费是培训进行的物质基础，是培训工作所必须具备的场所、设施、培训师等费用的保证。通常要获得培训成本的精确数据十分困难，但我们可以估算出一个特定时期内各种培训费用支出的大概总和。

一般而言，课程费用的确定包含3个方面：准备费用、指导课程的费用和管理费用。准备费用包括打字费用、通讯费用、课程设计费用和其他课前准备工作所花去的费用；指导课程的费用是直接和培训项目相联系的费用，一般包括培训师的薪水、学员的薪水、场地费、咨询费、伙食费、住宿费和其他费用；管理费用包括对培训中薪水评估的费用、交通费用、雇员费用以及传单费用等杂项费用。

下面具体介绍培训费用预算表的设计方法。

>> 素材文件：素材\第3章\无

>> 效果文件：效果\第3章\培训费用预算表.xlsx

1 新建工作表并录入数据

❶新建“培训费用预算表”文件，❷根据需要设置表格格式，并将各月费用录入表格。

2 计算合计数据

❶选择N2:N6单元格区域，❷在编辑栏中输入“=SUM(B2:M2)”公式，按【Ctrl+Enter】组合键计算合计数据。

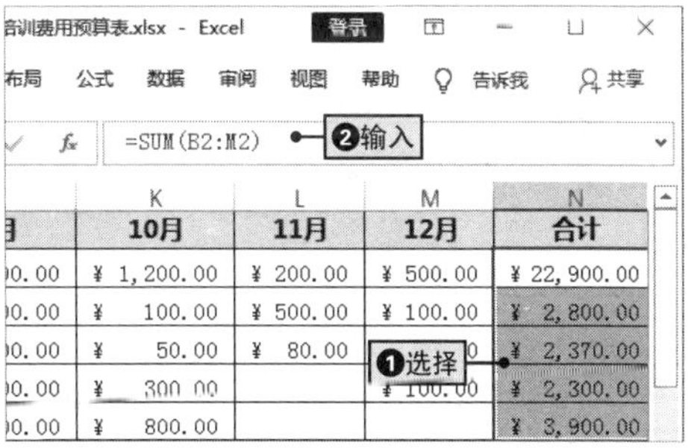

完成培训费用预算表的制作后，其最终效果展示如图3-17所示，从该图中可以查看公司每个月用于培训的各种费用的详细数据。

图3-17

3.2.5 年度费用预算总表设计

年度费用预算表是指根据各种预算费用项目建立的工作表，主要包括工资奖金预算、保险福利预算、招聘费用预算、培训费用预算、办公后勤费用预算以及其他费用预算。

年度费用预算总表是十多个预算表的集合，再录入数据时，一定要准确。下面具体介绍年度费用预算总表的设计方法。

>> 素材文件：素材\第3章\无

>> 效果文件：效果\第3章\年度费用预算总表.xlsx

1 新建工作表

❶新建“年度费用预算总表”文件，❷根据需要设置表格格式，并为表格设置边框和表头背景填充。

2 录入表格数据

完成表格样式设置后，将相关的表格数据录入到对应的单元格中即可。

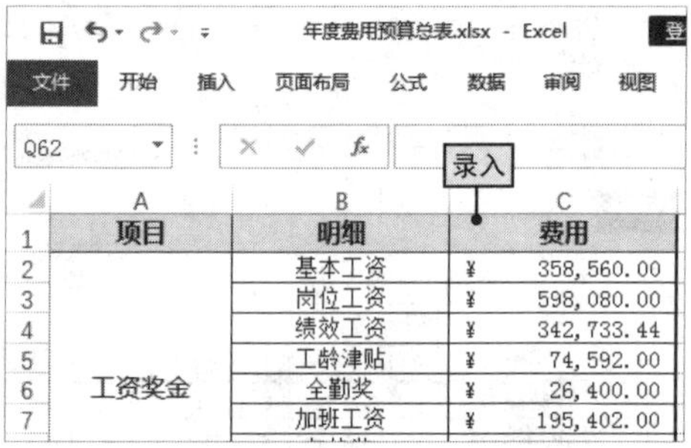

完成年度费用预算总表的制作后，其最终效果展示如图3-18所示，从该图中可以查看公司年度各项费用的预算总额，方便用户对下一年进行预测。

	A	B	C
1	项目	明细	费用
2	工资奖金	基本工资	¥ 358,560.00
3		岗位工资	¥ 598,080.00
4		绩效工资	¥ 342,733.44
5		工龄津贴	¥ 74,592.00
6		全勤奖	¥ 26,400.00
7		加班工资	¥ 195,402.00
8		年终奖	¥ 800,000.00
9		工资增长	¥ 1,358,420.00
10		保险公积金扣除	¥ 234,580.50
11	保险福利	劳动保护用品	¥ 11,200.00
12		高温补贴	¥ 13,500.00
13		员工餐补	¥ 67,200.00
14		养老（个人）	¥ 90,035.00
15		失业（个人）	¥ 33,332.20
16		医疗（个人）	¥ 26,903.80
17		公积金（个人）	¥ 84,309.50

图3-18

第4章 04

招聘与面试体系建立，让招聘更轻松

本章导读

招聘人才是人事工作中的一项基本内容，同时也是一项比较繁琐的工作。要想化繁为简，在招聘之前首先需要建立直观的招聘流程并对招聘的成本有一定的规划。在招聘过程中充分利用Excel强大的数据处理能力对各个表格进行规范，可以使整个面试过程更轻松。

本章要点

设计招聘直接成本统计表
设计招聘间接成本统计表
面试测评成绩快速转化
一键录入考评结果
……

4.1 员工招聘流程直观展示

招聘员工是一项繁琐而系统的工作，所以需要为其制定一个科学、合理且清楚的招聘流程，以此方便工作的开展和推进。

>> 素材文件：素材\第4章\无

>> 效果文件：效果\第4章\员工招聘流程图.xlsx

虽然招聘工作是人力资源主导，但是在整个人才招聘的工作中，会涉及管理层、用人部门和人力资源部三方，因此在制作员工招聘流程图时，要注意以下几点。

①每个环节具体对应哪个部门必须正确，以方便执行招聘工作的相关工作人员能够快速、准确地找到对应的负责人。

②流程图中使用箭头标明流程走向，让整个招聘工作的推进更加直观。

③对于可能存在不同处理方案的环节，一定要标明清楚具体的执行条件，从而让招聘工作人员更加明确下一环节具体做什么。

本例的员工招聘流程图可分为3个阶段来制作，下面分阶段介绍具体操作。

1 建立招聘流程工作表并划分涉及的部门

1 新建工作簿并执行“重命名”命令

❶新建“员工招聘流程图”文件，❷在“Sheet1”工作表标签上右击，❸选择“重命名”命令。

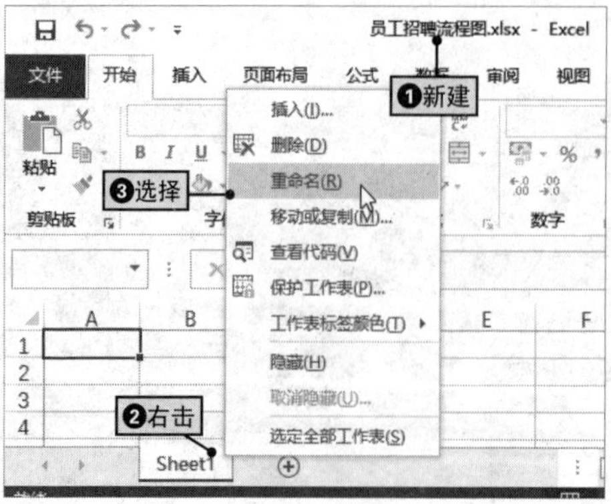

2 重命名工作表

❶工作表标签变为可编辑状态，输入工作表名称，❷单击任意空白位置或按【Enter】键确认重命名操作。

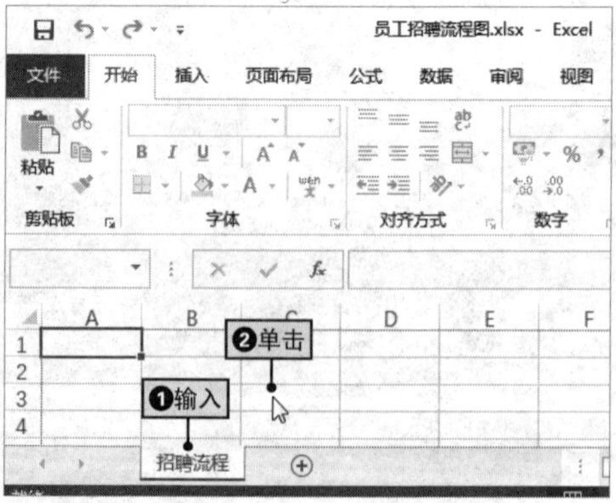

3 执行“列宽”命令

❶选择B、D、F、H、J、L列，❷在其上右击，❸在弹出的快捷菜单中选择“列宽”命令。

4 精确设置列宽

❶在打开的“列宽”对话框的“列宽”文本框中输入“1.5”，❷单击“确定”按钮关闭对话框。

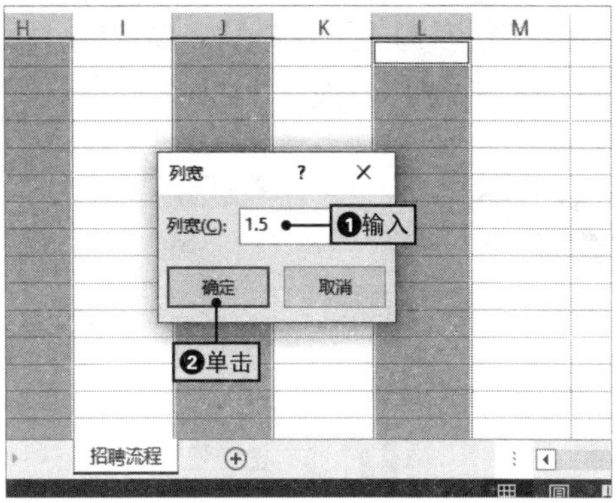

5 设置其他列和行的列宽与行高

❶用相同的方法将C、G、K列的列宽设置为19.13，❷用相同的方法分别设置第1行，第2、22行以及第3～21行的行高。

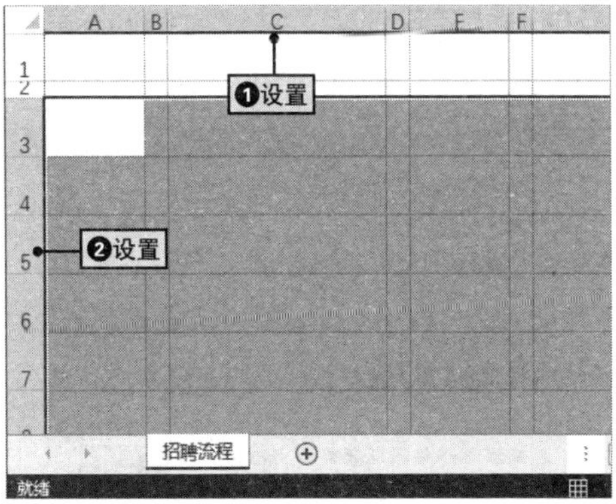

6 输入表头内容并设置对齐方式

❶分别在C1、G1和K1单元格中输入相应的文本内容，❷选择这几个单元格，单击“居中”按钮完成对齐方式的设置。

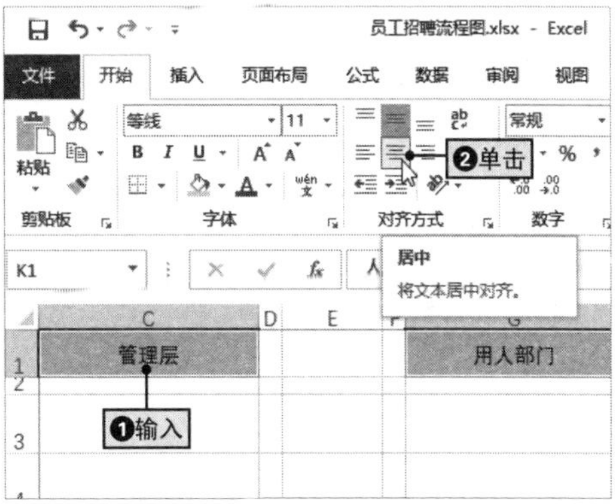

7 设置对齐方式并添加外边框效果

❶选择B2:D22、F2:H22、J2:L22单元格区域，单击“居中”按钮设置对齐方式为居中对齐，❷单击“下框线”下拉按钮，❸在弹出的下拉菜单中选择“外侧框线”选项为选择的单元格区域分别添加外边框效果。

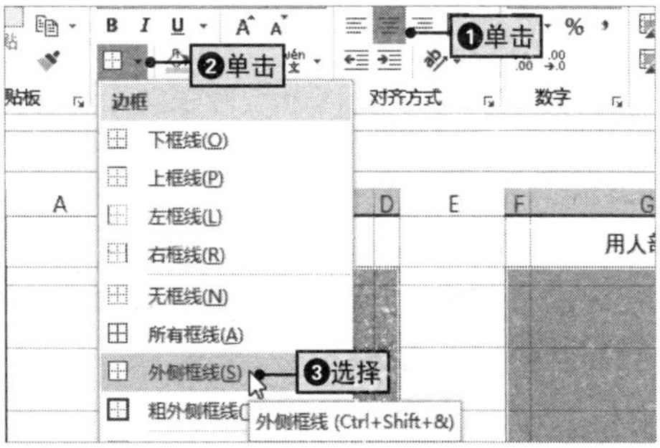

2 添加流程项目并设置流程方向

1 为单元格设置填充色

❶在G3单元格中输入“提出招聘需求”文本，❷选择该单元格，单击“颜色填充”按钮右侧的下拉按钮，❸选择“蓝色，个性色1，淡色80%”选项为单元格设置填充色。

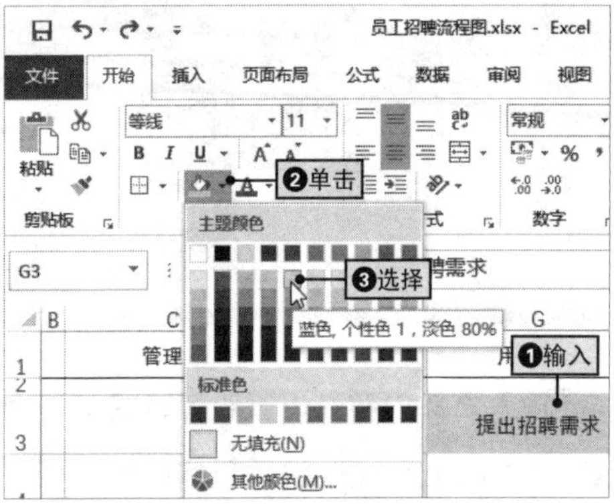

2 选择“直线”形状

❶在K5单元格中输入“预算核查”文本并选择该单元格，❷单击“插入”选项卡，❸在“插图”组中单击“形状”按钮，❹在弹出的下拉列表中选择“直线”形状。

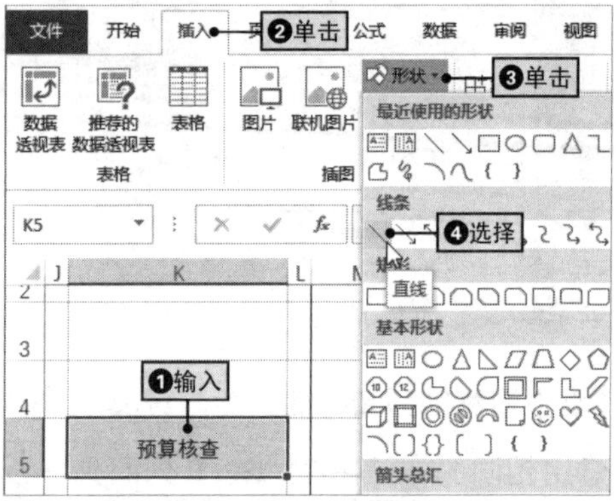

3 绘制直线形状

鼠标光标变为十字形，按住【Shift】键不放的同时拖动鼠标绘制一条直线，程序自动激活“绘图工具 格式”选项卡。

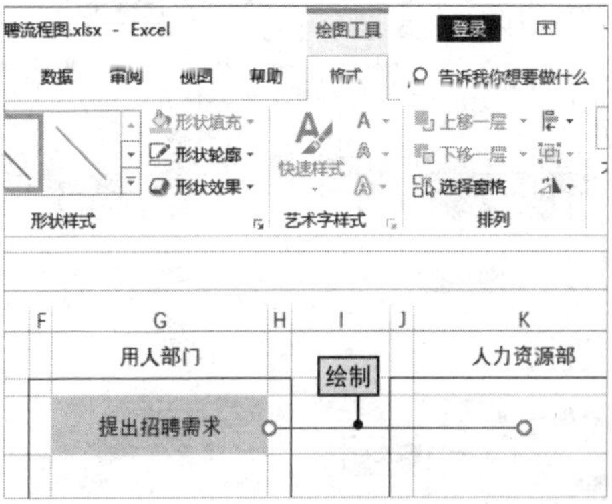

4 更改直线的粗细

❶单击“形状轮廓”按钮右侧的下拉按钮，❷选择“粗细/1.5磅”选项更改直线的粗细。

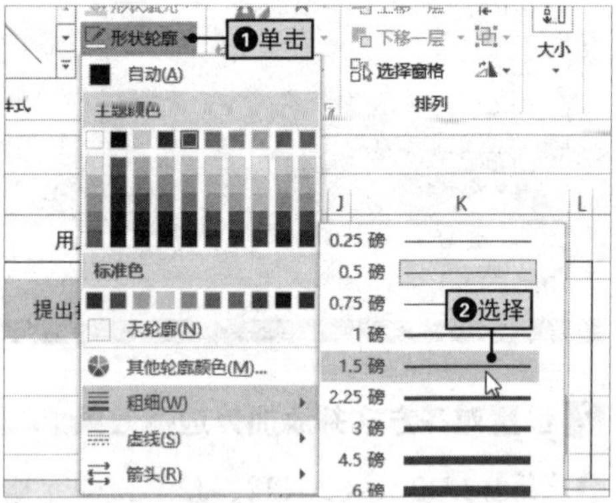

5 复制直线形状

保持直线形状的选择状态，按住【Ctrl】键不放的同时，拖动选择的直线复制一条相同格式的直线。

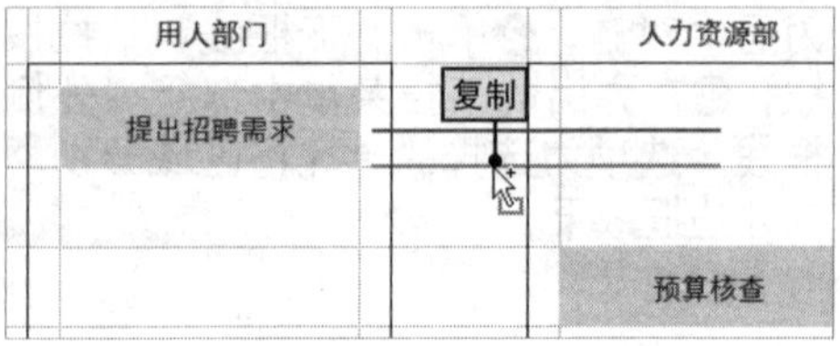

6 旋转复制的直线形状

❶保持复制的直线形状的选择状态，单击“绘图工具 格式”选项卡的“旋转”按钮，❷选择“向右旋转90°”选项。

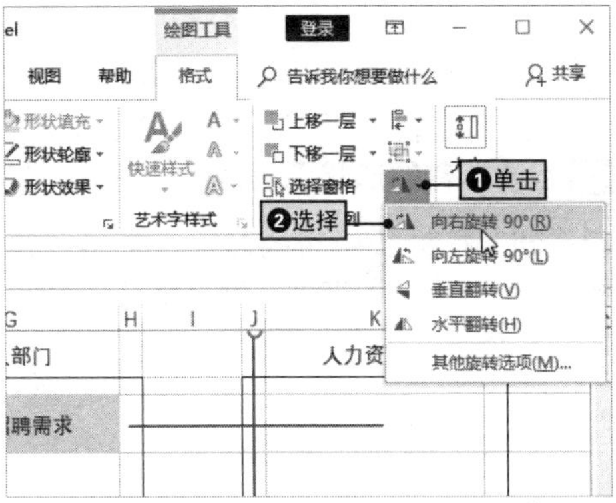

7 为直线添加箭头

❶单击“形状轮廓”按钮右侧的下拉按钮，❷选择“箭头/箭头样式5”选项为复制的直线添加箭头效果。

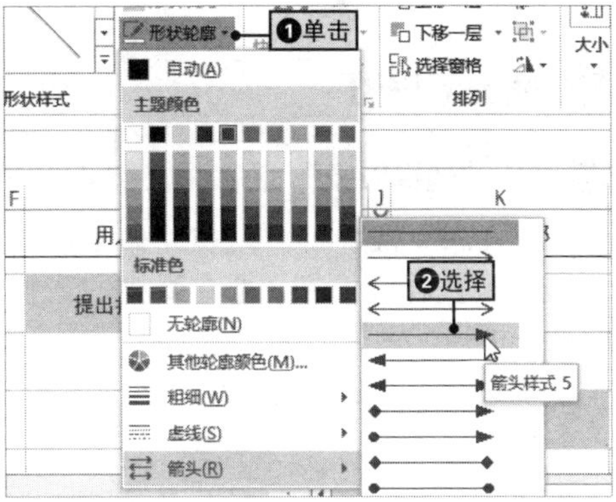

8 为“不统一”条件设置无填充

❶继续添加招聘项目并用文本框添加“不统一”文本，选择文本框，❷单击“形状填充”按钮右侧的下拉按钮，❸选择“无填充”选项。

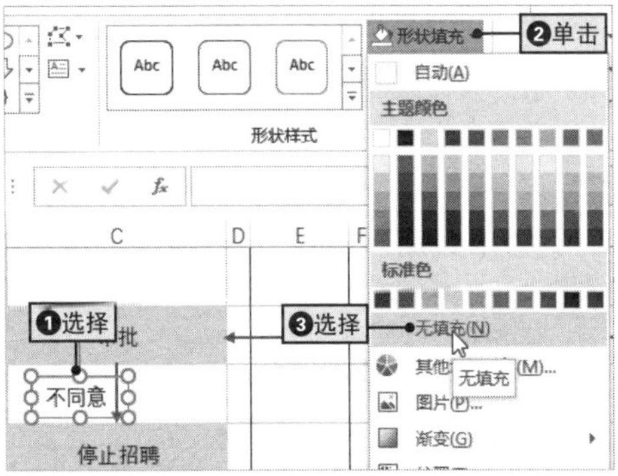

9 取消文本框的轮廓效果

❶保持文本框的选择状态，单击“形状轮廓”按钮右侧的下拉按钮，❷在弹出的下拉菜单中选择“无轮廓”选项取消文本框的轮廓效果。

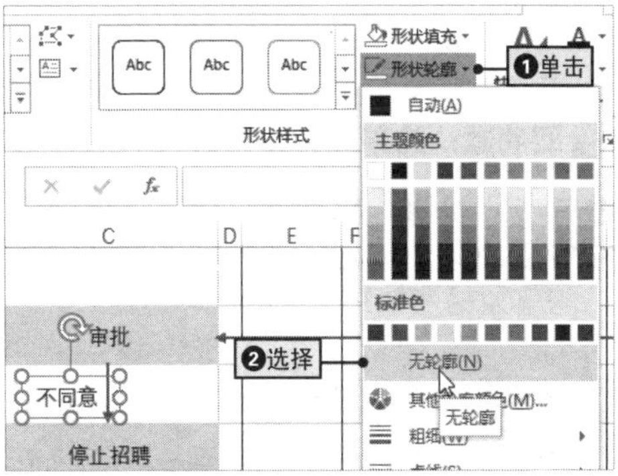

10 完成流程图的制作

继续添加第5个招聘环节的内容及其单元格填充格式，❶选择该单元格，❷单击“开始”选项卡“对齐方式”组的“自动换行”按钮将内容自动换行为两行显示。继续在工作表中添加其他招聘环节项目并添加对应的流程方向完成招聘流程图框架的制作。

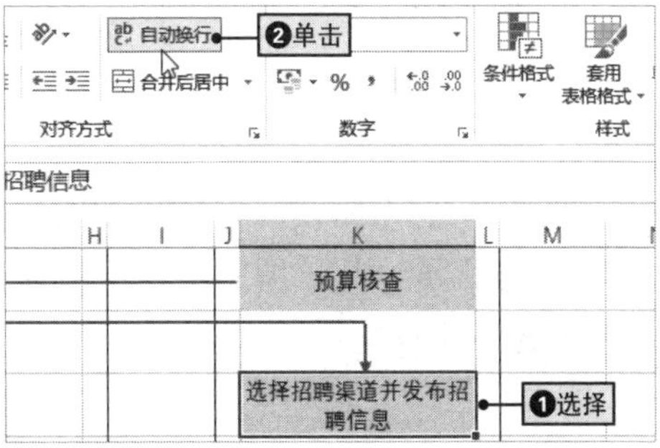

TIP 为文本框设置无轮廓效果的作用

为文本框设置无轮廓效果可以让文本框取消掉边框的显示，只显示文本。除此之外还可以直接在单元格中输入文本，也可以实现同样的文本显示效果。

3 完善流程图

1 执行“选择对象”命令

❶在“开始”选项卡“编辑”组中单击“查找和选择”按钮，❷在弹出的下拉菜单中选择“选择对象”命令。

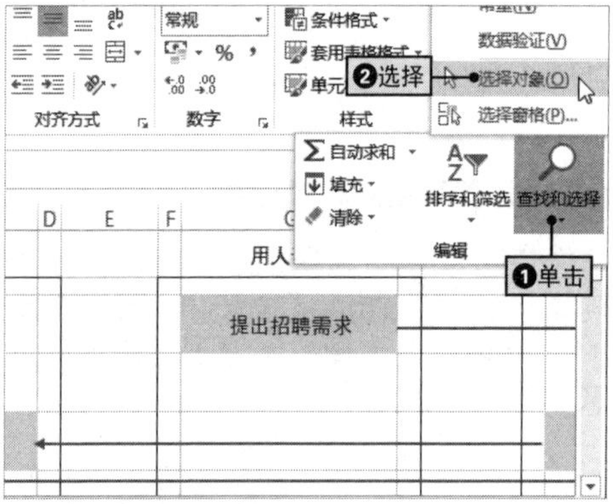

2 组合所有的形状

❶拖动鼠标框选所有的形状，单击“绘图工具 格式”选项卡，❷单击“组合”按钮，选择“组合”命令。

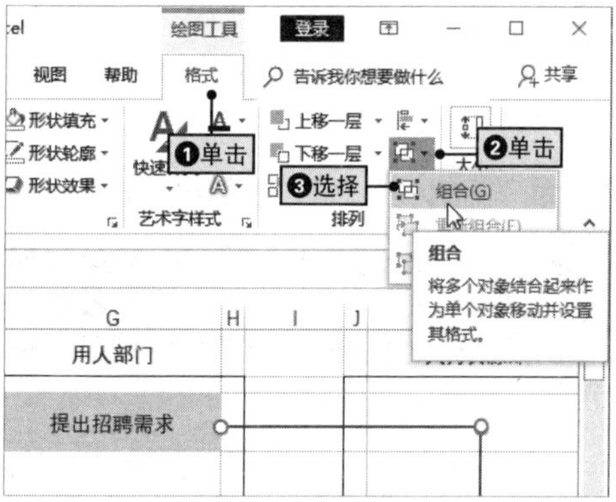

3 取消默认的单元格网格线

❶单击“视图”选项卡，❷在“显示”组中取消选中“网格线”复选框取消默认的单元格网格线效果。

TIP 取消形状的组合

如果要取消形状的组合，直接选择组合的形状，在“组合”下拉列表中选择“取消组合”命令即可。

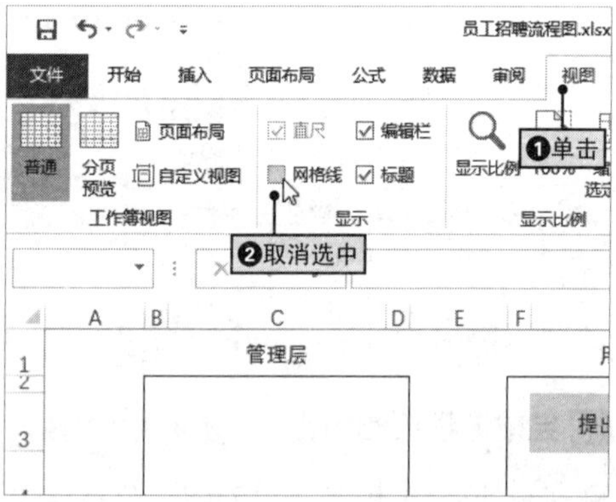

通过如上3个阶段即可完成本案例的员工招聘流程图的制作，其最终效果展示如图4-1所示，从该图中可以清晰地查看到每个招聘环节对应的部门，及每个环节的先后流程关系。

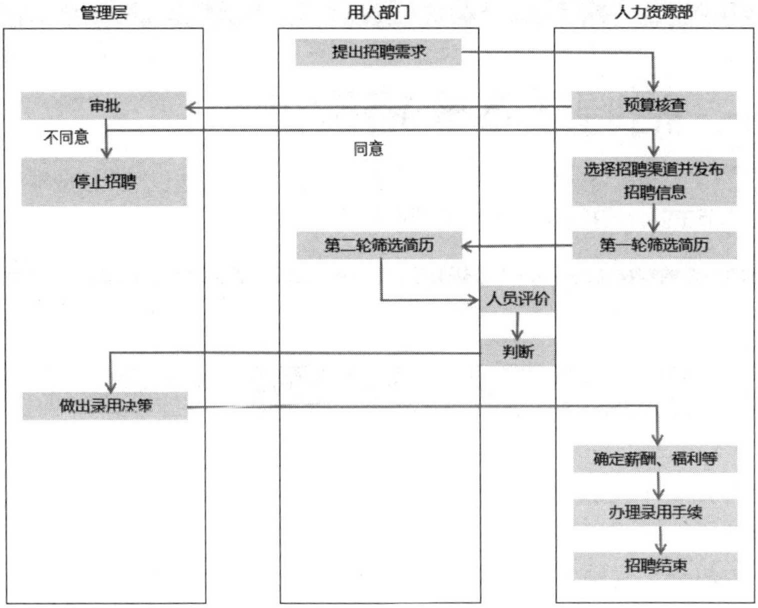

图4-1

知识链接

快速选择图形对象

如果需要组合的对象过多，配合使用【Ctrl】键或【Shift】键逐个选择会显得很繁琐，此时除了执行“开始”选项卡“编辑”组中“查找和选择”下拉菜单中的“选择对象”命令，然后按住鼠标左键拖动可选择区域中的所有形状以外，还可以选择“选择窗格”命令，在打开的“选择窗格”任务窗格中可以快速选择指定的对象，如图4-2所示。

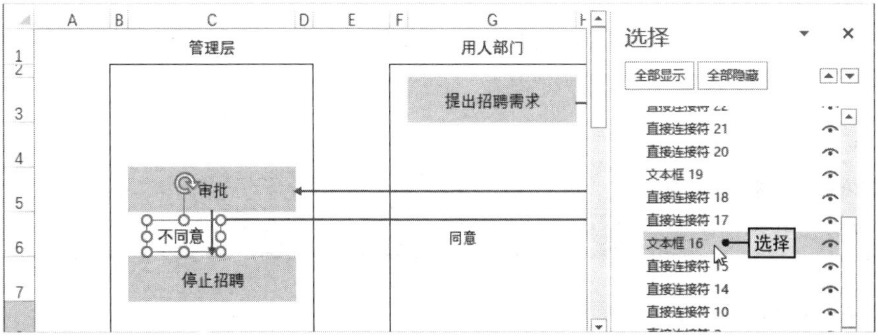

图4-2

4.2 招聘成本表格设计

公司招聘一个岗位是需要付出成本的，这个成本包括直接成本和间接成本。本节主要介绍招聘直接成本和招聘间接成本。

4.2.1 设计招聘直接成本统计表

招聘直接成本是指可以直接记账和计算的、以金钱形式花费的成本。主要包括招聘所花费的招聘网站费用、招聘会费用、猎头招聘费用、委托代理招聘费用、内部推荐奖励费用、内部招聘费用、委托代理招聘费用、刊登广告费用、差旅费用、应聘人员招待费用以及为招聘所花费的其他费用等。

在了解了招聘直接费用包含哪些项目后，就需要了解表格设计过程中应考虑哪些因素。

①招聘直接成本一般都伴随各个招聘渠道发生，所以表格中按日期、招聘渠道对各个项目费用进行汇总。

②综合各个招聘渠道，一般情况下直接花费主要包括：渠道费用、宣传资料费用、招聘资料费用、交通费用、食宿费用、招待费用、推荐奖励以及其他费用等。

③日期用数据有效性限定格式，招聘渠道用数据有效性设置下拉菜单，防止输入不统一的情况。

④招聘渠道服务费用为周期费用的，如招聘网站服务费用等，每月1日将月平均费用输入表格中。

在了解了招聘直接费用所包含的内容以及表格设计过程中要注意的事项后，下面将具体介绍表格设计过程。

>> 素材文件：素材\第4章\无

>> 效果文件：效果\第4章\招聘直接成本统计表.xlsx

1 新建工作表并设置格式

❶新建“招聘直接成本统计表”文件，❷在A1:K1单元格区域输入各个费用项目，并为表格设置边框、格式。

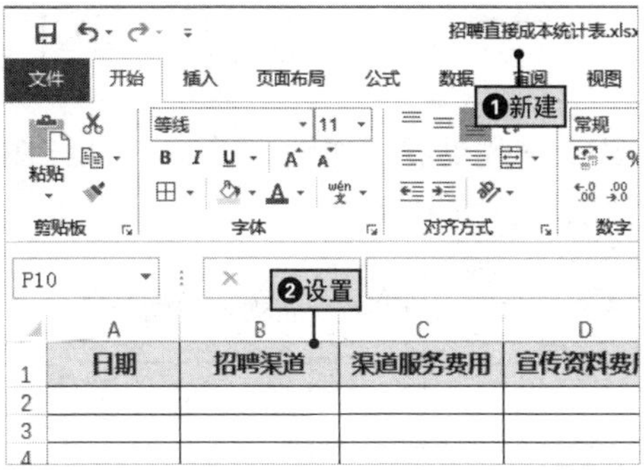

2 设置单元格格式

选择A2:A29单元格区域，❶在打开的“设置单元格格式”对话框中单击“数字”选项卡，❷选择“自定义”选项，❸设置格式为“yyyy-m-d”。

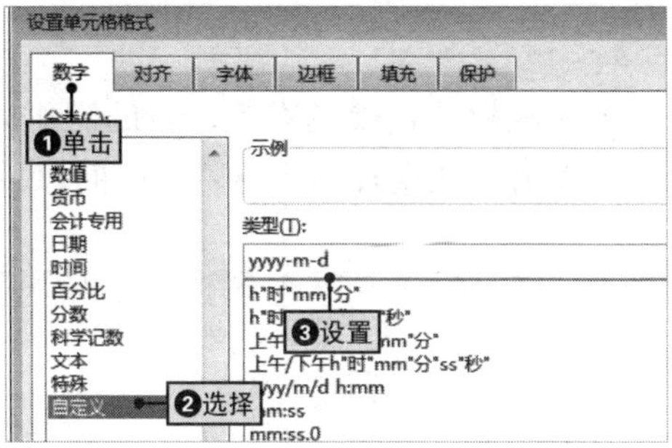

3 设置“日期”列数据有效性

❶单击“数据”选项卡下“数据工具”组中的“数据验证”按钮，❷在打开的对话框中的“允许”下拉列表框中选择“日期”选项，❸设置日期范围。

4 设置错误警告

❶单击“出错警告”选项卡，❷在“错误信息”列表框中输入“检查日期是否符合‘yyyy-m-d’格式，且在2019-1-1至2019-12-31间”，❸单击“确定”按钮。

5 设置下拉菜单

选择B2:B29单元格区域，打开“数据验证”对话框，❶在“允许”下拉列表框中选择“序列”选项，❷在“来源”文本框中输入“招聘网站1,招聘网站2,现场招聘,校园招聘,内部推荐,猎头招聘,委托代理招聘,内部招聘,刊登广告,其他”，单击“确定”按钮。

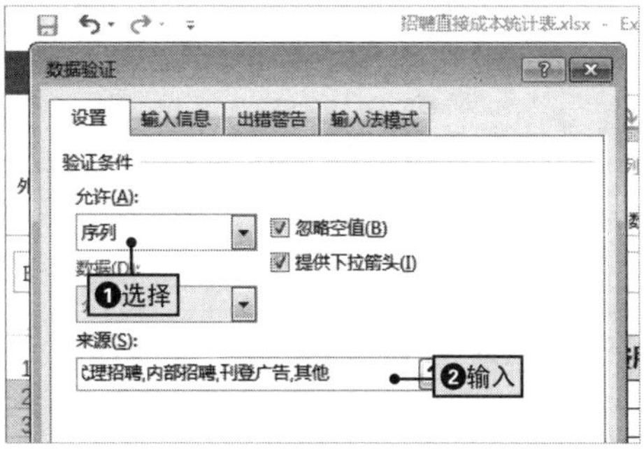

6 美化表格

返回到工作表中，在需要录入数据的单元格中录入数据，并对表格进行美化，对“合计”列数据进行汇总。

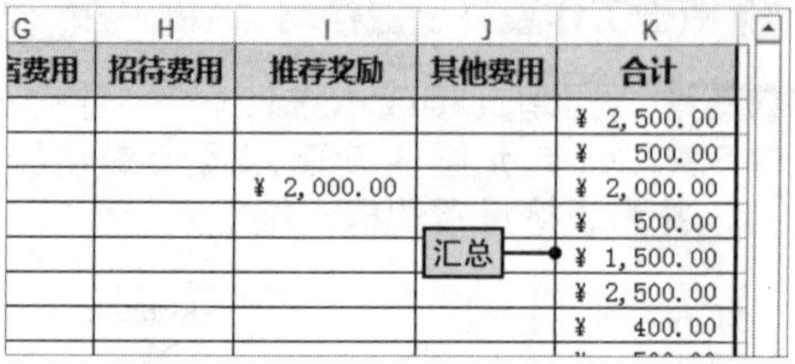

G	H	I	J	K
宿费用	招待费用	推荐奖励	其他费用	合计
				¥ 2,500.00
				¥ 500.00
		¥ 2,000.00		¥ 2,000.00
				¥ 500.00
				¥ 1,500.00
				¥ 2,500.00
				¥ 400.00

完成招聘直接成本统计表的制作后，其最终效果展示如图4-3所示，从该图中可以清晰地查看每次招聘的时间以及具体的项目费用等。

	A	B	C	D	E	F	G	H	I
1	日期	招聘渠道	渠道服务费用	宣传资料费用	招聘资料费用	交通费用	食宿费用	招待费用	推荐奖励
2	2019-2-5	现场招聘	¥2,000.00		¥ 500.00				
3	2019-2-19	招聘网站1	¥ 500.00						
4	2019-3-3	内部推荐							¥ 2,000.00
5	2019-3-10	招聘网站1	¥ 500.00						
6	2019-3-15	刊登广告		¥1,500.00					
7	2019-3-17	猎头招聘		¥ 500.00	¥2,000.00				
8	2019-3-25	招聘网站1	¥ 400.00						
9	2019-3-27	招聘网站2	¥ 500.00						
10	2019-4-2	现场招聘			¥1,100.00		¥700.00		
11	2019-4-9	委托代理招聘			¥ 500.00				
12	2019-4-14	内部推荐							¥1,500.00
13	2019-4-15	招聘网站1	¥ 300.00						
14	2019-4-20	现场招聘			¥1,200.00				

图4-3

知识链接

设置提示信息和清除数据验证

设置单元格提示信息可以告知用户填写表格时的注意事项，只需要在“数据验证”对话框中“输入信息”选项卡下设置提示信息即可，如图4-4所示。

要清除数据验证，只需要选择包含数据验证的单元格，在打开的“数据验证”对话框中单击“全部清除”按钮即可，如图4-5所示。

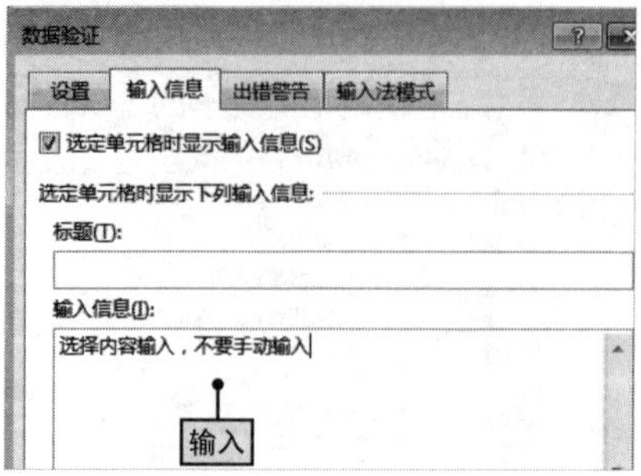

图4-4

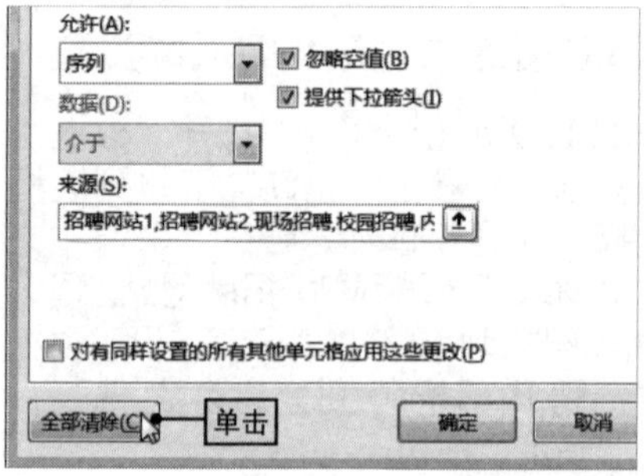

图4-5

4.2.2 设计招聘间接成本统计表

招聘间接成本通常是以时间形式表现，它贯穿于从建立筛选到人员入职的招聘活动中，只要存在招聘会，就会产生间接成本。间接成本通常无法直接核算，但可以通过招聘相关人员的时间和小时工资将其换算成标准费用。在设计间接成本统计表时，要注意以下内容。

①按招聘流程分类，分为筛选简历、面试邀请、面试准备、面试和通知入职等项目。

②表格中各项目分别为日期、招聘流程、招聘涉及岗位、花费时间、小时工资以及成本等。

③日期用数据有效性限定格式，招聘流程用数据有效性设置下拉菜单，防止输入不统一的情况。

在了解了招聘间接费用所包含的内容以及表格设计过程中要注意的事项后，下面将具体介绍表格设计过程。

>> 素材文件：素材\第4章\无

>> 效果文件：效果\第4章\招聘间接成本统计表.xlsx

1 新建工作表并设置格式

❶新建“招聘间接成本统计表”文件，❷在A1:F1单元格区域输入各个费用项目，为表格设置合适的表格样式，并为A列设置同样的数据验证，最后设置合适的出错提醒。

2 设置数据验证条件

选择B2:B29单元格区域，打开“数据验证”对话框，❶在“允许”下拉列表框中选择“序列”选项，❷在“来源”文本框中输入“筛选简历,面试邀请,面试准备,面试,通知入职,其他”，以同样的方法设置出错提醒。

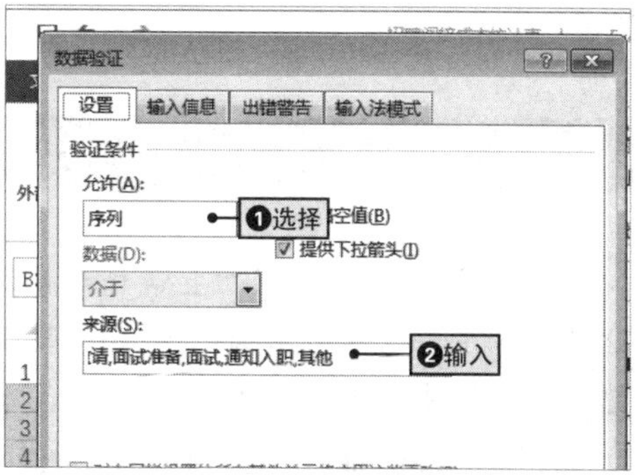

3 使用公式计算成本

在表格中输入需要的数据，并对表格进行美化，❶选择F2:F29单元格区域，❷在编辑栏中输入“=ROUND(D2*E2/60*2)”公式，按【Ctrl+Enter】组合键计算。

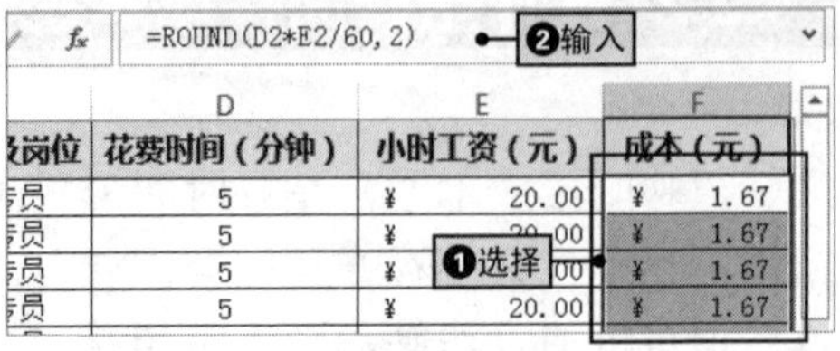

完成招聘间接成本统计表的制作后，其最终效果展示如图4-6所示，从该图中可以清晰地查看每次招聘的时间、涉及岗位以及费用等信息。

	A	B	C	D	E	F
1	日期	招聘流程	招聘涉及岗位	花费时间（分钟）	小时工资（元）	成本（元）
2	2019-2-1	面试邀请	招聘专员	5	¥ 20.00	¥ 1.67
3	2019-2-5	面试邀请	招聘专员	5	¥ 20.00	¥ 1.67
4	2019-2-10	面试邀请	招聘专员	5	¥ 20.00	¥ 1.67
5	2019-2-11	面试准备	招聘专员	5	¥ 20.00	¥ 1.67
6	2019-2-15	面试邀请	招聘专员	5	¥ 20.00	¥ 1.67
7	2019-2-16	面试邀请	招聘专员	5	¥ 20.00	¥ 1.67
8	2019-2-3	面试	经理	5	¥ 50.00	¥ 4.17
9	2019-2-4	面试	经理	5	¥ 50.00	¥ 4.17
10	2019-2-5	面试	经理	5	¥ 50.00	¥ 4.17
11	2019-2-6	面试	经理	5	¥ 50.00	¥ 4.17

图4-6

知识链接

ROUND()函数简介

ROUND()函数将数字四舍五入到指定的位数。其语法格式如下：

ROUND(number, num_digits)

在如上语法格式中，number参数指需要四舍五入的数字；num_digits指要进行四舍五入运算的位数。 例如，如果单元格 A1 包含 23.7825，而且想要将此数值舍入到两个小数位数，可以使用以下公式：=ROUND(A1, 2)，此函数的结果为 23.78。

4.2.3 招聘成本的汇总管理

招聘成本汇总表实际上就是对招聘过程中的直接成本和间接成本的汇总。招聘成本汇总表中按招聘渠道和间接成本按月来汇总数据，也可以按期限对各渠道的招聘成本进行分析。因此，招聘成本汇总表设计需考虑以下因素。

①表格中统计每年1～12月的汇总费用即可，即每年的费用不包括标题用12行数据。

②标题项目包括：年月、招聘网站1、招聘网站2、现场招聘、校园招聘、内部推荐、猎头招聘、委托代理招聘、内部招聘、刊登广告、其他、间接成本、合计等。

③所有的费用数据都从“招聘直接成本统计表”和“招聘间接成本统计表”中应用计算，不再重新输入。

下面将具体介绍表格设计过程。

>> 素材文件：素材\第4章\招聘成本汇总

>> 效果文件：效果\第4章\招聘成本汇总

1 新建工作表并设置格式

❶打开“招聘成本汇总”文件夹中的所有素材，❷在“招聘成本汇总表”工作簿的A1:M1单元格区域输入各个费用项目，为表格设置合适的表格样式，并为A列设置单元格格式为“yyyy-m”，并录入数据。

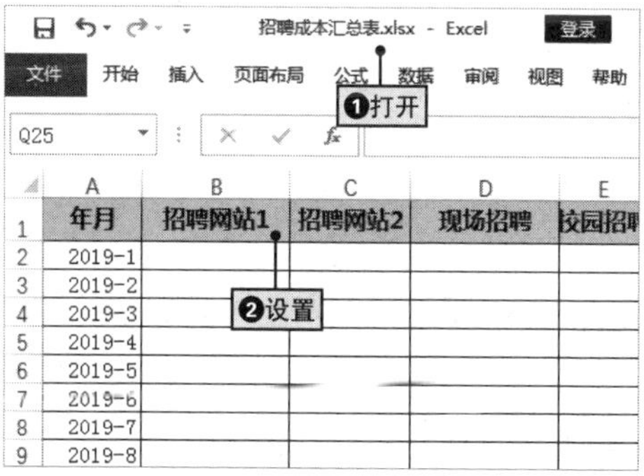

2 引用直接成本数据

❶选择B2:K13单元格区域，❷在编辑栏中输入“=SUMPRODUCT([招聘直接成本统计表.xlsx]Sheet1!$K$2:$K$29*([招聘直接成本统计表.xlsx]Sheet1!$B$2:$B$29=B$1)*(MONTH([招聘直接成本统计表.xlsx]Sheet1!$A$2:$A$29)=MONTH($A2)))”公式，按【Ctrl+Enter】组合键引用数据。

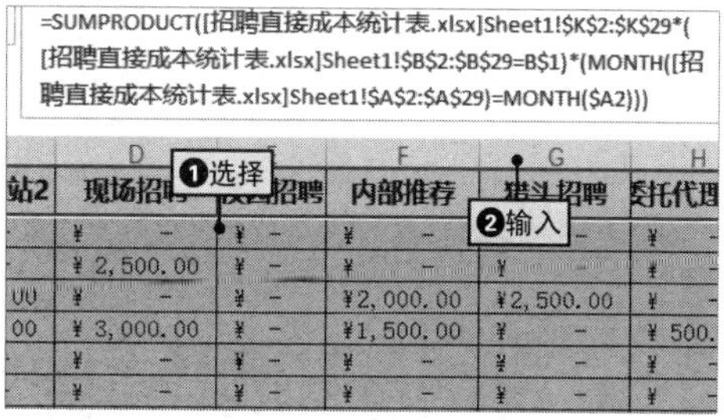

3 引用间接成本数据

❶选择L2:L13单元格区域，❷在编辑栏中输入“=SUMPRODUCT([招聘间接成本统计表]Sheet1!$F$2:$F$29*(MONTH([招聘间接成本统计表]Sheet1!$A$2:$A$29)=MONTH($A2)))”公式，按【Ctrl+Enter】组合键即可快速填充间接成本数据。

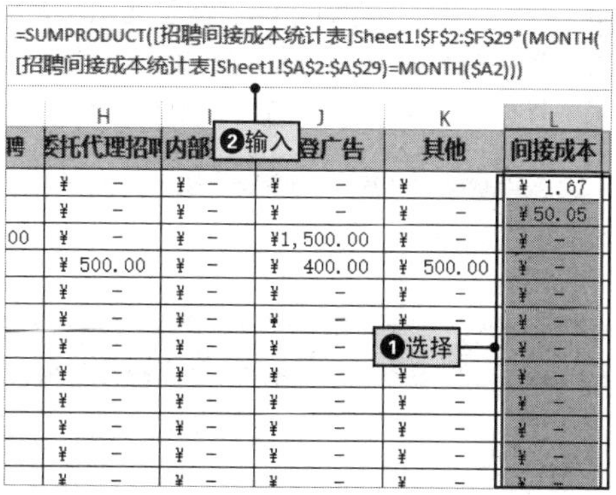

4 计算合计数据

❶选择M2:M13单元格区域，❷在编辑栏中输入公式“=SUM(B2:L2)”,按【Ctrl+Enter】组合键即可快速计算相关合计数据。

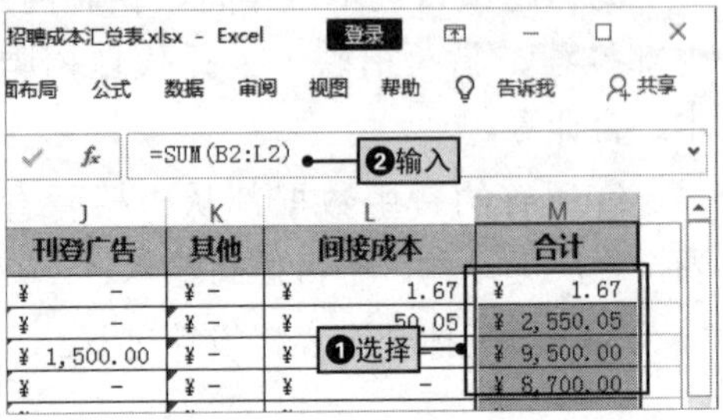

完成招聘成本汇总表的制作后，其最终效果展示如图4-7所示，从该图中可以清晰地查看每个月份各项招聘工作所消耗的金额，包括间接成本和直接成本数据。

年月	招聘网站1	招聘网站2	现场招聘	校园招聘	内部推荐	猎头招聘	委托代理招聘	内部招聘	刊登广告
2019-1	¥ -	¥ -	¥ -	¥ -	¥ -	¥ -	¥ -	¥ -	¥ -
2019-2	¥ -	¥ -	¥ 2,500.00	¥ -	¥ -	¥ -	¥ -	¥ -	¥ -
2019-3	¥1,000.00	¥ -	¥ 2,500.00	¥ -	¥2,000.00	¥2,500.00	¥ -	¥ -	¥1,500.00
2019-4	¥ 700.00	¥ 500.00	¥ 3,000.00	¥ -	¥1,500.00	¥2,500.00	¥ 500.00	¥ -	¥ -
2019-5	¥ -	¥ -	¥ -	¥ -	¥ -	¥ -	¥ -	¥ -	¥ -
2019-6	¥ -	¥ -	¥ -	¥ -	¥ -	¥ -	¥ -	¥ -	¥ -
2019-7	¥ -	¥ -	¥ -	¥ -	¥ -	¥ -	¥ -	¥ -	¥ -
2019-8	¥ -	¥ -	¥ -	¥ -	¥ -	¥ -	¥ -	¥ -	¥ -
2019-9	¥ -	¥ -	¥ -	¥ -	¥ -	¥ -	¥ -	¥ -	¥ -
2019-10	¥ -	¥ -	¥ -	¥ -	¥ -	¥ -	¥ -	¥ -	¥ -

Sheet1

图4-7

4.3 通知面试更快捷

通知面试主要包括两个方面的工作，一是对面试人员的信息统计，二是将面试通知发送给相应的参加面试的人员。本节主要设计面试人员信息表的制作以及面试通知单的合并和发送。

4.3.1 面试人员信息表制作

面试人员信息表通常是由求职人员发送的简历或是在应聘公司填写的信息

表统计而成。面试人员信息表通常包括求职者的姓名、性别、年龄、身份证号码以及联系方式等基本信息。

面试人员信息表的制作相对简单，只需要做好基本的表格结构，再将应聘者的信息录入即可。下面具体介绍面试人员信息表的制作过程。

>> 素材文件：素材\第4章\无

>> 效果文件：效果\第4章\面试人员信息表.xlsx

1 新建工作表并设置格式

❶新建“面试人员信息表”文件，❷在A1:F1单元格区域输入各个费用项目，为表格设置合适的表格样式。

2 录入数据

在表格中需要录入数据的单元格录入面试人员信息数据，即可完成面试人员信息表的制作。

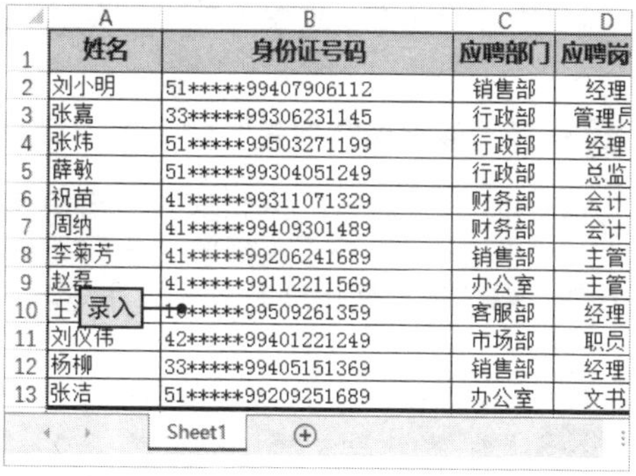

	A	B	C	D
1	姓名	身份证号码	应聘部门	应聘岗
2	刘小明	51*****99407906112	销售部	经理
3	张嘉	33*****99306231145	行政部	管理员
4	张炜	51*****99503271199	行政部	经理
5	薛敏	51*****99304051249	行政部	总监
6	祝苗	41*****99311071329	财务部	会计
7	周纳	41*****99409301489	财务部	会计
8	李菊芳	41*****99206241689	销售部	主管
9	赵磊	41*****99112211569	办公室	主管
10	王	1******99509261359	客服部	经理
11	刘仪伟	42*****99401221249	市场部	职员
12	杨柳	33*****99405151369	销售部	经理
13	张洁	51*****99209251689	办公室	文书

完成面试人员信息表的制作后，其最终效果展示如图4-8所示，从该图中可以清晰地查看各个面试人员的姓名、面试部门、面试岗位以及面试时间等具体信息。

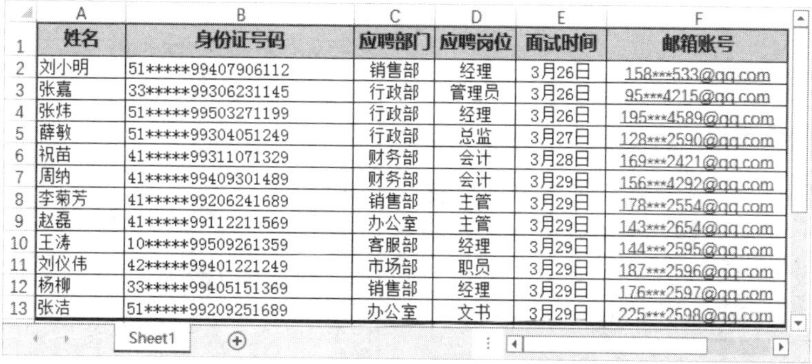

	A	B	C	D	E	F
1	姓名	身份证号码	应聘部门	应聘岗位	面试时间	邮箱账号
2	刘小明	51*****99407906112	销售部	经理	3月26日	158***533@qq.com
3	张嘉	33*****99306231145	行政部	管理员	3月26日	95***4215@qq.com
4	张炜	51*****99503271199	行政部	经理	3月26日	195***4589@qq.com
5	薛敏	51*****99304051249	行政部	总监	3月27日	128***2590@qq.com
6	祝苗	41*****99311071329	财务部	会计	3月28日	169***2421@qq.com
7	周纳	41*****99409301489	财务部	会计	3月29日	156***4292@qq.com
8	李菊芳	41*****99206241689	销售部	主管	3月29日	178***2554@qq.com
9	赵磊	41*****99112211569	办公室	主管	3月29日	143***2654@qq.com
10	王涛	10*****99509261359	客服部	经理	3月29日	144***2595@qq.com
11	刘仪伟	42*****99401221249	市场部	职员	3月29日	187***2596@qq.com
12	杨柳	33*****99405151369	销售部	经理	3月29日	176***2597@qq.com
13	张洁	51*****99209251689	办公室	文书	3月29日	225***2598@qq.com

图4-8

4.3.2 利用邮件合并发送面试通知单

面试通知单是在企业通过资料审核或初试后对合格者发送的要求其参加复试的通知书。面试通知单一般会表明对候选者的肯定，并在该文件中会表明候选人应聘的部门、职位、面试时间等信息。

在制作面试通知单时，招聘专员需要和公司有意向的应聘者发送面试通知单，此时可以使用邮件合并功能，一次操作重复使用。既省去了多次操作的麻烦，也可以节省时间。

下面具体介绍面试通知单的合并操作。

>> 素材文件：素材\第4章\面试通知文件

>> 效果文件：效果\第4章\面试通知单.docx

1 选择“使用现有列表”命令

打开“面试通知单”素材文件，❶单击“邮件”选项卡下“选择收件人”下拉按钮，❷选择“使用现有列表”命令。

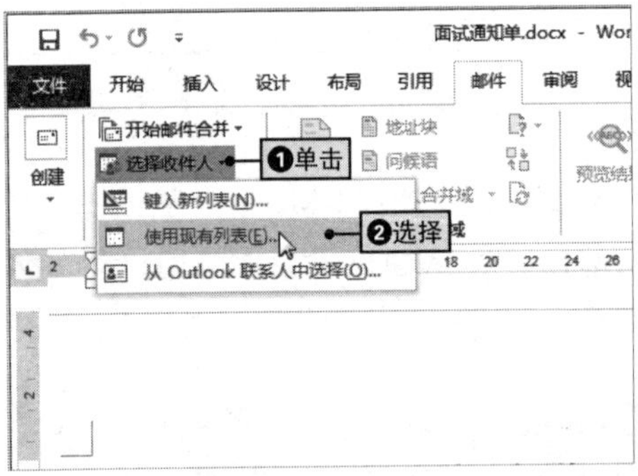

2 选择数据源

❶在打开的“选择数据源”对话框中找到文件的保存位置，选择“面试人员信息表”文件，❷单击“打开”按钮。

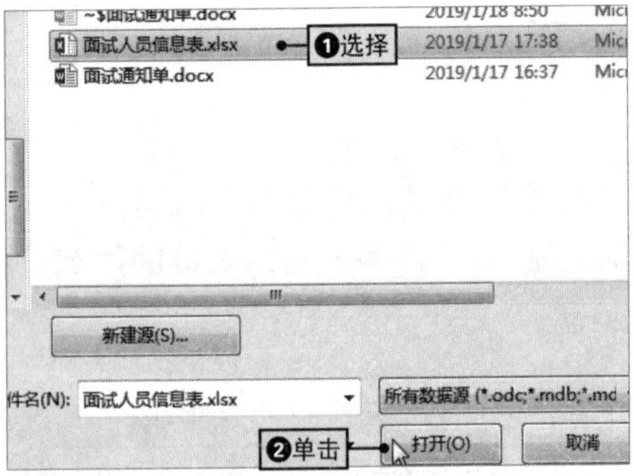

3 选择数据表格

❶在打开的“选择表格”对话框中选择“Sheet1”选项，❷单击“确定”按钮即可快速插入列表。

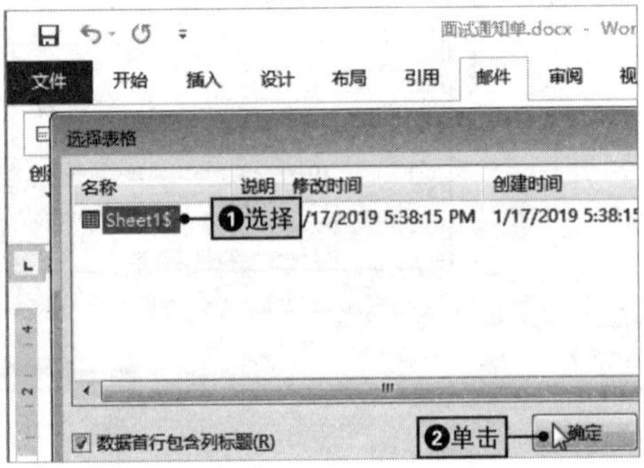

TIP 数据首行包含列标题

如果表格中的数据首行包含列标题，则需要在“选择表格”对话框中选中“数据首行包含列标题”复选框。

4 插入姓名数据

❶将文本插入点定位到“先生/女士”文本的左侧，❷单击“插入合并域”下拉按钮，❸选择“姓名”选项。

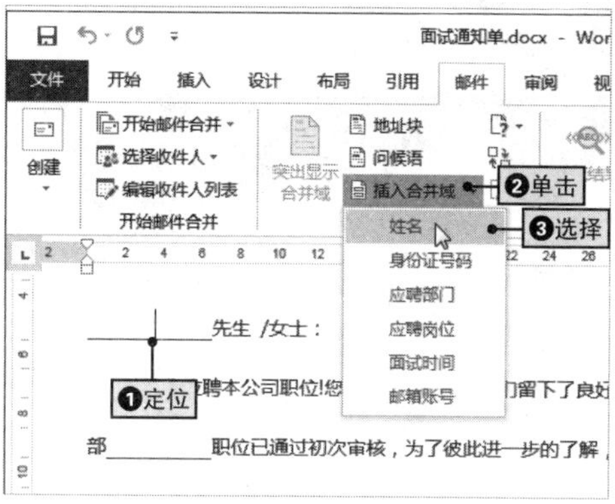

5 插入应聘部门信息

❶将文本插入点定位到“部”文本的左侧，❷单击“插入合并域”下拉按钮，❸选择“应聘部门”选项。

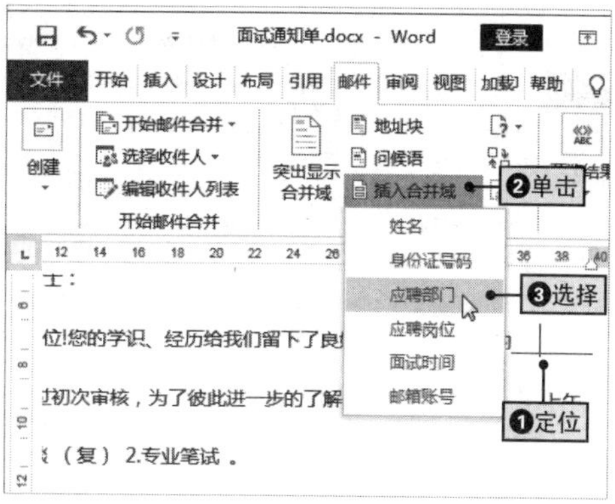

6 插入其他数据

继续插入“应聘岗位”和“面试时间”数据，❶单击“预览结果”组中的“预览结果”按钮，❷即可预览效果。

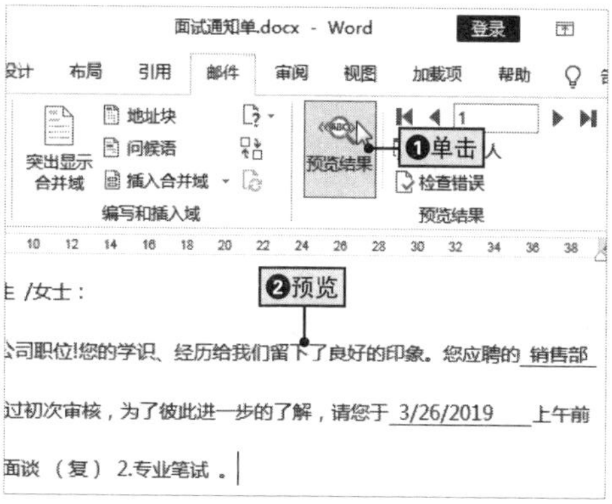

7 预览下一条记录

❶单击“预览结果”组中的“下一记录”按钮，❷即可预览下一记录。

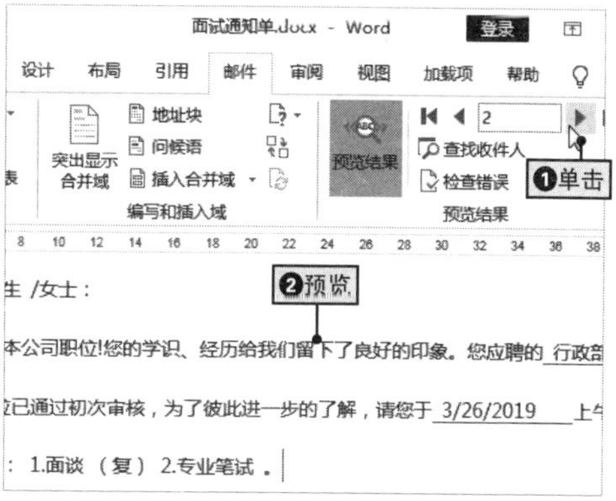

8 选择“切换域代码”命令

❶右击面试通知中的时间数据，❷在弹出的快捷菜单中选择“切换域代码”命令，将日期生成一组代码。

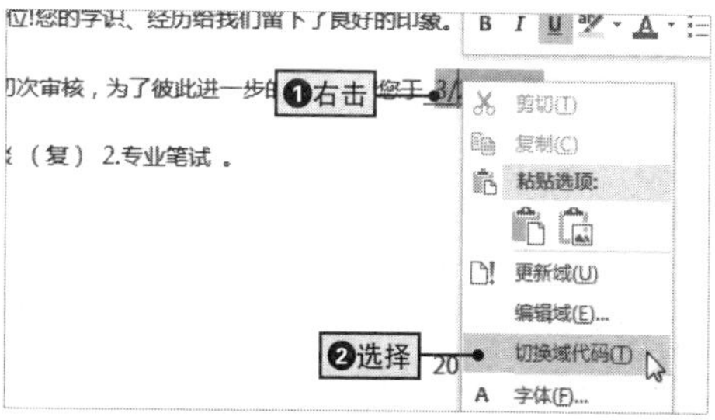

9 修改日期格式

❶在代码域末尾输入“\@YYYY年M月D日”内容，❷单击两次“预览结果”按钮即可查看效果。

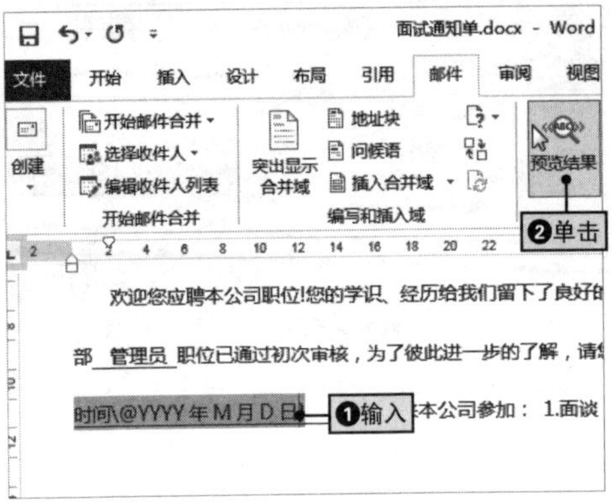

10 修改日期格式

❶单击“完成并合并”下拉按钮，❷选择“发送电子邮件”命令，❸在“收件人”下拉列表框中选择“邮箱账号”选项，❹在“主题行”文本框中输入主题，❺单击“确定”按钮即可。

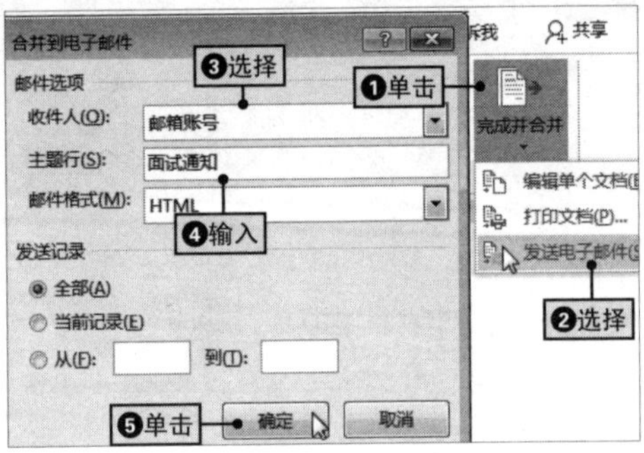

11 查收邮件

面试人员将在自己的邮箱中查看到面试通知单。

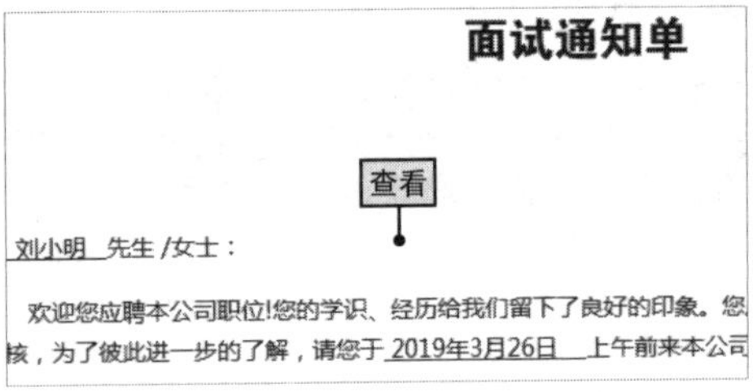

完成面试通知的制作与发送后，面试人员查收到的邮件如图4-9所示，不同的邮箱账号查收到的面试信息是各不相同的。

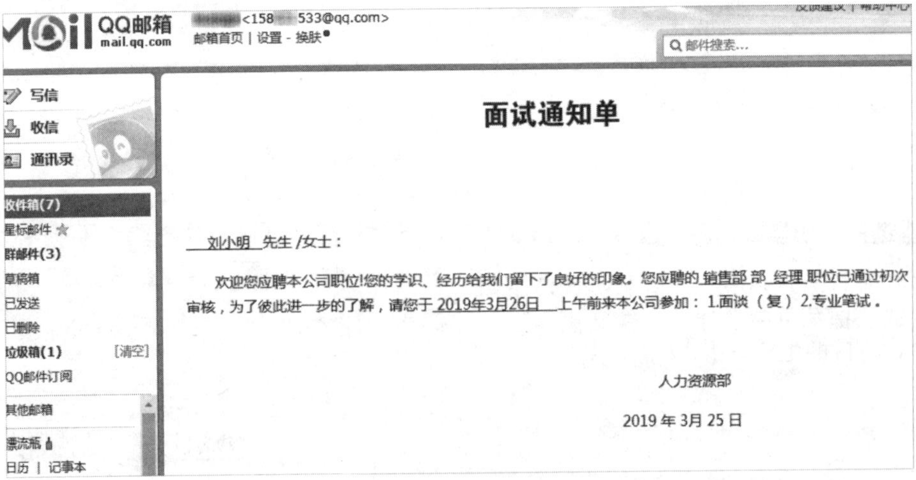

图4-9

TIP 邮件发送相关介绍

由于Word本身并没有发送邮件的功能，其发送邮件主要借助于Outlook组件。如果用户之前已经使用过Outlook组件并成功登录，则可以用Word直接启动Outlook并发送邮件；如果用户之前没有使用过该组件，则需要先登录该组件并进行必要的邮箱配置才能够正常的使用，用户需要注意这一点。

4.4 面试评定结果智能转化

面试是招聘工作中的重要环节，为了更好地为公司招聘合适的人员，通常需要一些有量化功能的表格，在制作这些表格时，可以采用一些技巧，让这一工作变得更加智能、高效。

4.4.1 面试测评成绩快速转化

对应聘人员进行综合测评，也就是根据其各项成绩来决定是否进行复试、试用或录用。不过这并不需要我们手动进行成绩计算，然后再根据录用与否的标准进行人工判断。作为HR，此时可以借助于逻辑函数，让其进行自动评估，从而实现　劳永逸。

在制作面试评定结果表时，一定要注意函数的正确使用才能确保评判结果的正确，这里主要使用IF()函数判定应聘人员是否被录取，要注意函数参数的设置是否合理。

下面以在“面试评定结果表”工作表素材文件中对应聘人员的录用与否进行自动判定为例来讲解相关操作，具体操作步骤如下。

>> 素材文件：素材\第4章\面试评定结果表.xlsx

>> 效果文件：效果\第4章\面试评定结果表.xlsx

1 计算总分

❶打开“面试评定结果表”素材文件，❷选择G2:G20区域，❸在编辑栏中输入“=SUM(D2:F2)”，计算总分。

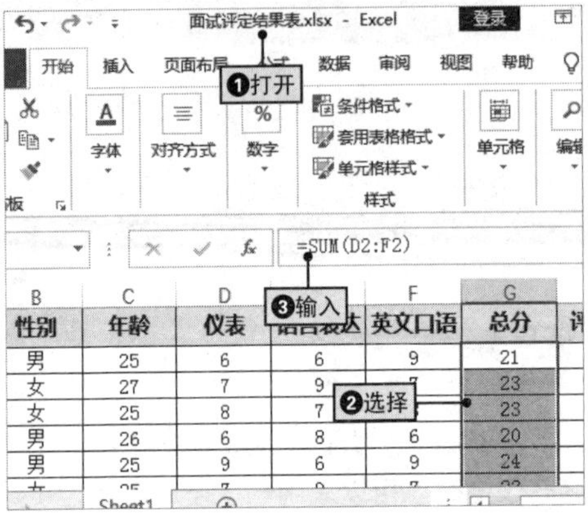

2 选择IF()函数

❶选择H2单元格，❷单击“公式”选项卡下“函数库”组中的“逻辑”下拉按钮，❸选择“IF”命令。

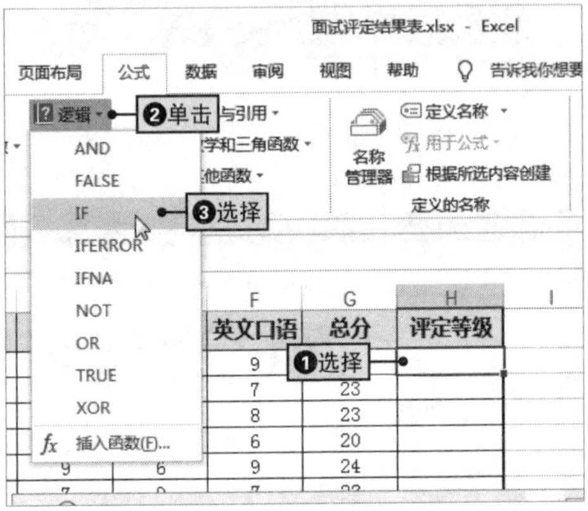

3 设置函数参数

❶在打开的“函数参数”对话框中分别设置函数参数如下图所示，❷单击“确定”按钮即可。

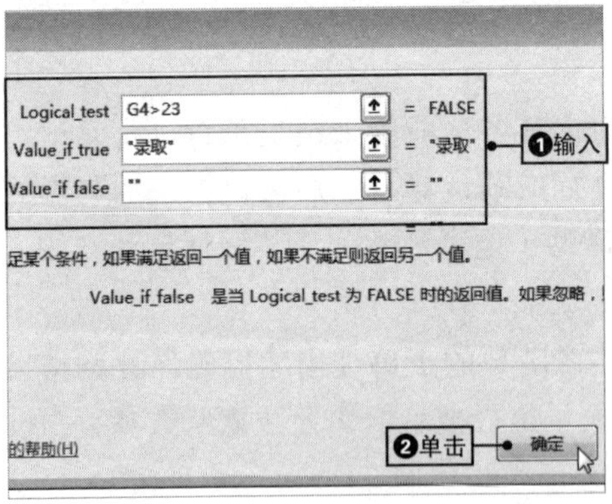

4 数据填充

❶填充数据到H20单元格，单击“自动填充选项”下拉按钮，❷选中“不带格式填充”单选按钮。

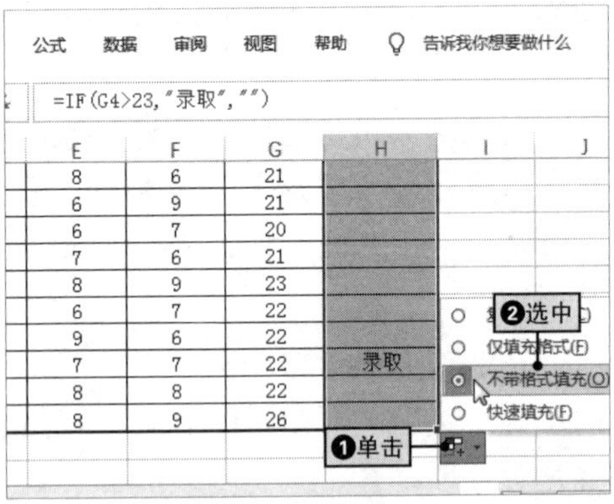

完成总分的计算和最终等级的评定后，其最终效果展示如图4-10所示，从该图中可以清晰地查看到应聘人员的具体情况。且评定结果是根据总分成绩产生的，并且是自动生成，可以在一定程度上减少出错的可能性，用户可以事先在表格中输入公式，只要录入成绩，则自动生成评定结果。

	A	B	C	D	E	F	G	H
1	姓名	性别	年龄	仪表	语言表达	英文口语	总分	评定等级
2	刘启超	男	25	6	6	9	21	
3	朱彤	女	27	7	9	7	23	
4	张玲	女	25	8	7	8	23	录取
5	朱晓梅	男	26	6	8	6	20	
6	陈桂志	男	25	9	6	9	24	录取
7	曹玉霞	女	25	7	9	7	23	
8	薛艺	女	27	8	7	9	24	录取
9	刘欢	女	25	6	6	7	19	
10	汪治兰	女	26	9	7	8	24	
11	肖大鹏	男	25	7	8	6	21	
12	肖建勋	男	25	6	6	9	21	
13	汪畏青	女	26	7	6	7	20	
14	李伶俐	女	25	8	7	6	21	
15	林天浩	女	25	6	8	9	23	
16	李宗林	女	27	9	6	7	22	
17	王红梅	女	25	7	9	6	22	
18	柳云飞	男	26	8	7	7	22	录取
19	钱永盛	男	29	6	8	8	22	
20	陶菲菲	女	30	9	8	9	26	

图4-10

4.4.2 巧将符号转换为评分

在一些面试评定表中，面试官会根据应聘者的表现在预先设定好的项目中做上标记，如“√”。而这些符号同时也对应相应的分数，这时不能进行简单的加减，而是要将符号转换为分数。

当然不是通过人工的方式转换，我们可以借助于IF()函数嵌套的方式轻松快速实现转换。

下面以在“企业面试测评表”素材文件中根据“(√)”所在的项目评分，转换为相应的分数，并对得分进行汇总，介绍相关操作步骤如下。

>> 素材文件：素材\第4章\企业面试测评表.xlsx

>> 效果文件：效果\第4章\企业面试测评表.xlsx

1 输入计算公式

打开“企业面试测评表”素材文件，❶选择H4单元格，❷在编辑栏中输入“=IF(E4="(√)",5,IF(G4="(√)",4,IF(E5="(√)",3,IF(G5="(√)",1,0))))”公式。

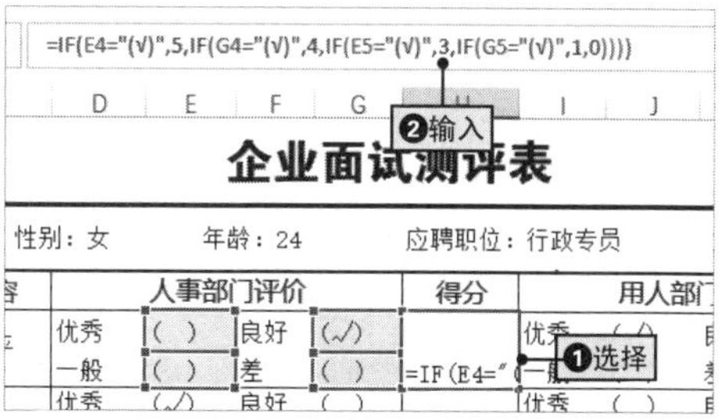

2 计算评分

按【Ctrl+Enter】组合键确认输入的公式，程序自动判断人事部对该员工外语水平的评价得分。

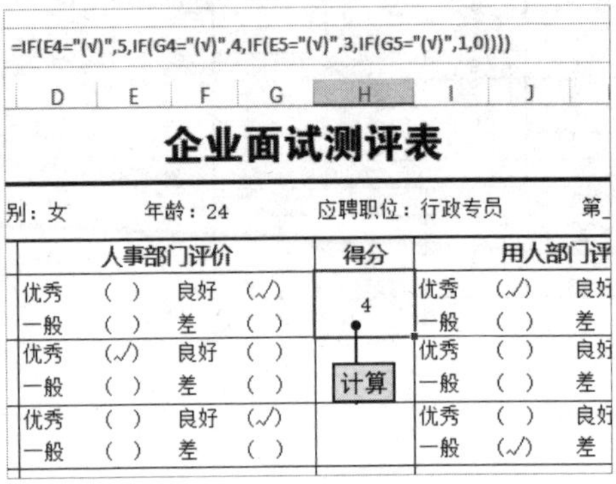

3 计算其他项目评分

以同样的方法将计算公式分别复制到H6、H8、M4、M6和M8单元格中分别计算各项考核的具体得分，计算结果如下图所示。

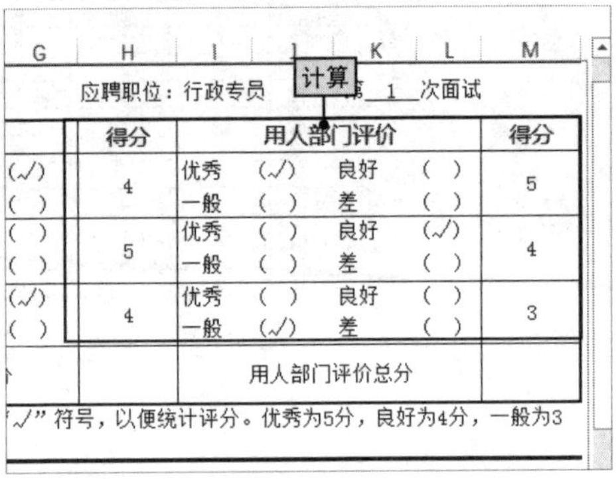

4 计算人事部门评分

❶选择H10单元格，❷在编辑栏中输入公式“=SUM(H4:H9)”，按【Ctrl+Enter】组合键快速计算人事部门评价总分。

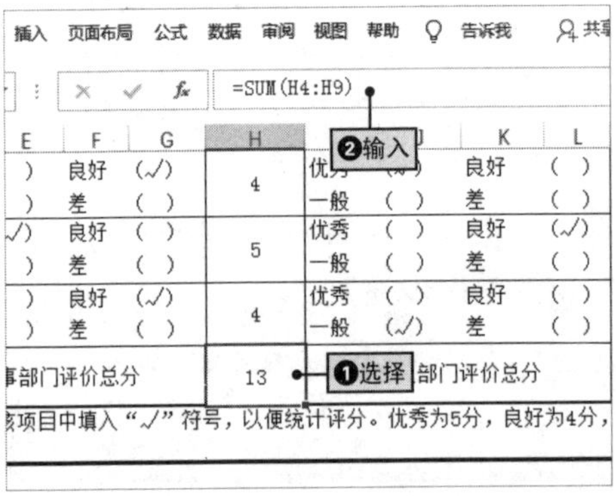

5 计算用人部门评分

❶选择M10单元格，❷在编辑栏中输入公式“=SUM(M4:M9)”，按【Ctrl+Enter】键快速计算用人部门评价总分。

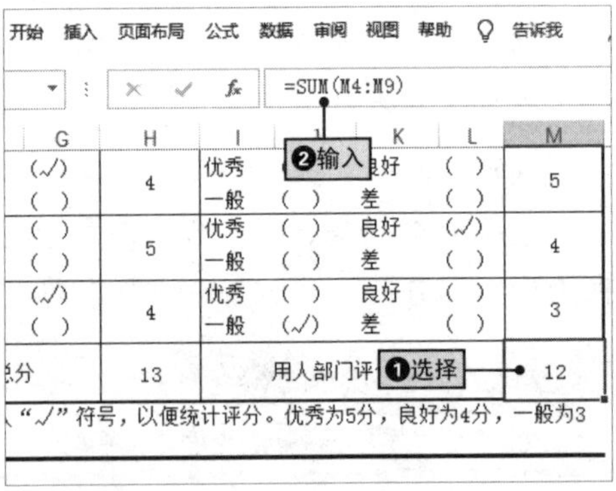

完成各项得分的计算以及分类汇总计算后，其最终效果展示如图4-11所示，从该图中可以清晰地查看到应聘人员各项面试内容的具体情况以及具体得分情况。且得分是根据面试人员给出的评价而得出的分数，用户同样可以事先在表格中的“得分”栏中输入公式，只要录入评价情况，系统会根据录入的评价自动生成分数，并进行汇总。

企业面试测评表

姓名：周灵　　性别：女　　年龄：24　　应聘职位：行政专员　　第__1__次面试

编号	面试内容	人事部门评价	得分	用人部门评价	得分
1	外语水平	优秀（ ）良好（√） 一般（ ）差（ ）	4	优秀（√）良好（ ） 一般（ ）差（ ）	5
2	教育经历	优秀（√）良好（ ） 一般（ ）差（ ）	5	优秀（ ）良好（√） 一般（ ）差（ ）	4
3	应便与适应能力	优秀（ ）良好（√） 一般（ ）差（ ）	4	优秀（ ）良好（ ） 一般（√）差（ ）	3
总分		人事部门评价总分	13	用人部门评价总分	12

说明：各部门考核人员在相应的考核项目中填入“√”符号，以便统计评分。优秀为5分，良好为4分，一般为3分，差为1分。

图4-11

知识链接

IF()嵌套函数介绍

在了解IF()嵌套函数之前，首先需要了解基础的IF()函数格式，其语法结构如下：

IF(logical_test,value_if_true,value_if_false)。

其中：“logical_test”表示设定的条件，“value_if_true”表示当目标单元格与设定条件相符时返回的函数值，“value_if_false”表示当目标单元格与设定条件不符时返回的函数值。

IF()是执行真假值判断，根据逻辑测试的真假值返回不同的结果。其语法结构为：IF(条件，结果1，结果2)。如公式：IF(B2>89,"A",IF(B2>79,"B",IF(B2>69,"C",IF(B2>59,"D","F"))))。在插入函数时的“函数参数”对话框中，第一条件为B2>89，第一条件结果为"A"，在第三个文本框输入：IF(B2>79,"B",IF(B2>69,"C",IF(B2>59,"D","F"，如图4-12所示。

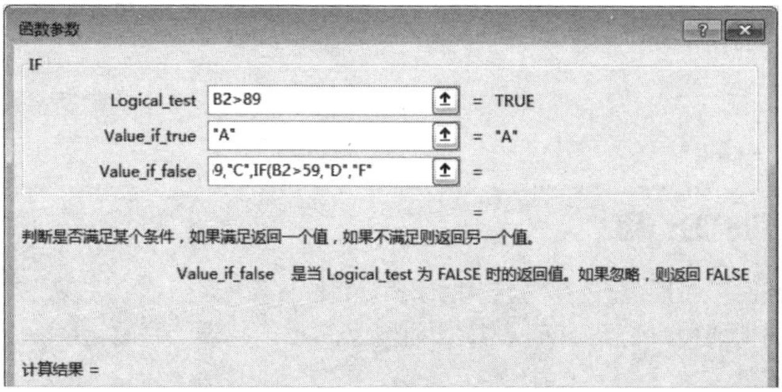

图4-12

4.4.3 一键录入考评结果

在面试表中，应及时为应聘人员的表现给出评定或评分，如优秀、良好、一般或差等，这些是非常常见的，也是必要的。其实这种评定（评分）方式，并不需要我们采用手动录入的方式，可以通过相应的键实现，如按【1】键给出“优秀”评价，【2】键给出良好等。

在Excel中当然没有这样的默认功能，需要用户进行手动设置。作为一名优秀的HR，这个技巧非常值得掌握，这里主要涉及了Excel中的数据更正功能，使用该功能即可实现数据一键录入。

下面以在“面试评价表”素材文件中分别制定4个数字键【1】、【2】、【3】和【4】，代替“优秀”、“良好”、“一般”和“较差”，实现评定的快速输入为例，来讲解相关操作，具体操作步骤如下。

>> 素材文件：素材\第4章\面试评价表.xlsx

>> 效果文件：效果\第4章\面试评价表.xlsx

1 单击“选项”按钮

❶打开“面试评价表”素材文件，单击“文件”选项卡，❷在打开的界面中单击“选项”按钮即可。

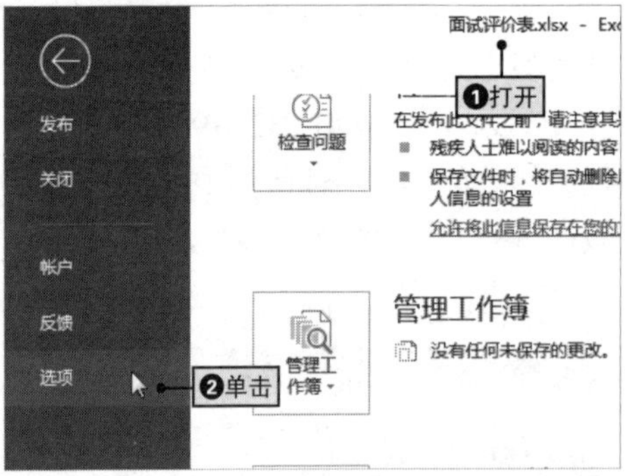

2 单击“自动更正选项”按钮

❶在打开的“Excel选项”对话框中单击“校对”选项卡，❷单击右侧的“自动更正选项”按钮。

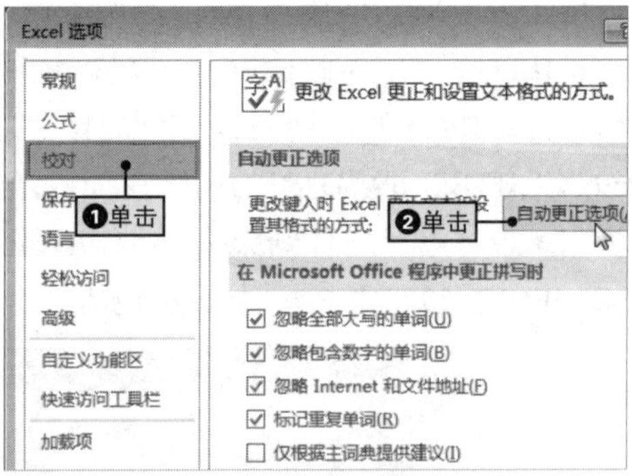

TIP 自动更正功能的作用

用户在制作表格时，可能没有时间检查输入错误，但仍然希望工作表完美无缺。自动更正即为解决方案：内置的校对工具，可以自动纠正常见的输入错误、拼写错误、语法错误和大小写错误。

3 添加第一条数据

❶在打开的“自动更正”文本框中单击“自动更正”选项卡，❷在“替换”文本框中输入“1”，❸在“为”文本框中输入“优秀”，❹单击“添加”按钮。

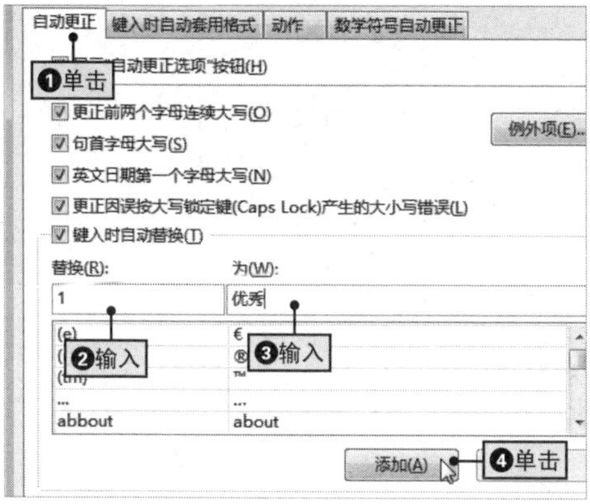

4 添加第二条数据

❶在“替换”文本框中输入“2”，❷在“为”文本框中输入“良好”，❸单击“添加”按钮。

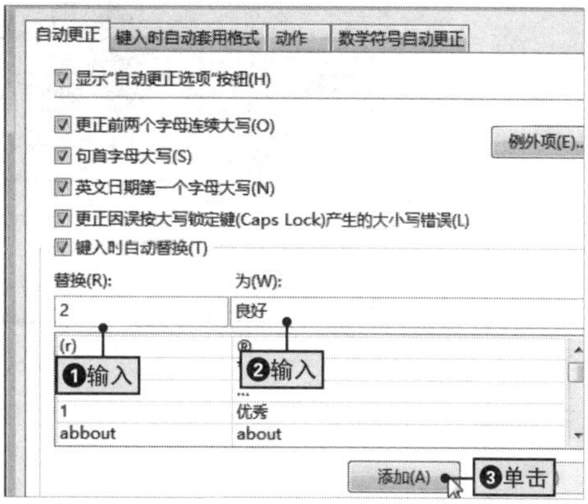

5 添加其他的数据

❶继续录入其他两条数据，❷录入完成后依次单击“确定”按钮即可完成自定义自动更正数据的录入，并自动返回到工作表中。

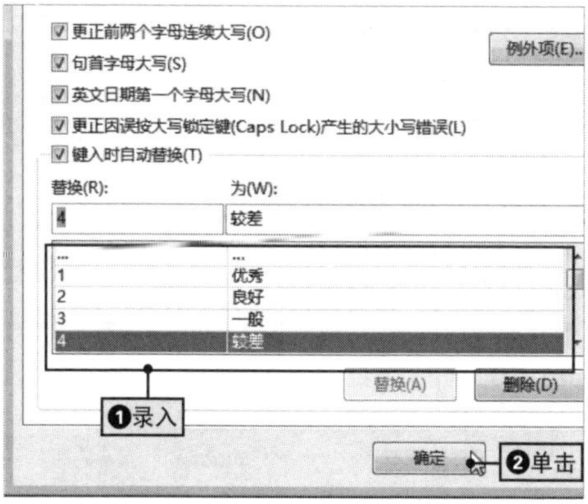

6 录入评价信息

❶将文本插入点定位到B3单元格中，输入“1”，❷单击其他单元格，❸即可查看到文本“1”自动变为了“优秀”。

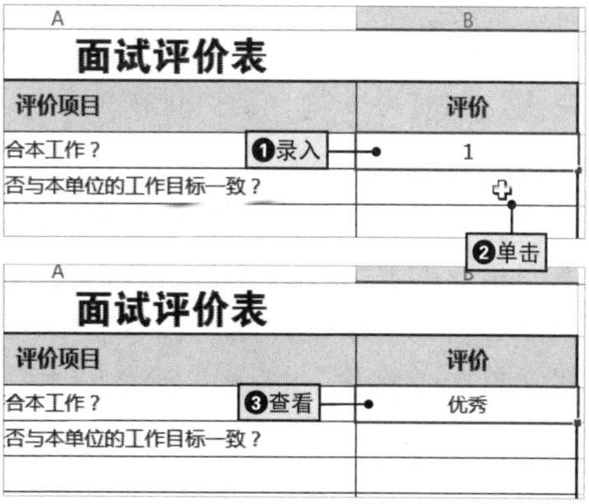

7 录入所有评价信息

以同样的方法为其他的评定项目快速录入评价信息，其效果如右图所示。

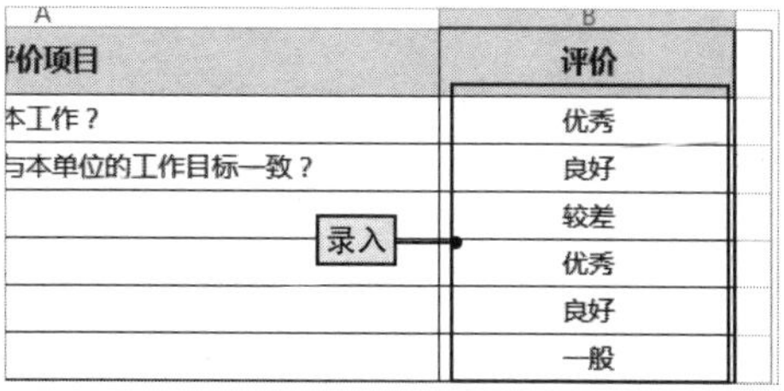

完成各项评价的录入后，其最终效果展示如图4-13所示，从该图中可以清晰地查看到HR对面试者的各项评价项目的具体意见。且在评价内容时，只需要输入“优秀”“良好”“一般”和“较差”对应的“1”“2”“3”和“4”，系统就会自动将其转换为具体的评价信息。

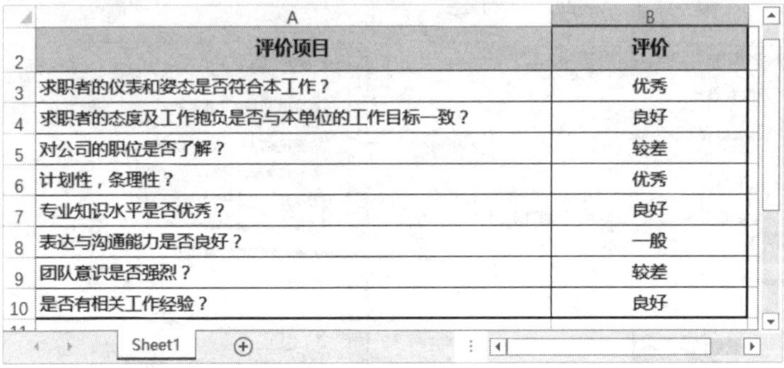

	A	B
2	评价项目	评价
3	求职者的仪表和姿态是否符合本工作？	优秀
4	求职者的态度及工作抱负是否与本单位的工作目标一致？	良好
5	对公司的职位是否了解？	较差
6	计划性，条理性？	优秀
7	专业知识水平是否优秀？	良好
8	表达与沟通能力是否良好？	一般
9	团队意识是否强烈？	较差
10	是否有相关工作经验？	良好

图4-13

知识链接

关闭自动更正项

在使用自动更正功能时，有时它会将一些习惯性的输入语句进行更正，此时可关闭自动更正中的指定项。其操作为：

在“自动更正”对话框中取消选中相应的复选框，或在“键入时自动替换”栏中选择无需替换的项目，单击“删除”按钮，如图4-14所示。最后依次单击“确定”按钮即可完成整个操作。

图4-14

第5章 05

培训考核体系建立，让培训工作更有条理

本章导读

加强企业培训管理，可以提高员工综合能力从而加强企业竞争力。有的人认为企业培训只针对企业的培训专员，其实不然，在培训过程中还有协助组织培训需求调查、编制培训计划以及协助培训实施等内容。要想让培训工作更有条理则可以使用表格对各种数据进行高效管理。

本章要点

年度培训计划统计表设计
培训成本表设计维护
培训考核结果统计表设计
培训管理相关表格设计
……

5.1 年度培训计划统计表设计

年度培训计划是基于年度经营目标基础上而提出的，紧紧围绕公司年度经营计划，所以需要更加注重表格的实用性。

年度培训计划表，主要用于对年度培训计划的完成情况的统计，是为了统计各部门培训的完成情况，完成率越高，说明培训组织效果越好；如果完成率低或者培训次数较多，则应该从培训计划的源头找原因。

年度培训计划完成统计表是在年度培训计划表的基础上修改而成的，只需要在原有表格的基础上进行修改。

并不是所有的培训项目都能按计划进行，例如月份会更改、培训因各种原因会取消，还需要增加每项培训计划的实际完成月份，同时对取消的培训计划进行记录，另外还可以将已组织过的培训或取消的培训进行颜色标注，以便于区分。下面分两部分具体介绍年度培训计划完成统计表的设计方法。

>> 素材文件：素材\第5章\无

>> 效果文件：效果\第5章\年度培训计划统计表.xlsx

1 建立年度培训计划统计表格式

1 新建工作簿并执行“重命名”命令

❶新建“年度培训计划统计表”文件，❷并将“Sheet1”工作表重命名为“年度培训计划统计表”。

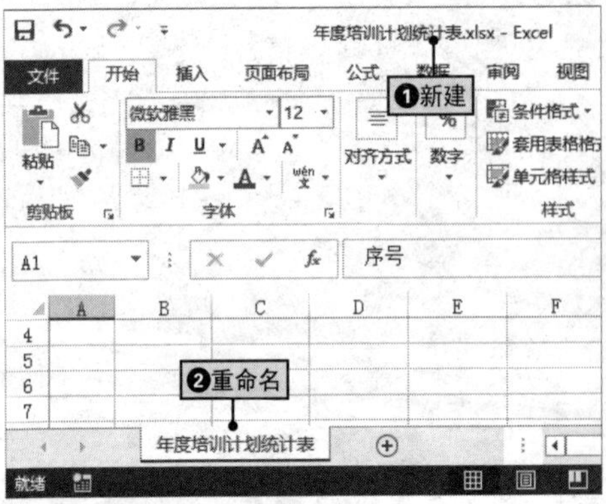

2 输入表头内容并输入表格信息

❶在A1:L1单元格区域中分别输入表头信息，❷在A2:L30单元格区域中分别输入相关的培训信息。

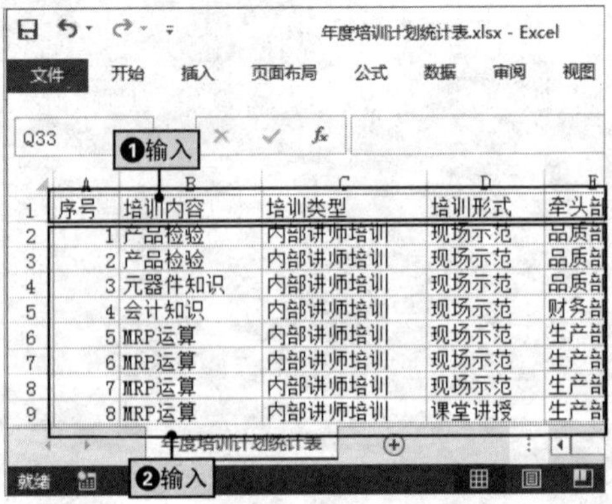

3 设置字体格式

❶选择表头内容，设置字体格式为微软雅黑、12、加粗，❷选择A2:K30单元格区域，设置字体格式为宋体、11。

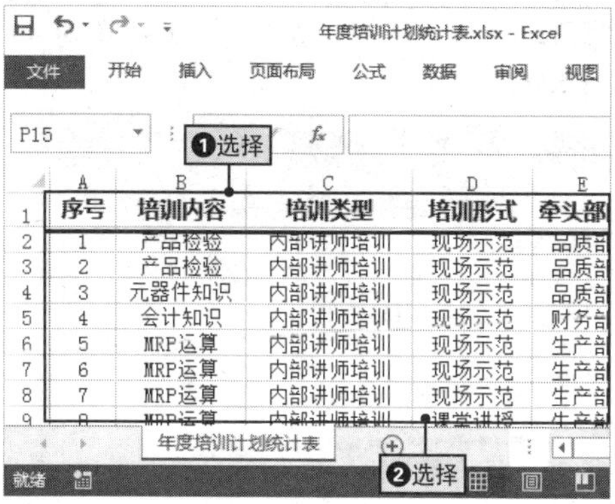

4 选择“其他边框”命令

❶选择A1:L30单元格区域，❷单击“开始”选项卡“字体”组中的“下框线”下拉按钮，❸选择“其他边框”命令。

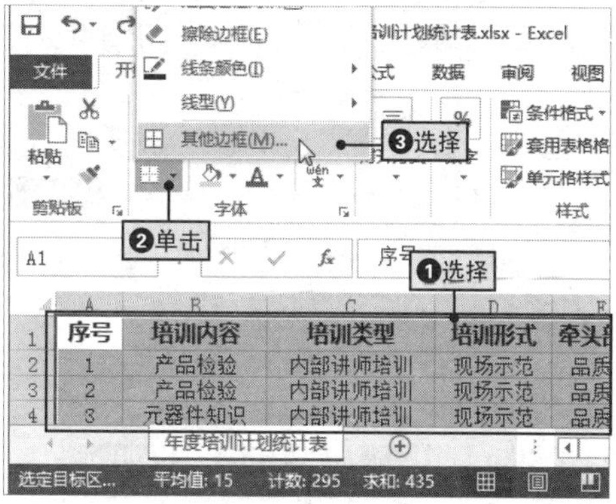

5 设置外边框样式

❶在打开的对话框中的“样式”栏中选择较粗的线条，❷单击右侧“预置”栏中的“外边框”按钮。

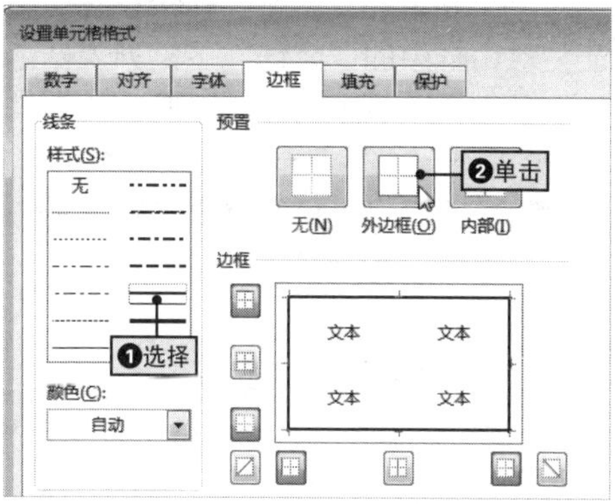

6 设置内边框样式

❶选择“样式”栏中较细的线条样式，❷在其右侧的“预置”栏中单击“内部”按钮，最后单击“确定”按钮。

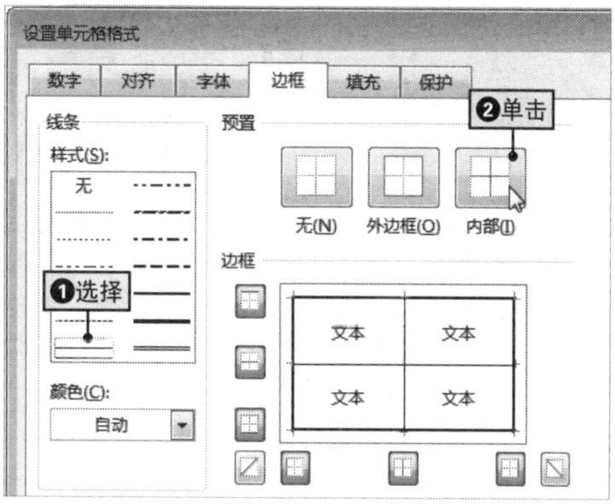

7 最终效果展示

完成表格边框的设置后，返回到工作表中，分别对表格内容设置“居中”和“垂直居中”样式，最终的效果如右图所示。

2 表格数据的处理以及完善表格

1 单击“数据验证”按钮

❶选择K2:K30单元格区域，❷单击“数据”选项卡“数据工具”组中的“数据验证”按钮打开“数据验证”对话框。

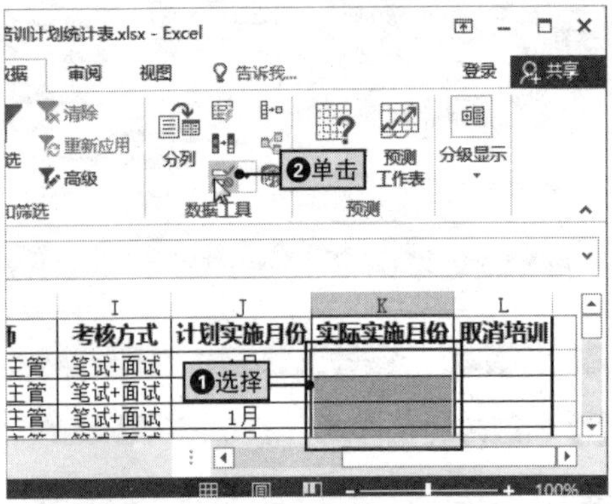

2 设置序列

❶在“允许”下拉列表框选择“序列”选项，❷在“来源”文本框输入“1月,2月,3月,4月,5月,6月,7月,8月,9月,10月,11月,12月”。

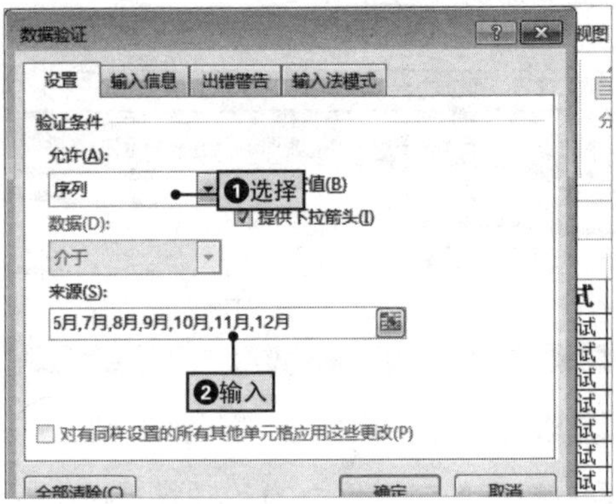

3 设置出错提醒

❶单击“出错警告”选项卡，❷分别设置“标题”和“错误信息”，❸单击“确定”按钮即可返回工作表。

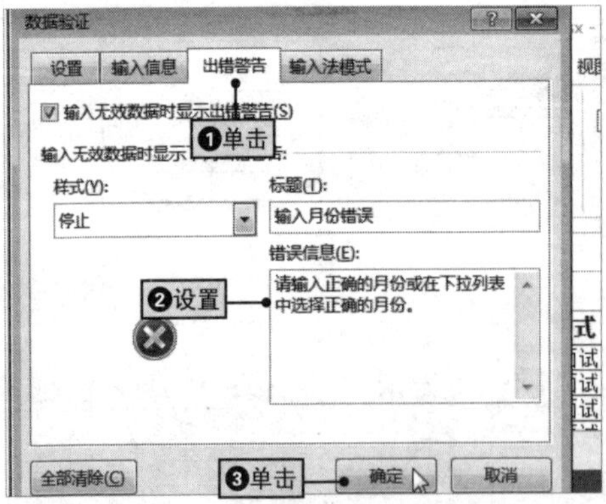

4 为L列设置数据验证

选择L2:L30单元格区域，❶在“数据验证”对话框中的“允许”下拉列表框选择“序列”选项，❷在“来源”文本框中输入“是”，❸单击“确定”按钮。

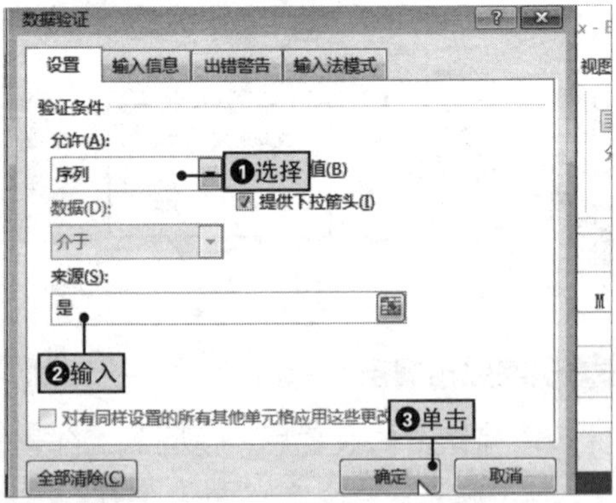

TIP “提供下拉箭头”复选框介绍

在“数据验证”对话框的“允许”下拉列表框中选择“序列”后，会出现“提供下拉箭头”复选框，选中该复选框，选择设置了数据验证的对话框，其右侧会出现下拉按钮，供用户选择设置的序列值。默认情况下该复选框是选中的。

5 选择“新建规则”命令

❶单击“开始”选项卡“样式”组中的“条件格式”下拉按钮，❷在弹出的下拉菜单中选择“新建规则”命令。

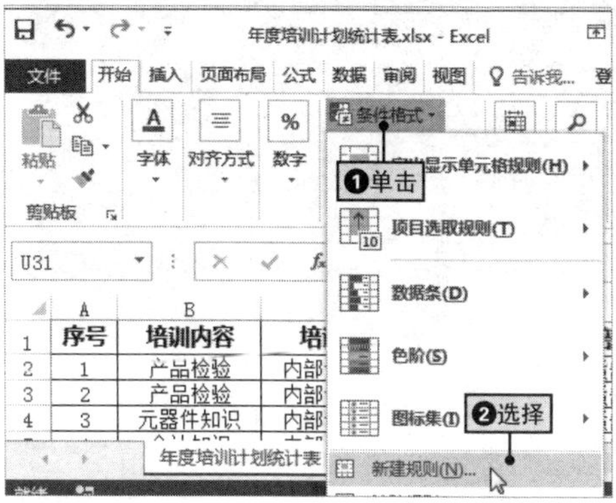

6 设置规则类型

在打开的对话框中的“选择规则类型”列表框中选择“使用公式确定要设置格式的单元格”选项。

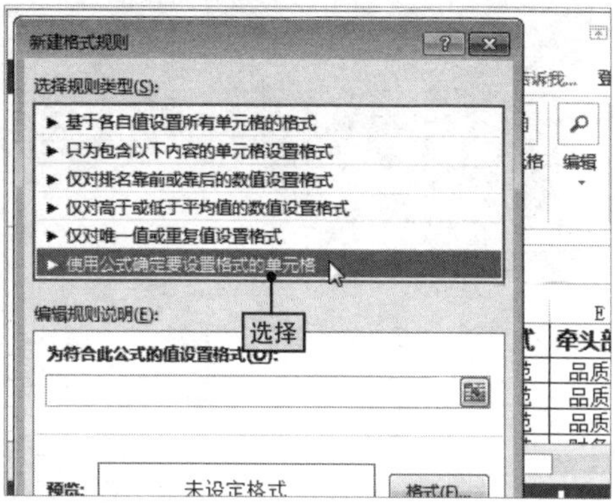

7 输入函数

❶在“为符合此公式的值设置格式”文本框中输入“=OR($K2<>"",$L2<>"")”，❷单击“格式”按钮。

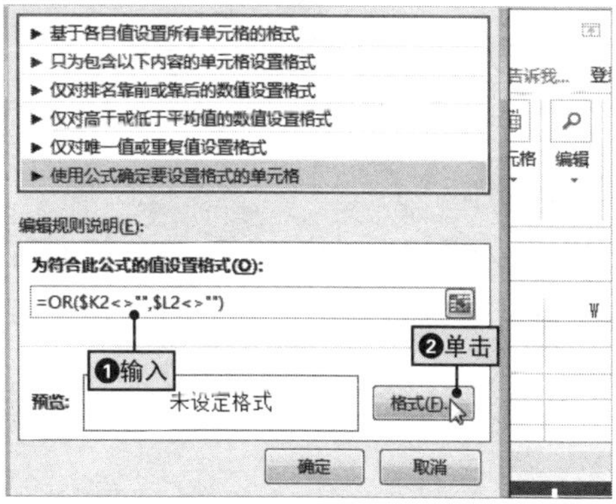

8 设置规则内容

❶在打开的对话框中单击“填充”选项卡，❷在“背景色”栏中选择颜色，最后依次单击“确定”按钮即可。

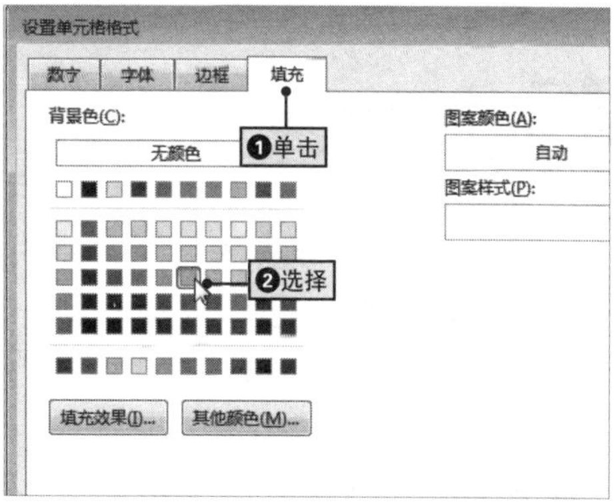

9 最终效果展示

返回到工作表中即可查看到最终效果，满足公式“=OR($K2<>"",$L2<>"")”的数据都被填充了相应的颜色，其最终效果如右图所示。

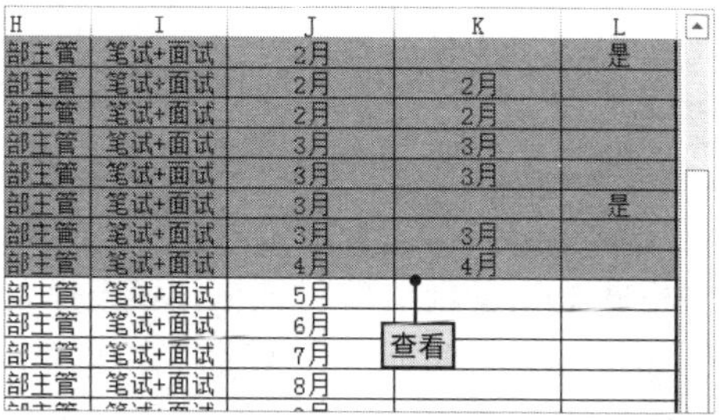

通过如上两个阶段即可完成本案例的年度培训计划统计表的制作，其最终效果展示如图5-1所示，从该图中可以清晰地查看公司该年度的培训计划、详细信息以及培训是否完成。

培训类型	培训形式	牵头部门	协助部门	培训对象	讲师	考核方式	计划实施月份	实际实施月份	取消培训
内部讲师培训	现场示范	品质部	人力资源部	全体人员	品质部主管	笔试+面试	1月	1月	
内部讲师培训	现场示范	品质部	人力资源部	全体人员	品质部主管	笔试+面试	1月		是
内部讲师培训	现场示范	品质部	人力资源部	全体人员	品质部主管	笔试+面试	1月	1月	
内部讲师培训	现场示范	财务部	人力资源部	会计人员	财务部主管	笔试+面试	1月	1月	
内部讲师培训	现场示范	生产部	人力资源部	全体人员	生产部主管	笔试+面试	1月	1月	
内部讲师培训	现场示范	生产部	人力资源部	全体人员	生产部主管	笔试+面试	2月	2月	
内部讲师培训	现场示范	生产部	人力资源部	全体人员	生产部主管	笔试+面试	2月		是
内部讲师培训	课堂讲授	生产部	人力资源部	全体人员	生产部主管	笔试+面试	2月	2月	
内部讲师培训	课堂讲授	生产部	人力资源部	全体人员	生产部主管	笔试+面试	2月	2月	
内部讲师培训	课堂讲授	财务部	人力资源部	会计人员	财务部主管	笔试+面试	3月	3月	
内部讲师培训	课堂讲授	财务部	人力资源部	会计人员	财务部主管	笔试+面试	3月	3月	
内部讲师培训	课堂讲授	财务部	人力资源部	会计人员	财务部主管	笔试+面试	3月		是
内部讲师培训	课堂讲授	财务部	人力资源部	会计人员	财务部主管	笔试+面试	3月	3月	
内部讲师培训	课堂讲授	财务部	人力资源部	会计人员	财务部主管	笔试+面试	4月	4月	
内部讲师培训	现场示范	财务部	人力资源部	会计人员	财务部主管	笔试+面试	5月		
内部讲师培训	课堂讲授	品质部	人力资源部	全体人员	品质部主管	笔试+面试	6月		
内部讲师培训	现场示范	品质部	人力资源部	全体人员	品质部主管	笔试+面试	7月		
内部讲师培训	现场示范	品质部	人力资源部	全体人员	品质部主管	笔试+面试	8月		
内部讲师培训	现场示范	品质部	人力资源部	全体人员	品质部主管	笔试+面试	9月		
内部讲师培训	现场示范	品质部	人力资源部	全体人员	品质部主管	笔试+面试	10月		
内部讲师培训	现场示范	生产部	人力资源部	全体人员	生产部主管	笔试+面试	10月		
内部讲师培训	现场示范	生产部	人力资源部	全体人员	生产部主管	笔试+面试	10月		
内部讲师培训	现场示范	生产部	人力资源部	全体人员	生产部主管	笔试+面试	10月		
内部讲师培训	现场示范	生产部	人力资源部	全体人员	生产部主管	笔试+面试	10月		
内部讲师培训	现场示范	生产部	人力资源部	全体人员	生产部主管	笔试+面试	10月		
内部讲师培训	现场示范	生产部	人力资源部	全体人员	生产部主管	笔试+面试	11月		

图5-1

知识链接

用户在创建了条件格式后，还可以对条件格式进行管理，主要包括更改条件格式、显示条件格式、条件格式顺序调整以及删除条件格式，下面分别介绍管理条件格式的各种操作。

1.更改条件格式

要更改条件格式，首先需要打开“条件格式规则管理器”对话框，在打开的对话框中即可对相应的规则进行更改。

❶选择需要更改条件格式的单元格或单元格区域，❷单击“开始”选项卡“样式”组中的“条件格式”下拉按钮，❸选择“管理规则”命令即可打开“条件格式规则管理器”对话框，❹选择要更改的条件选项，❺单击“编辑规则”按钮即可打开“编辑格式规则”对话框，在其中即可对条件格式进行更改，如图5-2所示。

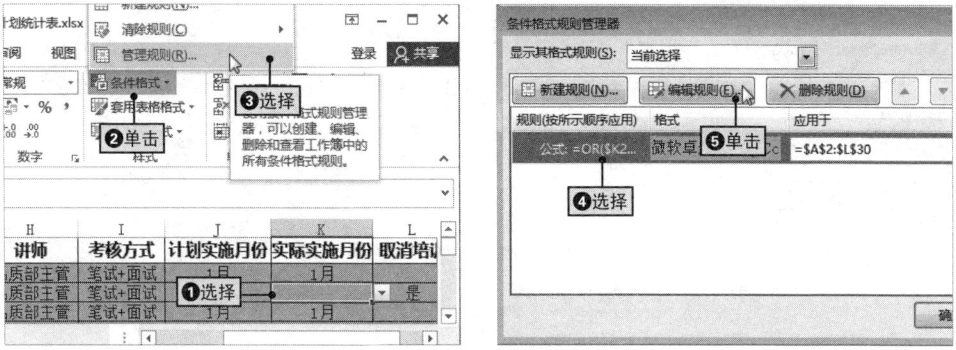

图5-2

2.显示条件格式与条件格式的排序

工作表中可能包含多个不同的条件格式，用户如果需要对多个条件格式进行编辑，则需显示所有的条件格式。只需在“条件格式规则管理器”对话框中的“显示其格式规则”下拉列表框中选择“当前工作表”选项，如图5-3所示。

如果需要调整条件格式的排序，❶只需要在“条件格式规则管理器”对话框中选择要调整顺序的条件格式，❷单击“上移/下移”按钮即可，如图5-4所示。

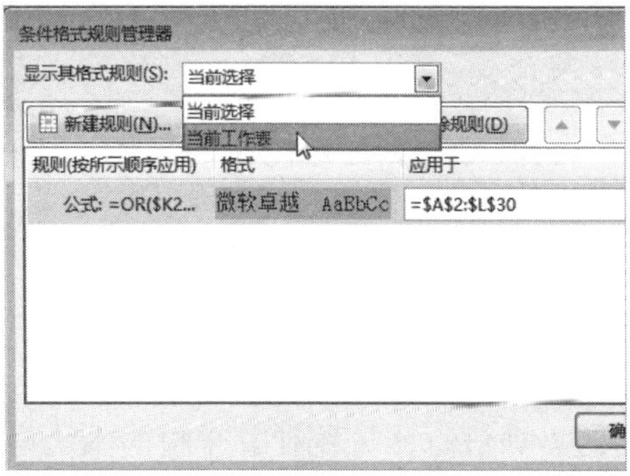

图5-3

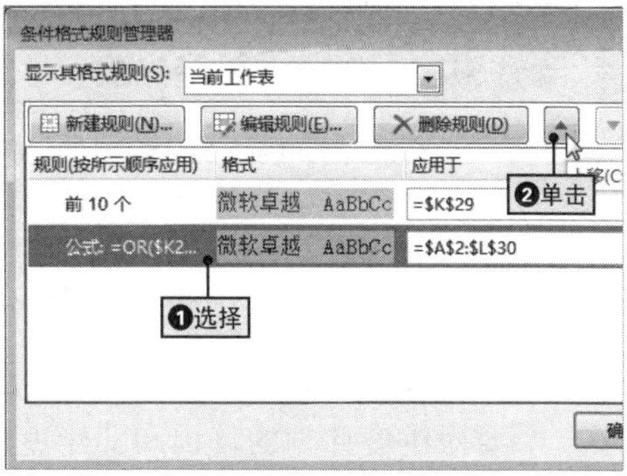

图5-4

3.删除条件格式

在为单元格或单元格区域添加条件格式后，如果需要删除条件格式，通常有两种方式，分别是通过“条件格式规则管理器”对话框和选项卡命令来完成。

- 通过“条件格式规则管理器”对话框删除条件格式，❶只需要在打开的对话框中选择要删除的选项，❷单击“删除规则”命令即可，如图5-5所示。
- 通过选项卡命令删除条件格式，❶只需要选择目标单元格，❷单击“开始”选项卡“样式”组中的“条件格式”下拉按钮，❸选择“清除规则”命令，在其子菜单中选择相应的选项即可删除条件规则，如图5-6所示。

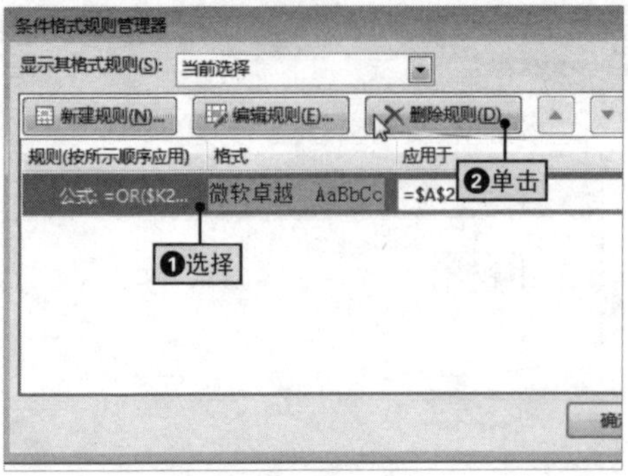

图5-5

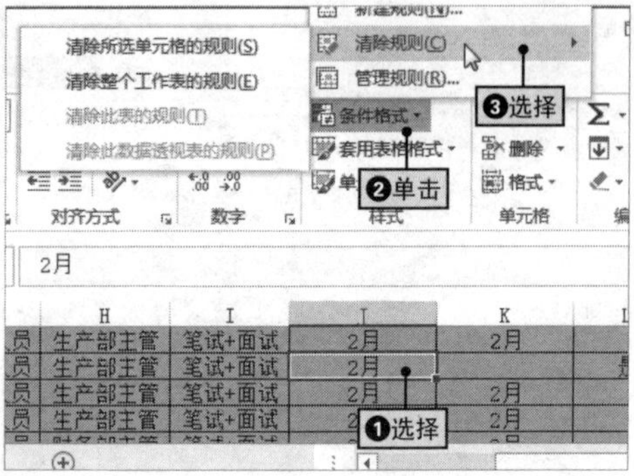

图5-6

5.2 培训班汇总表设计维护

培训班汇总表主要用于统计培训过程中的培训讲师、培训人数、培训课时以及临时增加的培训等信息。

在设计培训班汇总表时，用户需要考虑以下信息。

①每个培训班要进行编号并保证唯一，因为有可能出现一个培训内容在年度中有多次培训的情况。

②要对年度计划的培训和非年度计划的培训进行区分统计，来检验人力资源部门对年度培训计划的规划和管控。

③对培训人数和培训课时进行统计，是统计一些培训指标必备的数据。

④对培训时间进行统计，组织培训应在一个时间段内，而非一个时间点，统计时间便于按指定期限对培训情况进行统计。

⑤对培训班成本进行统计，建议统计直接成本，而在做培训成本分析时组需考虑培训直接成本和培训间接成本。在培训班汇总表中则只需统计培训直接成本即可。

根据上述内容，培训班汇总表包含的项目有：培训编号、培训班名称、是否年计划、培训类型、培训形式、培训讲师、计划培训人数、实际培训人数、考核方式、培训费用和培训学时等。

在表格内容规范方面，为保证数据规范输入，用户还需要考虑以下因素。

①培训编号按时间顺序进行编号，并保证唯一，用“公司简称-部门标识-年份-表格标识+序号”的规则进行规范，如“GT-SC-2019-T0001”。

②培训时间、是否年计划、培训类型、培训形式和考核方式等用数据有效性规范录入。

下面具体介绍表格的制作（假设每年培训不超过200班次）。

>> 素材文件：素材\第5章\无

>> 效果文件：效果\第5章\培训班汇总表.xlsx

1 新建工作簿和工作表

❶新建“培训班汇总表”文件，❷创建“培训班汇总表”工作表，❸在A1:M1单元格区域中输入表头数据并设置格式，❹选择A2:A200单元格区域。

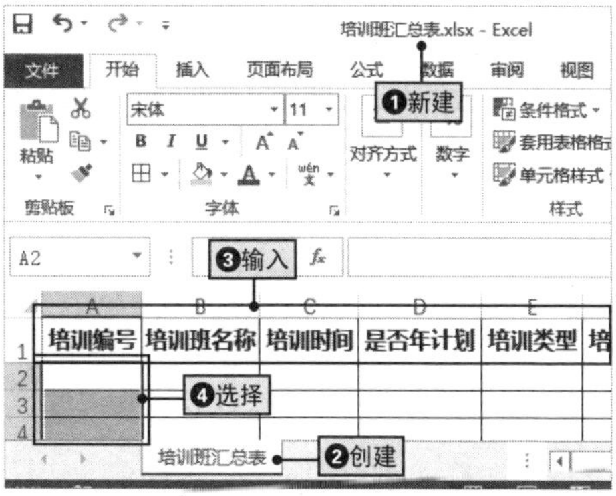

2 设置“培训编号”字段有效性

❶在打开的“数据验证”对话框中的“允许”下拉列表框中选择“自定义”选项，❷在“公式”文本框中输入“=AND(LEN(A2)=16,COUNTIF($A$2:$A$200,A2)=1)”。

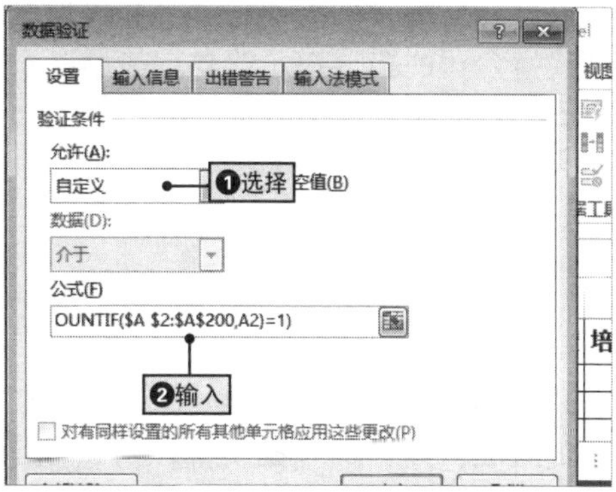

3 设置出错警告

❶单击“出错警告”选项卡，❷在“错误信息”列表框中输入错误提示信息，单击“确定”按钮即可。

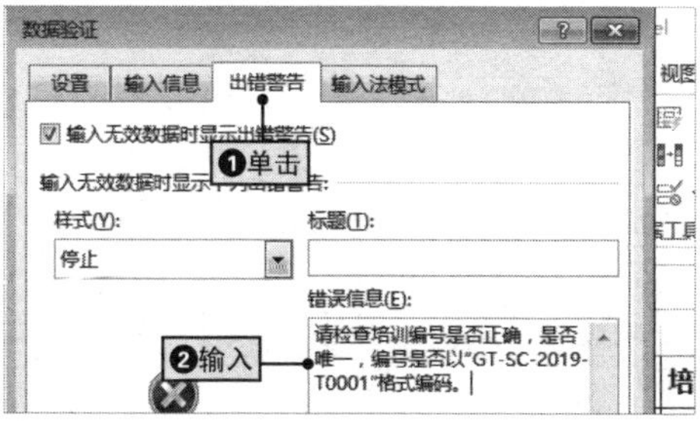

4 设置“培训时间”字段有效性

选择C2:C200区域，❶在打开的“数据验证”对话框的“允许”下拉列表框中选择“日期”选项，❷设置日期范围。

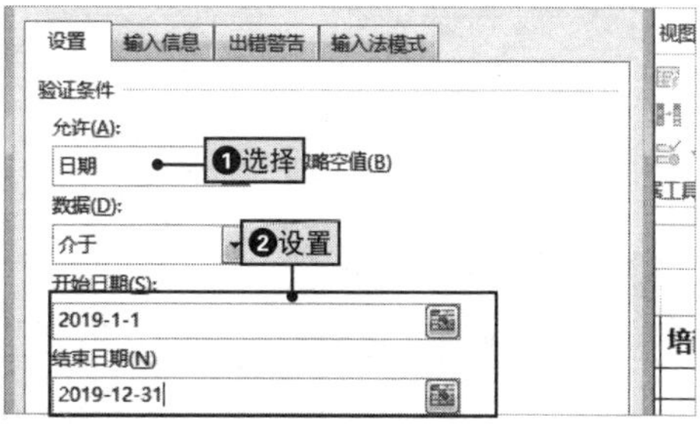

5 设置出错提醒

❶单击“出错警告”选项卡，❷在“错误信息”列表框中输入合适的错误信息内容，单击“确定”按钮即可。

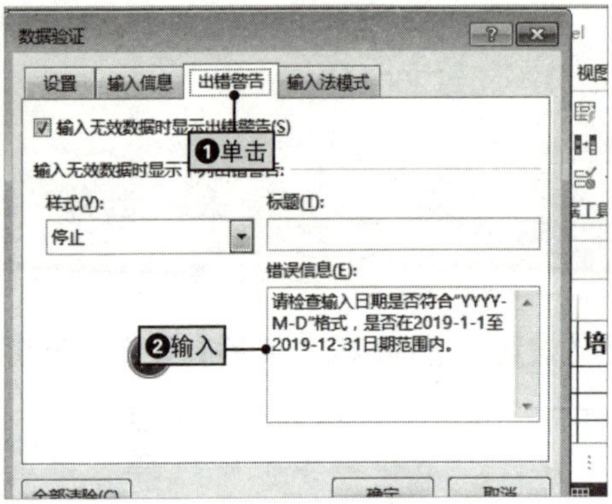

6 为其他行设置数据验证

以同样的方法分别为“是否年计划、培训类型、培训形式、牵头部门以及考核方式”设置数据有效性。

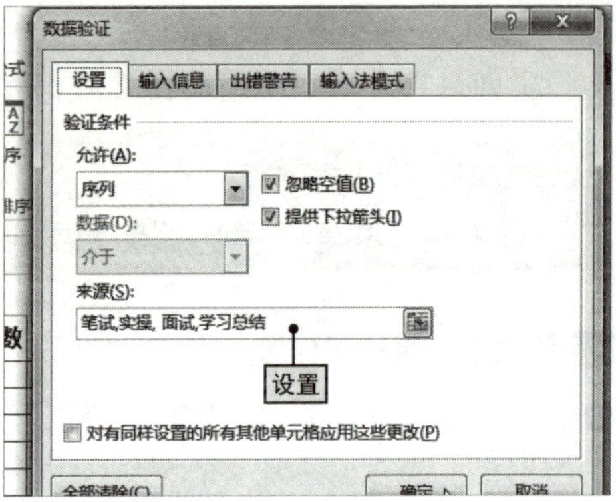

7 最终效果展示

为各行设置合适的数据验证，并根据需要设置合适的错误提示信息，最后在表格中录入数据即可，其最终效果如右图所示。

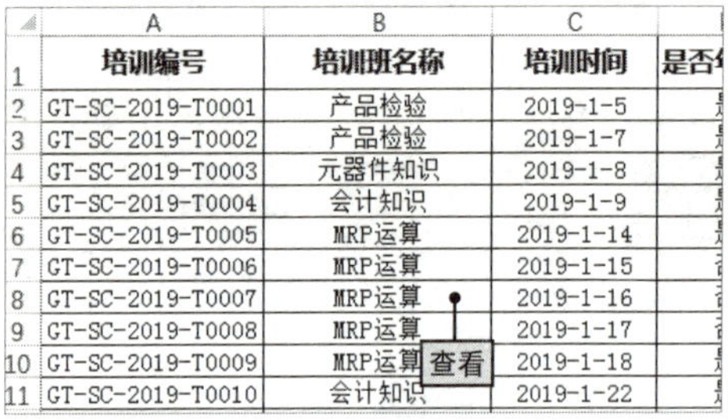

	A	B	C
1	培训编号	培训班名称	培训时间
2	GT-SC-2019-T0001	产品检验	2019-1-5
3	GT-SC-2019-T0002	产品检验	2019-1-7
4	GT-SC-2019-T0003	元器件知识	2019-1-8
5	GT-SC-2019-T0004	会计知识	2019-1-9
6	GT-SC-2019-T0005	MRP运算	2019-1-14
7	GT-SC-2019-T0006	MRP运算	2019-1-15
8	GT-SC-2019-T0007	MRP运算	2019-1-16
9	GT-SC-2019-T0008	MRP运算	2019-1-17
10	GT-SC-2019-T0009	MRP运算	2019-1-18
11	GT-SC-2019-T0010	会计知识	2019-1-22

通过如上操作完成了培训班汇总表的制作后，其最终效果展示如图5-7所示，从该图中可以清晰地查看公司各项培训的详细信息，主要包括培训编号、培训时间、项目以及牵头部门等信息。

培训编号	培训班名称	培训时间	是否年计划	培训类型	培训形式	牵头部门	培训讲师
GT-SC-2019-T0001	产品检验	2019-1-5	是	内部讲师内部培训	课堂讲授	生产部	李玲
GT-SC-2019-T0002	产品检验	2019-1-7	是	内部讲师内部培训	课堂讲授	生产部	李玲
GT-SC-2019-T0003	元器件知识	2019-1-8	是	内部讲师内部培训	课堂讲授	技术部	李玲
GT-SC-2019-T0004	会计知识	2019-1-9	是	内部讲师内部培训	课堂讲授	财务部	李玲
GT-SC-2019-T0005	MRP运算	2019-1-14	是	内部讲师内部培训	课堂讲授	技术部	李玲
GT-SC-2019-T0006	MRP运算	2019-1-15	否	内部讲师内部培训	现场示范	技术部	张宇
GT-SC-2019-T0007	MRP运算	2019-1-16	否	内部讲师内部培训	现场示范	技术部	张宇
GT-SC-2019-T0008	MRP运算	2019-1-17	否	内部讲师内部培训	现场示范	技术部	张宇
GT-SC-2019-T0009	MRP运算	2019-1-18	是	内部讲师内部培训	现场示范	技术部	张宇
GT-SC-2019-T0010	会计知识	2019-1-22	是	外部讲师内部培训	现场示范	财务部	张宇
GT-SC-2019-T0011	会计知识	2019-1-23	是	外部讲师内部培训	户外训练	财务部	张宇
GT-SC-2019-T0012	会计知识	2019-1-24	是	外部讲师内部培训	户外训练	财务部	黄静
GT-SC-2019-T0013	会计知识	2019-1-25	是	外部讲师内部培训	户外训练	财务部	黄静
GT-SC-2019-T0014	会计知识	2019-1-26	否	外部讲师内部培训	户外训练	财务部	黄静
GT-SC-2019-T0015	产品检验	2019-1-27	否	外部讲师内部培训	视频教学	生产部	黄静
GT-SC-2019-T0016	产品检验	2019-1-28	否	外部讲师外部培训	视频教学	生产部	黄静
GT-SC-2019-T0017	SMT编程知识	2019-1-29	是	外部讲师外部培训	视频教学	技术部	黄静
GT-SC-2019-T0018	SMT编程知识	2019-1-30	是	外部讲师外部培训	视频教学	技术部	黄静
GT-SC-2019-T0019	SMT编程知识	2019-1-31	是	外部讲师外部培训	视频教学	技术部	黄静

图5-7

5.3 培训成本表设计维护

培训成本是公司为了提高员工技能水平和综合素质付出的成本，主要包括直接成本和间接成本两部分。培训直接成本是指可以直接入账进行计算的，而间接成本通常包含时间等，不能进行计算。下面进行详细介绍。

直接培训成本主要是在培训过程中以金钱形式付出的成本，主要包括教材费（如视频制作、视频购买及制作费用）、培训讲师费（讲师津贴等）、办公后勤费（购买办公用品等）、差旅费（交通、住宿等）以及培训设施费（教室、设备等）。

培训间接费用包括不计入财务账目，以时间等形式表现的成本。主要包括薪资福利费用、间接费用以及其他费用。

统计培训成本，可以使我们充分了解培训成本的构成情况，对不同项目的培训成本或不同团队的培训成本进行分析。同时还可以充分了解培训成本的明细，便于对培训成本进行控制，将钱花在刀刃上，切实保障培训计划所需的费用，保证培训计划顺利进行。

进行培训成本表设计时，需要考虑以下问题。

- 按培训项目对培训成本进行汇总，即培训编号作为唯一检索方式。
- 表格中，培训成本要体现培训直接成本和间接成本，并用二级联动菜单设置直接成本和间接成本的费用分类，以便实现输入便捷和统一。
- 培训直接成本按费用的发生日期进行统计，培训间接成本按培训项目结束日期进行统计，日期设置数据有效性，防止输入的格式不统一。
- 对于表格中需要使用到的“培训编号”字段数据可以从“培训班汇总表”工作表中获取，减少出错的可能性。

下面分两个步骤，具体介绍培训成本表的设计与制作流程（假设不超过200条数据）。

>> 素材文件：素材\第5章\无

>> 效果文件：效果\第5章\培训成本表.xlsx

1 建立培训成本表并设置二级联动菜单

1 新建工作簿和工作表

❶新建“培训成本表”文件，❷创建“培训成本表”和“序列”工作表，❸在“培训成本表”工作表中录入表头。

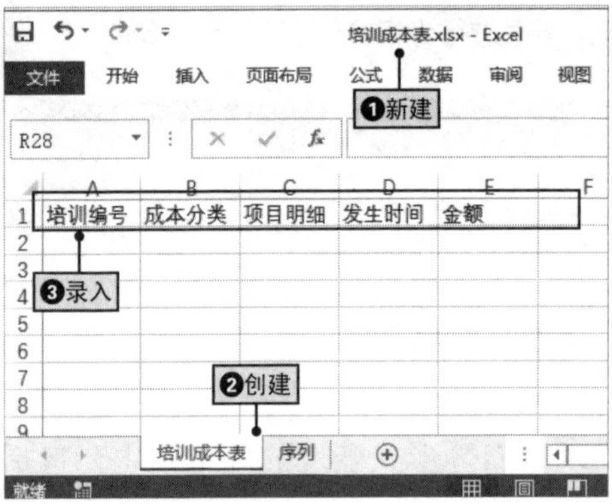

2 输入“序列”工作表内容

❶单击“序列”工作表标签，❷在其中录入需要使用的序列，并为内容设置相应的字体格式。

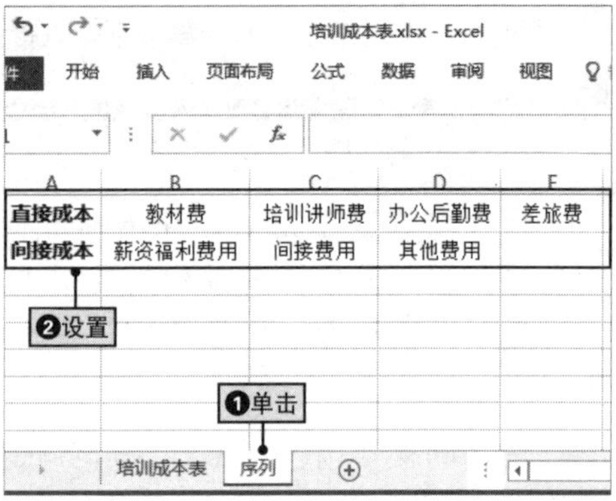

3 导入“培训班汇总表”工作表

❶将前面小节制作的“培训班汇总表”工作表导入，并重命名为“数据源”，❷切换到“培训成本表”工作表，❸选择A2:A200单元格区域。

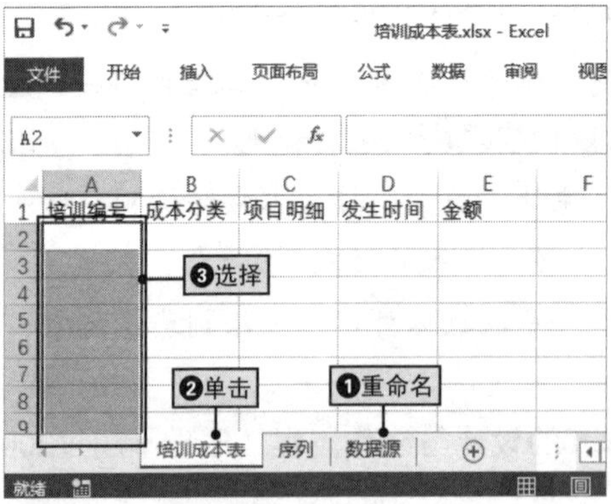

4 设置A列数据验证信息

❶在“数据验证”对话框中的“允许”下拉列表框中选择“序列”选项，❷在“来源”文本框中输入“=OFFSET(数据源!$A$1,1,,COUNTA(数据源! $A:$A)-1,)”。

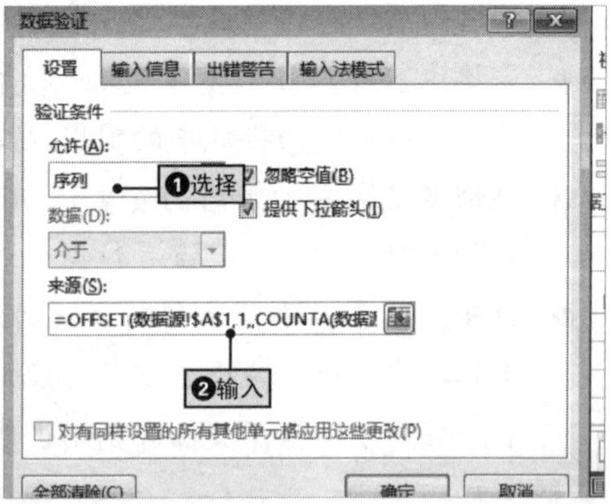

TIP 复制工作表

如果需要复制工作表，只需要在目标工作表标签上右击，选择“移动或复制”命令即可打开对应的对话框，选择要移动到的工作表，选中“建立副本”复选框，单击“确定”按钮即可实现工作表的复制。

5 单击“定位”按钮

❶切换到“序列”工作表，选择A1:F2单元格区域，❷按【Ctrl+G】组合键打开“定位”对话框，在其中单击“定位条件”按钮。

6 设置定位条件

在打开的“定位条件”对话框中选中“常量”单选按钮，单击“确定”按钮即可。

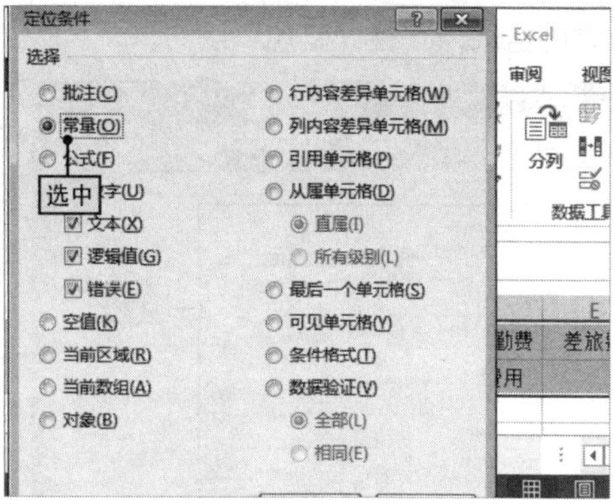

7 根据左列创建名称

❶单击“公式”选项卡“定义的名称”组的“根据所选内容创建”按钮，❷在打开的对话框中选中“最左列”复选框，❸单击“确定”按钮。

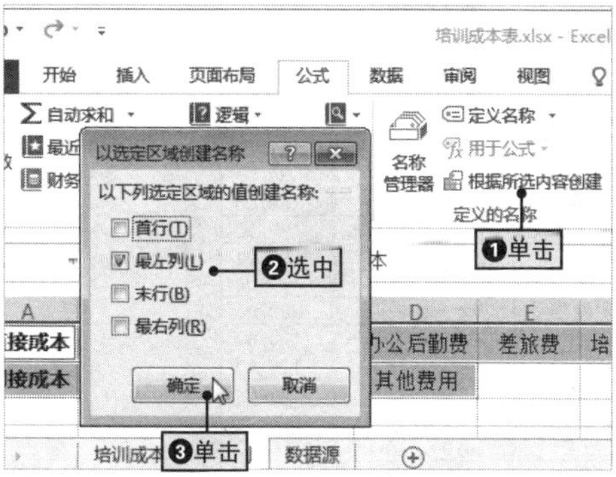

8 设置B列的数据验证

❶在“培训成本表”工作表中选择B2:B200单元格区域，❷在打开的“数据验证”对话框的“允许”下拉列表框中选择“序列”命令，❸在“来源”文本框中输入“=序列!$A$1:$A$2”。

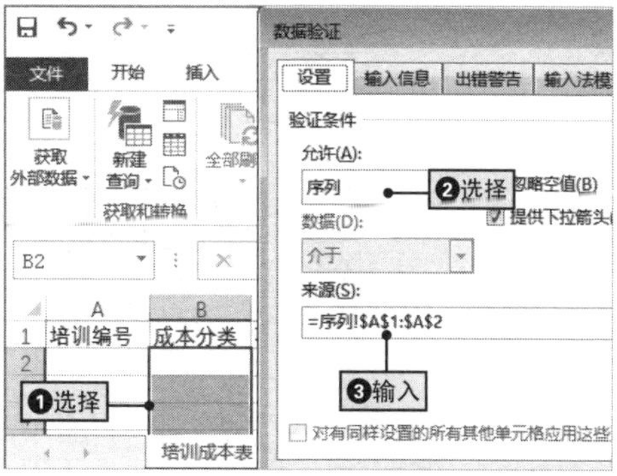

9 设置二级菜单

❶选择C2:C200单元格区域，❷在打开的“数据验证”对话框中的“允许”下拉列表框中选择“序列”选项，❸在“来源”文本框中输入“=INDIRECT(B2)”，并设置合适的出错警告，单击“确定”按钮即可。

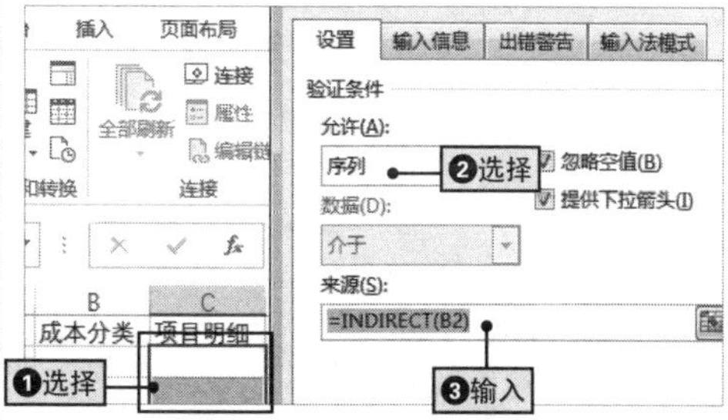

2 录入表格数据并完善表格

1 设置数据格式

为D列设置数据验证，限制输入的日期为20191-1-1至2019-12-31，并设置E列的数据格式为“会计专用”。

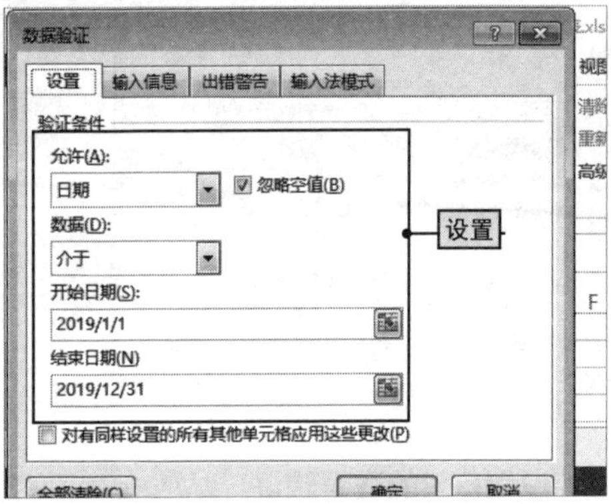

2 在表格中录入数据并设置格式

在表格中录入需要的数据，并对表格中字体格式以及表格样式等进行设置，最终效果如下图所示。

	A	B	C	
1	培训编号	成本分类	项目明细	发
2	GT-SC-2019-T0001	直接成本	培训讲师费	20
3	GT-SC-2019-T0001	间接成本	薪资福利费用	20
4	GT-SC-2019-T0001	间接成本	间接费用	20
5	GT-SC-2019-T0002	间接成本	其他费用	20
6	GT-SC-2019-T0002	间接成本	薪资福利费用	20
7	GT-SC-2019-T0002	间接成本	间接费用	20
8	GT-SC-2019-T0002	直接成本	培训讲师费	20
9	GT-SC-2019-T0002	直接成本	办公后勤费	20
10	GT-SC-2019-T0003	直接成本	教材费	20
11	GT-SC-2019-T0003	直接	办公后勤费	20
12	GT-SC-2019-T0003	直接	培训设施费	20
13	GT-SC-2019-T0003	间接成本	间接费用	20
14	GT-SC-2019-T0003	间接成本	间接费用	20
15	GT-SC-2019-T0004	间接成本	薪资福利费用	20
16	GT-SC-2019-T0004	间接成本	薪资福利费用	20
17	GT-SC-2019-T0004	间接成本	间接费用	20

查看

通过如上两步操作即可完成培训成本表的制作，其最终效果展示如图5-8所示，从该图中可以清晰地查看公司各项培训的具体情况，产生成本的具体明细，同时还包含具体时间和金额数据。

	A	B	C	D	E
1	培训编号	成本分类	项目明细	发生时间	金额
2	GT-SC-2019-T0001	直接成本	培训讲师费	2019-1-5	¥ 140.00
3	GT-SC-2019-T0001	间接成本	薪资福利费用	2019-1-7	¥ 140.00
4	GT-SC-2019-T0001	间接成本	间接费用	2019-1-8	¥ 140.00
5	GT-SC-2019-T0002	间接成本	其他费用	2019-1-9	¥ 140.00
6	GT-SC-2019-T0002	间接成本	薪资福利费用	2019-1-14	¥ 140.00
7	GT-SC-2019-T0002	间接成本	间接费用	2019-1-15	¥ 80.00
8	GT-SC-2019-T0002	直接成本	培训讲师费	2019-1-16	¥ 80.00
9	GT-SC-2019-T0002	直接成本	办公后勤费	2019-1-17	¥ 80.00
10	GT-SC-2019-T0003	直接成本	教材费	2019-1-18	¥ 80.00
11	GT-SC-2019-T0003	直接成本	办公后勤费	2019-1-22	¥ 80.00
12	GT-SC-2019-T0003	直接成本	培训设施费	2019-1-23	¥ 80.00
13	GT-SC-2019-T0003	间接成本	间接费用	2019-1-24	¥ 120.00
14	GT-SC-2019-T0003	间接成本	间接费用	2019-1-25	¥ 120.00
15	GT-SC-2019-T0004	间接成本	薪资福利费用	2019-1-26	¥ 120.00
16	GT-SC-2019-T0004	间接成本	薪资福利费用	2019-1-27	¥ 120.00
17	GT-SC-2019-T0004	间接成本	间接费用	2019-1-28	¥ 50.00
18	GT-SC-2019-T0004	直接成本	差旅费	2019-1-29	¥ 50.00
19	GT-SC-2019-T0005	直接成本	办公后勤费	2019-1-30	¥ 50.00
20	GT-SC-2019-T0006	直接成本	教材费	2019-1-31	¥ 50.00

培训成本表 | 序列 | 数据源

图5-8

5.4 反应评估汇总表设计维护

反应评估是培训效果的第一层评估，它在培训结束后就可以用问卷调查、座谈或面谈等形式进行，它主要是由培训学员对培训项目的课件内容、课程安排、培训时间、场地、培训设施以及讲师表现等进行评价。

反应评估是培训评估中最基本、最普遍的培训方式，它是学员对培训项目的一个主观态度。如果学员对于培训的态度表现积极，说明培训学员对培训项目持支持态度，培训内容是学员可以接受的；如果学员对培训项目表现出消极的态度，说明培训内容是学员无法接受的，培训内容也就难以转换为学员的知识和技能。

根据不同的培训内容，用户可以指定适合的反应层面培训效果评估表，用于收集培训学员的评价。然后即可对收集到的结果进行汇总，反映评估汇总表中应当包括课件内容丰富、便于应用于工作中、逻辑性及系统性、对课程安排合理等内容。

在设置反应评估汇总表时，需要考虑以下因素。

①反应评估汇总表以培训编号作为唯一检索方式，并根据培训班汇总表中的培训编号设置下拉菜单。

②反应评估汇总表应尽可能地对评估的各项内容进行汇总，以便于对各个培训班和各个培训讲师情况进行对比。

③反应评估汇总表只是汇总每个培训班各个项目的平均分，总共包含10个评分项目，且每个项目的总分都是10分，所以还需要对各项目及各培训的得分情况进行统计，再求平均分。

下面分两个步骤，具体介绍培训成本表的设计与制作流程（假设不超过200条数据）。

>> 素材文件：素材\第5章\无

>> 效果文件：效果\第5章\反应评估汇总表.xlsx

1 新建工作簿和工作表

❶新建“反应评估汇总表”文件，❷输入需要的表头数据，❸将培训班汇总表复制过来。

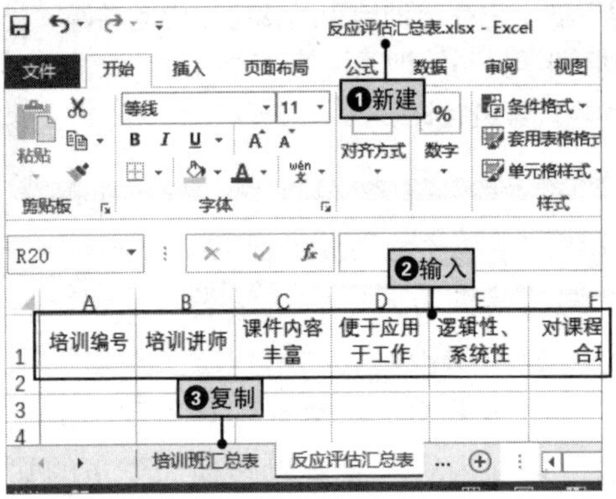

2 设置A列数据有效性

❶选择A2:A200单元格区域，❷在打开的“数据验证”对话框中设置验证条件导入培训班汇总表中的培训编号。

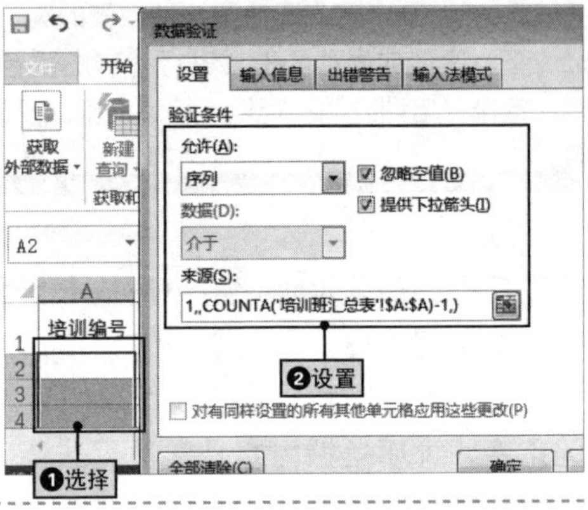

3 公式设置

❶选择B2:B200单元格区域，❷在编辑栏中输入“=IF(A2="","",VLOOKUP(A2,培训班汇总表!$A:$M,8,0))”，按【Ctrl+Enter】组合键进行计算。

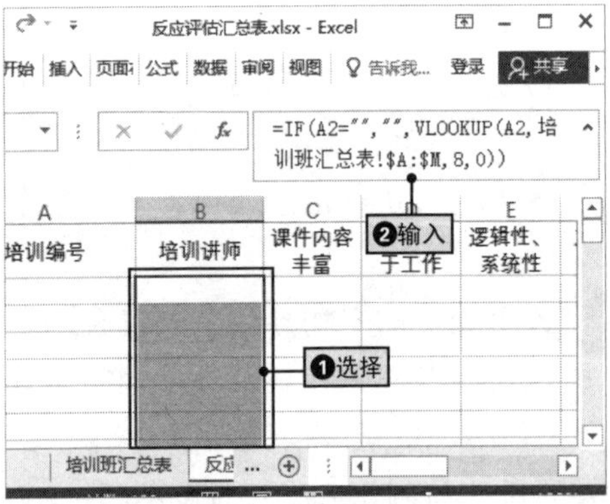

4 输入计算总分的公式

❶选择L2:L200单元格区域，❷在编辑栏中输入“=SUM(C2:K2)”，按【Ctrl+Enter】组合键即可进行计算。

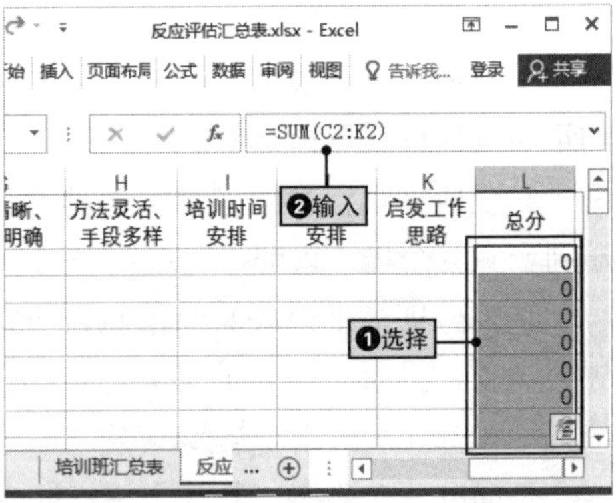

5 设置表格样式并录入数据

为表格设置合适的的样式，对文本内容进行字体格式设置，最后在表格中录入数据，最终效果如右侧表格所示。

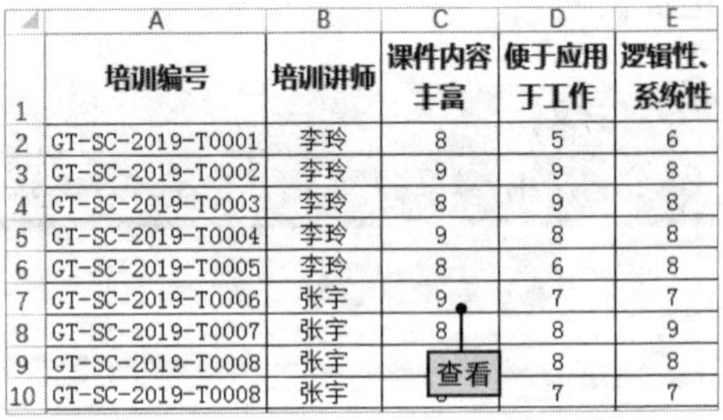

	A	B	C	D	E
1	培训编号	培训讲师	课件内容丰富	便于应用于工作	逻辑性、系统性
2	GT-SC-2019-T0001	李玲	8	5	6
3	GT-SC-2019-T0002	李玲	9	9	8
4	GT-SC-2019-T0003	李玲	8	9	8
5	GT-SC-2019-T0004	李玲	9	8	8
6	GT-SC-2019-T0005	李玲	8	6	8
7	GT-SC-2019-T0006	张宇	9	7	7
8	GT-SC-2019-T0007	张宇	8	8	9
9	GT-SC-2019-T0008	张宇	[illegible]	8	8
10	GT-SC-2019-T0008	张宇	[illegible]	7	7

完成反应评估汇总表的设计后，其最终效果展示如图5-9所示，从该图中可以清晰地查看各培训项目及培训讲师的具体情况，通过培训学员对培训的评价，从而汇总出培训的设置是否合理及培训讲师的培训情况。

	B	C	D	E	F	G	H	I	J	K	L
号	培训讲师	课件内容丰富	便于应用于工作	逻辑性、系统性	对课程安排合理	语言清晰、表达明确	方法灵活、手段多样	培训时间安排	培训形式安排	启发工作思路	总分
-T0001	李玲	8	5	6	9	5	6	5	9	8	61
-T0002	李玲	9	9	8	8	8	9	9	9	9	78
-T0003	李玲	8	9	8	7	8	9	6	9	8	72
-T0004	李玲	9	8	8	8	8	9	8	9	8	75
-T0005	李玲	8	6	8	8	7	9	7	9	7	69
-T0006	张宇	9	7	7	9	8	9	8	8	9	74
-T0007	张宇	8	8	9	8	7	8	8	9	7	72
-T0008	张宇	9	8	8	8	7	9	9	9	9	76
-T0008	张宇	8	7	7	9	9	8	9	8	6	71
-T0008	张宇	7	9	8	7	7	7	7	9	7	68
-T0008	张宇	8	8	8	4	7	8	4	9	7	63
-T0008	张宇	9	5	7	8	7	5	5	8	8	62
-T0009	张宇	8	6	10	7	7	7	6	8	9	68
-T0010	张宇	7	8	8	8	6	8	9	9	8	71
-T0011	张宇	7	7	7	10	8	9	6	6	9	69
-T0012	黄静	6	8	6	7	8	8	7	7	8	65

培训班汇总表　反应评估汇总表

图5-9

5.5 培训考核结果统计表设计

培训考核结果统计表主要用于统计员工培训的考核结果，根据具体的得分给出员工培训的评价，为后期建立其他表格做准备。

对员工培训考核情况进行统计是建立员工培训档案的基础。每次培训项目结束以后我们不仅要保存培训签到表、培训考核表等，最重要的是还要将每次培训学员的考核情况等进行统计，以便于后期建立员工培训档案。

进行员工培训考核结果统计表设计，我们需考虑以下情况。

①要有员工编号，以保证检索信息唯一性。

②培训班情况用培训编号进行唯一检索。

③成绩分为“优秀、良好、合格、不合格”4种情况，以分数进行区分，90分（含）以上为优秀，80～89分为良好，70～79分为合格，70分（不含）以下为不合格。

根据以上情况，员工培训考核结果统计表中各项目包括：员工编号、姓名、培训编号、培训班名称、考核方式以及考核结果等几项。

具体设计步骤如下（假定年培训人次不超过500人次）。

>> 素材文件：素材\第5章\无

>> 效果文件：效果\第5章\培训考核结果统计表.xlsx

1 新建工作簿和工作表

❶新建“培训考核结果统计表”文件，❷输入需要的表头数据，❸将培训班汇总表复制过来。

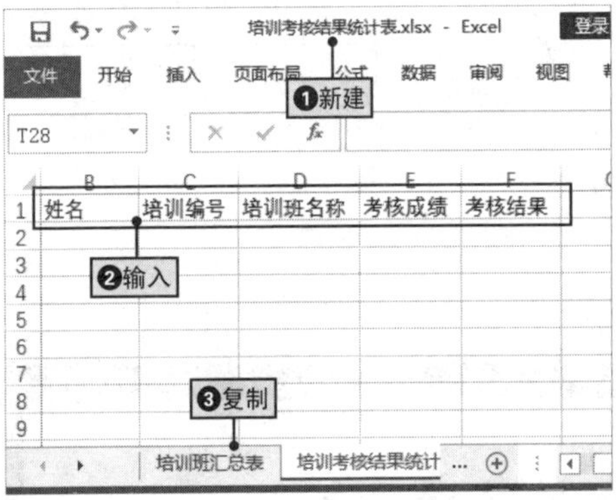

2 设置“培训编号”字段有效性

用前一小节同样的方法为C列数据设置数据有效性，导入“培训班汇总表”工作表中A列的培训编号作为下拉列表。

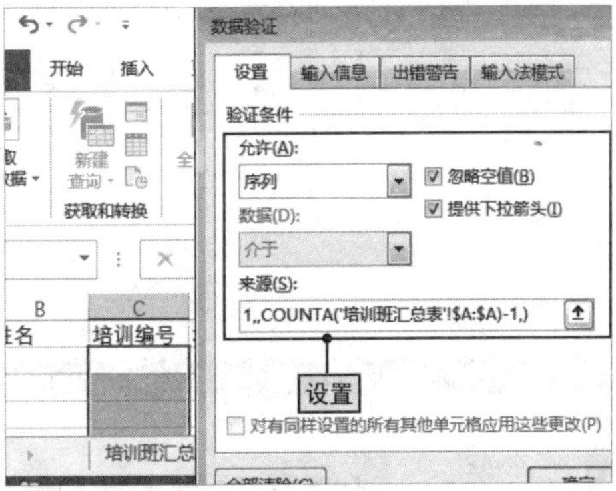

3 导入培训班名称

❶选择D2:D500单元格区域，❷在编辑栏中输入“=IF(C2="","",VLOOKUP(C2,培训班汇总表!$A:$B,2,0))”，按【Ctrl+Enter】组合键进行计算。

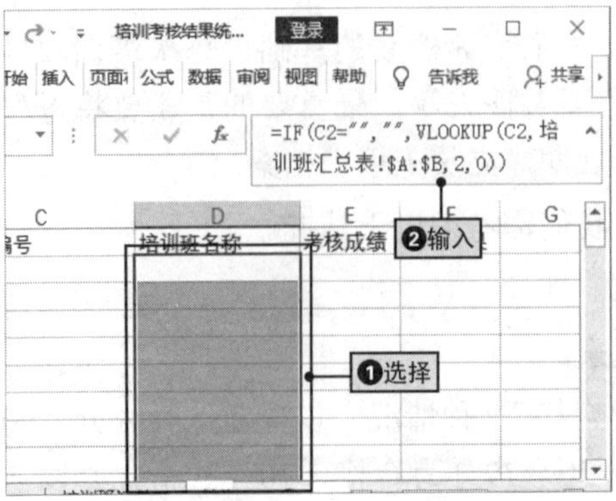

4 根据得分得出具体评价

❶选择F2:F500单元格区域，❷在编辑栏输入“=IF(E2="","",LOOKUP(E2,{0;70;80;90},{"不合格";"合格";"良好";"优秀"}))”按【Ctrl+Enter】组合键计算。

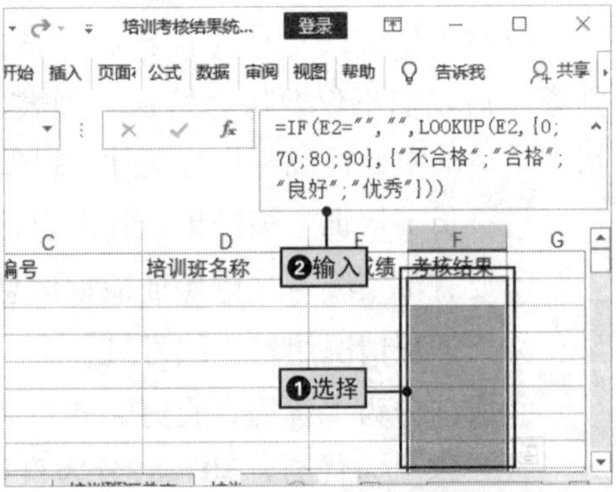

5 最终效果展示

在表格中录入数据，并对表格样式进行设置，再对输入文本的字体格式进行设置，最后即可查看其最终效果。

1	员工编号	姓名	培训编号	培训班名称
2	GT000025	李丹	GT-SC-2019-T0002	产品检验
3	GT000026	杨陶	GT-SC-2019-T0002	产品检验
4	GT000027	刘小明	GT-SC-2019-T0002	产品检验
5	GT000028	张嘉	GT-SC-2019-T0002	产品检验
6	GT000029	张炜	GT-SC-2019-T0002	产品检验
7	GT000030	李聃	GT-SC-2019-T0002	产品检验
8	GT000031	杨娟	GT-SC-2019-T0001	产品检验
9	GT000032	马英	GT-SC-2019-T0001	产品检验
10	GT000033	周晓红	GT-SC-2019-T0001	产品检验
11	GT000034	薛敏	GT-SC-2019-T0001	产品检验
12	GT000035	祝苗	GT-SC-2019-T0004	会计知识

查看

完成培训考核结果统计表的设计后，其最终效果展示如图5-10所示，从该图中可以清晰地查看各个员工参加的培训项目及编号，以及最终的考核成绩和考核结果，方便查看。

	A	B	C	D	E	F
1	员工编号	姓名	培训编号	培训班名称	考核成绩	考核结果
2	GT000025	李丹	GT-SC-2019-T0002	产品检验	85	良好
3	GT000026	杨陶	GT-SC-2019-T0002	产品检验	75	合格
4	GT000027	刘小明	GT-SC-2019-T0002	产品检验	74	合格
5	GT000028	张嘉	GT-SC-2019-T0002	产品检验	92	优秀
6	GT000029	张炜	GT-SC-2019-T0002	产品检验	99	优秀
7	GT000030	李聃	GT-SC-2019-T0002	产品检验	91	优秀
8	GT000031	杨娟	GT-SC-2019-T0001	产品检验	94	优秀
9	GT000032	马英	GT-SC-2019-T0001	产品检验	67	不合格
10	GT000033	周晓红	GT-SC-2019-T0001	产品检验	50	不合格
11	GT000034	薛敏	GT-SC-2019-T0001	产品检验	80	良好
12	GT000035	祝苗	GT-SC-2019-T0004	会计知识	72	合格
13	GT000036	周纳	GT-SC-2019-T0004	会计知识	75	合格
14	GT000037	李菊芳	GT-SC-2019-T0004	会计知识	56	不合格
15	GT000038	赵磊	GT-SC-2019-T0005	MRP运算	68	不合格
16	GT000039	王涛	GT-SC-2019-T0006	MRP运算	68	不合格
17	GT000040	刘仪伟	GT-SC-2019-T0007	MRP运算	78	合格
18	GT000041	杨柳	GT-SC-2019-T0018	SMT编程知识	90	优秀
19	GT000042	张洁	GT-SC-2019-T0018	SMT编程知识	89	良好
20	GT000025	李丹	GT-SC-2019-T0018	SMT编程知识	69	不合格
21	GT000026	杨陶	GT-SC-2019-T0018	SMT编程知识	70	合格

图5-10

5.6 培训管理相关表格设计

培训管理相关表格设计主要设计的有内部培训讲师汇总表以及员工培训档案管理表。通过对这两个表格的设计可以进一步帮助用户管理培训相关信息。

5.6.1 内部培训讲师汇总表

在企业培训管理活动中，培训讲师最主要还是来自企业内部，发挥内部培训讲师的积极作用，有利于推进企业培训工作的有效开展，因此企业内部要有一套内部培训讲师招聘、选拔、录用、培养、晋升及激励等方面的制度体系。关于内部讲师的制度体系每个公司都有自己的特色。

对内部培训讲师的信息进行统计，是为了便于记录内部培训讲师年度授课时长、培训学员对讲师的满意度、是否达到保级条件或晋级条件等。所以我们记录内部培训讲师的信息，除了其基本信息以外，还要记录任职时间、年度培训时数、年度平均得分、年度培训次数以及培训津贴标准等，如果培训讲师和课程都较多时，还可以统计每位内部培训讲师擅长的课程。

进行表格设计时，我们还需要考虑以下情况。

①内部培训讲师以员工编号作为唯一检索。

②年度培训时数、次数可以通过培训班汇总表来进行统计。

③平均得分可以通过反应评估汇总表来进行统计。

具体设计步骤如下（假定内部培训讲师不超过30人）。

>> 素材文件：素材\第5章\无

>> 效果文件：效果\第5章\内部培训讲师汇总表.xlsx

1 新建工作簿和工作表

❶新建“内部培训讲师汇总表”文件，❷输入需要的表头数据。

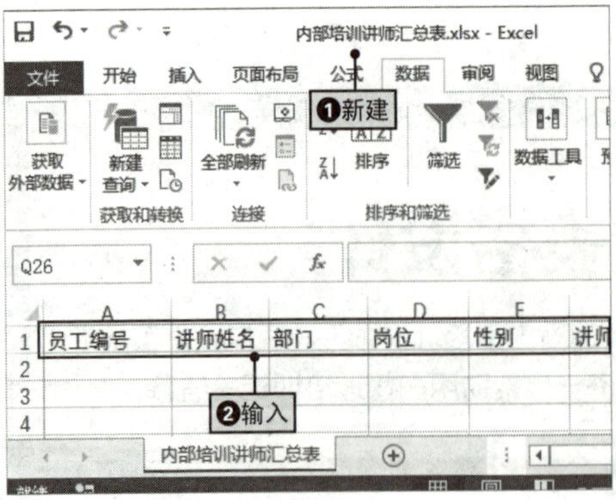

2 复制工作表

并将培训班汇总表和反应评估汇总表复制到新创建的“内部培训讲师汇总表”工作簿中。

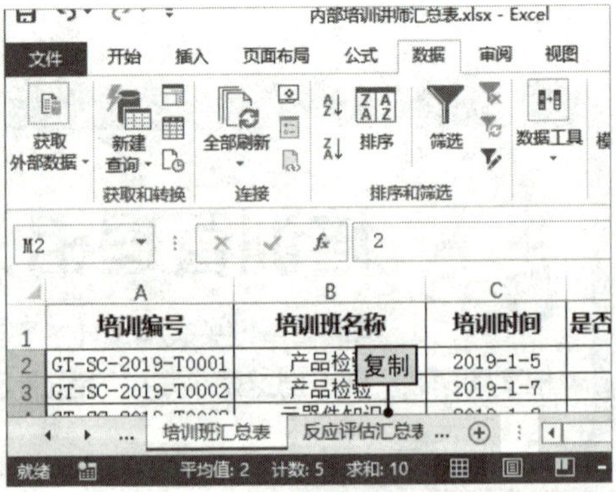

3 设置“聘任时间”字段数据验证

❶选择G2:G30单元格区域，❷在打开的“数据验证”对话框中设置“聘任时间”列的数据验证。

4 获取培训津贴数据

❶选择H2:H30单元格区域，❷在编辑栏中输入“=IF(F2="","",LOOKUP(F2,{"初级讲师",80;"高级讲师",200;"中级讲师",120}))”公式，按【Ctrl+Enter】组合键计算。

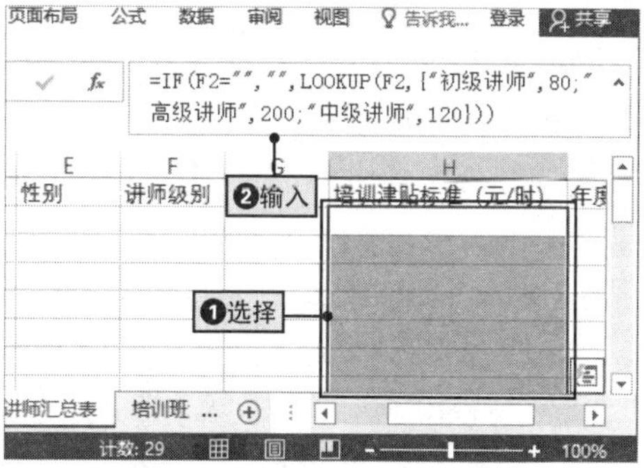

5 统计各讲师培训次数

❶选择I2:I30单元格区域，❷在编辑栏中输入“=IF(B2="","",COUNTIF(培训班汇总表!$H:$H,B2))”公式，按【Ctrl+Enter】组合键计算次数即可。

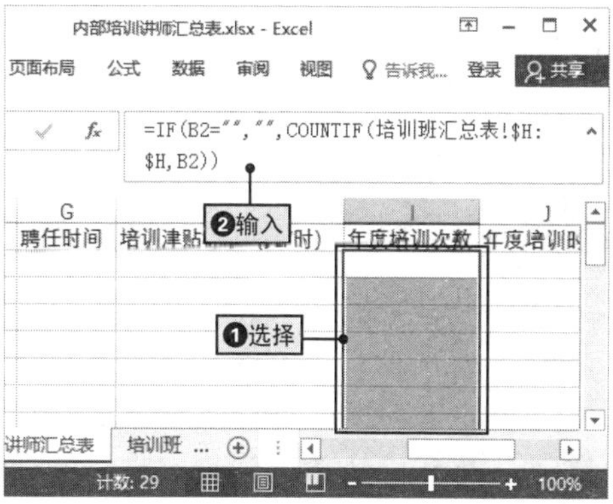

6 获取讲师培训时长

❶选择J2:J30单元格区域，❷在编辑栏中输入“=IF(B2="","",SUMIF(培训班汇总表!$H:$H,B2,培训班汇总表!$M:$M))”公式，按【Ctrl+Enter】组合键计算时长。

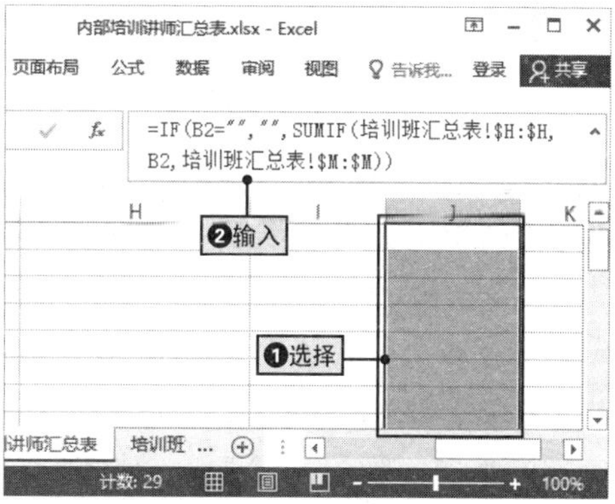

7 计算平均得分

❶选择K2:K30单元格区域，❷在编辑栏中输入“=IFERROR(ROUND(AVERAGEIF(反应评估汇总表!$B:$B,B2,反应评估汇总表!$L:$L),2),"")”公式，按【Ctrl+Enter】组合键计算平均得分。

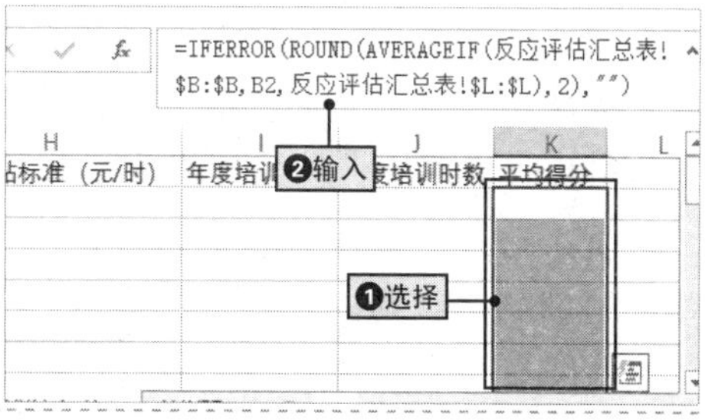

8 录入数据并美化表格

将员工编号、讲师姓名、部门、岗位以及性别这几项数据复制过来，完成数据输入后，再对表格进行美化，其最终效果如右图所示。

	A	B	C	D	E	
1	员工编号	讲师姓名	部门	岗位	性别	讲师
2	GT000002	张炜	生产部	经理	男	高级
3	GT000004	杨业	生产部	经理	男	高级
4	GT000006	卢鑫怡	生产部	经理	男	高级
5	GT000008	李玲	生产部	组长	女	高级
6	GT000010	张佳	财务部	组长	女	中级
7	GT000012	黄静	财务部	组长	女	中级
8	GT000014	万邦舟	财务部	组长	女	中级
9	GT000016	薛敏	财务部	组长	女	中级
10	GT000018	祝苗	财务部	总监	女	中级

查看

完成内部培训讲师汇总表，其最终效果展示如图5-11所示，从该图中可以清晰地查看公司各讲师的详细情况，包括他们年度参加培训的次数及时长信息。

	A	B	C	D	E	F	G	H	I	J	K
1	员工编号	讲师姓名	部门	岗位	性别	讲师级别	聘任时间	培训津贴标准（元/时）	年度培训次数	年度培训时数	平均得
2	GT000002	张炜	生产部	经理	男	高级讲师	2011-3-4	200	0	0	
3	GT000004	杨业	生产部	经理	男	高级讲师	2011-3-7	200	0	0	
4	GT000006	卢鑫怡	生产部	经理	男	高级讲师	2011-3-8	200	0	0	
5	GT000008	李玲	生产部	组长	女	高级讲师	2011-3-9	200	5	10	71
6	GT000010	张佳	财务部	组长	女	中级讲师	2011-3-10	120	0	0	
7	GT000012	黄静	财务部	组长	女	中级讲师	2016-2-7	120	8	7	69
8	GT000014	万邦舟	财务部	组长	女	中级讲师	2016-2-8	120	0	0	
9	GT000016	薛敏	财务部	组长	女	中级讲师	2016-2-9	120	0	0	
10	GT000018	祝苗	财务部	总监	女	中级讲师	2016-2-10	120	0	0	
11	GT000019	胡艳	技术部	总监	女	中级讲师	2016-2-11	120	0	0	
12	GT000020	李俊	技术部	总监	女	中级讲师	2018-5-9	120	0	0	
13	GT000021	张宇	技术部	总监	男	中级讲师	2018-5-10	120	6	10	69.
14	GT000022	林豪	技术部	总监	男	初级讲师	2018-5-11	80	0	0	
15	GT000023	张佳	技术部	总监	女	初级讲师	2018-5-14	80	0	0	
16	GT000024	黄英	技术部	总监	女	初级讲师	2018-5-15	80	0	0	

内部培训讲师汇总表 | 培训班汇总表 | 反应评估汇总表 ...

图5-11

5.6.2 员工培训档案管理表设计

员工培训工作有目的性、有计划性，这是培训管理工作的要求，但是对于员工个体培训情况的了解，还是需要对每位员工的培训情况进行汇总才能知道确切的情况。如员工参加入职培训、安全培训、教育培训是否到位，必修的课程是否参加、调岗培训是否进行等，这些情况都是需要去掌握的。员工有没有参加不必要的培训造成资源浪费、有没有落下必需的培训造成培训断档等，这些都需要引起人力资源部的重视。企业必须要建立员工培训档案，每年年初需要将每位员工的培训档案打印并归入员工档案中。

员工培训档案没有固定的格式，可以根据公司情况进行设计，一般来说，员工培训档案包括：员工基本信息、培训班情况和员工考核情况等。如我们设计员工培训档案表时，各个项目有：员工编号、员工姓名、性别、部门、岗位、入职日期、培训编号、培训班名称、培训时间、培训类型、培训形式、牵头部门、培训讲师、考核方式、考核成绩、考核结果等。这些项目分别从员工信息表、培训班汇总表、员工培训情况考核表3个表中提取相关的信息即可。

在设计员工培训档案表时，需要考虑以下情况。

①员工基本信息在员工信息表中提取，以员工编号作为检索值，通过员工编号提取其他员工信息。

②通过员工编号，可以将培训编号、培训班名称、考核方式、考核成绩、考核结果等项目信息在员工培训情况考核表中提取出来。

③通过培训编号，可以将培训时间、培训类型、培训形式等项目信息在培训班汇总表中提取出来。

具体设计步骤如下。

>> 素材文件：素材\第5章\无

>> 效果文件：效果\第5章\员工培训档案.xlsx

1 新建工作簿和工作表

❶新建“员工培训档案”文件，❷输入需要的表头数据并对表格设置相应的格式，为文本内容设置格式。

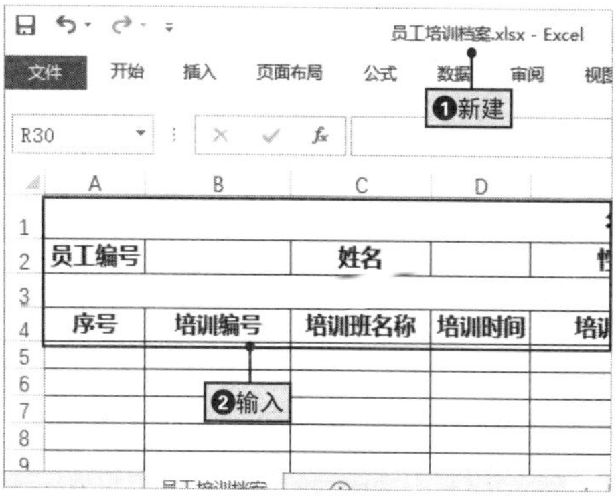

2 复制工作表

将培训班汇总表、反应评估汇总表及内部讲师汇总表等复制到新创建的“员工培训档案”工作簿中。

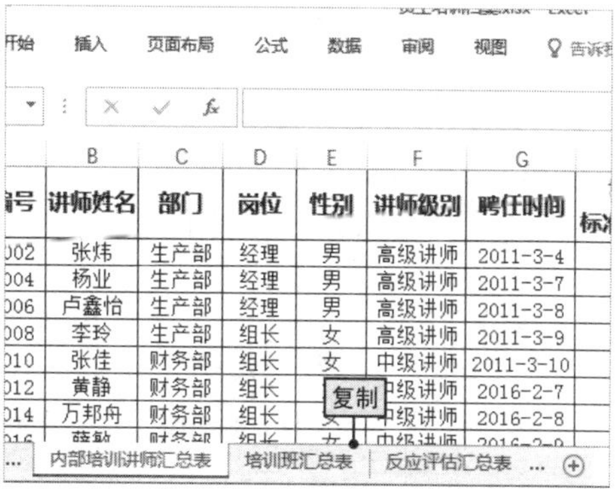

3 获取员工编号数据

❶选择B2单元格，❷在打开的“数据验证”对话框中输入公式获取“培训考核结果统计表”工作表中的A列数据作为下拉列表内容。

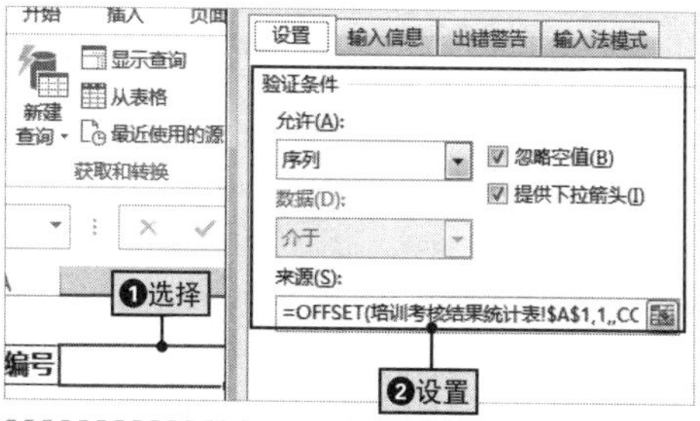

4 根据员工编号获取员工姓名

❶选择D2单元格，❷在编辑栏中输入公式“=VLOOKUP($B$2,培训考核结果统计表!$A:$F,2,0)”公式，并按【Ctrl+Enter】组合键根据员工编号获取员工姓名。

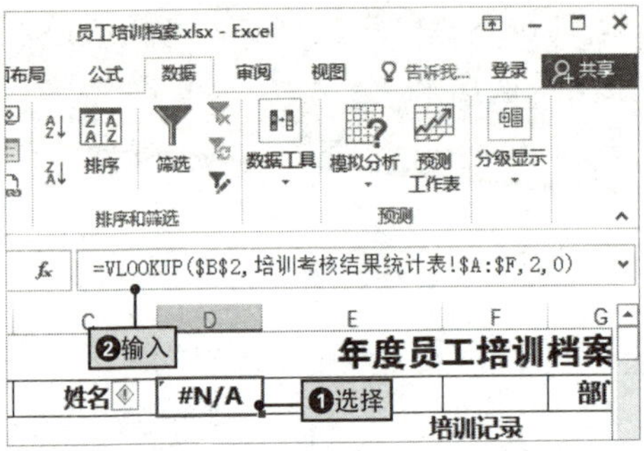

5 获取培训编号

在B5单元格输入“=INDEX(培训考核结果统计表!C:C,SMALL((培训考核结果统计表!$A:$A<>$B$2)/1%%+ROW(培训考核结果统计表!$A:$A),ROW(1:1)))&""”公式，按【Ctrl+Shift+Enter】组合键计算，并向下填充数据。

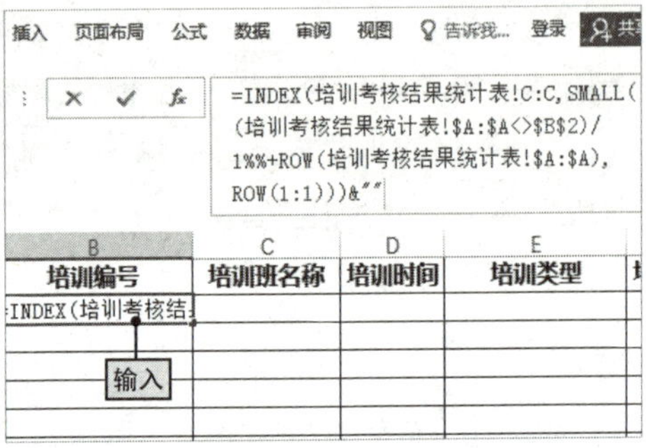

6 完善表格

在表格中录入其他的表格数据，主要是从其他表格获取，或是手动录入，其最终效果如右图所示。

B	C	D	E
			年度员工
GT000029	姓名	张炜	
			培
培训编号	培训班名称	培训时间	培训类型
GT-SC-2019-T0002	产品检验	2019-1-7	内部讲师内部培训
GT-SC-2019-T0019	SMT编程知识	2019-1-31	外部讲师外部培训

完成员工培训档案的制作后，其最终效果展示如图5-12所示，可以通过选择不同的员工编号，获取不同员工的培训信息。

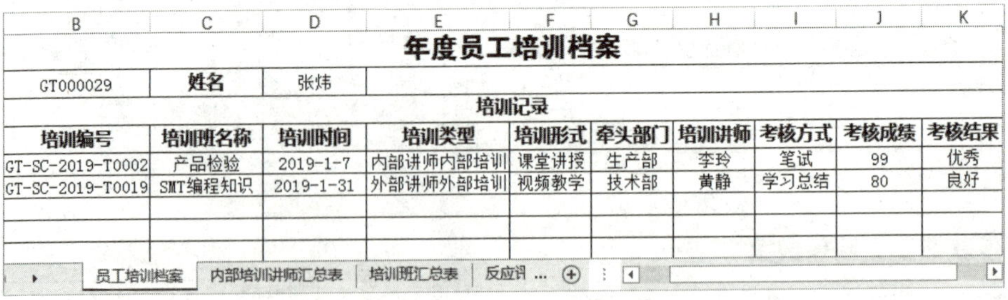

年度员工培训档案									
GT000029	姓名	张炜							
培训记录									
培训编号	培训班名称	培训时间	培训类型	培训形式	牵头部门	培训讲师	考核方式	考核成绩	考核结果
GT-SC-2019-T0002	产品检验	2019-1-7	内部讲师内部培训	课堂讲授	生产部	李玲	笔试	99	优秀
GT-SC-2019-T0019	SMT编程知识	2019-1-31	外部讲师外部培训	视频教学	技术部	黄静	学习总结	80	良好

图5-12

第6章 06

面试、录用与考评数据的处理技巧

本章导读

在前面的章节中介绍了招聘体系的建立，在招聘过程中一定会涉及到面试。企业在面试、录用和培训考评的过程中，会得到很多数据，为了更好更快地对这些数据进行分析和统计，可以使用Excel中的公式和函数快速解决，从而帮助用户高效快捷地应对相关工作。

本章要点

制作随机顺序的面试次序表
根据员工的考核成绩判断员工是否合格
根据考核成绩评定员工考核等级
查询员工第几次的测试成绩最好
……

6.1 人员面试数据处理

企业招聘面试过程繁琐，得到的数据也多种多样。HR需要对这些数据进行统计、分类计算以及分析，从中得到有效信息，以便为企业招聘到真正优秀的人才。

6.1.1 统计面试人员总人数

在招聘过程中，人事部助理会将面试人员的基本信息做好登记，以便在面试结束后进行查看和联系，现需在登记表中统计出今日面试人员的总人数。

对面试人数进行统计十分简单，只需要将所有的人数汇总起来就行了。但是当人数较多的时候，为了避免计算出错可以使用Excel中提供的SUM()函数来快速对大量连续的数据进行求和。

下面具体介绍计算方法。

>> 素材文件：素材\第6章\面试统计表.xlsx

>> 效果文件：效果\第6章\面试统计表.xlsx

1 查看面试人员信息

❶打开“面试统计表”素材文件，❷即可在工作表中查看参加面试的人员的相关信息。

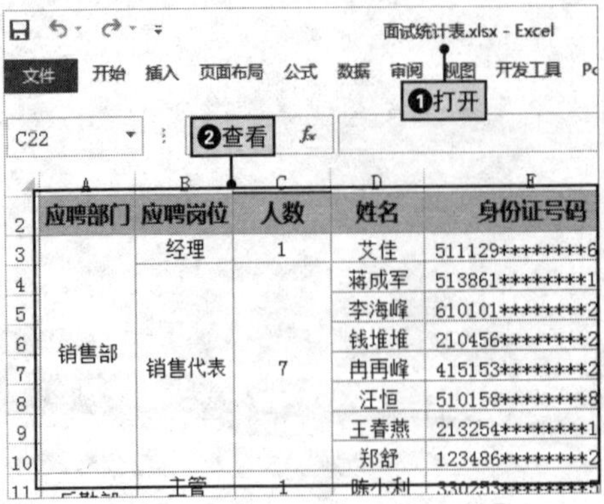

2 计算面试总人数

❶选择C22单元格，❷在编辑栏中输入“=SUM(C3:C20)”公式，按【Ctrl+Enter】组合键即可求和。

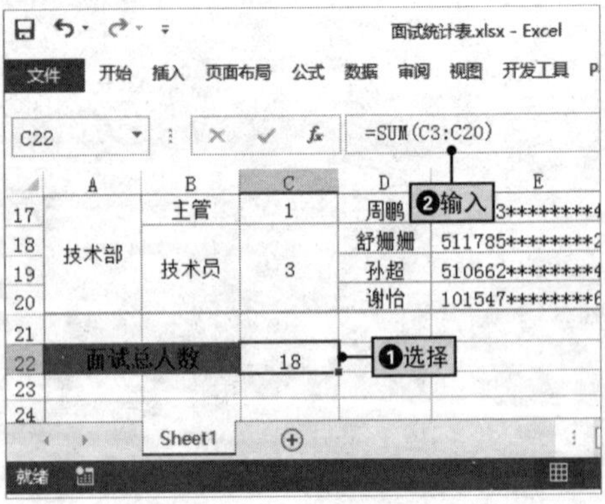

完成面试总人数的统计以后，其计算结果展示如图6-1所示，从该图中可以清晰地查看到参加该次面试的总人数。

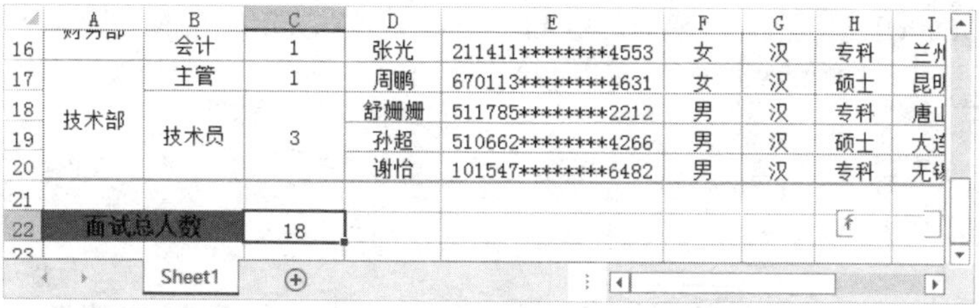

图6-1

6.1.2 制作随机顺序的面试次序表

公司在招聘会上对面试人员进行了初步筛选后，会将通过筛选的人员集中到公司进行面试，此时需要制作一张随机顺序的面试次序表。

在本例中，制作随机顺序的面试次序表，就需要利用RAND()函数产生随机数，然后使用RANK()函数对随机数进行排序，以排序的结果作为INDEX()函数的参数，引用对应的面试人员的信息，达到制作出按照随机数大小顺序排序的面试次序表的目的。下面介绍具体的计算方法。

>> 素材文件：素材\第6章\面试统计表1.xlsx

>> 效果文件：效果\第6章\面试统计表1.xlsx

1 生成随机数

❶打开"面试统计表1"素材文件，选择K3:K18单元格区域，❷在编辑栏输入"=RAND()"公式，按【Ctrl+Enter】组合键即可。

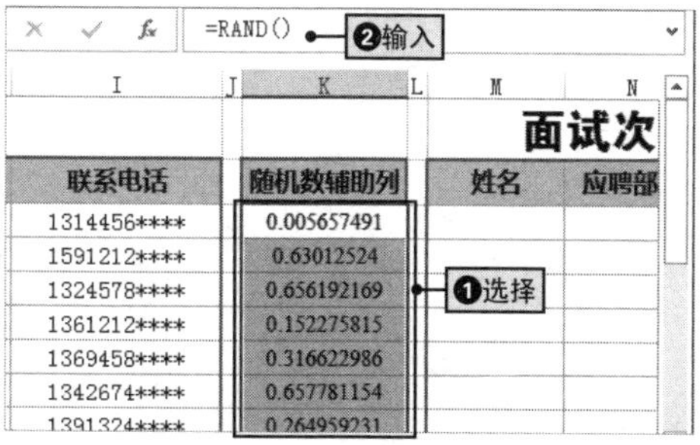

2 随机排序参加面试人员

❶选择M3:M18单元格区域，❷以同样的方法输入公式，按【Ctrl+Shift+Enter】组合键随机排序参加面试人员。

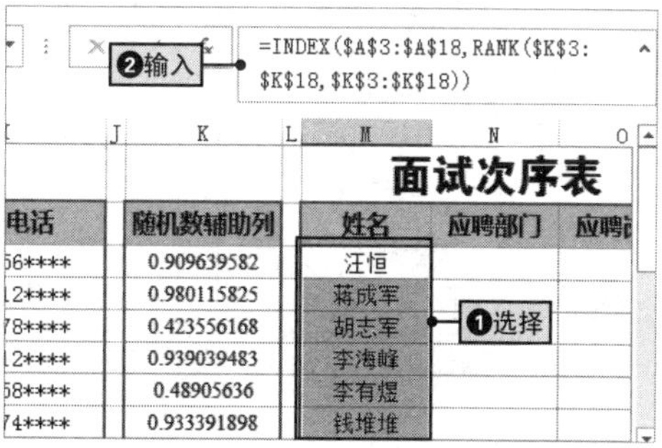

3 查找姓名对应的应聘部门

❶选择N3:N18单元格区域，❷输入公式“=VLOOKUP($M3,$A$3:$I$18,2,FALSE)”，并按【Ctrl+Enter】组合键即可获取对应的应聘部门。

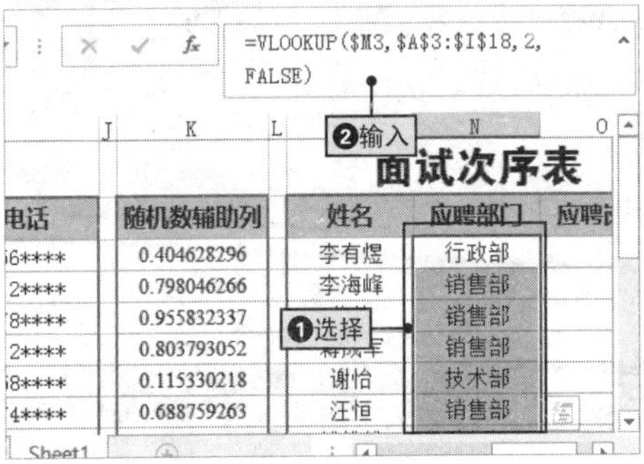

4 查找姓名对应的应聘岗位

❶选择O3:O18单元格区域，❷输入公式“=VLOOKUP($M3,$A$3:$I$18,3,FALSE)”，并按【Ctrl+Enter】组合键即可获取对应的应聘岗位。

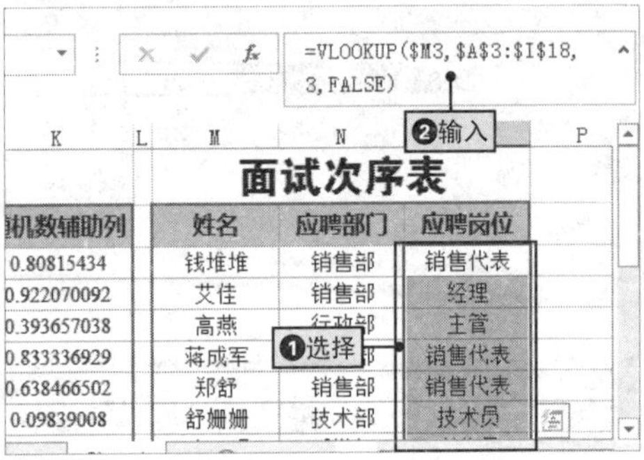

TIP 本案例公式说明

“=INDEX($A$3:$A$18,RANK($K$3:$K$18,$K$3:$K$18))”公式中的“RANK($K$3:$K$18,$K$3:$K$18)”函数返回的是K3:K18单元格区域中每一个数据的排名，这个排名是一组连续的自然数，然后使用INDEX()函数从员工姓名区域A3:A18中根据排名位次引用员工姓名。

“=VLOOKUP($M3,$A$3:$I$18,2,FALSE)”和“=VLOOKUP($M3,$A$3:$I$18,3,FALSE)”公式中的“$M3”参数，表示第一个被引用的姓名地址，“$A$3:$I$18”参数表示查找范围，“2”和“3”参数表示返回对象所在的列数，最后使用VLOOKUP()函数在A3:I18单元格区域的第2列中查找与M3单元格中的姓名相匹配的部门，在第3列查找与M3单元格中的姓名相匹配的岗位。

完成随机顺序的面试次序表的制作后，将K列的辅助列隐藏，其最终效果展示如图6-2所示，从该图中可以查看到随机生成的面试次序表。

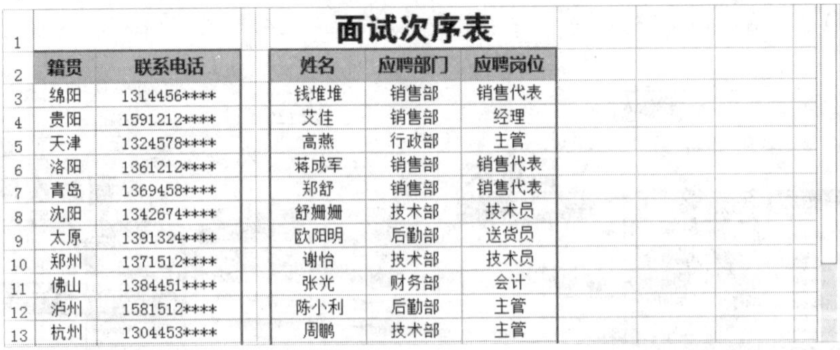

1			面试次序表		
2	籍贯	联系电话	姓名	应聘部门	应聘岗位
3	绵阳	1314456****	钱堆堆	销售部	销售代表
4	贵阳	1591212****	艾佳	销售部	经理
5	天津	1324578****	高燕	行政部	主管
6	洛阳	1361212****	蒋成军	销售部	销售代表
7	青岛	1369458****	郑舒	销售部	销售代表
8	沈阳	1342674****	舒姗姗	技术部	技术员
9	太原	1391324****	欧阳明	后勤部	送货员
10	郑州	1371512****	谢怡	技术部	技术员
11	佛山	1384451****	张光	财务部	会计
12	泸州	1581512****	陈小利	后勤部	主管
13	杭州	1304453****	周鹏	技术部	主管

图6-2

知识链接

1.了解数组公式

在操作步骤中的第二个公式需要按【Ctrl+Shift+Enter】组合键（在公式中的表现为整个公式被添加上了一个大括号）才能够计算出所需的结果，这是因为该公式是一个数组公式。

所谓数组公式，就是指按顺序计算这个数组中每一个元素的公式。在本里具体来说，是对第二个单元格区域取相反数的运算需要对其中每个单元格运算一次，这样的运算使得公式成为数组公式。

Excel中的数组公式的标志就是整个公式由“{”符号开始，由“}”符号结束，但此符号千万不能手动输入，只能通过按【Ctrl+Shift+Enter】组合键由Excel自动生成。如果手动输入此符号，Excel会将公式识别为普通文本，而无法计算结果。

2.其他方法实现数据引用

在本例中，最后两个步骤的公式可以合并在一起，即需要先选择N3:O3单元格区域，再输入数组公式“=VLOOKUP($M3,$A$3:$I$18,{2,3},FALSE)”，最后向下填充公式），可以更为快捷地得到所需的结果，如图6-3所示。

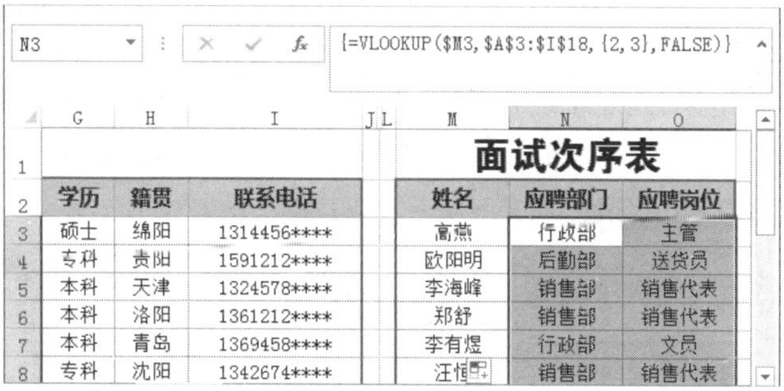

图6-3

6.1.3 将面试结果转化为文字表达方式

公司在招聘人员时，为了快速给出面试人员的面试结果，采用了在对应的结果栏中打钩的方法。面试结束后，为了更好地查看面试结果，需要将面试的结果转换为文字表述形式。

本例中，在B:D单元格区域中，只有面试结果单元格中含有“√”，其余的单元格为空。所以可以使用MATCH()函数对“√”进行查找，然后使用OFFSET()函数在第2行中得到对应的面试结果。

>> 素材文件：素材\第6章\面试结果考评表.xlsx

>> 效果文件：效果\第6章\面试结果考评表.xlsx

1 获取面试结果

❶打开“面试结果考评表”素材文件，❷在E3单元格中输入“=OFFSET($A$2,,MATCH($B$3,B3:D3))”公式获取结果。

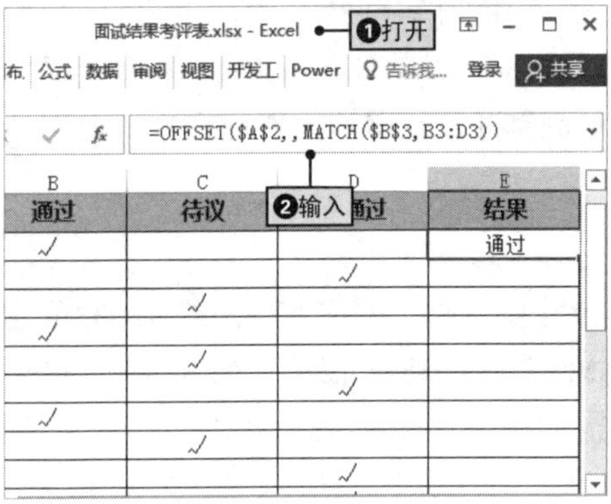

2 数据填充

❶选择E3单元格，并向下填充到E22单元格，❷单击“自动填充选项”按钮，❸选中“不带格式填充”单选按钮。

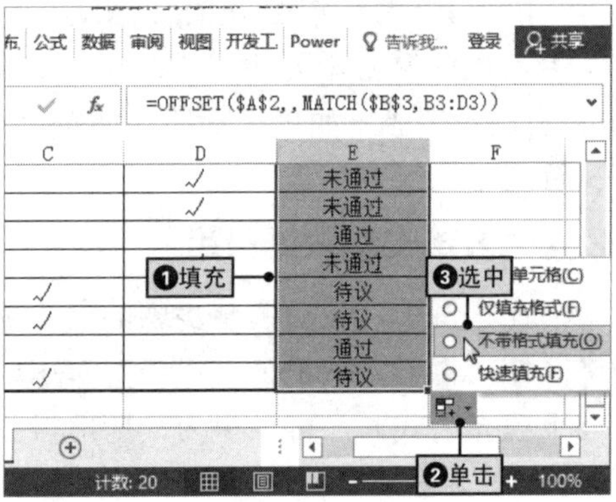

完成将面试结果转换为文字表达以后，其最终效果展示如图6-4所示，从该表中即可快速查看到各个参加面试的人员最终的面试结果，节省时间的同时，也方便招聘人员查看和统计数据。

××公司招聘面试结果

姓名	通过	待议	未通过	结果
艾佳	√			通过
蒋成军			√	未通过
李海峰		√		待议
钱堆堆	√			通过
汪恒		√		待议
王春燕			√	未通过
郑舒	√			通过
陈小利		√		待议
欧阳明			√	未通过
高燕			√	未通过
李有煜	√			通过

图6-4

6.1.4 查询面试最高成绩

某公司在面试结束后，会给面试人员评分，通常是以100分为满分，而面试成绩最好的人员都会被重点了解，现需查找面试成绩的最高分。

在本例中，需要查找最高的面试成绩，可以通过使用MAX()函数来获取最大值。下面进行具体介绍。

>> 素材文件：素材\第6章\面试成绩表.xlsx

>> 效果文件：效果\第6章\面试成绩表.xlsx

1 查看面试成绩

❶打开“面试成绩表”素材文件，❷即可在工作表中查看到参加面试的人员的面试成绩。

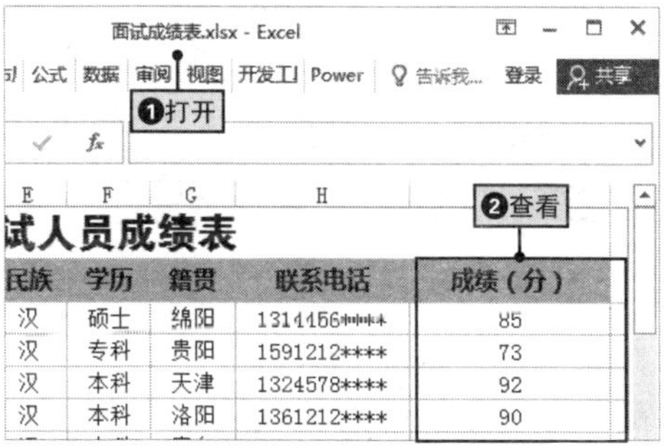

2 获取面试最高成绩

❶选择I20单元格，❷在编辑栏中输入“=MAX(I3:I18)”，按【Ctrl+Enter】组合键即可获取成绩最大值。

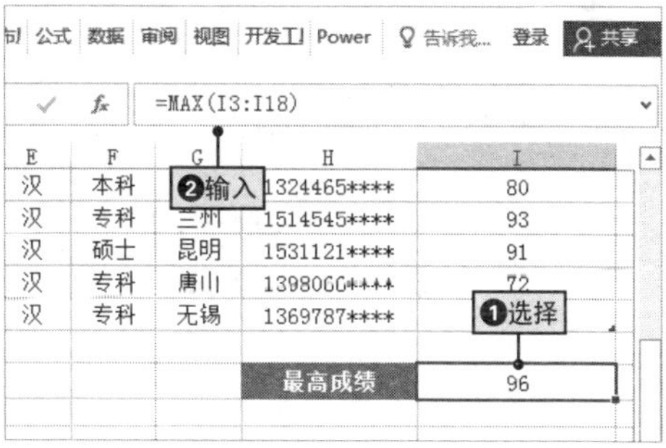

在大量的数据中如果需要获取最大值或最小值，通过对比的方法比较麻烦，使用MAX()函数和MIN()函数即可快速找到，如图6-5所示为使用MAX()函数，快速从表中找出最高的分数。

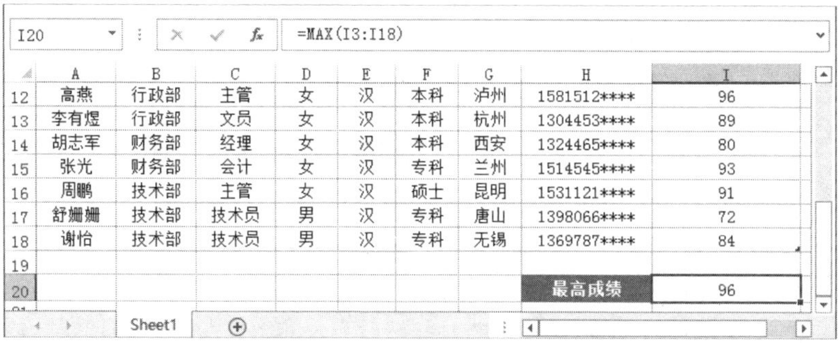

I20 =MAX(I3:I18)

	A	B	C	D	E	F	G	H	I
12	高燕	行政部	主管	女	汉	本科	泸州	1581512****	96
13	李有煜	行政部	文员	女	汉	本科	杭州	1304453****	89
14	胡志军	财务部	经理	女	汉	本科	西安	1324465****	80
15	张光	财务部	会计	女	汉	专科	兰州	1514545****	93
16	周鹏	技术部	主管	女	汉	硕士	昆明	1531121****	91
17	舒姗姗	技术部	技术员	男	汉	专科	唐山	1398066****	72
18	谢怡	技术部	技术员	男	汉	专科	无锡	1369787****	84
19									
20								最高成绩	96

Sheet1

图6-5

6.1.5 统计面试成绩高于90分的人数

某公司人事部在对面试人员的表现进行评分后，需要统计面试成绩高于90分（包含90分）的人数。在本例中，统计面试成绩高于90分的人数是一个带有条件的计数问题，本例中将使用SUMIF()函数，通过添加辅助列的方法来汇总。

>> 素材文件：素材\第6章\面试成绩表1.xlsx

>> 效果文件：效果\第6章\面试成绩表1.xlsx

1 添加辅助列

❶打开“面试成绩表1”素材文件，❷在J列的J3:J18单元格区域中添加辅助列，如下图所示。

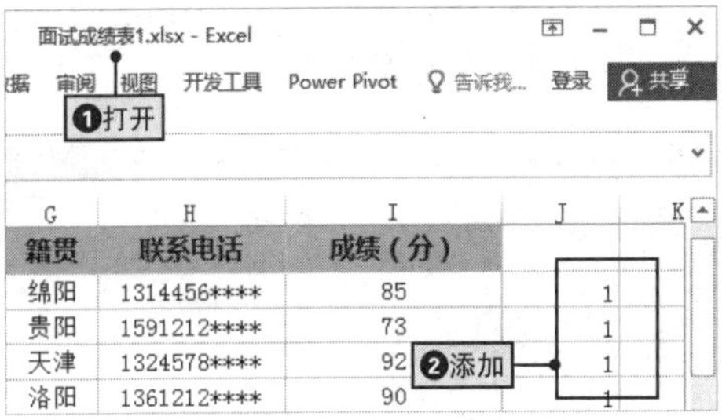

2 统计满足条件的人数

❶选择I20单元格，❷在编辑栏中输入“=SUMIF(I3:I18,">=90",J3:J18)&"人"”，即可获取成绩最大值。

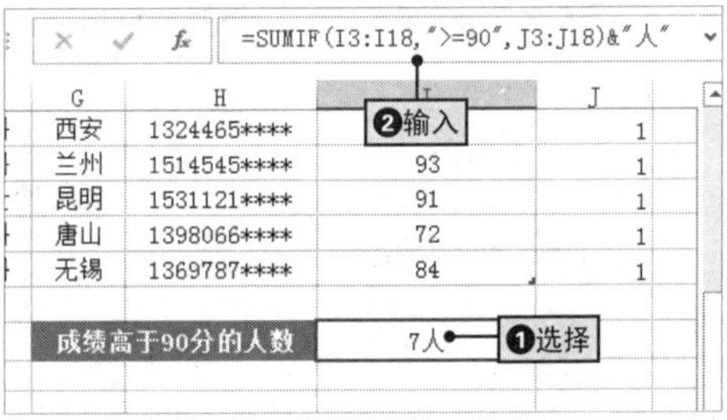

在表格中添加辅助列，通过公式即可解决要满足一定条件的计数问题，本例中其最终效果展示如图6-6所示，从该表中可快速了解到面试成绩高于90分（包含）的人数。

	A	B	C	D	E	F	G	H	I	J
10	陈小利	后勤部	主管	男	汉	专科	郑州	1371512****	79	1
11	欧阳明	后勤部	送货员	男	汉	专科	佛山	1384451****	95	1
12	高燕	行政部	主管	女	汉	本科	泸州	1581512****	96	1
13	李有煜	行政部	文员	女	汉	本科	杭州	1304453****	89	1
14	胡志军	财务部	经理	女	汉	本科	西安	1324465****	80	1
15	张光	财务部	会计	女	汉	专科	兰州	1514545****	93	1
16	周鹏	技术部	主管	女	汉	硕士	昆明	1531121****	91	1
17	舒姗姗	技术部	技术员	男	汉	专科	唐山	1398066****	72	1
18	谢怡	技术部	技术员	男	汉	专科	无锡	1369787****	84	1
19										
20								成绩高于90分的人数	7人	

图6-6

TIP 本案例公式说明

在上述示例的“=SUMIF(I3:I18,">=90",J3:J18)&"人"”公式中，“I3:I18”和“J3:J18”参数分别表示的是面试人员成绩所在的单元格区域和辅助参数所在的单元格区域，使用SUMIF()函数就可在I3:I18和J3:J18单元格区域汇总出面试成绩高于90分的人数。

知识链接

1.SUMIF()函数介绍

SUMIF()函数主要用于在给定的数据集合中，只挑选其中某些符合指定条件的数据进行求和，其语法格式为：SUMIF(range,criteria,[sum_range])。

其中，range为必须参数，用于指定条件判断的单元格区域，criteria为必须参数，用于指定进行求和运算的单元格区域需要满足的条件；sum_range为可选参数，用于指定满足条件时需要进行求和运算的实际单元格区域，如果省略该参数，则系统自动汇总range参数指定的单元格区域中符合条件的单元格区域。

2.使用COUNTIF()函数完成处理计数问题

对于这一类计数问题，虽然使用SUMIF()函数、SUM()函数也可以实现，但是会相对显得麻烦。在实际工作中，一般选用COUNTIF()函数、COUNT()函数等，比如本例中使用COUNTIF()函数的公式为“=COUNTIF(I3:I18,">=90")&"人"”，其结果如图6-7所示。

I20 =COUNTIF(I3:I18,">=90")&"人"

	B	C	D	E	F	G	H	I
10	后勤部	主管	男	汉	专科	郑州	1371512****	79
11	后勤部	送货员	男	汉	专科	佛山	1384451****	95
12	行政部	主管	女	汉	本科	泸州	1581512****	96
13	行政部	文员	女	汉	本科	杭州	1304453****	89
14	财务部	经理	女	汉	本科	西安	1324465****	80
15	财务部	会计	女	汉	专科	兰州	1514545****	93
16	技术部	主管	女	汉	硕士	昆明	1531121****	91
17	技术部	技术员	男	汉	专科	唐山	1398066****	72
18	技术部	技术员	男	汉	专科	无锡	1369787****	84
19								
20						成绩高于90分的人数		7人

图6-7

6.2 人员录用数据处理

经过了对人员的面试，就需要判断参加面试的人员是否被录用，接下来还会涉及到的就是对符合要求人员的录用，除此之外还包含对合格人员信息的统计与分析。

6.2.1 判断面试人员是否被录用

某公司在招聘人员时，有面试和笔试两个考核部分，只有面试和笔试成绩都高于85分，该应聘人员才能被录用，现需依此条件判断应聘人员是否合格。

由于考核成绩包括面试成绩和笔试成绩两部分，且需要两个成绩都高于85分，应聘人员才能被录用，对于这种要多个条件同时成立的判断，可以使用AND()函数将每个需要成立的条件连接起来，实现所有条件成立时最终结果才成立的判断。

>> 素材文件：素材\第6章\面试成绩表2.xlsx

>> 效果文件：效果\第6章\面试成绩表2.xlsx

1 计算是否录用

❶打开“面试成绩表2”素材文件，❷在K3单元格中输入“=IF(AND(I3>85,J3>85),"录用","不录用")”，判断是否录用。

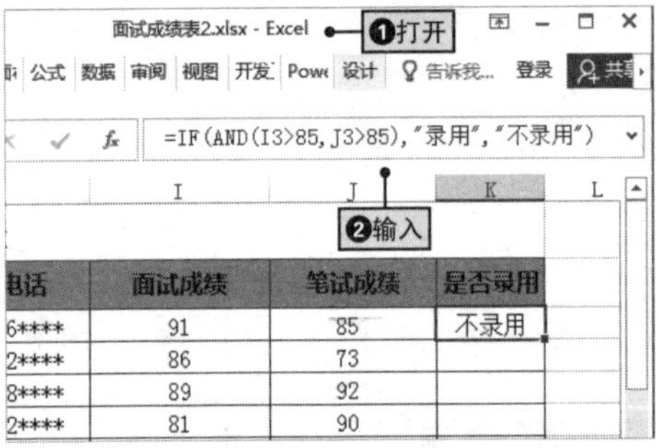

2 填充数据

❶选择K3单元格，并向下填充到K22单元格，❷单击“自动填充选项”按钮，❸选中“不带格式填充”单选按钮。

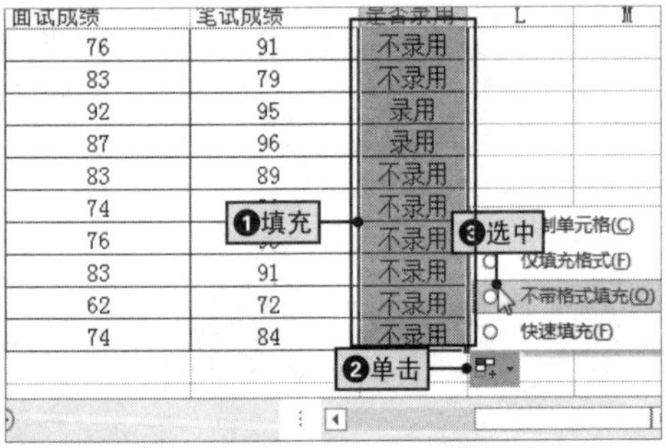

完成面试人员成绩的判定后，其最终效果展示如图6-8所示，从该表中即可快速查看到通过面试和笔试，最终被录用的人员。

	A	B	C	D	E	F	G	H	I	J	K
2	姓名	应聘部门	应聘岗位	性别	民族	学历	籍贯	联系电话	面试成绩	笔试成绩	是否录用
3	艾佳	销售部	经理	男	汉	硕士	绵阳	1314456****	91	85	不录用
4	蒋成军	销售部	销售代表	男	汉	专科	贵阳	1591212****	86	73	不录用
5	李海峰	销售部	销售代表	男	汉	本科	天津	1324578****	89	92	录用
6	钱堆堆	销售部	销售代表	男	汉	本科	洛阳	1361212****	81	90	不录用
7	汪恒	销售部	销售代表	男	汉	本科	青岛	1369458****	79	84	不录用
8	王春燕	销售部	销售代表	男	汉	专科	沈阳	1342674****	80	87	不录用
9	郑舒	销售部	销售代表	女	汉	专科	太原	1391324****	76	91	不录用
10	陈小利	后勤部	主管	男	汉	专科	郑州	1371512****	83	79	不录用
11	欧阳明	后勤部	送货员	男	汉	专科	佛山	1384451****	92	95	录用
12	高燕	行政部	主管	女	汉	本科	泸州	1581512****	87	96	录用
13	李有煜	行政部	文员	女	汉	本科	杭州	1304453****	83	89	不录用

图6-8

6.2.2 统计符合要求分数的人数

某文化公司比较注重员工的电脑操作能力，所以在统计应聘人员成绩的时候要求上机操作成绩需高于90分，而总成绩需高于250分的应聘人员才能被录取，现需统计满足这些条件的应聘人数。

本案例需要统计上机操作成绩高于90分且总成绩高于250分的应聘人数，可以使用COUNTIFS()函数来统计不同单元格同时满足多个条件的数据计数。下面进行具体介绍。

>> 素材文件：素材\第6章\面试成绩表3.xlsx

>> 效果文件：效果\第6章\面试成绩表3.xlsx

1 查看数据

❶打开“面试成绩表3”素材文件，❷即可在工作表中查看应聘人员的各项目成绩以及总成绩。

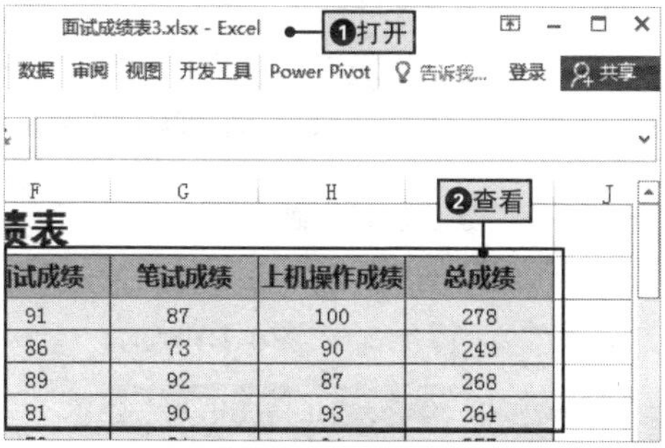

2 统计符合要求的人数

❶选择I20单元格，❷在编辑栏输入“=COUNTIFS(H3:H18,">90",I3:I18,">250")”公式，按【Enter】键即可。

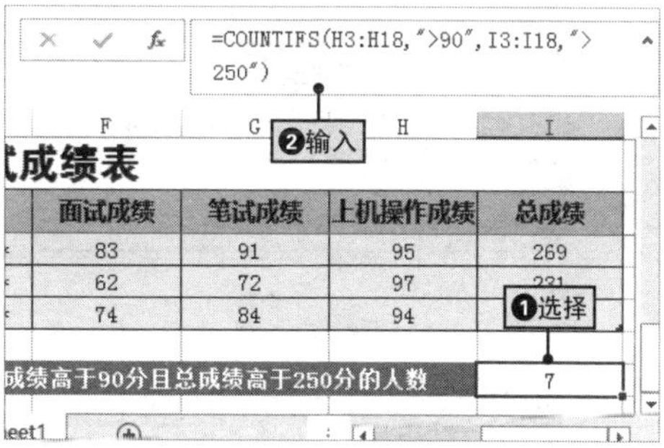

使用统计函数COUNTIFS()即可统计不同单元格同时满足多个条件的个数，其最终效果展示如图6-9所示，从该表中可快速查看满足条件的人数。

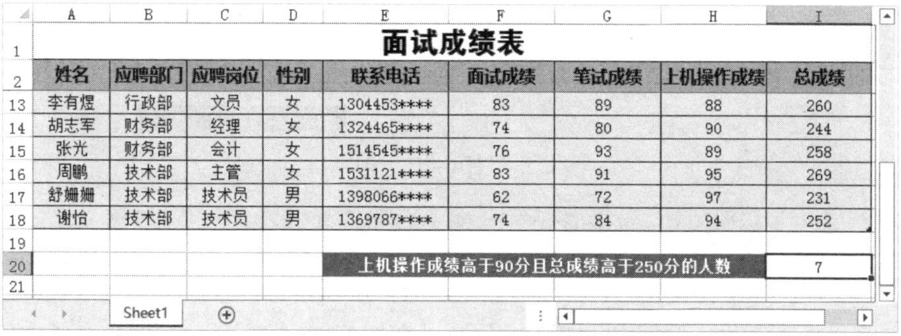

面试成绩表

	姓名	应聘部门	应聘岗位	性别	联系电话	面试成绩	笔试成绩	上机操作成绩	总成绩
13	李有煜	行政部	文员	女	1304453****	83	89	88	260
14	胡志军	财务部	经理	女	1324465****	74	80	90	244
15	张光	财务部	会计	女	1514545****	76	93	89	258
16	周鹏	技术部	主管	女	1531121****	83	91	95	269
17	舒姗姗	技术部	技术员	男	1398066****	62	72	97	231
18	谢怡	技术部	技术员	男	1369787****	74	84	94	252
20					上机操作成绩高于90分且总成绩高于250分的人数				7

图6-9

6.2.3 计算总成绩排前三的平均成绩

某公司人事部要了解本次录用人员的综合素质，通常都是通过计算考核总成绩排前三的平均成绩来了解大致情况的，现需要计算考核总成绩排前三的平均成绩。在本案例中，要计算面试总成绩排前三的平均成绩，主要方法是先用LARGE()函数得到总成绩排前三的成绩，再用AVERAGE()函数求得这3个成绩的平均值。具体操作步骤如下。

>> 素材文件：素材\第6章\面试成绩表4.xlsx

>> 效果文件：效果\第6章\面试成绩表4.xlsx

1 查看数据

❶打开“面试成绩表4”素材文件，❷即可在工作表中查看应聘人员的各项目成绩以及总成绩。

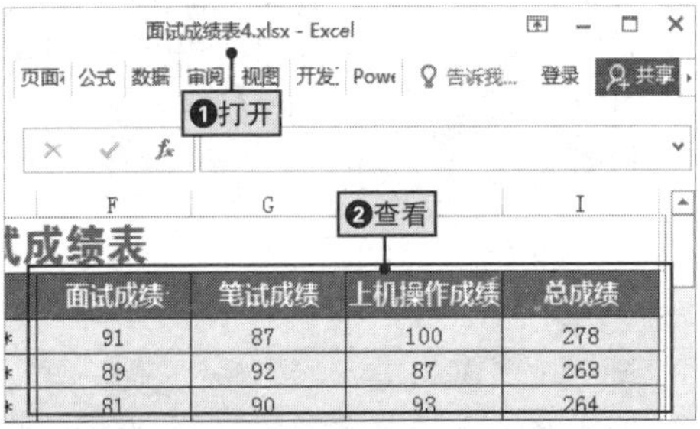

2 计算前三名平均成绩

❶选择I14单元格，❷在编辑栏中输入“=AVERAGE(LARGE(I3:I12,{1,2,3}))”公式，按【Ctrl+Enter】组合键即可。

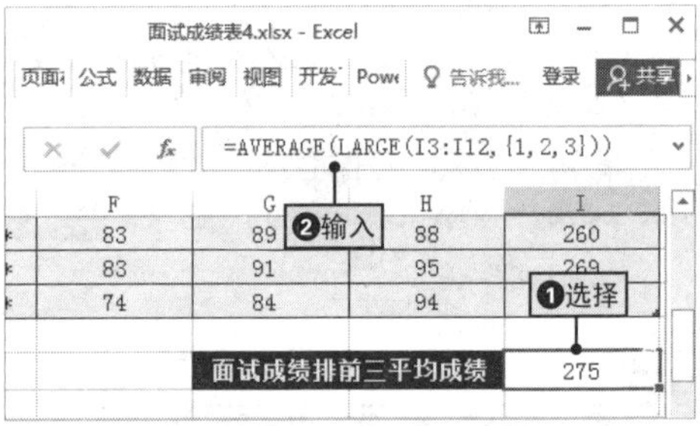

完成总成绩前三名平均成绩的计算后，其最终计算结果如图6-10所示。

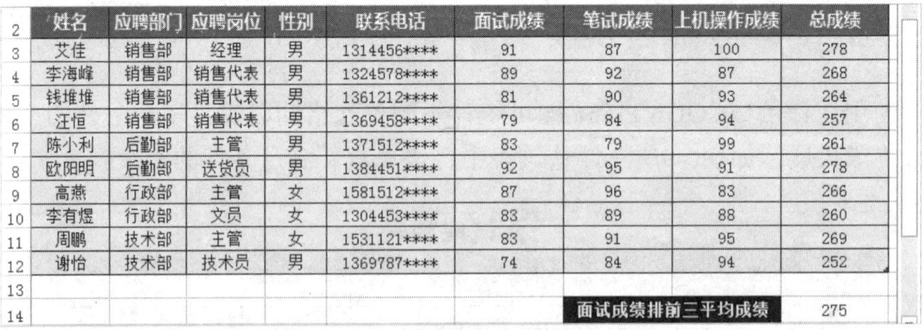

	姓名	应聘部门	应聘岗位	性别	联系电话	面试成绩	笔试成绩	上机操作成绩	总成绩
3	艾佳	销售部	经理	男	1314456****	91	87	100	278
4	李海峰	销售部	销售代表	男	1324578****	89	92	87	268
5	钱堆堆	销售部	销售代表	男	1361212****	81	90	93	264
6	汪恒	销售部	销售代表	男	1369458****	79	84	94	257
7	陈小利	后勤部	主管	男	1371512****	83	79	99	261
8	欧阳明	后勤部	送货员	男	1384451****	92	95	91	278
9	高燕	行政部	主管	女	1581512****	87	96	83	266
10	李有煜	行政部	文员	女	1304453****	83	89	88	260
11	周鹏	技术部	主管	女	1531121****	83	91	95	269
12	谢怡	技术部	技术员	男	1369787****	74	84	94	252
13									
14							面试成绩排前三平均成绩		275

图6-10

TIP 本案例公式说明

在上述示例的“=AVERAGE(LARGE(I3:I12,{1,2,3}))”公式中，“I3:I12”表示总成绩所在的单元格区域，“LARGE(I3:I12,{1,2,3})”函数可求得总成绩排前三的成绩，然后使用AVERAGE()函数可求得这3个成绩的平均成绩。

知识链接

1.LARGE()函数介绍

在Excel中，如果要返回给定数值集合中的第k个最大值，可以使用系统提供的LARGE()函数来完成，其语法结构为：LARGE(array,k)。

其中，array参数用于指定需要进行筛选的数组或数组区域，如果该参数值为非数字数据，则LARGE()函数返回#NUM!错误值。

k参数为正整数，用于返回的值在数组或数据区域中的位置，k值越大，返回的数据在数据集合中的大小顺序就越靠后，如果k小于等于0，或k大于array参数的数据个数，LARGE()函数返回#NUM!错误值。

2.求最后三名的平均成绩

如果需要求面试总成绩最后三名的平均成绩，就需要把LARGE()函数更改为SMALL()函数，公式为“=AVERAGE(SMALL(I3:I12,ROW($1:$3)))”，最终的结果如图6-11所示。

I14　=AVERAGE(SMALL(I3:I12,ROW($1:$3)))

	E	F	G	H	I
6	1369458****	79	84	94	257
7	1371512****	83	79	99	261
8	1384451****	92	95	91	278
9	1581512****	87	96	83	266
10	1304453****	83	89	88	260
11	1531121****	83	91	95	269
12	1369787****	74	84	94	252
13					
14			面试成绩排后三平均成绩		252

图6-11

6.2.4 统计本科以上学历的人数

某公司需要了解新录用的员工的学历水平，现需要统计被录用员工中本科以上学历的人数。

在本案例中，被录用人员的学历有专科、本科和硕士3种，要统计本科以上学历的人数就是统计本科和硕士学历的人数，可以用COUNTIF()函数来统计满足要求的人数，再用SUM()函数进行求和。

>> 素材文件：素材\第6章\录用人员信息表.xlsx

>> 效果文件：效果\第6章\录用人员信息表.xlsx

1 查看数据

❶打开“录用人员信息表”素材文件，❷即可在工作表中查看录用人员的学历明细数据。

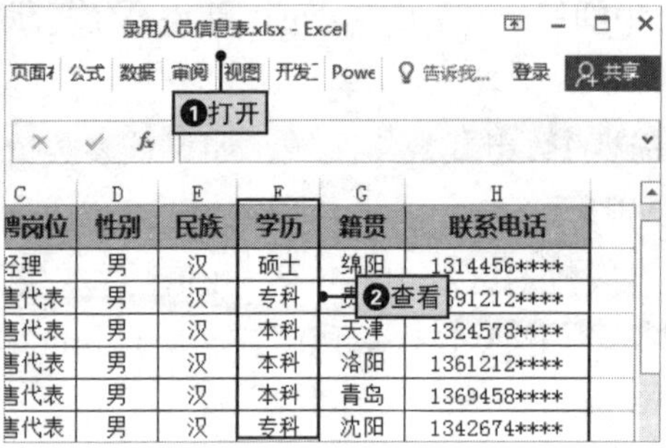

2 计算本科以上学历人数

❶选择H20单元格，❷在编辑栏中输入“=SUM(COUNTIF(F3:F18,{"本科","硕士"}))&"人"”公式，按【Enter】键计算。

完成招聘人员本科以上学历人数的统计后，其最终计算结果如图6-12所示，在该表中可快速查看本科学历以上总人数。

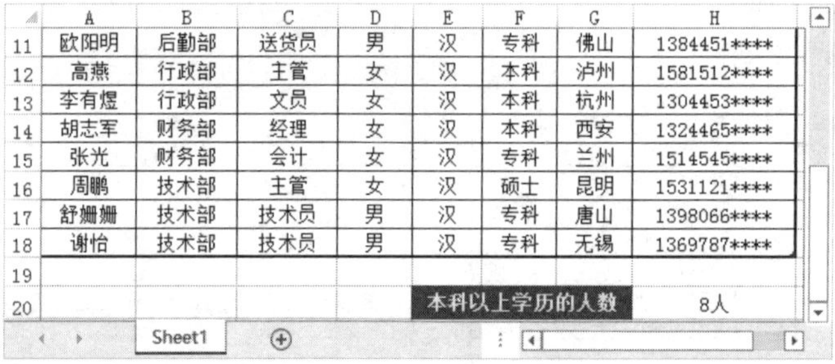

	A	B	C	D	E	F	G	H
11	欧阳明	后勤部	送货员	男	汉	专科	佛山	1384451****
12	高燕	行政部	主管	女	汉	本科	泸州	1581512****
13	李有煜	行政部	文员	女	汉	本科	杭州	1304453****
14	胡志军	财务部	经理	女	汉	本科	西安	1324465****
15	张光	财务部	会计	女	汉	专科	兰州	1514545****
16	周鹏	技术部	主管	女	汉	硕士	昆明	1531121****
17	舒姗姗	技术部	技术员	男	汉	专科	唐山	1398066****
18	谢怡	技术部	技术员	男	汉	专科	无锡	1369787****
19								
20					本科以上学历的人数			8人

图6-12

TIP 本案例公式说明

在上述示例的“=SUM(COUNTIF(F3:F18,{"本科","硕士"}))&"人"”公式中，“F3:F18”表示员工学历所在的单元格区域，“COUNTIF(F3:F18,{"本科","硕士"})”函数可以得到本科学历的人数和硕士学历的人数，然后使用SUM()函数可将这两个数量进行求和，最后再通过“&”运算符为得出的结果添加单位“人”。

6.3 试用员工考评数据处理

试用员工考评数据处理主要是对录取员工培训后的考核情况进行处理与分析，主要设计员工是否缺考、考核成绩是否合格以及考核成绩排名等。本节主要介绍对员工考评数据进行处理与统计的方法。

6.3.1 判断员工是否缺考

员工迟到、请假等因素，都可能导致员工在培训考核时不能够准时参加而缺考。对于这种情况，人事部门一般会根据实际情况给予不同的处理，如让员工补考、重考或者直接记为不合格等。

在本例中是把员工缺考的对应考核项目保留为空白单元格，首先使用ISBLANK()函数判断是否为空白单元格，然后使用OR()函数判断出3个考核项目中有任意一个项目存在缺考情况，最后用IF()函数输出结果。

>> 素材文件：素材\第6章\考核成绩表.xlsx

>> 效果文件：效果\第6章\考核成绩表.xlsx

1 查看培训人员缺考情况

❶打开“考核成绩表”素材文件，❷在工作表中即可查看参加培训的人员最终考核成绩和缺考情况。

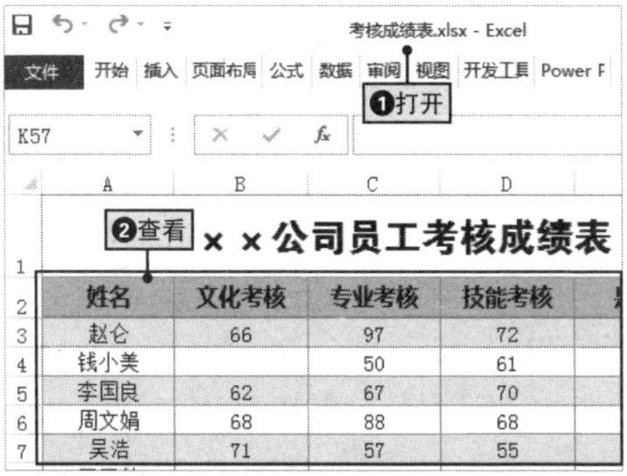

2 判断员工是否缺考

❶选择E3单元格，❷输入“=IF(OR(ISBLANK(B3),ISBLANK(C3),ISBLANK(D3)),"存在缺考项目","无")”公式，按【Ctrl+Enter】组合键即可判断该员工是否缺考。

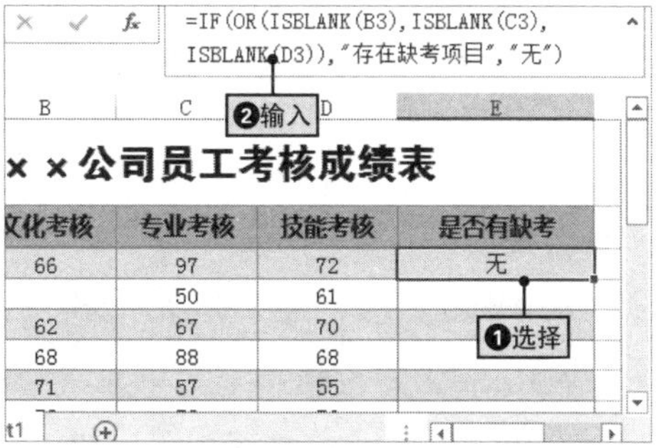

完成计算后，拖动E3单元格右下角的填充柄向下填充至E23单元格，其最终效果如图6-13所示，在该表中可快速查看培训考核的缺考人数。

	A	B	C	D	E
1	××公司员工考核成绩表				
2	姓名	文化考核	专业考核	技能考核	是否有缺考
3	赵仑	66	97	72	无
4	钱小美		50	61	存在缺考项目
5	李国良	62	67	70	无
6	周文娟	68	88	68	无
7	吴浩	71	57	55	无
8	王玉林	73	52	56	无
9	冯强		92	54	存在缺考项目
10	陈紫彤	61	82	64	无
11	诸文勋	70	69	74	无
12	蒋小琴	88	83	64	无

图6-13

TIP 本案例公式说明

在上述示例的"=IF(OR(ISBLANK(B3),ISBLANK(C3),ISBLANK(D3)),"存在缺考项目","无")"公式中，"ISBLANK(B3)"、"ISBLANK(C3)"和"ISBLANK(D3)"分别用于判断B3、C3、D3单元格是否为空。

"OR(ISBLANK(B3),ISBLANK(C3),ISBLANK(D3))"函数可以判断出B3、C3、D3这3个单元格中任意一个空白单元格的存在，即判断是否存在任意一个缺考项目。

最后使用IF()函数将OR()函数判断的结果进行输出，"存在缺考项目"是当有单元格为空时的返回值（即有任意一个项目缺考），"无"是当没有单元格为空时的返回值（即没有缺考项目）。

知识链接

1.ISBLANK()函数介绍

ISBLANK()函数的语法结构为：ISBLANK(value)。该函数只包含一个value参数，该参数用于指定需要检验的单元格引用，当指定的单元格为空白时，ISBLANK()函数返回TRUE值；反之，当指定的单元格不为空白时，ISBLANK()函数返回FALSE值。ISBLANK()函数通常不单独使用，常常作为其他函数的参数嵌套使用。

2.Excel中的空格、空白单元格和空值是不同的

在Excel中，空格、空白单元格和空值虽然表面上看起来都是没有内容，但是三者是不同的。若需要检测的单元格中包含空格，在使用ISBLANK()函数进

行判断时，函数仍然返回FALSE值。

在Excel中，默认情况下，单元格中未显示任何内容，或者将单元格的内容手动清空后，此时的单元格即为空白单元格。而空值是使用一对半角双引号（""）来表示。

3.通过数据类型判断员工是否缺考

由于本例中考核成绩是用数字来表示的，所以通过判断考核成绩数据类型也可以知道员工是否缺考。这里可以通过IF()函数、AND()函数和ISNUMBER()函数的混合使用来完成，其公式为“=IF(AND(ISNUMBER(B3:D3)),"无","存在缺考科目")”，在输入公式后需要按【Ctrl+Shift+Enter】组合键来确认输入，结果如图6-14所示。

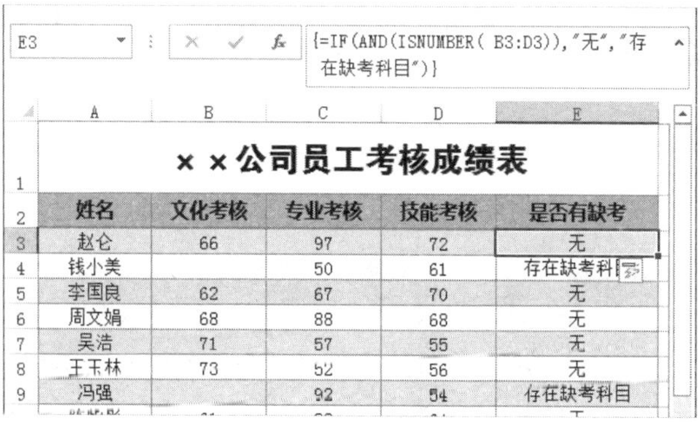
E3　{=IF(AND(ISNUMBER(B3:D3)),"无","存在缺考科目")}

	A	B	C	D	E
1	××公司员工考核成绩表				
2	姓名	文化考核	专业考核	技能考核	是否有缺考
3	赵仑	66	97	72	无
4	钱小美		50	61	存在缺考科目
5	李国良	62	67	70	无
6	周文娟	68	88	68	无
7	吴浩	71	57	55	无
8	王玉林	73	52	56	无
9	冯强		92	54	存在缺考科目

图6-14

6.3.2 根据员工的考核成绩判断员工是否合格

在对新员工进行了一段时间的培训后，会对其进行考核，在本例中假设只有新员工的正常工作能力、新项目工作能力和适应能力都不小于60分时，新员工的考核成绩才判断为合格，否则判断为不合格。

对于需要同时满足多个条件的判断，一般使用AND()函数来完成，然后再使用IF()函数将其结果转换为需要的输出结果。

>> 素材文件：素材\第6章\考核成绩表1.xlsx

>> 效果文件：效果\第6章\考核成绩表1.xlsx

1 计算工作能力是否合格

❶打开“考核成绩表1”素材文件，❷选择H3单元格，❸在编辑栏中输入公式“=IF(AND(E3>=60,F3>=60,G3>=60),"合格","不合格")”，按【Ctrl+Enter】组合键即可判断考核是否合格。

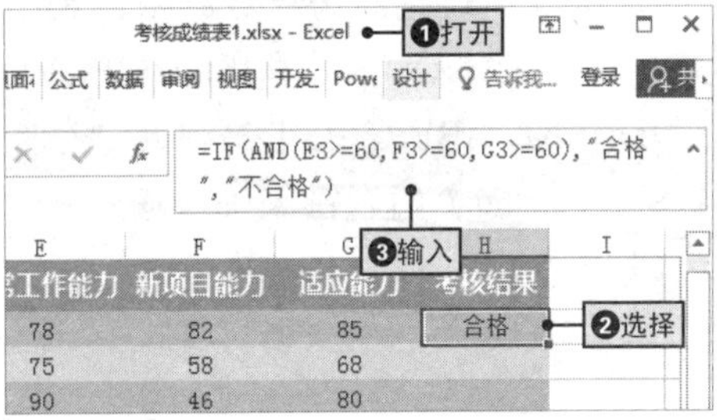

2 填充数据

❶选择H3单元格，并向下填充到H18单元格，❷单击“自动填充选项”按钮，❸选中“不带格式填充”单选按钮。

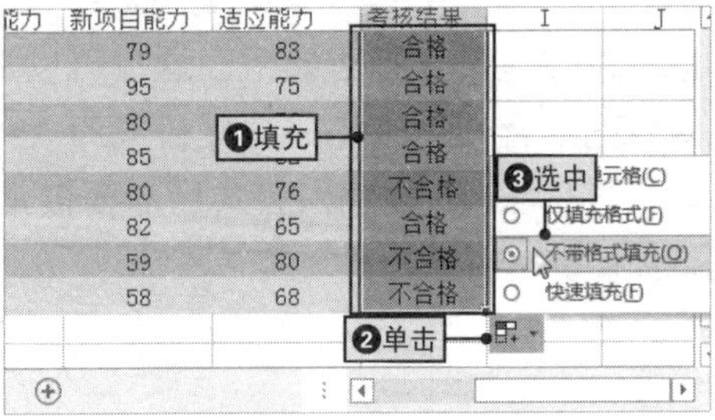

完成培训人员工作能力考核结果的判断后，其最终效果如图6-15所示，在该表中可查看所有参加培训的人员的工作能力是否合格。

	姓名	编号	证件号	职位	正常工作能力	新项目能力	适应能力	考核结果
3	王勇	gh001	HUIGH001	副经理	78	82	85	合格
4	刘晓梅	gh002	HUIGH002	员工	75	58	68	不合格
5	孙庆	gh003	HUIGH003	员工	90	46	80	不合格
6	郑峰	gh004	HUIGH004	员工	87	57	80	不合格
7	李伟	gh005	HUIGH005	总经理	80	90	78	合格
8	李娟	gh006	HUIGH006	员工	76	87	83	合格
9	汤盈盈	gh007	HUIGH007	部门主管	85	81	78	合格
10	周伟强	gh008	HUIGH008	员工	68	54	70	不合格
11	祝明明	gh009	HUIGH009	员工	78	79	83	合格
12	郭桃	gh010	HUIGH010	员工	86	95	75	合格
13	陈刚	gh011	HUIGH011	员工	68	80	76	合格

图6-15

TIP 本案例公式说明

在上述示例的“=IF(AND(E3>=60,F3>=60,G3>=60),"合格","不合格")”公式中，“AND(E3>=60,F3>=60,G3>=60)”用于判断员工的各项能力评分是否都大于60分，然后使用IF()函数将3项结果都大于60分的返回为“合格”，否则返回为“不合格”。

6.3.3 根据考核成绩判断员工是否补考

对新员工进行考核的目的是为了鼓励员工提升业务能力，因此，对于考核没有合格的新员工，应该给予补考的机会。在本例中，假设新员工有任意一门业务考核没有合格，则需要补考。

对于只需要满足多个条件中的任意一个条件就成立的判断，一般使用IF()函数与OR()函数的嵌套形式来实现。下面进行具体介绍。

>> 素材文件：素材\第6章\考核成绩表2.xlsx

>> 效果文件：效果\第6章\考核成绩表2.xlsx

1 查看培训人员考核情况

❶打开“考核成绩表2”素材文件，❷即可在工作表中查看参加培训的人员各科考核成绩。

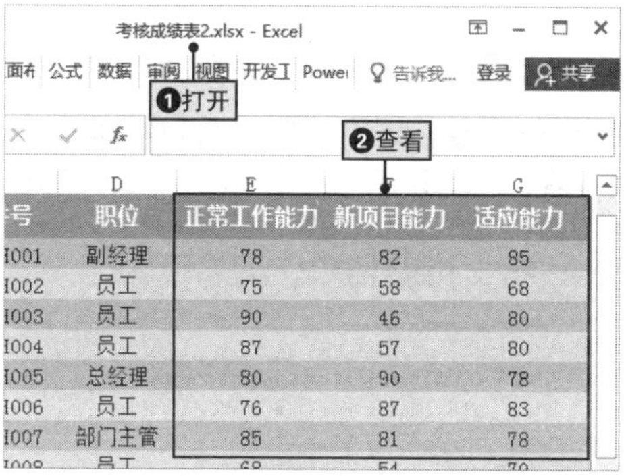

2 判断员工是否需要补考

❶选择H3:H18单元格，❷输入“=IF(OR(E3<60,F3<60,G3<60),"是","否")”公式，按【Ctrl+Enter】组合键即可判断该员工是否需要进行补考。

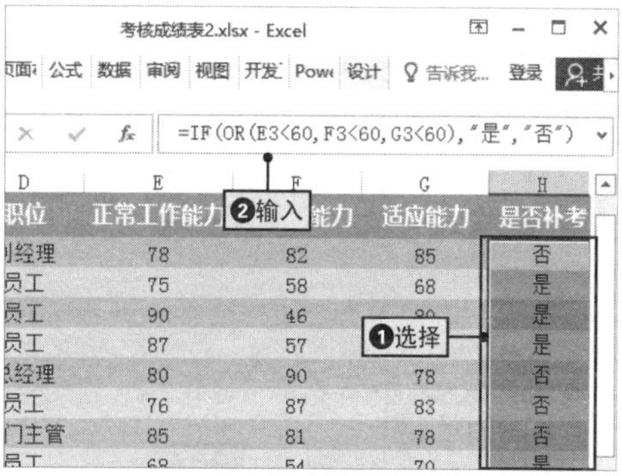

通过比较培训人员是否有项目得分少于60分判断其是否需要补考，其最终效果如图6-16所示，在该表中可查看所有参加培训的员工中需要进行补考的人员有哪些。

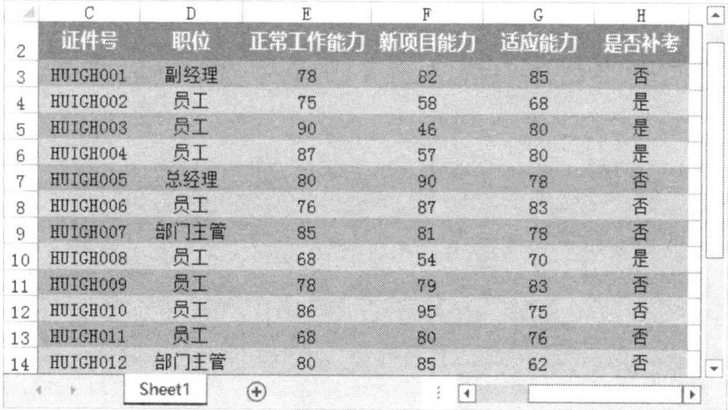

证件号	职位	正常工作能力	新项目能力	适应能力	是否补考
HUIGH001	副经理	78	82	85	否
HUIGH002	员工	75	58	68	是
HUIGH003	员工	90	46	80	是
HUIGH004	员工	87	57	80	是
HUIGH005	总经理	80	90	78	否
HUIGH006	员工	76	87	83	否
HUIGH007	部门主管	85	81	78	否
HUIGH008	员工	68	54	70	是
HUIGH009	员工	78	79	83	否
HUIGH010	员工	86	95	75	否
HUIGH011	员工	68	80	76	否
HUIGH012	部门主管	80	85	62	否

图6-16

6.3.4 计算80分以上的平均考核成绩

某公司在对新员工进行考核之后，会对其考核成绩进行分析，其中计算新员工总成绩和平均成绩是必不可少的。现需计算所有考核项目成绩都高于80分的平均成绩。

首先使用ISNUMBER()函数获取数据，将其与高于80分的成绩表达式相乘得到所有要统计的成绩，不需要被统计的部分被转换成0，然后使用IF()函数将0剔除，得到要统计的所有成绩，最后使用AVERAGE()函数对其求平均值。

>> 素材文件：素材\第6章\考核成绩表3.xlsx

>> 效果文件：效果\第6章\考核成绩表3.xlsx

1 查看培训人员考核情况

❶打开“考核成绩表3”素材文件，❷即可在工作表中查看参加培训的人员各科考核成绩。

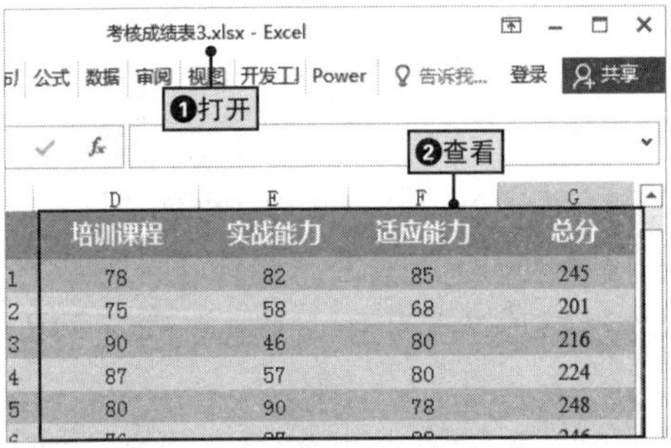

2 计算80分以上平均考核成绩

❶选择G20单元格，❷在编辑栏中输入“=AVERAGE(IF(ISNUMBER(D3:F18)*(D3:F18>80),D3:F18))”公式，按【Ctrl+Shift+Enter】组合键即可进行计算。

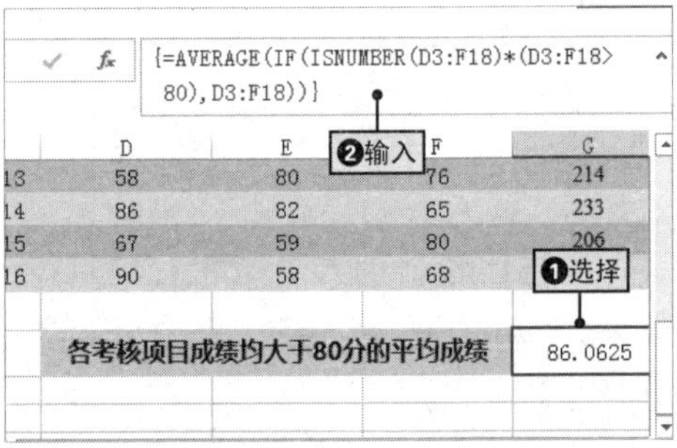

通过公式计算各考核项目成绩均大于80分的平均成绩，其计算结果如图6-17所示。

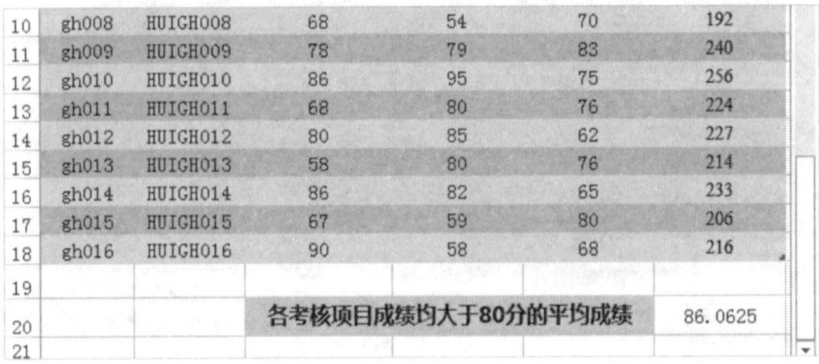

10	gh008	HUIGH008	68	54	70	192
11	gh009	HUIGH009	78	79	83	240
12	gh010	HUIGH010	86	95	75	256
13	gh011	HUIGH011	68	80	76	224
14	gh012	HUIGH012	80	85	62	227
15	gh013	HUIGH013	58	80	76	214
16	gh014	HUIGH014	86	82	65	233
17	gh015	HUIGH015	67	59	80	206
18	gh016	HUIGH016	90	58	68	216
19						
20			各考核项目成绩均大于80分的平均成绩			86.0625
21						

图6-17

TIP 本案例公式说明

在上述示例的“=AVERAGE(IF(ISNUMBER(D3:F18)*(D3:F18>80),D3:F18))”公式中，“ISNUMBER(D3:F18)”可以挑出表格中所有成绩，并将缺考项目转换为0，“IF(ISNUMBER(D3:F18)*(D3:F18>80),D3:F18)”表示选出同时满足不为0且大于80这两个条件的值，再使用AVERAGE()函数即可求得其平均成绩。

6.3.5 根据考核成绩评定员工考核等级

某公司的考核分为业务考核和专业考核，其规则为：总分小于120分的评为D级；大于等于120分小于140分的评为C级；大于等于140分小于160分的评为B级；大于等于160分小于180分的评为A级；180分及以上的评为AA级。

本例需要根据员工的考核总分来评定考核等级，可以使用考核成绩的分段分数和考核等级组成一个常量数组，然后根据考核成绩总分在常量数组中查找相应的等级。

>> 素材文件：素材\第6章\考核成绩表4.xlsx

>> 效果文件：效果\第6章\考核成绩表4.xlsx

1 查看培训人员考核情况

❶打开“考核成绩表4”素材文件，❷即可在工作表中查看参加培训的人员业务考核和专业考核的成绩。

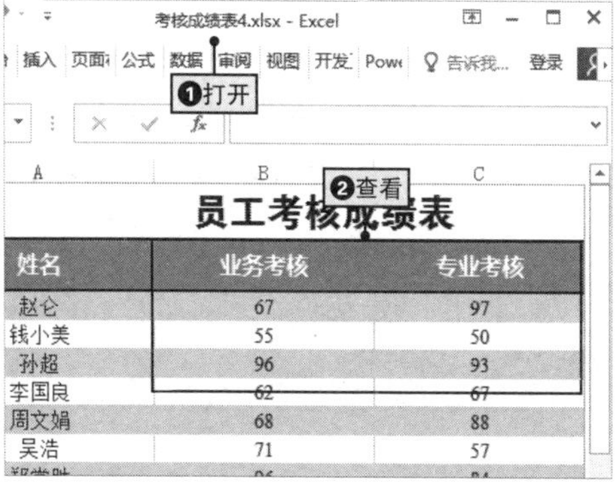

2 计算员工考核等级

❶选择D3:D14单元格区域，❷在编辑栏中输入“=VLOOKUP(B3+C3,{0,"D级";120,"C级";140,"B级";160,"A级";180,"AA级"},2, TRUE)”公式，按【Ctrl+Enter】组合键即可。

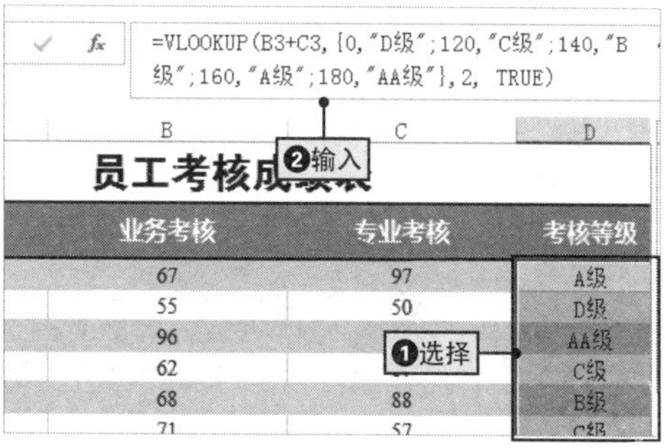

将培训人员的考核成绩转换为评级后，其最终效果如图6-18所示，在该表中可查看所有参加培训的人员最终的考核等级。

	A	B	C	D
2	姓名	业务考核	专业考核	考核等级
3	赵仑	67	97	A级
4	钱小美	55	50	D级
5	孙超	96	93	AA级
6	李国良	62	67	C级
7	周文娟	68	88	B级
8	吴浩	71	57	C级
9	郑常胜	96	84	AA级
10	王玉林	73	52	C级
11	冯强	96	92	AA级
12	陈紫彤	61	82	B级
13	诸文勋	70	69	C级
14	卫奇	55	89	B级

图6-18

TIP 本案例公式说明

在上述示例的“=VLOOKUP(B3+C3,{0,"D级";120,"C级";140,"B级";160,"A级";180,"AA级"},2,TRUE)”公式中，“B3+C3”表示考核总成绩，然后使用VLOOKUP()函数查找满足条件的值，并返回对应的考核等级。

6.3.6 根据员工考核成绩进行排名

某公司对试用员工的3项技能进行了考核，现在需要对考核的成绩进行排名。由于各种技能的重要性不同，故不能根据考核成绩的总分进行排名。

该公司给出的排名方法为多条件排名，即先根据技能A的成绩进行排名，如果技能A的成绩相同，则根据技能B的成绩进行排名，依此类推。

本例可以先根据考核成绩的重要性将所有的考核成绩整合为一个数据，然后使用LARGE()函数将这些数据按照从大到小的顺序排列，最后使用MATCH()函数查找员工整合后的成绩在排序后数据中的位置，该位置就是该员工的考核成绩名次。

>> 素材文件：素材\第6章\考核成绩表5.xlsx

>> 效果文件：效果\第6章\考核成绩表5.xlsx

1 计算排名情况

❶打开“考核成绩表5”素材文件，❷选择E3单元格，❸在编辑栏输入“="第"&MATCH(B3+C3%+D3%%,LARGE($B$3:$B$14+$C$3:$C$14%+$D$3:$D$14%%,ROW($1:$12)),0)&"名"”。

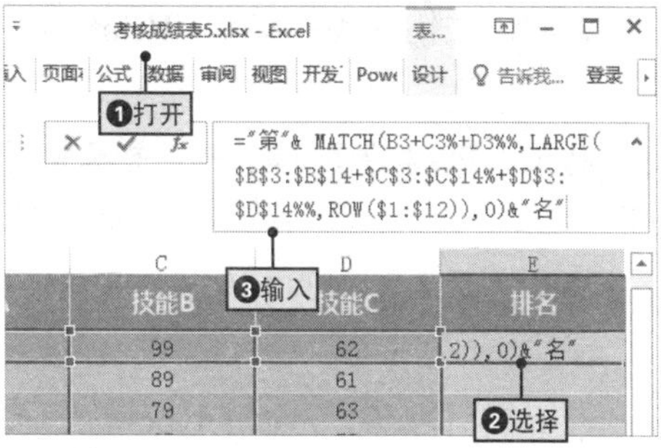

2 填充公式运算

❶按【Ctrl+Shift+Enter】组合键即可计算排名，并向下填充到H18单元格，❷单击“自动填充选项”按钮，❸选中“不带格式填充”单选按钮。

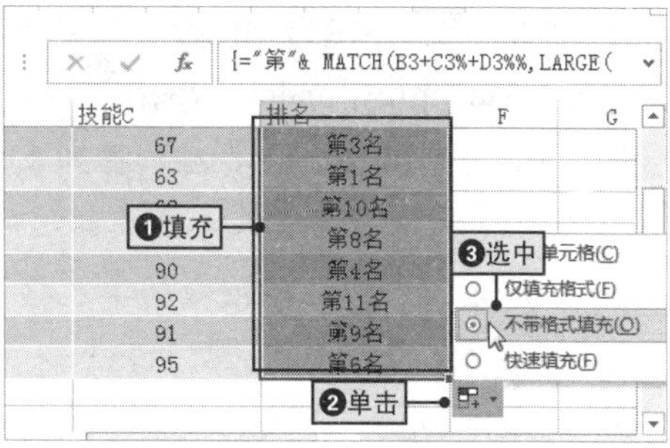

将培训人员的各科成绩按照重要程度进行整合排名后，其最终效果如图6-19所示，在该表中可查看所有参加培训的人员最终的排名。

姓名	技能A	技能B	技能C	排名
张琴	90	99	62	第5名
孙倩	89	89	61	第7名
何超	66	79	63	第12名
李国良	94	67	72	第2名
周文娟	94	62	67	第3名
吴浩	96	73	63	第1名
郑常胜	74	69	68	第10名
王玉林	83	94	63	第8名
冯强	92	84	90	第4名
陈紫彤	69	68	92	第11名
诸文勋	75	70	91	第9名

图6-19

TIP 本案例公式说明

在上述示例的“="第"&MATCH(B3+C3%+D3%%,LARGE($B$3:$B$14+$C$3:$C$14%+$D$3:$D$14%%,ROW($1:$12)),0)&"名"”公式中，“B3+C3%+D3%%”参数表示将B3、C3、D3单元格中的数据以“90.9962”的方式组合成一个数据。“LARGE($B$3:$B$14+$C$3:$C$14%+$D$3:$D$14%%”是将B3:D14单元格区域中的数据以“90.9962”的数据方式按从大到小顺序排列。

由于参加考试的试用员工只有12位，所以使用“ROW($1:$12)”函数使数据在1～12名中进行排名，最后使用MATCH()函数将求得的数据进行排名。为了使得到的结果更具体化，在本公式的首尾分别添加了“第”和“名”两个字符，从而使上述公式得到的结果为“第×名”。

知识链接

MATCH()函数介绍

如果要查找某个值出现在单元格区域的哪个位置，并返回代表该位置的序号，则可以使用MATCH()函数来实现，该函数的语法格式为：MATCH(lookup_value,lookup_array,[match_type])。其中

- lookup_value：需要在数据列表中查找的值，可以为值（数字、文本或逻辑值）或对数字、文本或逻辑值的引用。
- lookup_array：要搜索的单元格区域，通常为单元格引用可定义的名称，也可以是符合条件的数组。
- match_type：函数的搜索方式，有1、0或-1这3种取值，match_type取值1或省略，表示查找小于或等于lookup_value的最大值，此时lookup_array参数中的值必须按升序排列。match_type取值0，表示精确查找等于lookup_value的第一个值，此时lookup_array参数中的值可以按任意顺序排列。

match_type取值-1，表示查找大于或等于lookup_value的最小值，此时lookup_array参数中的值必须按升序排列。

6.4 考核成绩查询与统计

完成对培训员工的考评，以及对考评成绩的处理和分析后，就需要了解如何对考核成绩进行查询和统计。本节主要介绍如何查询员工第几次测试成绩最好和统计所有考核都合格的员工数。

6.4.1 查询员工第几次的测试成绩最好

某公司从员工进入公司起，每月1日和15日都会对试用员工进行技能测试。现在成绩表中已经记录了员工试用期间的所有测试成绩，现在需要查询试用员工第几次的测试成绩最好，如果最好成绩出现多次，则取最初出现的那次。

本例中需要求解的是最大值第一次出现的位置，可以先使用MAX()函数得到员工的最好成绩，再将员工的成绩与最好成绩相比，得到一个逻辑值数组，然后使用IF()函数将逻辑真值转换为对应的次数，最后使用MIN()函数提取其中的最小值。

其中将逻辑真值转换为对应的次数，可以使用ROW()函数来辅助。

>> 素材文件：素材\第6章\考核成绩表6.xlsx

>> 效果文件：效果\第6章\考核成绩表6.xlsx

1 计算第几次测试成绩最好

❶打开“考核成绩表6”素材文件，❷选择B10单元格，❸输入“=MIN(IF(B$3:B$9=MAX(B$3:B$9),ROW(B$1:B$7)))”，并按【Ctrl+Shift+Enter】组合键进行计算。

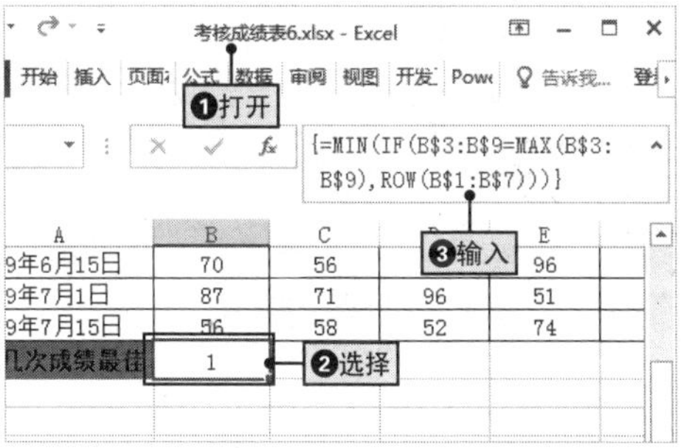

2 填充公式运算

❶拖动B10单元格右下角的填充柄向右填充到J10单元格，❷单击“自动填充选项”按钮，❸选中“不带格式填充”单选按钮。

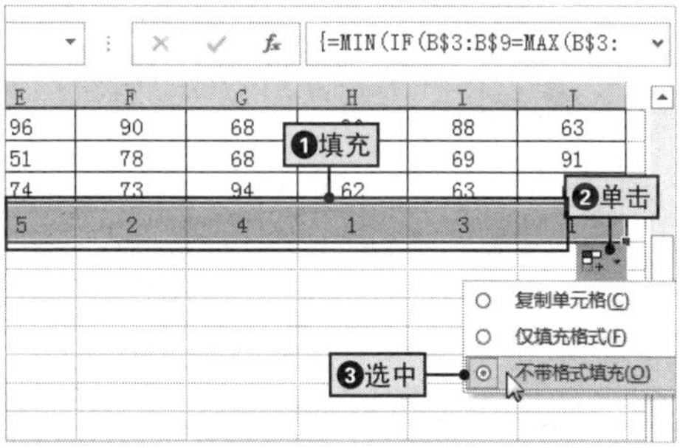

通过公式查询所有员工第几次测试成绩最好，其最终效果如图6-20所示，在该表中可查看所有参加测试的员工哪一次的测试成绩最好。

员工技能测试成绩表（满分：100）									
测试时间	艾佳	陈小利	高燕	胡志军	蒋成军	李海峰	李有煜	欧阳明	冉再峰
2019年3月15日	94	62	95	91	75	95	99	85	99
2019年4月1日	68	88	68	90	99	59	58	59	81
2019年5月15日	77	62	63	61	58	90	54	98	79
2019年6月1日	93	99	91	62	88	98	81	69	88
2019年6月15日	70	56	71	96	90	68	90	88	63
2019年7月1日	87	71	96	51	78	68	93	69	91
2019年7月15日	56	58	52	74	73	94	62	63	61
第几次成绩最佳	1	4	6	5	2	4	1	3	1

成绩表

图6-20

6.4.2 统计所有考核均合格的员工数

某公司工作能力考核表中记录了所有员工的考核成绩，现在需要根据表中的考核成绩统计所有考核均合格的员工数。

本例的考核成绩区域符合使用数据库函数的条件，可使用DCOUNTA()函数来统计所有考核均合格的员工数。

>> 素材文件：素材\第6章\考核成绩表7.xlsx

>> 效果文件：效果\第6章\考核成绩表7.xlsx

1 输入需要满足的条件

❶打开“考核成绩表7”素材文件，❷在D20:G21单元格区域输入统计需要满足的条件。

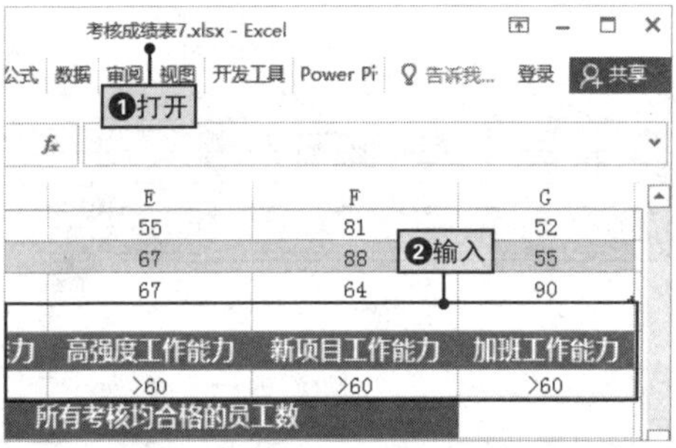

2 统计满足条件的人数

❶选择G22单元格，❷在编辑栏中输入“=DCOUNTA(A2:G18,1,D20:G21)&"人"”，按【Ctrl+Enter】组合键即可计算。

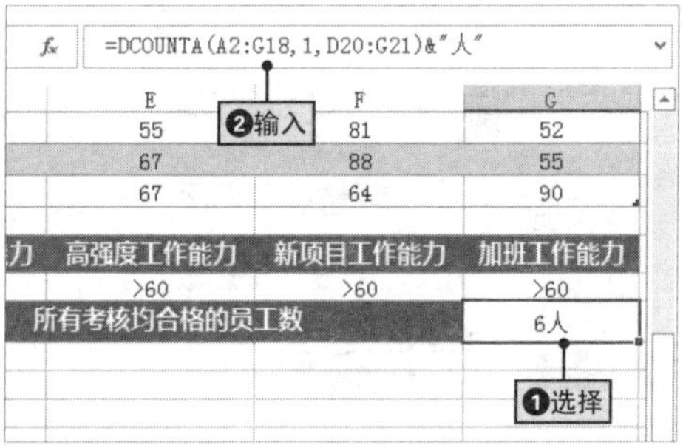

完成所有考核项目都合格人员的人数计算后，其最终效果如图6-21所示，在该表中可查看所有考核项目都合格的总人数。

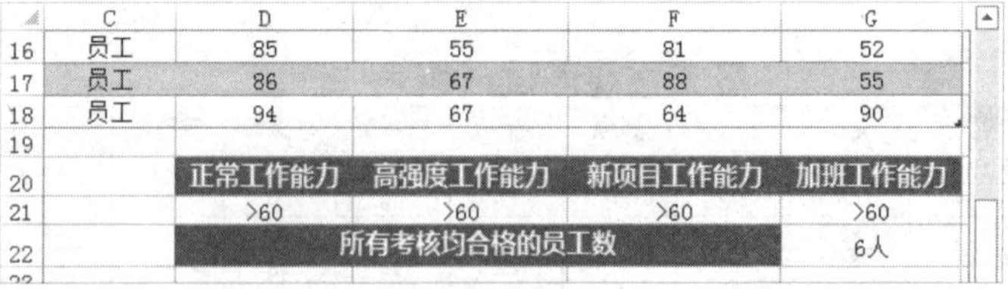

	C	D	E	F	G
16	员工	85	55	81	52
17	员工	86	67	88	55
18	员工	94	67	64	90
19					
20		正常工作能力	高强度工作能力	新项目工作能力	加班工作能力
21		>60	>60	>60	>60
22		所有考核均合格的员工数			6人

图6-21

TIP 本案例公式说明

在上述示例的“=DCOUNTA(A2:G18,1,D20:G21)&"人"”公式中，“A2:G18”参数表示构成数据库的单元格区域，“D20:G21”参数表示条件所在的单元格，使用DCOUNTA()函数能返回数据库中满足指定条件的记录字段（列）中的非空单元格个数，即求得满足D20:G21单元格区域中条件的人数。

第7章 07

考勤数据管理体系建立，让数据模板化

本章导读

考勤、出差等数据项目较多，数据分析角度也就相对较多。如何将考勤和出差数据统计出来，并从中总结出有效的信息，是相关主管需要考虑的工作之一。本章主要讲解如何使用Excel建立各种数据管理模板，更加规范员工的考勤和出差数据。

本章要点

每日考勤记录表模板设计
统计员工缺勤总次数
查询指定员工缺勤次数
计算完成任务需要的出差人数
……

7.1 考勤管理相关模板

考勤管理模板设计主要是方便公司管理人员高效记录并分析考勤信息，提高工作效率。本节主要介绍考勤记录表模板、年假使用情况记录模板以及考勤周报表模板的制作方法。

7.1.1 每日考勤记录表模板设计

在公司的日常运营过程中，每天都会涉及到对员工进行考勤，然后记录员工的考勤数据。考勤记录表主要用来记录员工的考勤数据，通过该表格管理人员可以了解到公司员工的基本状况，方便对公司进行管理。

每日考勤记录表在制作时涉及到的项目有员工编号、员工姓名、日期、请假类别、请假时长和月份等。下面介绍具体的制作方法。

>> 素材文件：素材\第7章\无

>> 效果文件：效果\第7章\每日考勤记录表.xlsx

1 新建工作簿并重命名工作表

❶新建“每日考勤记录表”文件，❷将“Sheet1”工作表重命名为“2018年考勤明细”。

2 录入表头数据

在A1:G1单元格区域中分别输入表头数据，并设置合适的单元格格式。

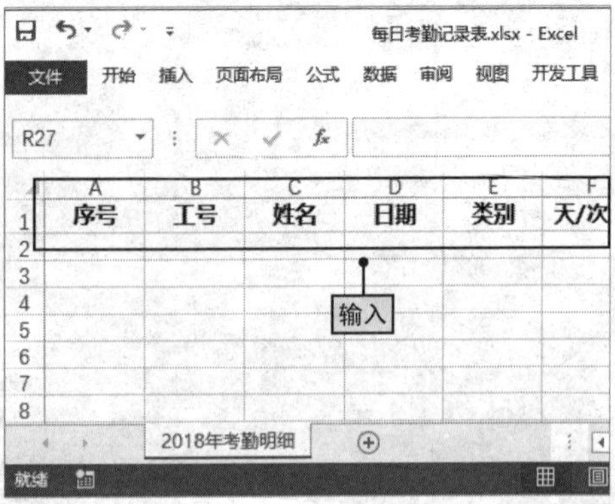

3 为“类别”字段设置数据验证

❶选择E2:E500单元格区域，❷单击“数据”选项卡“数据工具”组中的“数据验证”按钮。

4 设置验证条件

❶在“允许”下拉列表框中选择“序列”选项，❷在“来源”文本框中输入“年假,事假,迟到,病假”。

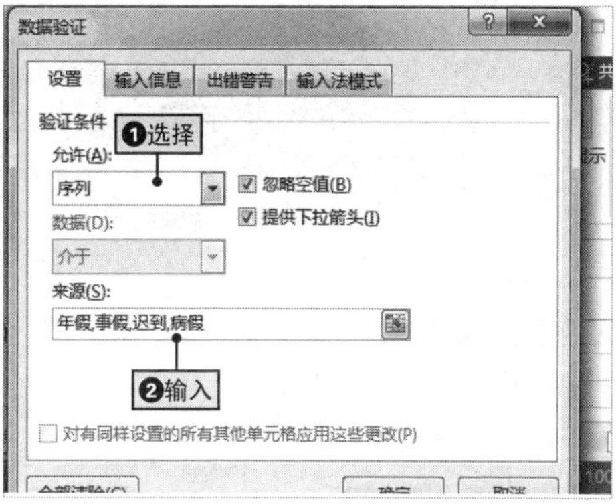

5 设置出错警告

❶切换到“出错警告”选项卡，❷设置合适的错误提示信息，❸单击“确定”按钮即可。

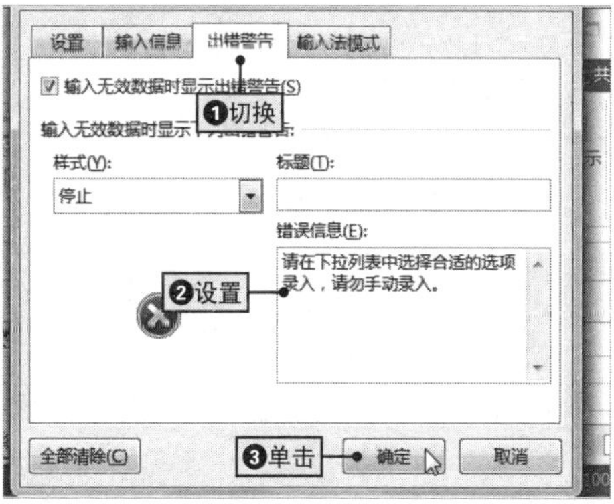

6 为“工号”字段设置数据验证

❶选择B2:B500单元格区域，❷在打开的“数据验证”对话框中设置数据验证，如下图所示即可。

7 设置“日期”字段数据格式

❶选择D2:D500单元格区域，❷按【Ctrl+1】组合键打开“设置单元格格式”对话框，在“分类”列表框中选择“自定义”选项，❸在“类型”文本框中输入“yyyy-m-d”，最后单击“确定”按钮。

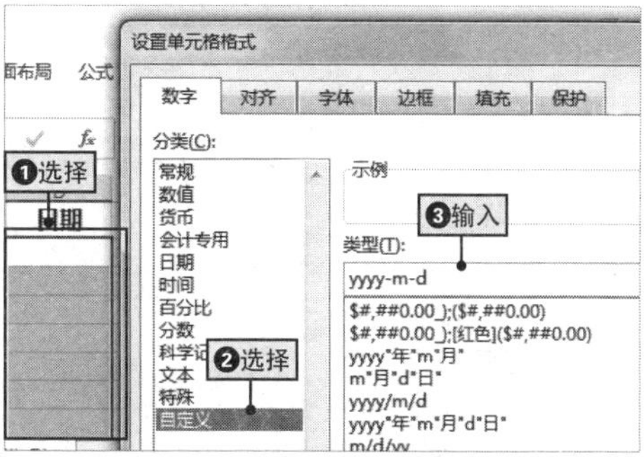

8 设置“日期”字段数据验证

❶选择D2:D500单元格区域，❷在打开的“数据验证”对话框中设置数据验证，如下图所示即可。

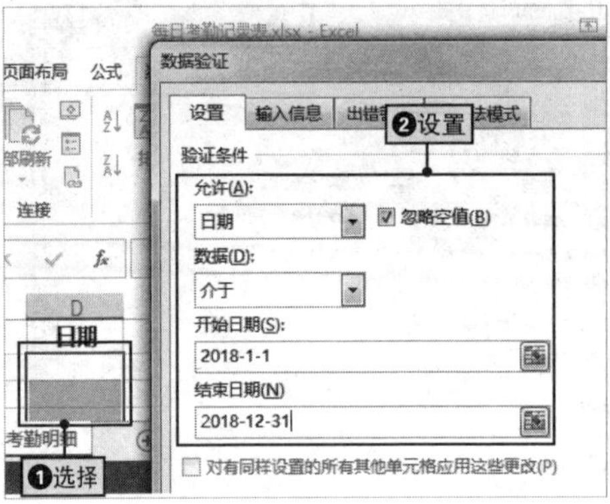

9 获取月份数据

❶选择G2:G500单元格区域，❷在编辑栏输入“=IF(D2="","",MONTH(D2)&"月")”公式，按【Ctrl+Enter】组合键计算月份。

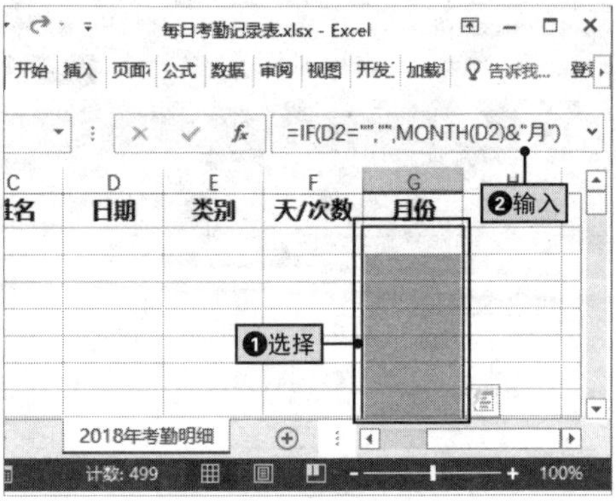

10 录入数据并美化表格

最后对表格进行美化，即可完成模板的设计，在表格中录入数据后，其最终效果如右图所示。

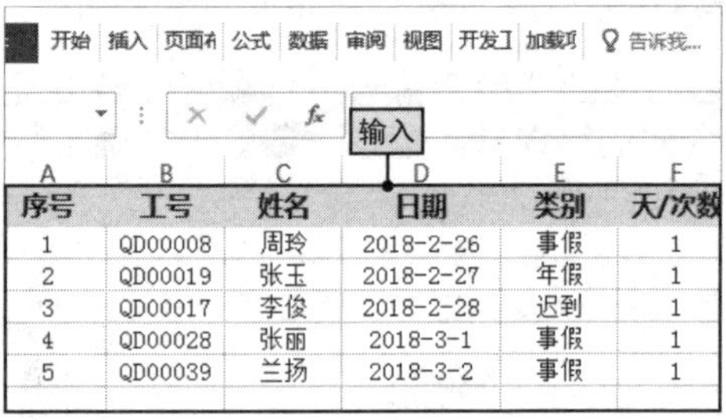

通过以上操作即可完成本案例的制作，其最终效果展示如图7-1所示，从该图中可以清晰地查看到公司每日考勤的具体情况以及请假发生月份，方便对数据进行统计。

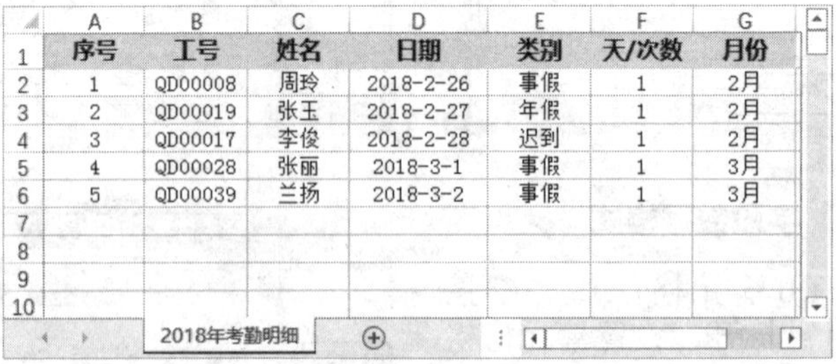

序号	工号	姓名	日期	类别	天/次数	月份
1	QD00008	周玲	2018-2-26	事假	1	2月
2	QD00019	张玉	2018-2-27	年假	1	2月
3	QD00017	李俊	2018-2-28	迟到	1	2月
4	QD00028	张丽	2018-3-1	事假	1	3月
5	QD00039	兰扬	2018-3-2	事假	1	3月

图7-1

7.1.2 年假使用情况记录模板设计

年假指给职工一年一次的假期。即机关、团体、企业、事业单位、民办非企业单位、有雇工的个体工商户等单位的职工，凡连续工作1年以上的，均可享受带薪年休假。单位应当保证职工享受年休假。

根据《职工带薪年休假条例》第三条规定，职工累计工作已满1年不满10年的，年休假5天；职工累计工作已满10年不满20年的，年休假10天；职工累计工作已满20年的，年休假15天。我们可以依据此规则进行年假的计算。

下面具体介绍年假使用情况记录表的设计方法。

>> 素材文件：素材\第7章\无

>> 效果文件：效果\第7章\年假使用情况记录表.xlsx

1 新建工作簿并重命名工作表

❶新建“年假使用情况记录表”文件，❷重命名工作表为“2019年年假使用情况记录表”，❸录入表头数据。

2 为“入职日期”字段设置数据验证

❶选择C2:C20单元格区域，❷在打开的“数据验证”对话框中设置数据验证条件，最后设置出错提示。

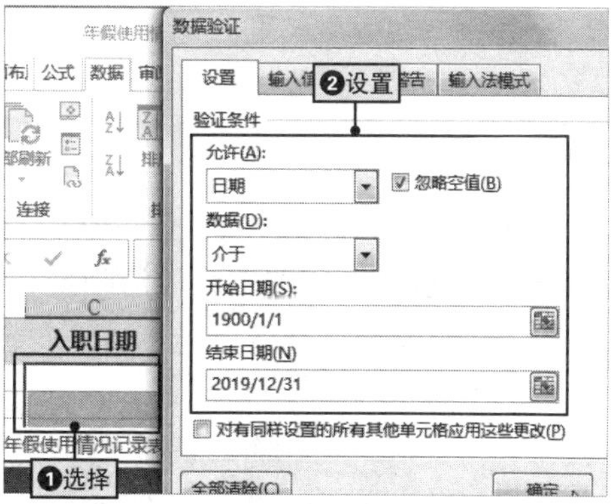

3 计算工龄

录入工号、姓名以及入职日期数据，❶选择D2:D20单元格区域，❷在编辑栏中输入“=DATEDIF(C2, TODAY(),"y")”，按【Ctrl+Enter】组合键即可快速计算员工的工龄。

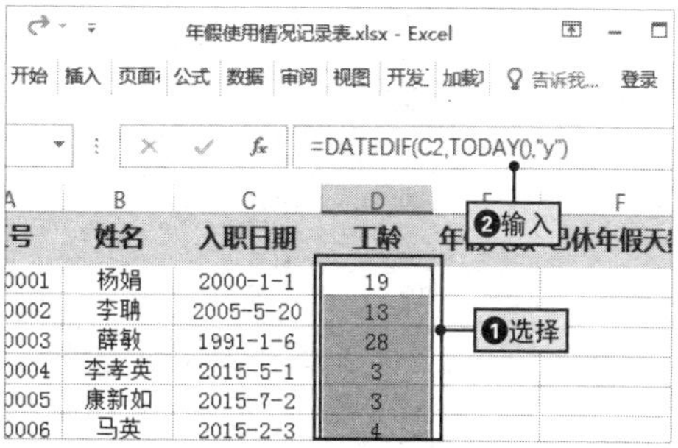

4 计算年假天数

❶选择E2:E20单元格区域，❷在编辑栏中输入“=HLOOKUP(D2,{0,1,10,20;0,5,10,15},2)”公式，按【Ctrl+Enter】组合键。

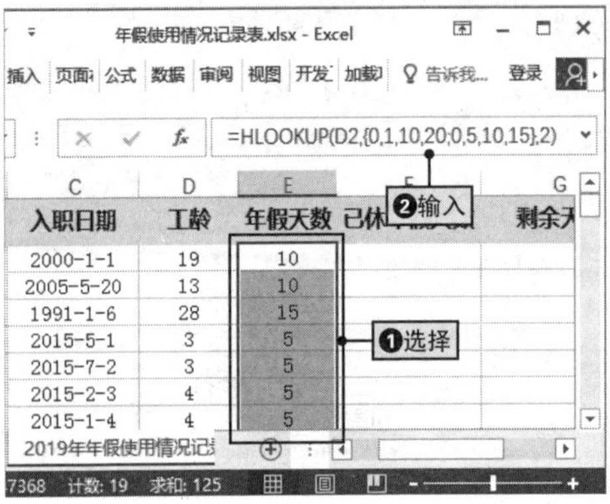

5 计算剩余年假

❶选择G2:G20单元格区域，❷在编辑栏中输入“=E2-F2”公式，按【Ctrl+Enter】组合键即可。

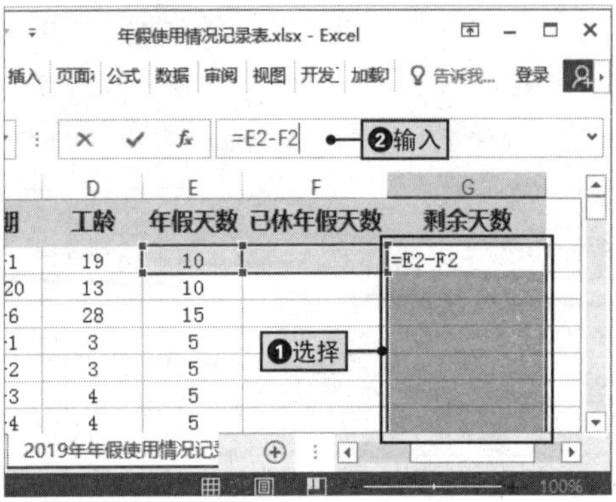

6 录入员工已休年假数据

录入员工已休年假天数，程序将自动计算剩余的年假天数，最后再对表格整体进行美化即可。

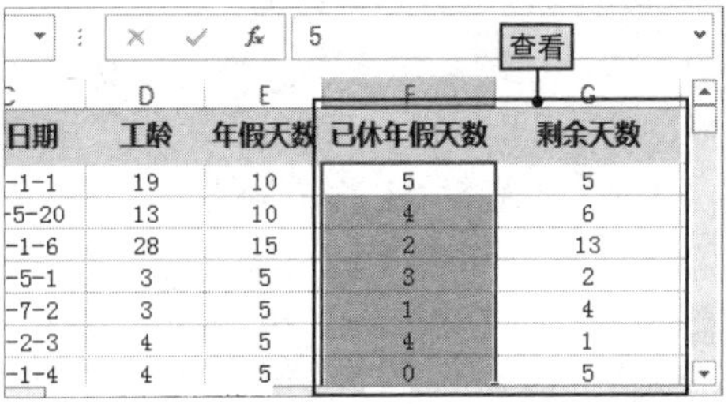

录入数据并对工作表进行美化后即可完成本案例的制作，其最终效果展示如图7-2所示，从该图中可以清晰地查看到公司员工的工龄以及应该享受的年假天数，同时通过计算得出当年员工剩余的年假天数。

工号	姓名	入职日期	工龄	年假天数	已休年假天数	剩余天数
QD00001	杨娟	2000-1-1	19	10	5	5
QD00002	李聃	2005-5-20	13	10	4	6
QD00003	薛敏	1991-1-6	28	15	2	13
QD00004	李孝英	2015-5-1	3	5	3	2
QD00005	康新如	2015-7-2	3	5	1	4
QD00006	马英	2015-2-3	4	5	4	1
QD00007	张炜	2015-1-4	4	5	0	5
QD00008	杨业	2011-2-5	8	5	4	1
QD00009	卢鑫怡	1995-1-5	24	15	10	5
QD00010	张佳	2019-1-5	0	0	0	0
QD00011	万邦舟	2019-1-6	0	0	0	0
QD00012	薛敏	2019-1-7	0	0	0	0
QD00013	祝苗	2019-1-8	0	0	0	0
QD00014	胡艳	1999-9-25	19	10	2	8

图7-2

7.1.3 考勤周报表模板设计

考勤周报表是用来统计公司一周的考勤情况，是用于上报或存档的文件。其中应当包含公司一周的请假、迟到以及早退等情况。

在设计考勤周报表时，可以使其中的标题根据表格中的具体日期变化。要制作根据日期自动生成考勤周报表的标题，具体来说就是考情周报表中的周次需要根据日期的变化而变化，这可以使用WEEKNUM()函数来实现。

下面具体介绍考勤周报表的制作方法。

>> 素材文件：素材\第7章\无

>> 效果文件：效果\第7章\考勤周报表.xlsx

1 新建工作簿并录入表头数据

❶新建“考勤周报表”文件，❷合并A1:J1单元格区域，❸在A2:J2单元格区域分别录入表头数据。

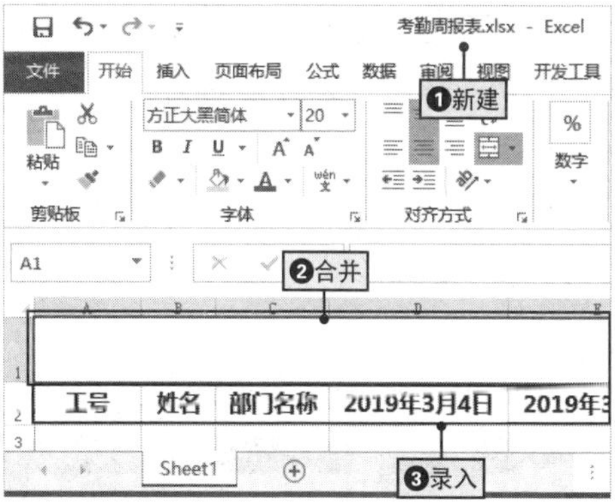

2 自动生成报表标题

❶选择A1单元格，❷在编辑栏中输入“="××公司第"&WEEKNUM(D2,2)&"周考勤表"”公式，❸单击“输入”按钮即可。

3 美化表格

设置A1单元格的字体格式，并为整个表格添加边框，即可完成考勤周报表模板的制作，其最终效果如右图所示。

在表格中录入后即可完成本案例的制作，其最终效果展示如图7-3所示，从该图中可以查看到公司一周的考勤情况，以及当前考勤的是多少周。

A	B	C	D	E	F	G	H
				××公司第10周考勤表			
工号	姓名	部门名称	2019年3月4日	2019年3月5日	2019年3月6日	2019年3月7日	2019年3月8日
QD00017	李俊	行政部			√		
QD00028	张丽	行政部				√	
QD00039	兰扬	行政部		√			

图7-3

TIP 本案例公式说明

在上述示例的"="××公司第"&WEEKNUM(D2,2)&"周考勤表""公式中，"WEEKNUM(D2,2)"函数用于返回D2单元格中的日期在一年中的周数，然后在计算出的周数前后添加给定的文本。

知识链接

WEEKNUM()函数介绍

使用WEEKNUM()函数可以获取指定日期为当年的第几周，其语法结构为：WEEKNUM(serial_number,return_type)。各参数的作用如下。

- serial_number：用于指定要进行计算的日期，该参数是必须参数。
- return_type：用于指定一周是从星期几开始，该参数为可选参数。不同的数字，其指代的星期的开始不同，通常该参数为2，表示一周的第一天为星期一。

7.2 一键生成考勤报表

考勤报表主要是由公司考勤数据汇总产生的一种表格，用于展示公司考勤的具体情况。

到了月底或年底各部门都需要将考勤情况进行汇总，生成考勤报表，方便相关主管或领导及时了解公司出勤情况。

本节主要介绍使用数据透视表的方式快速生成考勤报表，数据透视表有机地综合了数据排序、筛选分类汇总等常用数据分析方法的优点，可方便地调整分类汇总的方式，灵活地以多种不同方式展示数据的特征。

下面具体介绍考勤报表的制作方法。

>> 素材文件：素材\第7章\每日考勤记录表1.xlsx

>> 效果文件：效果\第7章\每日考勤记录表1.xlsx

1 单击“数据透视表”按钮

❶打开“每日考勤记录表1”文件，选择A1:G36单元格区域，❷单击“插入”选项卡“表格”组中的“数据透视表”按钮。

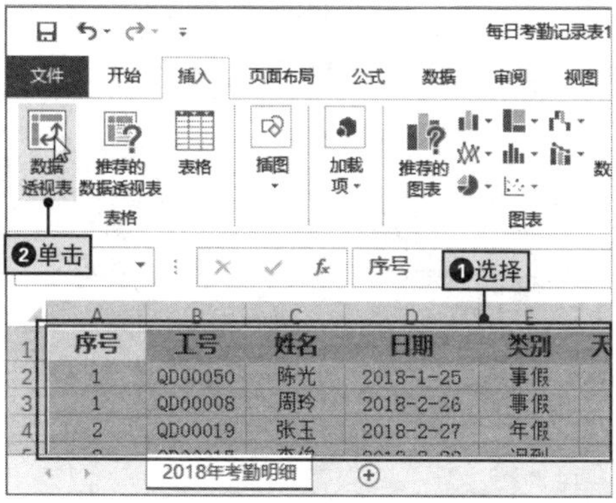

2 设置数据透视表保存位置

❶在打开的“创建数据透视表”对话框中选中“新工作表”单选按钮，❷单击“确定”按钮即可。

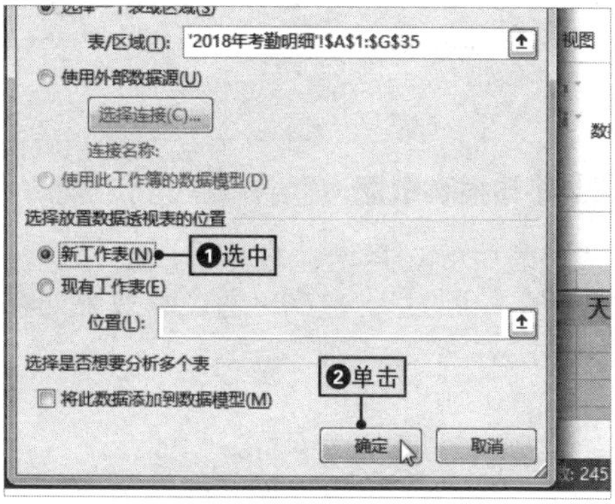

3 选择报表字段

将工作表重命名为“2018年考勤报表”，在右侧打开的栏中选中“工号”“姓名”“类别”“天/次数”“月份”复选框。

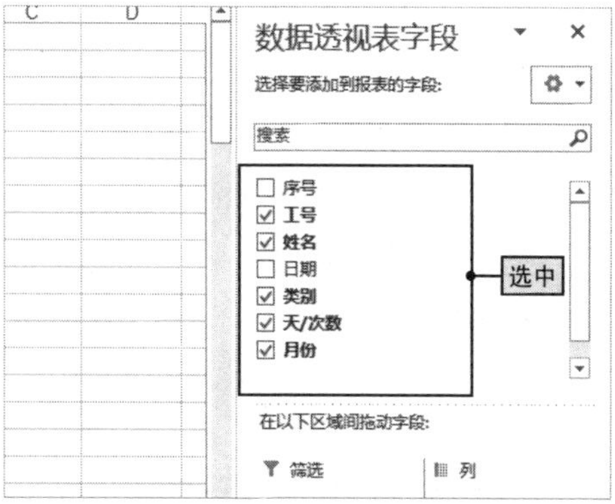

4 设置列字段

❶在“在以下区域间拖动字段”栏中将“类别”下拉列表框从“行”区域拖动到“列”区域中，❷将“月份”下拉列表框移动到该区域第一位。

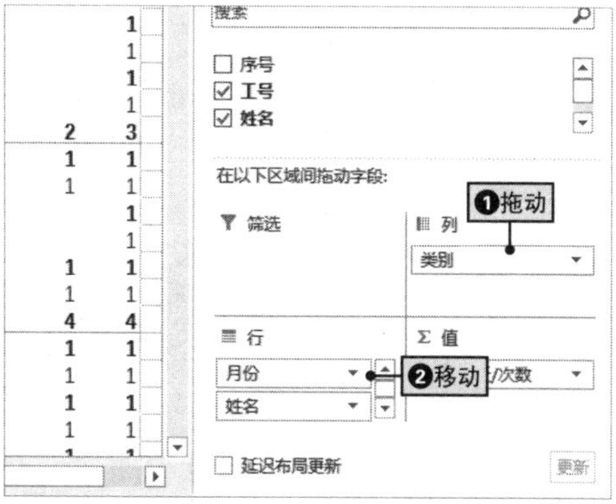

5 对字段进行升序排序

❶单击A4单元格右下角下拉按钮，❷在打开的筛选面板中选择“升序”选项即可实现升序排序。

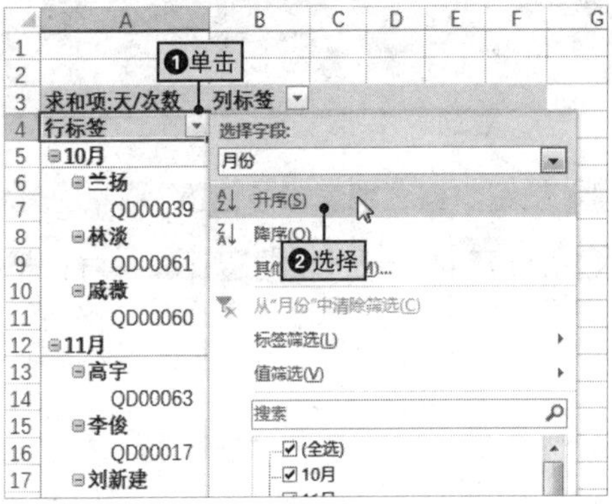

6 选中“手动”单选按钮

打开该筛选面板，选择“其他排序选项”命令，❶在对话框中选中“手动”单选按钮，❷单击“确定”按钮。

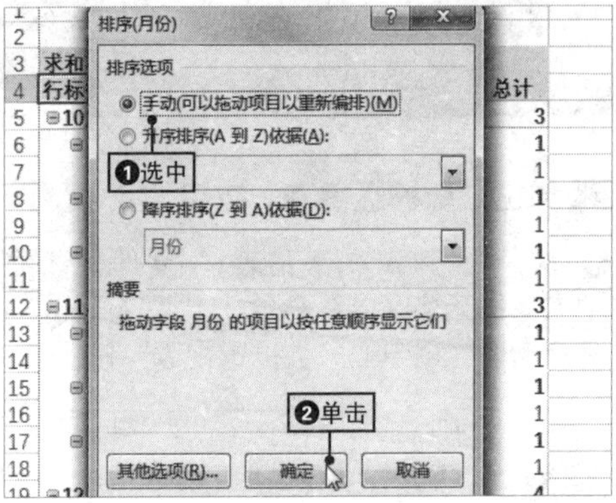

7 移动报表数据

将报表中的10月份、11月份以及12月份数据移动到9月份数据之后，其效果如右图所示。

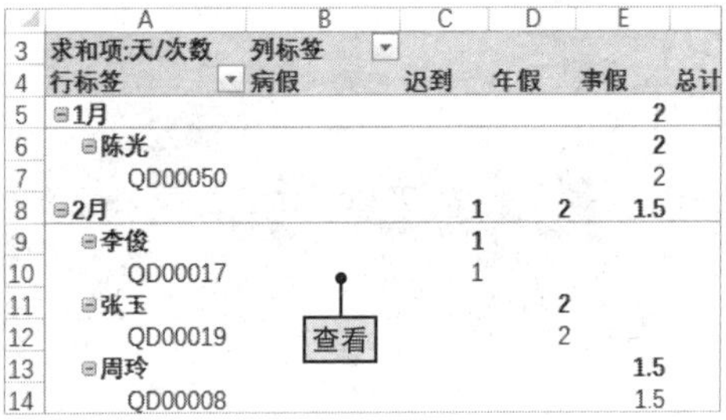

完成上述操作后还可以对透视表进行美化，其最终效果展示如图7-4所示，从该图中可以查看到公司的考勤报表。

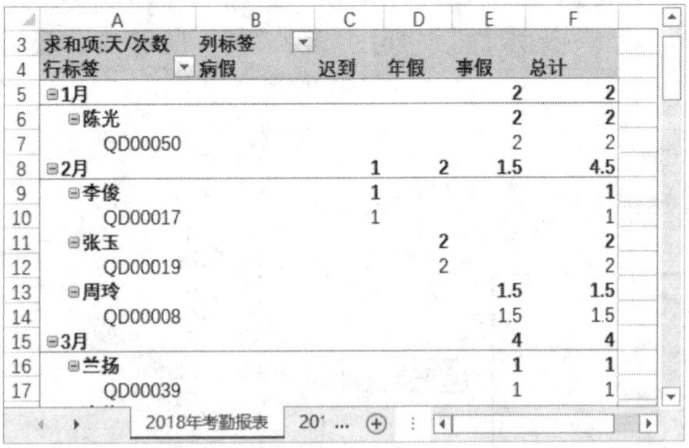

图7-4

7.3 年度考勤汇总轻松搞定

年度考勤汇总表主要用于统计公司一年中的考勤数据，要实现高效地录入数据，避免重复的操作。

到了年底，公司往往需要将一年的考勤数据进行汇总，方便公司负责人查看公司相关情况，面对大量的数据，用户不要一味的手动录入，或粘贴录入，可以使用更加高效的方法快速实现。

本节主要介绍使用数组公式快速汇总考勤数据，轻松录入数据。下面进行具体介绍。

>> 素材文件：素材\第7章\每日考勤记录表2.xlsx

>> 效果文件：效果\第7章\每日考勤记录表2.xlsx

1 新建工作表并录入表格数据

❶打开“每日考勤记录表2”文件，❷新建“考勤汇总表”工作表，❸在工作表中录入表格名称和表头数据，最后设置格式。

2 设置数据透视表保存位置

❶在A列录入姓名，❷选择B3单元格，❸在编辑栏输入“=COUNTIFS('2018年考勤明细'!$C2:$C500,$A3,'2018年考勤明细'!$E2:$E500,B$2)”。

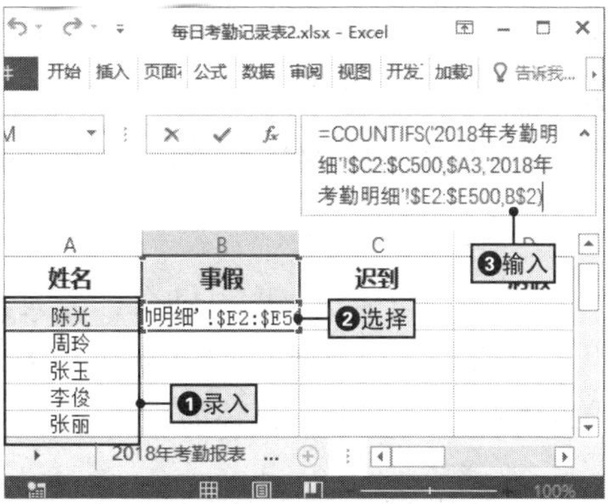

3 填充数据

按【Ctrl+Shift+Enter】组合键进行计算，❶拖动B3单元格右下角控制柄填充到E18单元格，❷单击“自动填充选项”下拉按钮，❸选中“不带格式填充”单选按钮即可。

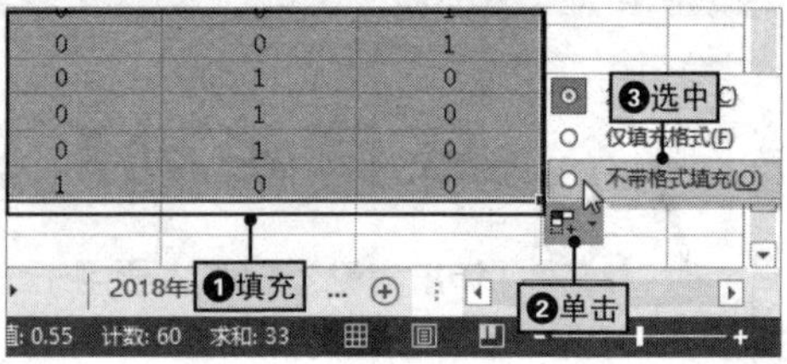

完成上述操作后，还可以为表格设置边框效果进行美化，其最终效果展示如图7-5所示，从该图中可以查看到公司员工一年的请假次数以及请假类别。

	A	B	C	D	E
1	2018考勤汇总表				
2	姓名	事假	迟到	病假	年假
3	陈光	1	0	0	0
4	周玲	2	1	0	1
5	张玉	0	0	0	1
6	李俊	1	2	0	0
7	张丽	3	0	1	2
8	兰扬	3	1	1	1
9	林淡	0	1	0	0
10	李林	1	0	0	0
11	张军	1	0	0	0

图7-5

7.4 自动标识年度考勤项的最大值

完成对年度考勤数据的统计后，可以将其中每项的最大值标识出来，方便其他人员查看。

要求自动标识年度考勤数据最大值，就不能再手动地去设置单元格格式突出单元格，此时就可以使用Excel中的条件格式实现自动标识年度考勤项的最大值的要求。下面介绍具体的操作方法。

>> 素材文件：素材\第7章\每日考勤记录表3.xlsx

>> 效果文件：效果\第7章\每日考勤记录表3.xlsx

1 选择“新建规则”命令

❶打开“每日考勤记录表3”文件，❷选择B3:B18单元格区域，❸单击“开始”选项卡“样式”组中的“条件格式”下拉按钮，❹选择“新建规则”命令。

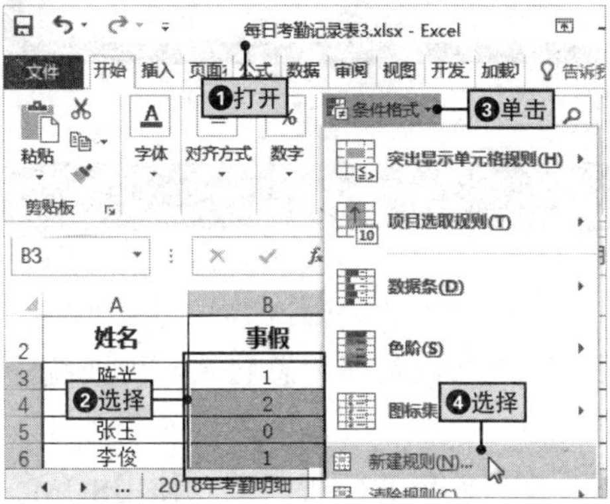

2 设置条件规则

❶在打开对话框的“选择规则类型”列表框中选择“仅对排名靠前或靠后的数值设置格式”选项，❷在下方的下拉列表框中选择“前”选项，❸在文本框中输入“1”，❹单击“格式”按钮。

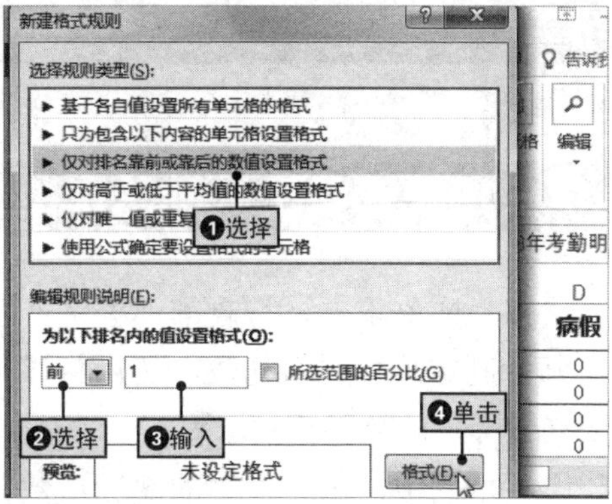

3 设置满足条件的样式

❶在打开“设置单元格格式”对话框中切换到“填充”选项卡，❷选择填充颜色，依次单击“确定”按钮即可完成设置。以同样的方法为C～E列单元格内容设置条件格式。

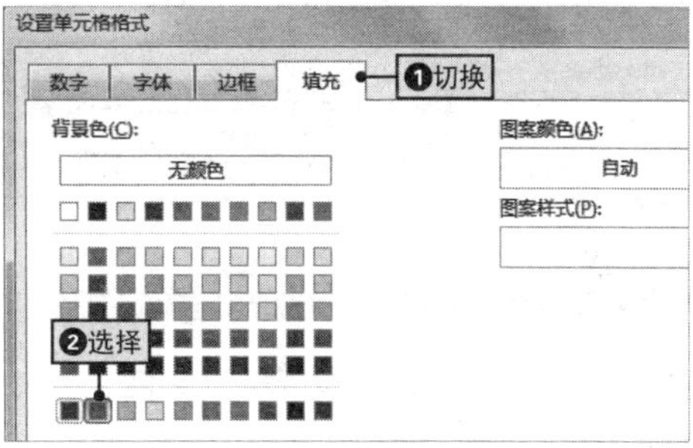

完成条件格式的设置后，即可查看到每列中最大数据被突出显示出来，其最终效果展示如图7-6所示。

	A	B	C	D	E
1	2018考勤汇总表				
2	姓名	事假	迟到	病假	年假
3	陈光	1	0	0	0
4	周玲	2	1	0	1
5	张玉	0	0	0	1
6	李俊	1	2	0	0
7	张丽	3	0	1	2
8	兰扬	3	1	1	1
9	林淡	0	1	0	0
10	李林	1	0	0	0
11	张军	1	0	0	0
12	黄岩文	0	0	0	1
13	李大坤	0	0	0	1
14	高宇	1	0	1	0

2018年考勤明细 | 考勤汇总表

图7-6

7.5 员工缺勤统计与查询

员工缺勤数据的统计与查询是对考勤数据的进一步整理与汇总，方便管理人员了解具体情况，实现更简单、更效率的考勤管理。

7.5.1 统计员工缺勤总次数

每月或每年末，行政部都会统计公司各部门员工的缺勤次数，因为大多公司都会制定缺勤罚款基数，然后将该基数乘以缺勤次数即为总罚款，现要统计公司各部门的员工缺勤次数。

在本例中，由于员工的缺勤次数都是用数字表示的，所以可以使用SUM()函数来统计员工缺勤的总次数。

>> 素材文件：素材\第7章\每日考勤记录表4.xlsx

>> 效果文件：效果\第7章\每日考勤记录表4.xlsx

1 查看表格数据

❶打开“每日考勤记录表4”文件，❷在工作表中即可查看公司2018年年度的公司考勤数据。

2 计算缺勤总次数

❶选择F3:F18单元格区域，❷在编辑栏中输入“=SUM(B3:E3)&"次"”，按【Ctrl+Enter】组合键计算缺勤次数。

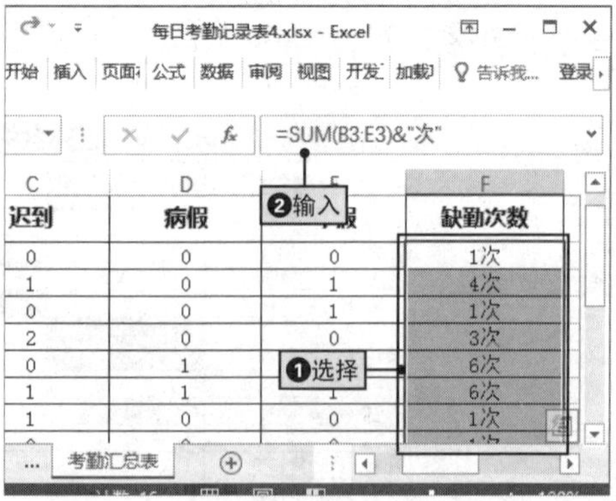

通过上述公式计算后，即可快速获取到员工缺勤总次数，其最终效果展示

如图7-7所示。

2018考勤汇总表					
姓名	事假	迟到	病假	年假	缺勤次数
陈光	1	0	0	0	1次
周玲	2	1	0	1	4次
张玉	0	0	0	1	1次
李俊	1	2	0	0	3次
张丽	3	0	1	2	6次
兰扬	3	1	1	1	6次
林淡	0	1	0	0	1次
李林	1	0	0	0	1次
张军	1	0	0	0	1次
黄岩文	0	0	0	1	1次

图7-7

7.5.2 统计员工的缺勤情况

某公司实行的是签到制度，每个月根据签到的情况统计员工的考勤情况。现需根据员工信息表和员工签到表中的数据，统计每天缺勤的员工。

本例要解决的问题就是罗列出员工信息表姓名列有而签到行没有的姓名，可以先使用COUNTIF()函数和IF()函数得到没有在签到表中签到的员工姓名在员工信息表中的行号，再使用SMALL()依次提取行号并使用INDEX()函数依据这些行号得到员工姓名。

>> 素材文件：素材\第7章\员工缺勤情况统计表.xlsx

>> 效果文件：效果\第7章\员工缺勤情况统计表.xlsx

1 切换工作表

❶打开“员工缺勤情况统计表”文件，❷单击“缺勤统计表”工作表标签切换到该工作表。

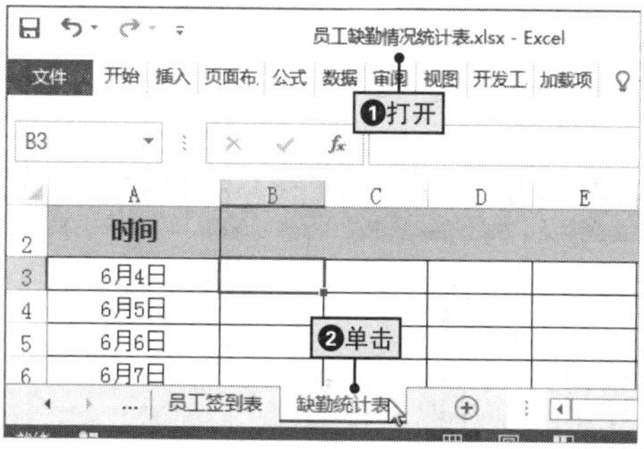

2 输入计算公式

❶选择B3单元格，❷在编辑栏中输入“=T(INDEX(员工信息表!$B:$B,SMALL(IF(COUNTIF(员工签到表!$B3:$J3,员工信息表!$B$3:$B$11)=0,ROW($3:$11),100),COLUMN(A1))))”。

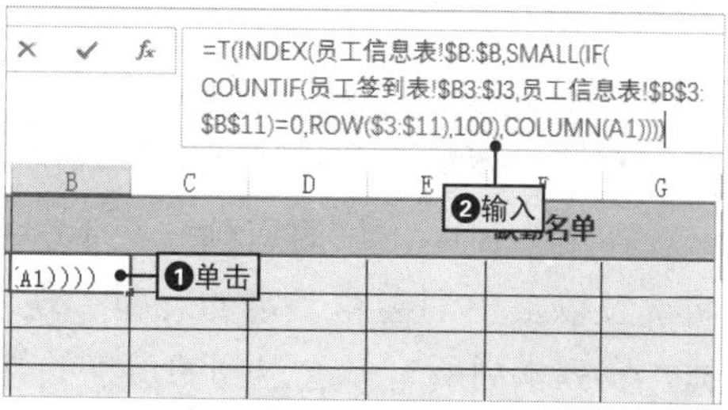

3 填充公式进行计算

按【Ctrl+Shift+Enter】组合键进行计算，❶向右填充公式至J3单元格，再向下填充公式至J12单元格，❷单击“自动填充选项”下拉按钮，❸选中“不带格式填充”单选按钮。

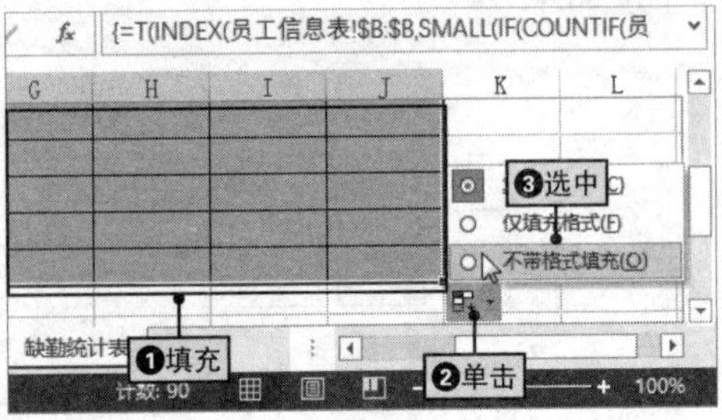

通过上述公式计算，即可快速从员工信息表和员工签到表中获取缺勤数据，其最终效果展示如图7-8所示。

	A	B	C	D	E	F	G	H	I	J
1	××公司员工缺勤统计表									
2	时间	缺勤名单								
3	6月4日	鱼家羊								
4	6月5日	汤元								
5	6月6日	李好	柳飘飘							
6	6月7日	李好	柳飘飘							
7	6月8日	那娜	令狐代洪							
8	6月11日	许阿								
9	6月12日	鱼家羊								
10	6月13日	鱼家羊								
11	6月14日	李好								
12	6月15日	秋引春	那娜	柳飘飘						

图7-8

TIP 本案例公式说明

在上述示例的“=T(INDEX(员工信息表!$B:$B,SMALL(IF(COUNTIF(员工签到表!$B3:$J3,员工信息表!$B$3:$B$11)=0,ROW($3:$11),100),COLUMN(A1))))”公式中，“COUNTIF(员工签到表!$B3:$J3,员工信息表!$B$3:$B$11)”函数用于将员工签到表和员工信息表中的名称进行对比，让员工签到表中没有显示的姓名返回0，再将显示0的数据返回TRUE值。

“ROW($3:$11)”函数用于返回员工信息表中引用的行号，然后使用IF()函数将TRUE值返回对应的行号，将FALSE值返回100。“COLUMN(A1)”函数可返回列号1，再用SMALL()函数返回该数组中的第一个最小值，通过INDEX()函数返回员工信息表中指定的单元格，最后使用T()函数返回该单元格中的文本。

7.5.3 罗列本周多次迟到的员工

在某公司中，每周迟到一次不会有任何惩罚，但是如果每周迟到的次数在两次及以上，则会有一定的惩罚。现在需要根据“周迟到员工记录表”中的数据，罗列本周所有多次迟到的员工的姓名，并计算其迟到次数。

本例中的问题，其实质上是罗列重复出现的数据。罗列重复出现的数据，需要解决两个难点。

①如何标记出重复出现的值，本例可以采用MATCH()函数来解决。

②如何将已经出现的数据从单元格区域中剔除，从而避免已经罗列了的值再次出现。本例可以采用COUNTIF()函数来解决该问题。

下面具体介绍罗列多次迟到员工的方法。

>> 素材文件：素材\第7章\周迟到统计表.xlsx

>> 效果文件：效果\第7章\周迟到统计表.xlsx

1 获取多次迟到人员名字

❶打开“周迟到统计表”文件，❷选择D3单元格，❸在编辑栏中输入“=IFERROR(INDEX($B$3:$B$20,MODE(IF(COUNTIF(D$2:D2,$B$3:$B$20)=0,MATCH($B$3:$B$20,$B$3:$B$20,0)))),"")”，并按【Ctrl+Shift+Enter】组合键获取姓名。

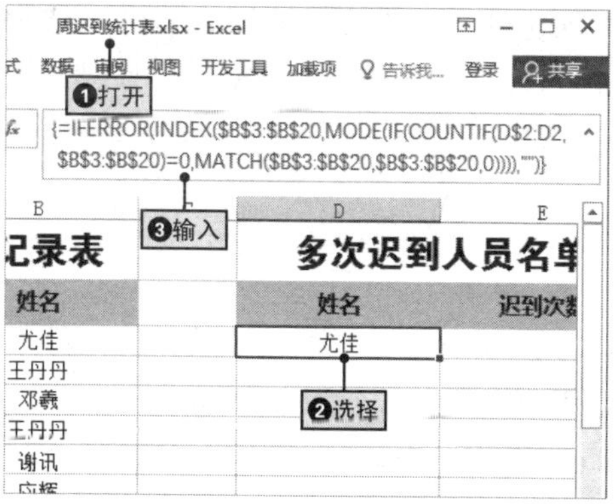

2 计算迟到总次数

❶填充D3单元格的公式到D20单元格，❷选择E3:E20单元格区域，❸在编辑栏中输入“=IF(COUNTIF($B$3:$B$20,D3),COUNTIF($B$3:$B$20,D3),"")”，按【Ctrl+Enter】组合键即可计算对应人员的迟到总次数。

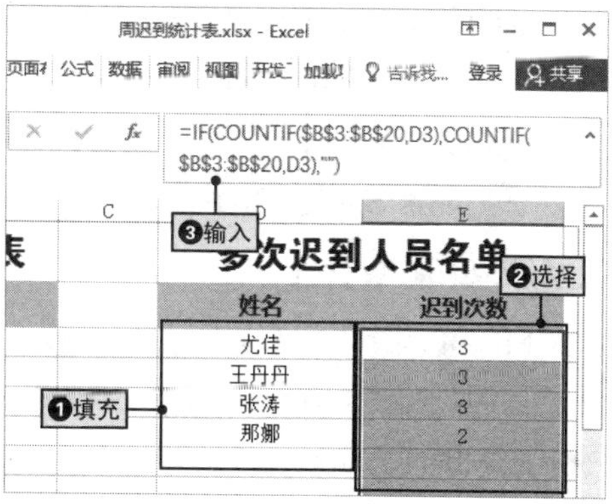

通过上述两个公式即可分别获取该周内多次迟到的人数以及他们对应的迟到次数，其最终效果展示如图7-9所示。

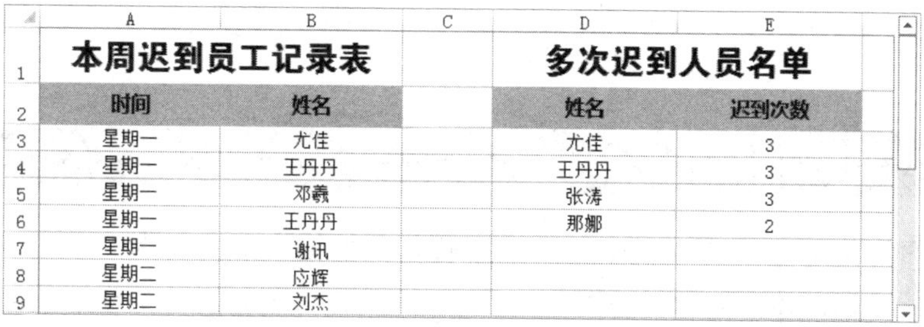

图7-9

TIP 本案例公式说明

在上述示例的“=IFERROR(INDEX($B$3:$B$20,MODE(IF(COUNTIF(D$2:D2,$B$3:$B$20)=0,MATCH($B$3:$B$20,$B$3:$B$20,0)))),"")”公式中，“COUNTIF(D$2:D2,$B$3:$B$20)”函数用于返回$B$3:$B$20单元格区域中姓名在D$2:D2单元格区域中出现的次数，让其与0相比，返回TRUE值或FALSE值。

“MATCH($B$3:$B$20,$B$3:$B$20,0)”函数用于返回员工姓名在员工姓名区域的位置，通过IF()函数将TRUE值返回位置数组中对应的值，再使用MODE()函数返回该数组中出现频率最高的数值，然后使用INDEX()函数返回$B$3:$B$20单元格区域中的指定位置，最后用IFERROR()函数返回求得的员工姓名或空白。

知识链接

1.IFERROR()函数介绍

IFERROR()函数可以对公式中的#N/A、#VALUE!、#REF!、#DIV/0!、#NUM!、#NAME?和#NULL!错误进行处理。当公式的计算结果错误，IFERROR()函数返回函数指定的数据；否则返回公式的计算结果。其语法结构为：IFERROR(value,value_if_error)。各参数的具体含义分别如下。

- value：用于指定需要检测的值或公式。
- value_if_error：用于指定当检测的值或公式计算出错误时要返回的值。

2.MODE()函数介绍

MODE()函数用于返回在某一数组或数据区域中出现频率最多的数值，其语法结构为：MODE(number1,[number2],...)。在使用该函数时要注意以下几点。

- number1,[number2],...是用于众数计算的1到255个参数，也可以用单一数组或对某个数组的引用来代替用逗号分隔的参数。
- 如果数组或引用参数包含文本、逻辑值或空白单元格，则这些值将被忽略；但包含零值的单元格将计算在内。
- 如果数据集合中不含有重复的数据，则 MODE()函数返回错误值N/A。

7.5.4 查询指定员工缺勤次数

某部门员工考核统计表中记录了所有员工的缺勤信息，现在要根据员工姓名查询其缺勤的次数。在本例中，员工姓名和缺勤次数位于工作表的同一行，所有的员工姓名均位于同一列，故可以直接使用VLOOKUP()函数进行查找。

>> 素材文件：素材\第7章\每日考勤记录表5.xlsx

>> 效果文件：效果\第7章\每日考勤记录表5.xlsx

1 为C20单元格设置数据验证

❶打开“每日考勤记录表5”文件，❷选择C20单元格，❸在打开的“数据验证”对话框中设置验证条件，如下图所示。

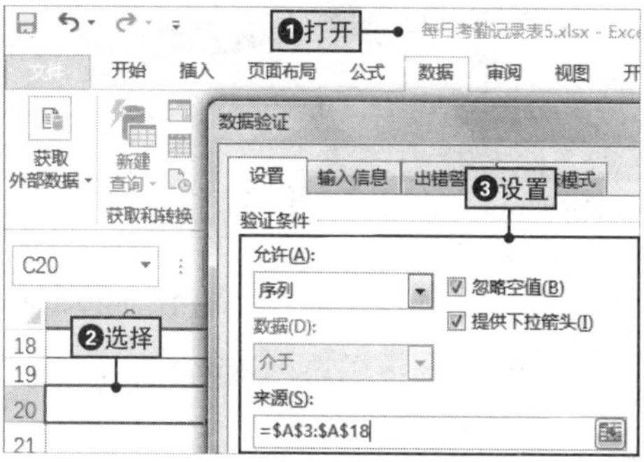

2 根据姓名查询缺勤次数

❶选择C21单元格，❷在编辑栏中输入“=VLOOKUP(C20,$A$2:$F$18,6,FALSE)”公式，按【Ctrl+Enter】组合键获取数据。

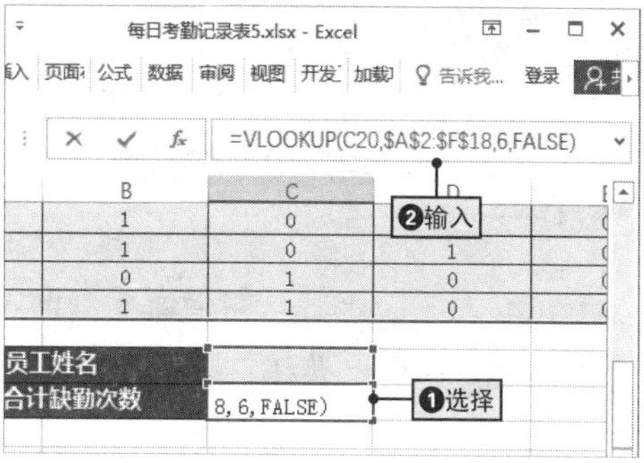

完成上述操作后，单击C20单元格的下拉列表选择姓名，在C21单元格中将自动获取与该姓名对应的迟到次数，其最终效果展示如图7-10所示。

16	李大框	1	0	1	0	2次
17	戚月	0	0	0	0	0次
18	周文	0	0	0	0	0次
19						
20	员工姓名		兰扬			
21	合计缺勤次数		6次			

图7-10

7.5.5 查询指定员工最高缺勤次数

某部门员工考核统计表中记录了员工所有的缺勤信息，现在需要根据给定的员工姓名查询该员工所有考勤中最大的缺勤次数。如果要查找的员工不存在，则返回文本“没有该员工”。

判断所要查询的员工是否存在，可以使用MATCH()函数在第1列中进行精确查找，如果该员工不存在，则返回错误值#N/A。然后使用ISNA()函数将错误值#N/A转换为逻辑值TRUE。在判断出所要查询的员工是否存在之后，可以使用IF()函数根据判断的结果选择不同的处理方法。

>> 素材文件：素材\第7章\每日考勤记录表6.xlsx

>> 效果文件：效果\第7章\每日考勤记录表6.xlsx

1 输入要查询的人员姓名

❶打开“每日考勤记录表6”文件，❷在B21单元格中输入要查询人员的姓名，例如“兰扬”。

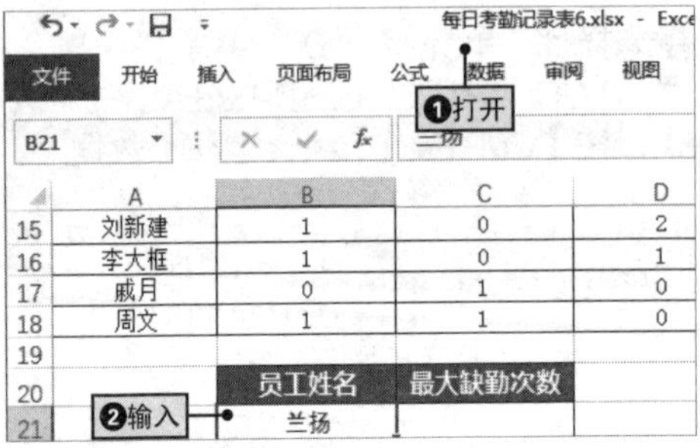

2 根据姓名查询最高缺勤次数

❶选择C21单元格，❷在编辑栏中输入“=IF(ISNA(MATCH(B21,A3:A18,0)),"没有该员工",MAX(VLOOKUP(B21,A3:F18,COLUMN(B:F),FALSE)))”，按【Ctrl+Shift+Enter】组合键获取数据。

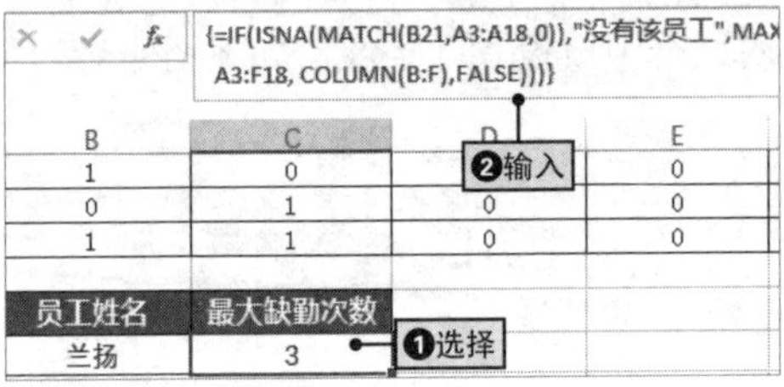

完成上述操作后，如果需要查询其他人的最高缺勤次数，只需在B21单元格中录入姓名即可，若统计表中不包含录入的姓名或录入错误，则会提示。

TIP 本案例公式说明

在上述示例的“=IF(ISNA(MATCH(B21,A3:A18,0)),"没有该员工",MAX(VLOOKUP(B21,A3:F18,COLUMN(B:F),FALSE)))”公式中，“B21”参数表示需要查询的员工姓名所在的单元格，“MATCH(B21,A3:A18,0)”函数用于返回该姓名在A3:A18单元格区域中的位置。

使用ISNA()函数判断该结果是否为错误值#N/A，若是则将结果转换为逻辑值TRUE，通过IF()函数直接返回结果“没有该员工”；若不是则将结果转换为FALSE。然后使用“COLUMN(B:F)”函数将返回引用的列号，得到数组“{2、3、4、5、6}”，再使用VLOOKUP()函数返回查询员工在A3:F18单元格区域中对应的数据，再通过MAX()函数求取最大值，最后通过IF()函数返回最终结果。

知识链接

1.ISNA()函数介绍

ISNA()函数用于检测目标是否产生#N/A错误。其语法结构为：ISNA(value)。value用于指定需要检测的值或公式。

2.VLOOKUP()函数介绍

VLOOKUP()函数用于在数据表或数据范围的首列查找指定数据。其语法结构为：VLOOKUP(lookup_value,table_array,col_index_num,range_lookup)。各参数

的具体含义分别如下。

- lookup_value：用于指定在数据范围的第一行/列中需要查找的数据。
- table_array：用于指定数据查找的范围。
- col_index_num：用于表示table_array参数中待返回的匹配值的列标。
- range_lookup：用于指明函数在查找时是精确匹配，还是近似匹配。如果参数值为TRUE或省略，则返回近似匹配值。如果参数值为FALSE，则函数将查找精确匹配值。如果找不到，则返回#N/A错误值。

7.6 出差人员分配与管理

公司为了加速发展，会经常指派员工去各地出差，这就面临着出差人数的确定、出差返回时间的计算以及出差费用报销等问题。本章将为大家介绍Excel函数在员工出差管理方面的应用。

7.6.1 将3个部门的员工随机分组

某项工作需要销售部、后勤部和市场部的员工共同出差完成，现需要把3个部门给定的10名员工随机分为10个小组，要求每个小组都有各部门的员工。

在本例中，需要将3个部门的员工随机分组，就需要利用RAND()函数产生的随机数来辅助排序，然后使用RANK()函数对随机数进行排序，以排序的结果作为OFFSET()函数的偏移参数，从而实现将3个部门的员工随机分组的目的。

» 素材文件：素材\第7章\出差分组表.xlsx

» 效果文件：效果\第7章\出差分组表.xlsx

1 生成随机数列

❶打开“出差分组表”文件，选择E3:E12单元格区域，❷在编辑栏中输入“=RAND()”，按【Ctrl+Enter】组合键即可快速生成随机数列。

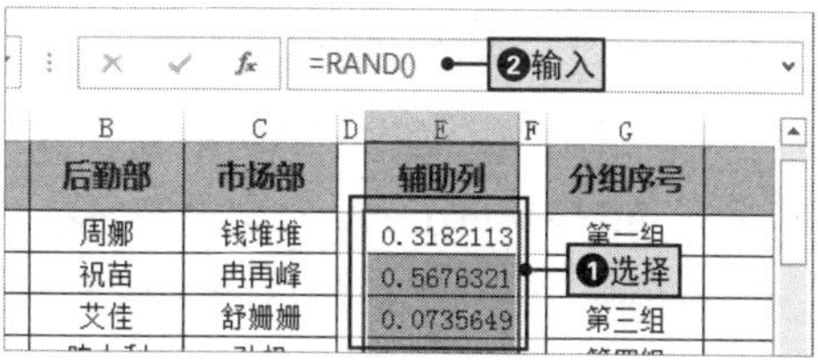

2 对各部门的人进行分组

❶选择H3:H12单元格区域，❷在编辑栏中输入“OFFSET(A$2,RANK($E3,$E$3:$E$12),)&REPT(" ",8)&OFFSET(B$2,RANK($E3,$E$3:$E$12),)&REPT(" ",8)&OFFSET(C$2,RANK($E3,$E$3:$E$12),)”，按【Ctrl+Enter】组合键即可快速分组。

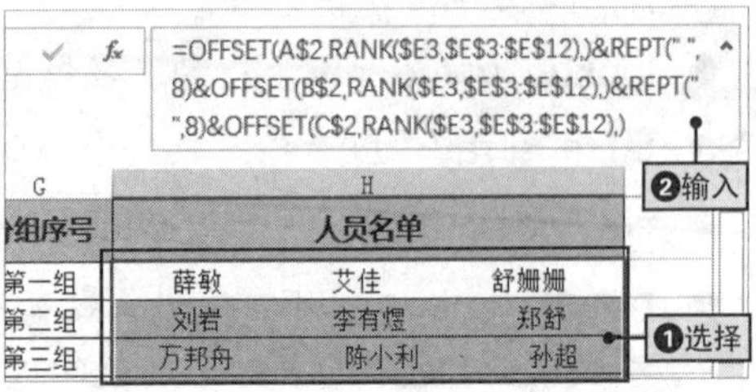

通过上述公式计算，即可快速对3个部门的员工进行分组，其最终效果展示如图7-11所示。

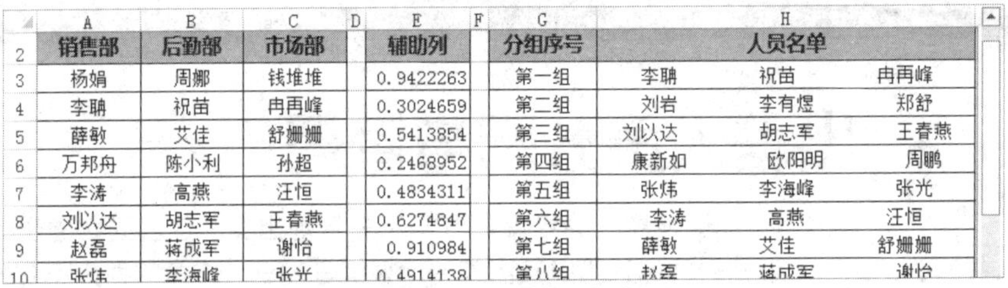

	A	B	C	D	E	F	G	H		
2	销售部	后勤部	市场部		辅助列		分组序号	人员名单		
3	杨娟	周娜	钱堆堆		0.9422263		第一组	李聃	祝苗	冉再峰
4	李聃	祝苗	冉再峰		0.3024659		第二组	刘岩	李有煜	郑舒
5	薛敏	艾佳	舒姗姗		0.5413854		第三组	刘以达	胡志军	王春燕
6	万邦舟	陈小利	孙超		0.2468952		第四组	康新如	欧阳明	周鹏
7	李涛	高燕	汪恒		0.4834311		第五组	张炜	李海峰	张光
8	刘以达	胡志军	王春燕		0.6274847		第六组	李涛	高燕	汪恒
9	赵磊	蒋成军	谢怡		0.910984		第七组	薛敏	艾佳	舒姗姗
10	张炜	李海峰	张光		0.4914138		第八组	赵磊	蒋成军	谢怡

图7-11

TIP 本案例公式说明

“=OFFSET(A$2,RANK($E3,$E$3:$E$12),)&REPT(" ",8)&OFFSET(B$2,RANK($E3,$E$3:$E$12),)&REPT("",8)&OFFSET(C$2,RANK($E3,$E$3:$E$12),)”公式中，“RANK($E3,$E$3:$E$12)”函数用于返回$E3中的数值在$E$3:$E$12中的排名，再用OFFSET()函数返回销售部的指定排名人员。

“REPT(" ",8)”函数可以8次返回空文本，用于添加姓名之间的间距。然后用相同的方法使用“OFFSET(B$2,RANK($E3,$E$3:$E$12),)&REPT("",8)”公式和“OFFSET(C$2,RANK($E3,$E$3:$E$12),)”公式分别获取后勤部和市场部的人员姓名。

知识链接

OFFSET()函数介绍

若要以某个单元格为基准，引用与之距离指定行列数以后的单元格或单元格区域，则可用OFFSET()函数来完成，其语法格式为：OFFSET(reference,rows,cols,[height],[width])。该函数的各参数的意义如下。

◆ reference：作为偏移量参照系的引用，也称基准单元格，必须为对单元格或相连单元格区域的引用。

- rows：相对于基准单元格向上（负值）或向下（正值）偏移的行数。
- cols：相对于基准单元格向左（负值）或向右（正值）偏移的行数。
- height：要返回的引用区域的行数，必须是正整数。
- width：要返回的引用区域的列数，必须是正整数。

7.6.2 计算完成任务需要的出差人数

某公司4月15日需要完成多项任务，现已给出当天需要完成各项任务的总量和每名员工可以完成某项任务的任务量，需要计算顺利完成当天的任务至少需要多少人出差。假设每名出差人员当天只能够进行一项任务。

在本例中，需要计算顺利完成任务需要的出差人数，可以先使用每一项任务的任务总量除以每人的工作量，得到完成该项任务所需要的出差人数，由于每名员工只能够进行一项任务，因此，必须对该结果向上取整。然后再将取整后的结果相加得到顺利完成任务需要的人数。

在本例中，向上取整可以使用ROUNDUP()函数来完成，下面具体介绍完成任务所需出差人数的计算。

>> 素材文件：素材\第7章\出差人数需求表.xlsx

>> 效果文件：效果\第7章\出差人数需求表.xlsx

1 查看表格数据

❶打开“出差人数需求表”文件，❷在工作表中即可查看公司的出差任务总量以及每人完成的工作量数据。

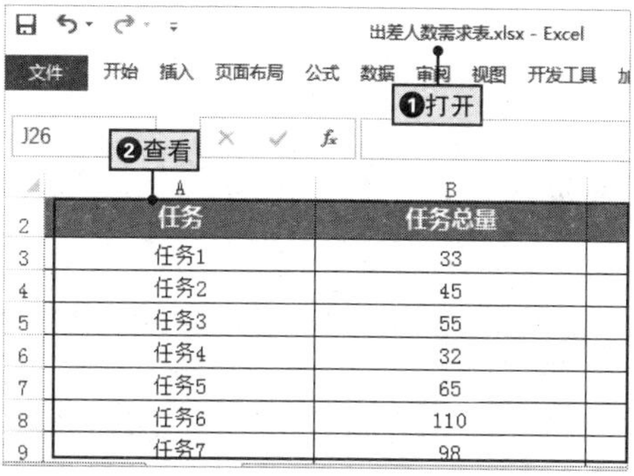

2 计算需要出差的人数

❶选择C15单元格，❷在编辑栏输入“=SUM(ROUNDUP(B3:B13/C3:C13,0))&"人"”，按【Ctrl+Shift+Enter】组合键即可计算需要出差的人数。

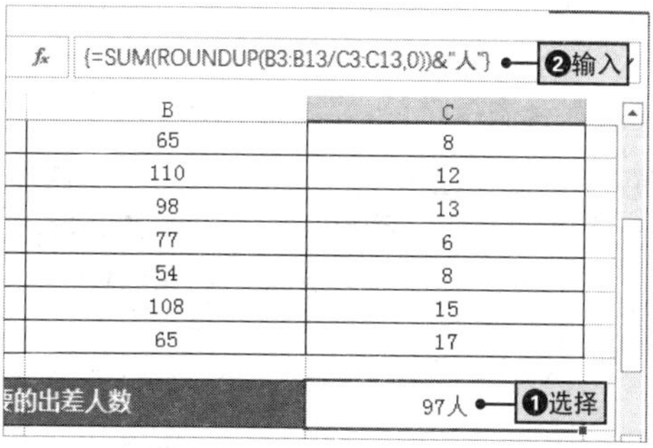

通过上述公式计算，即可得出完成任务需要的出差人数，其最终计算结果展示如图7-12所示。

	A	B	C
10	任务8	77	6
11	任务9	54	8
12	任务10	108	15
13	任务11	65	17
14			
15	总共需要的出差人数		97人
16			

图7-12

TIP 本案例公式说明

在上述示例的“=SUM(ROUNDUP(B3:B13/C3:C13,0))&"人"”公式中，“ROUNDUP(B3:B13/C3:C13,0)”函数用于向上舍入B3:B13/C3:C13的结果，然后使用SUM()函数将得到的数值进行求和，最后在结果后面加上单位“人”得到最终结果。

7.6.3 计算可以组建的出差小组个数

某公司为拓展业务需要抽调公司的骨干人员组建出差小组。假设该小组每组4人，抽调的业务骨干需要满足一、二季度销售业绩在8000元以上。现在需要计算可以组建出差小组的个数。

在本例中，需要先用COUNTIF()函数得到满足条件的骨干人员的人数，然后将得到的人数向下取最接近4的倍数，最后用该倍数除以4，就可以得到组建的小组个数。

» 素材文件：素材\第7章\员工销售业绩表.xlsx

» 效果文件：效果\第7章\员工销售业绩表.xlsx

1 查看表格数据

❶打开“员工销售业绩表”文件，❷在工作表中即可查看公司第一、二季度的产品销售额数据以及汇总销售额数据。

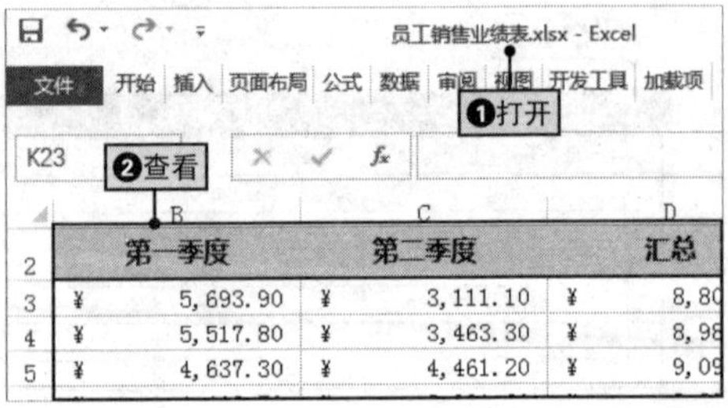

2 计算可以组建出差的小组数

❶选择D20单元格，❷在编辑栏输入“=FLOOR(COUNTIF(D3:D18,">=8000"),4)/4&"个"”，按【Ctrl+Enter】组合键即可计算可以组建出差的小组数。

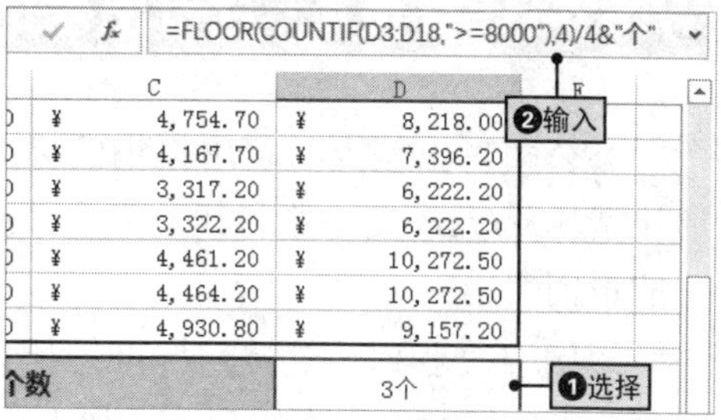

根据给出的条件，通过上述的公式即可计算出可以组建出差的小组数，其最终计算结果展示如图7-13所示。

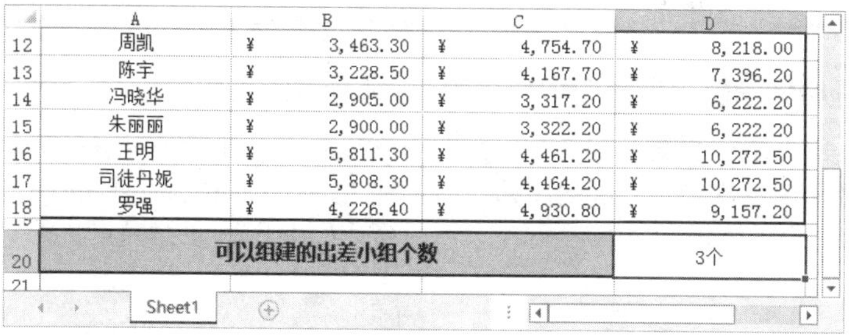

	A	B	C	D
12	周凯	¥ 3,463.30	¥ 4,754.70	¥ 8,218.00
13	陈宇	¥ 3,228.50	¥ 4,167.70	¥ 7,396.20
14	冯晓华	¥ 2,905.00	¥ 3,317.20	¥ 6,222.20
15	朱丽丽	¥ 2,900.00	¥ 3,322.20	¥ 6,222.20
16	王明	¥ 5,811.30	¥ 4,461.20	¥ 10,272.50
17	司徒丹妮	¥ 5,808.30	¥ 4,464.20	¥ 10,272.50
18	罗强	¥ 4,226.40	¥ 4,930.80	¥ 9,157.20
20	可以组建的出差小组个数			3个

图7-13

TIP 本案例公式说明

在上述示例的“=FLOOR(COUNTIF(D3:D18,">=8000"),4)/4&"个"”公式中，“COUNTIF(D3:D18,">=8000")”函数可以返回D3:D18单元格区域中业绩在8000元以上的单元格个数（13），再用FLOOR()函数向下舍入最接近4的倍数（12），最后除以4，添加单位“个”可以得到最终结果为“3个”。

知识链接

FLOOR()函数介绍

FLOOR()函数主要用于对某个数值向下舍入（沿绝对减小的方向）到最接近指定值的倍数的数据，其语法结构为：FLOOR(number,significance)，该函数包含两个参数，各参数的意义如下。

- number：用于指定需要进行取舍运算的数值。
- significance：表示需要进行舍入的倍数，即舍入基准。

7.6.4 计算员工5月份出差的报销费用

某公司对出差人员费用报销的标准为：住宿费120元/晚，餐饮费30元/天，通讯费10元/天，交通费和其他费用可以按实际花费报销，现需要计算各员工5月份的报销费用。

本例中，罗列的是费用标准，所以需要将该标准费用乘以员工出差时间才能得到员工标准费用报销部分，加上交通费和其他费用得到最终的报销费用。

>> 素材文件：素材\第7章\出差费用报销表.xlsx

>> 效果文件：效果\第7章\出差费用报销表.xlsx

1 查看出差相关信息

❶打开“出差费用报销表”文件，❷在工作表中即可查看出差人员的出差天数以及各种费用的具体情况。

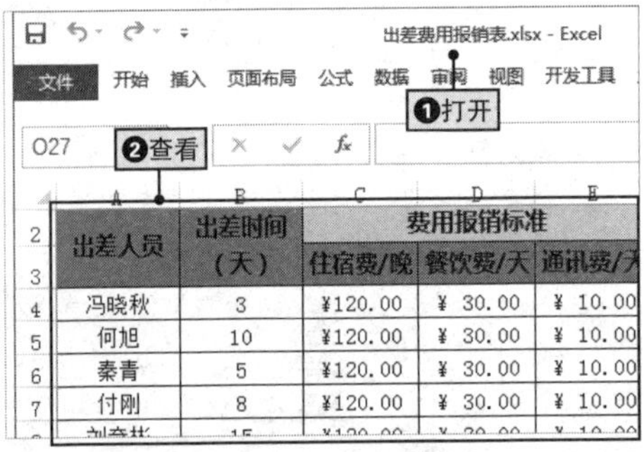

2 计算出差费用

❶选择H4:H13单元格区域，❷在编辑栏输入“=SUM((C4+D4+E4)*B4,F4,G4)”，按【Ctrl+Enter】组合键即可计算费用。

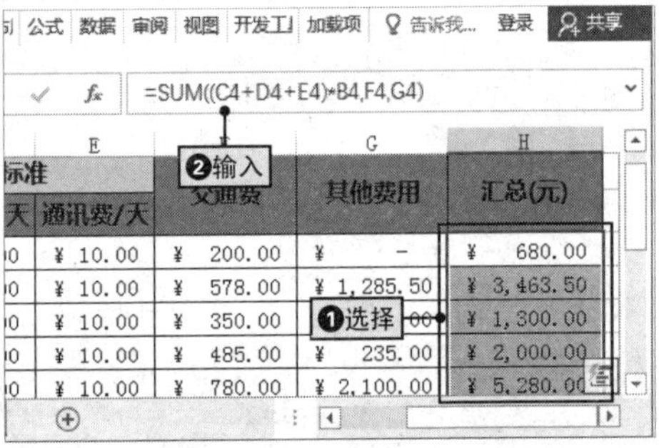

通过上述的公式即可计算出员工5月份出差的报销费用，其最终计算结果展示如图7-14所示。

行	出差人员	出差时间（天）	费用报销标准 住宿费/晚	餐饮费/天	通讯费/天	交通费	其他费用	汇总(元)
4	冯晓秋	3	¥120.00	¥ 30.00	¥ 10.00	¥ 200.00	¥ -	¥ 680.00
5	何旭	10	¥120.00	¥ 30.00	¥ 10.00	¥ 578.00	¥ 1,285.50	¥ 3,463.50
6	秦青	5	¥120.00	¥ 30.00	¥ 10.00	¥ 350.00	¥ 150.00	¥ 1,300.00
7	付刚	8	¥120.00	¥ 30.00	¥ 10.00	¥ 485.00	¥ 235.00	¥ 2,000.00
8	刘奇彬	15	¥120.00	¥ 30.00	¥ 10.00	¥ 780.00	¥ 2,100.00	¥ 5,280.00
9	余少宏	11	¥120.00	¥ 30.00	¥ 10.00	¥ 560.00	¥ 3,562.00	¥ 5,882.00
10	刘思思	6	¥120.00	¥ 30.00	¥ 10.00	¥ 230.00	¥ 485.00	¥ 1,675.00
11	杨阳	20	¥120.00	¥ 30.00	¥ 10.00	¥2,130.00	¥ 4,580.00	¥ 9,910.00

图7-14

第8章 08

人事档案体系建立，让人事工作更高效

本章导读

公司在完成招聘工作后，就需要建立人事档案，规范员工信息，才能提高人事工作效率。人事专员在工作中涉及到的数据统计分析工作一般包括员工信息表的建立和维护、岗位异动情况表的建立和维护，以及员工的各项信息管理和临时数据的统计。

本章要点

员工档案表结构设计
员工生日信息维护
员工转正信息维护
员工岗位异动表设计维护
……

8.1 员工档案表的设计维护

员工信息表是每个公司都需要建立的一项基础表，每个HR的工作都和这个表息息相关。完善员工信息表，对快速查询、筛选、汇总及数据分析等有很大的帮助。

8.1.1 员工档案表结构设计

涉及员工信息表的工作很多时候都交给了人事专员，人事专员要全面地考虑各岗位、各项工作对员工信息表的数据需求，在设计前要将自己的思路和上级领导沟通，保证设计的表格符合需求。

设计员工信息表，需要考虑以下情况。

①需要提供哪些数据以方便工作之用？如员工基本信息、员工学历信息、员工合同信息、员工部门岗位信息、员工离职信息等。将需要的信息列出来，例如需要的项目有：姓名、性别、出生日期、年龄、身份证号、部门、岗位、学历、入职时间、转正时间、签订劳动合同时间（含多次）、劳动合同到期时间（含多次）、工龄、离职时间、离职原因等。

② 各信息项明细列出之后，要考虑这些能否满足工作需求？如每月有庆生会需提供生日信息、员工转正面谈需提供拟转正日期、员工劳动合同到期需提供到期日期、员工离职有离职日期和离职原因、快速统计指定日期内的离职率，能从部门、岗位、性别、学历、年龄以及工龄等方面对在职或离职人员进行多维分析。

③能否实现多人对此表进行数据维护并保证格式和录入信息的统一，如用数据有效性等限制输入。

④员工有重名的情况如何快速区分其他岗位的数据如何实现快速衔接。如在一张表中统计员工基本信息和薪酬专员的员工年收入，可以考虑用员工编号作为唯一的检索号，实现各岗位对员工各项数据（基本信息、工资数据、培训信息等）的快速统计。

为了保证设计出来的员工信息表满足工作需求，人事专员不能闭门造车，可以请部门其他人员甚至其他部门人员对此表提出工作或数据需求，来检验员工信息表能否满足。

工作做到这步，还不能进行表格设计，需进行更深的分析。

①“出生日期”和“年龄”有些重复，可以根据出生日期计算年龄，在员工信息表中，可不用“年龄”项目。

②“入职时间”和“工龄”与上述情况相似，所以一般可以不用“工龄”项目。

③在HR日常操作中，员工入职日期即为公司和员工建立劳动关系的日期，也就是劳动合同生效时间。多次签订劳动合同的，劳动合同到期后下一份合同随即生效，而且自2008年1月1日《中华人民共和国劳动合同法》正式实施以后，其中明确规定“……劳动者提出或者统一续订、订立劳动合同的，除劳动者提出订立固定期限劳动合同外，应当订立无固定期限劳动合同……”，所以一般情况下除非劳动者提出，否则公司与员工的劳动合同签订3次即可。分别是“入职时间”“第一次劳动合同到期时间”和“第二次劳动合同到期时间”。

④“出生日期”和“性别”可以从员工身份证中提取，这两列设计公式自动提取。

⑤为实现部门、岗位、学历、离职原因等项目的统一输入，可用数据有效性设置下拉菜单。

根据上述情况，建立员工信息表如下。

>> 素材文件：素材\第8章\无

>> 效果文件：效果\第8章\员工信息数据表.xlsx

1 新建工作簿并重命名工作表

❶新建“员工信息数据表”文件，❷双击“Sheet1”工作表标签，将其重命名为“员工信息表”。

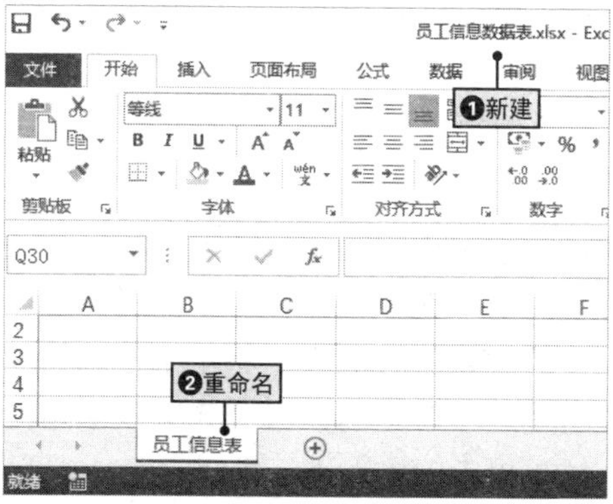

2 输入表头数据建立结构

在表格A1:N1单元格区域输入表头数据，并为录入的表格数据设置合适的字体样式。

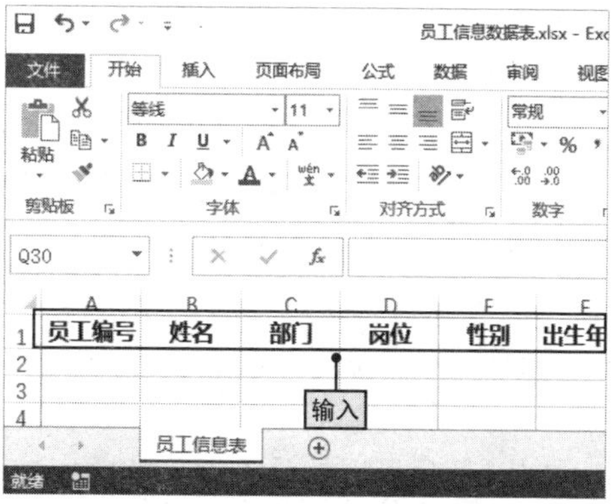

完成员工信息表的结构设计以后，其最终效果展示如图8-1所示，从该图中即可查看该表格的表头数据。

图8-1

8.1.2 限制员工编号的录入

员工编号的作用很多，例如员工工号、员工档案号等，它可以在公司中作为检索号，实现员工所有信息顺利衔接。在员工信息数据表中，它是唯一的，主要功能是可以区分重名的情况。

可以采用“公司标识+顺序号”编码规则来设定员工编号，如公司简称“GT”，顺序号以“00001”开始，那么员工编号为“GT00001”。

员工编号根据员工入职的时间顺序依次向下递增，工作表第二行增加员工信息时，可以在A2单元格输入“GT00001”。第三行增加员工信息时，选中A2单元格，用鼠标向下填充序列即可。

因后面还要讲到表格的应用，为了实现更便捷的输入，可以在A2单元格中输入公式“="GT"&TEXT(ROW(A1),"00000")”，可以得到同样的结果。

这两个输入员工编号的方法各有优劣，在应用表格后，每增加一行，公式输入法可以自动生成序号，手动输入法必须向下填充才行。我们不能保证每个人都有Excel规范操作的意识，万一另外一个人在员工信息表中将员工信息的顺序打乱，手动输入法能保证员工编号和姓名是逐一对应的，但公式输入法始终保持从1号到最后的员工编号的顺序排序。这里以手动输入进行讲解。

在设置数据有效性之前，要考虑限制哪些输入，防止员工编号输入错误。

①员工编号必须为7位。

②员工编号必须是唯一的。

③员工编号前两位是“GT”，后5位可以转换为数值格式。

下面进行具体的介绍。

>> 素材文件：素材\第8章\员工信息数据表1.xlsx

>> 效果文件：效果\第8章\员工信息数据表1.xlsx

1 单击“数据验证”按钮

❶打开“员工信息数据表1”素材文件，❷选择A2:A500单元格区域，单击“数据”选项卡“数据工具”组中的“数据验证”按钮。

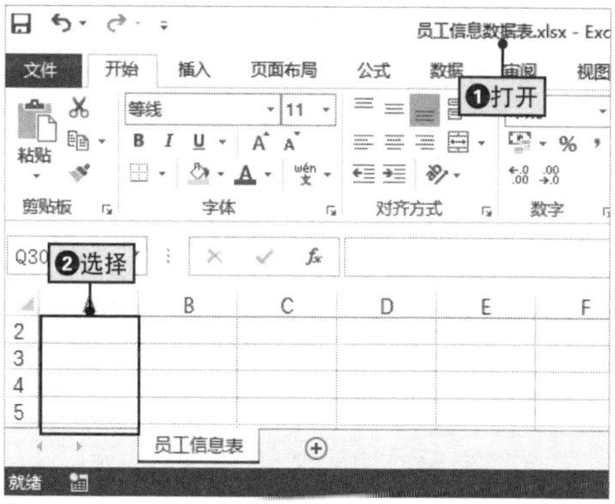

2 输入表头数据建立结构

❶在打开的对话框的“允许”下拉列表框中选择“自定义”选项，❷在“公式”文本框中输入“=AND(LEN(A2)=7,LEFT(A2,2)="GT", ISNUMBER(-RIGHT(A2,5)),COUNTIF($A$2:$A$500,A2)=1)”。

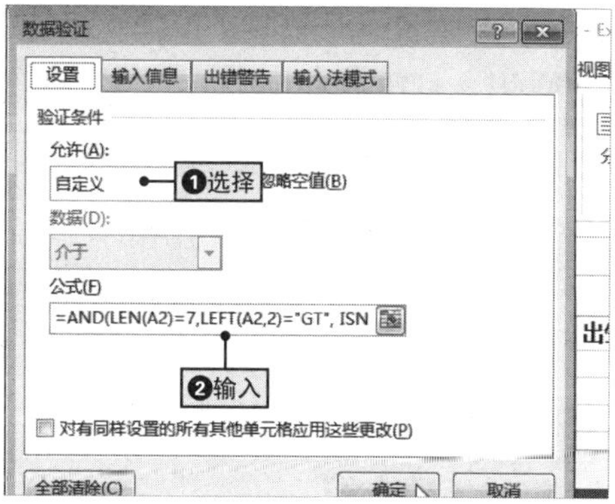

3 设置出错警告

❶单击“出错警告”选项卡，❷在“错误信息”列表框中输入“请检查员工编号是否为7位，是否是唯一的，编码规则是否按‘GT+00001’进行编码”，❸单击“确定”按钮，返回到工作表中如果出现编码错误的情况，则会弹出对话框提醒输入错误。

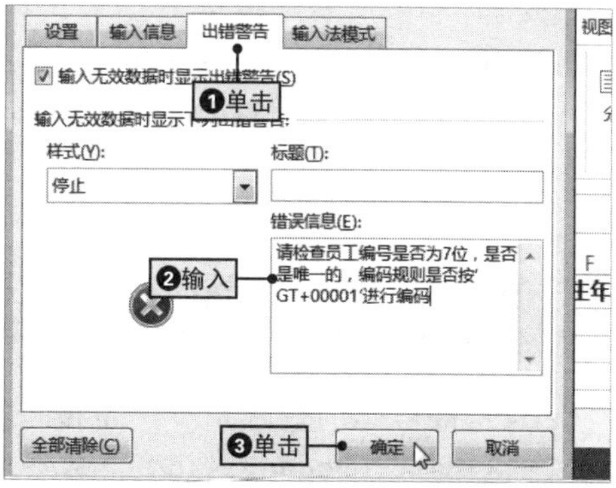

知识链接

1.TEXT()函数介绍

TEXT()函数可将数值转换为文本，并可使用户通过使用特殊格式字符指定显示格式。需要以可读性更高的格式显示数字或需要合并数字、文本号时，此函数很有用。其语法格式为：TEXT (value, format_ text)。各参数的意义如下。

- value：该参数用于指定需要转换为文本数据的数值数据，它可以是具体的数值数据，也可以是对包含数值的单元格的引用或者计算结果为数字值的公式引用。
- format_text：用于指定需要将数值数据转换为某种文本格式，可以是货币、日期、时间、分数和百分比等格式的文本，但不能包含星号（*）。

需要特别说明的是，用TEXT()函数将数字转换为文本格式。当转换的数值小于5位数时，不足的位数在前面用0补足；当数据大于5位数时，显示文本型数值，当数值带有小数时，不显示小数部分，同时遵循前面所述原则。如1.1转换为00001，11转换为00011，111111转换为111111。

2.ROW()函数介绍

ROW()函数用于返回引用的行号，其语法格式为：ROW (reference)。

该函数只有一个reference参数，用于指定需要获取行号的单元格，该参数值也可以是指定的单元格区域，当该参数值为某一个单元格区域时，函数返回该单元格区域中第一个单元格的行号的索引编号。

3.LEN()函数介绍

在Excel中，如果给定了一个字符串，需要获取该字符串的字符长度，可以使用系统提供的LEN()函数来完成。其语法格式为：LEN(text)。该函数只有一个text参数，用于指定要获取字符数的字符串或者单元格引用。

8.1.3 根据输入的身份证号码获取出生日期及性别

身份证号码的输入是有一定技巧的，如果不进行任何设置直接输入，例如输入“510258198702081569”，就会显示“5.1E+17”，在编辑栏中会发现显示为“510258198702081000”。这是因为输入超过12位时，Excel会自动转换为科学计数；如果超过15位，则超过的部分会被转换为“0”。

所以用户在输入时可以先将单元格设置为文本格式；或是输入前，在单元格中输入一个半角的引号，即可正确显示。

根据身份证号码的构成规则，可以从其中获取出生日期和性别。身份证号码第7～14位表示出生年月日，第17位表示性别，单数为男性，双数则为女性。

下面介绍具体的操作方法。

>> 素材文件：素材\第8章\员工信息数据表2.xlsx

>> 效果文件：效果\第8章\员工信息数据表2.xlsx

1 设置单元格格式

打开“员工信息数据表2”素材文件，❶选择G2:G500单元格区域，❷在“数字”组中的“数字格式”下拉列表框中选择“文本”选项即可正常输入文本。

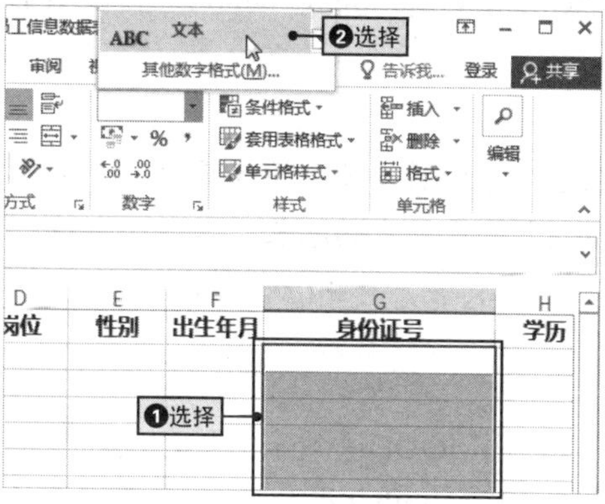

2 设置单元格日期格式

❶选择F2:F500单元格区域，单击“数字”组中的“对话框启动器”按钮，❷在打开的对话框中设置该列单元格的日期输入格式。

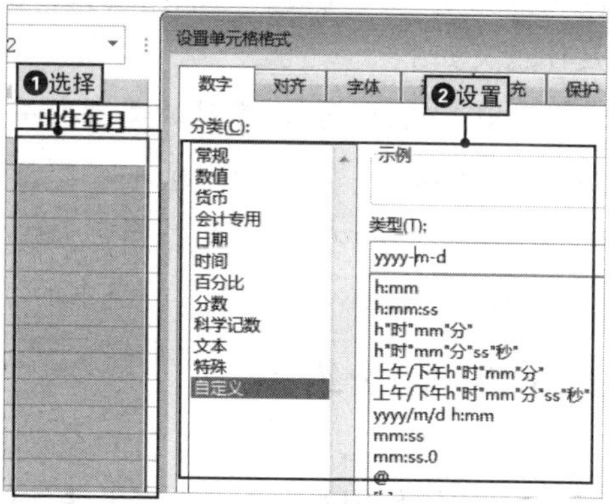

3 提取出生日期

❶保持单元格区域的选择状态，❷在编辑栏中输入“=IF(G2="","",--TEXT(MID(G2,7,8),"#-00-00"))”，按【Ctrl+Enter】组合键计算出生日期。

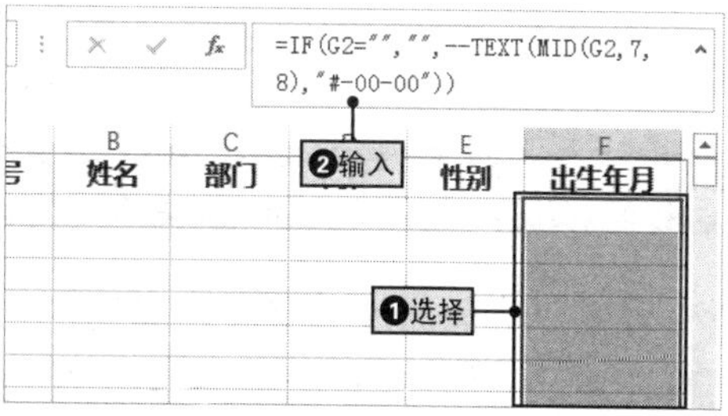

4 性别提取

❶选择E2:E500单元格区域，❷在编辑栏中输入“=IF(G2="","",IF(MOD(MID(G2,17,1),2),"男","女"))”，按【Ctrl+Enter】组合键提取性别。

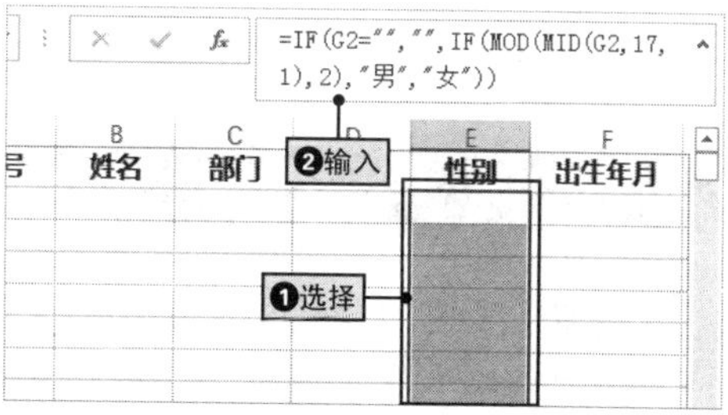

完成提取出生日期和性别的公式的录入后，在G1单元格中输入身份证号码后，即可自动获取出生日期和性别，其最终效果如图8-2所示。

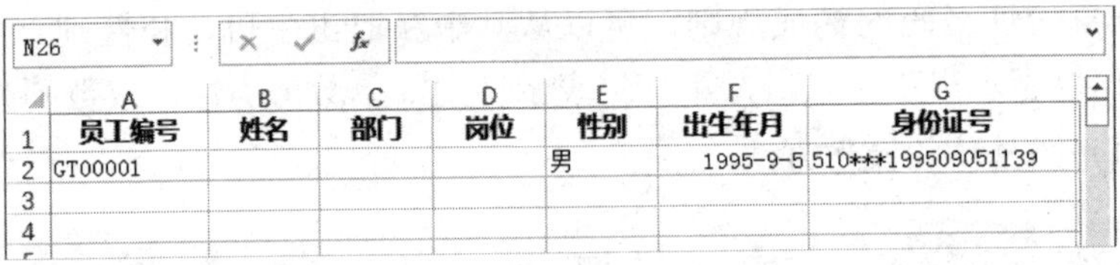

图8-2

知识链接

1.MID()函数介绍

MID()函数用于返回文本字符串中指定位置开始的特定数目的字符，该数目由用户指定。该函数的语法结构为：MID(text,start_num,num_chars)，各参数的具体意义如下。

- text：包含要提取字符的文本字符串。
- start_num：要提取的第一个字符的位置，原字符串中从左至右第一个字符的start_num为1，以此类推。若start_num大于原文本的总长度，返回空值。
- num_chars：指定新字符串中的字符个数，只能是大于0的正整数。

2.MOD()函数介绍

如果要返回两个数相除后的余数，可以使用MOD()函数来实现，其结果的正负号与除数相同，该函数的语法结构为：MOD(number,divisor)。在使用该函数的时候需要注意以下几点。

- number参数表示被除数，divisor参数表示除数。
- divisor参数的值不能为0，若其参数的值为0，则MOD()函数返回错误值“#DIV/0！”。
- MOD()函数的返回值的绝对值必定小于divisor的值的绝对值。

8.1.4 为“学历”和“部门”等字段设置数据有效性

本节主要为“学历”“部门”“岗位”以及“离职原因”字段设置数据验证。为“部门”和“岗位”字段设置数据验证主要使用前面章节介绍的二级联通下拉菜单进行设置。

在设置数据有效性的过程中，主要考虑两个问题：一是部门和岗位应当相对应。二是应尽量减少手动输入，减少出错的可能性，多使用在下拉菜单中选择的方式录入数据。下面介绍具体的操作方法。

>> 素材文件：素材\第8章\员工信息数据表3.xlsx

>> 效果文件：效果\第8章\员工信息数据表3.xlsx

1 录入相关数据

打开“员工信息数据表3”素材文件，❶新建“序列”工作表，❷并将需要使用的序列录入到该工作表中。

2 设置单元格日期格式

❶选择A1:A10单元格区域，❷单击“公式”选项卡“定义的名称”组的“定义名称”按钮，❸在“名称”文本框输入“部门名称”，❹单击“确定”按钮。

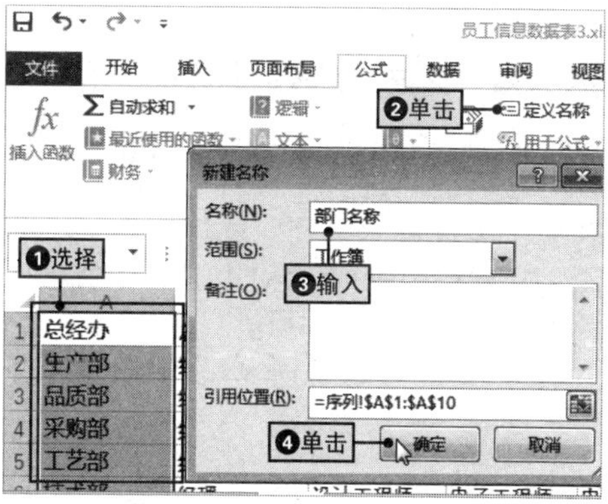

3 单击“定位条件”按钮

❶选择A1:G10单元格区域，按【Ctrl+G】组合键打开“定位”对话框，❷单击“定位条件”按钮。

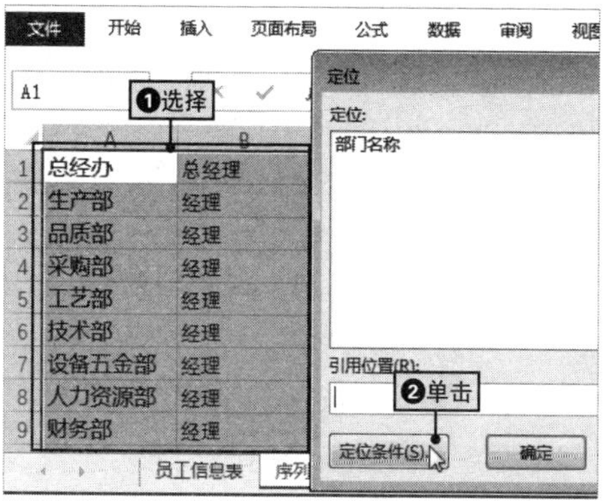

4 设置定位条件

❶在打开“定位条件”对话框中选中“常量”单选按钮，❷单击“确定”按钮即可。

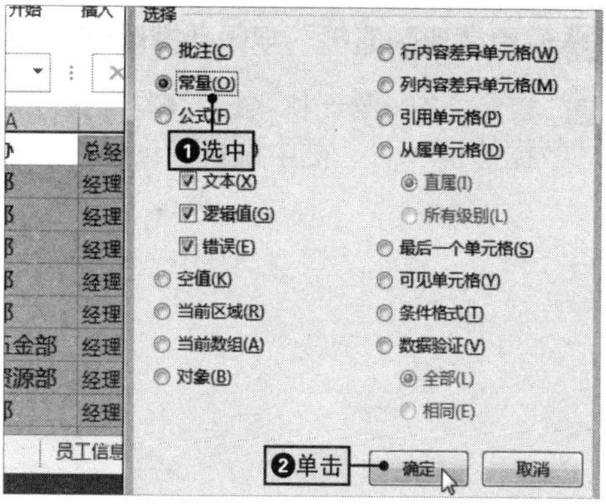

5 根据所选内容创建名称

❶保持选择区域不变，单击“根据所选内容创建”按钮，❷在打开的对话框中直接单击“确定”按钮。

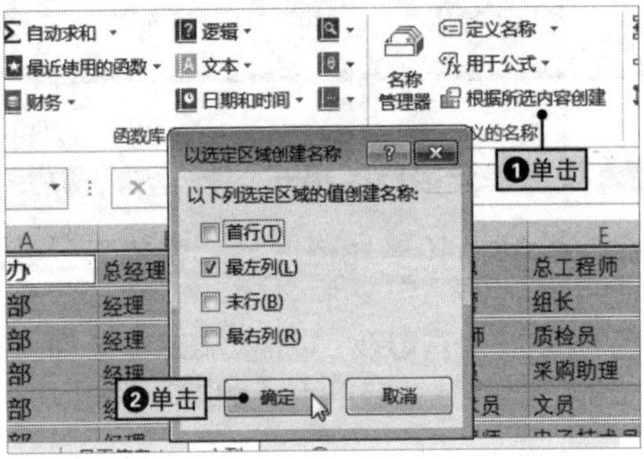

6 设置“部门”字段数据验证

❶切换到“员工信息表”工作表，选择C2:C500单元格区域，❷在打开的“数据验证”对话框中设置验证条件。

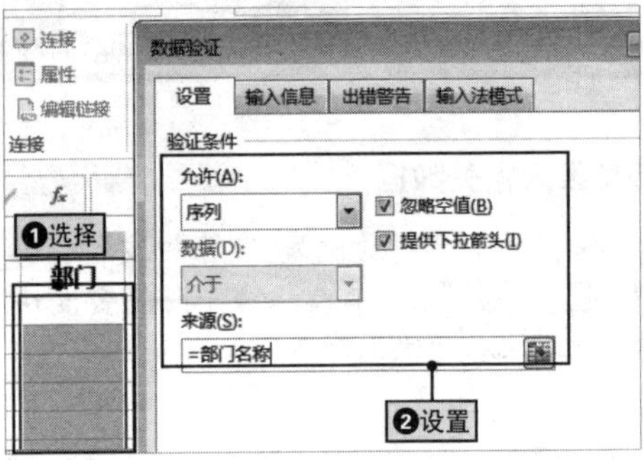

7 设置“岗位”字段数据验证

❶选择D2:D500单元格区域，❷在打开的“数据验证”对话框中的“允许”下拉列表框中选择“序列”选项，❸在“来源”文本框中输入“INDIRECT(C2)”，单击“确定”按钮即可。

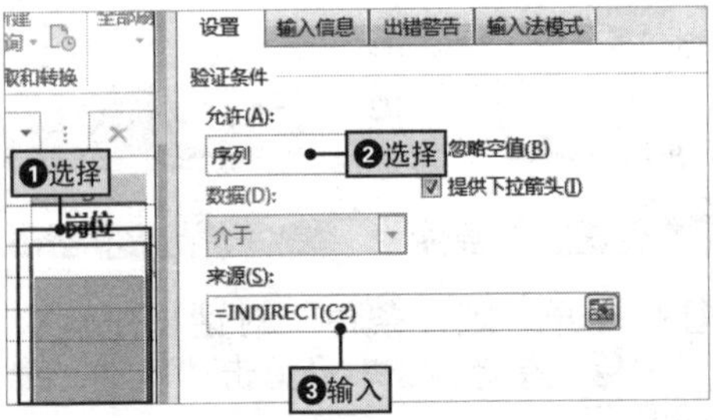

8 设置“学历”字段数据验证

❶选择H2:H500单元格区域，❷在打开的“数据验证”对话框中设置验证条件。

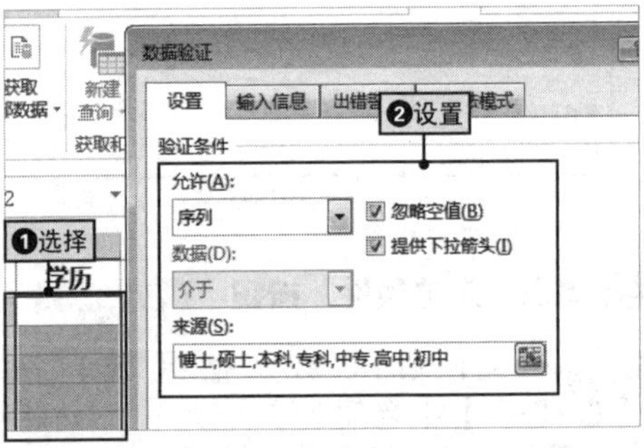

9 设置“离职原因”字段数据验证

❶选择N2:N500单元格区域，❷在打开的“数据验证”对话框中设置验证条件。

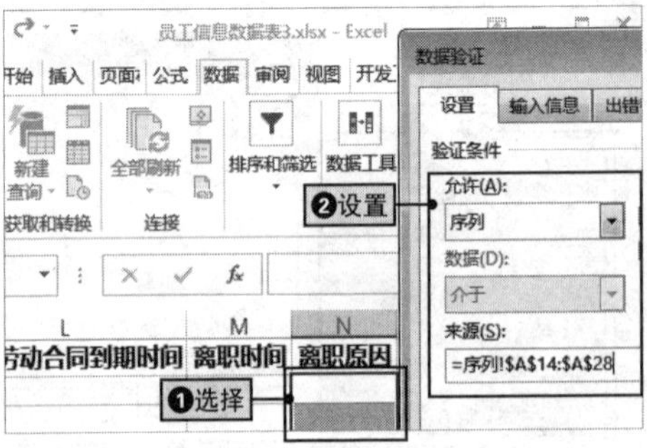

10 完善表格内容

在表格中录入需要的员工信息，对表格中的文本的字体格式进行设置，设置合适的单元格样式和表格边框，其最终效果如右图所示。

	C	D	E	F	
1	部门	岗位	性别	出生年月	
2	生产部	生产主管	男	1990-9-5	510**
3	生产部	生产主管	女	1991-6-8	426**
4	生产部	组长	女	1970-8-19	452**
5	生产部	组长		1992-6-5	486**
6	生产部	组长		1990-7-8	511**
7	生产部	组长	女	1990-6-8	511**

查看

完成“部门”“岗位”“学历”等多个字段的数据验证设置后，即可快速输入相关的信息，其最终效果如图8-3所示。

	C	D	E	F	G	H	I	J
1	部门	岗位	性别	出生年月	身份证号	学历	入职时间	转正时间
2	生产部	生产主管	男	1990-9-5	510***199009051139	本科	2014-4-20	2014-7-20
3	生产部	生产主管	女	1991-6-8	426***199106081524	硕士	2014-4-21	2014-7-21
4	生产部	组长	女	1970-8-19	452***197008191246	硕士	2014-4-22	2014-7-22
5	生产部	组长	女	1992-6-5	486***199206051489	学士	2014-4-23	2014-7-23
6	生产部	组长	男	1990-7-8	511***199007084555	博士	2014-4-24	2014-7-24
7	生产部	组长	女	1990-6-8	511***199006084521	硕士	2014-4-25	2014-7-25
8	生产部	组长	男	1990-5-8	511***199005084532	学士	2014-4-26	2014-7-26
9	生产部	组长	女	1990-4-8	511***199004084522	博士	2014-4-27	2014-7-27
10	生产部	组长	女	1990-3-8	511***199003084545	硕士	2014-4-28	2014-7-28
11	品质部	QC主管	女	1990-2-8	511***199002084525	学士	2014-4-29	2014-7-29
12	品质部	QC主管	女	1990-1-8	511***199001084563	博士	2014-4-30	2014-7-30
13	品质部	质检员	男	1990-6-8	511***199006084512	硕士	2014-5-1	2014-7-31
14	采购部	主管	男	1990-6-8	511***199006084536	学士	2014-5-2	2014-8-1
15	采购部	采购专员	男	1990-6-8	511***199006084555	博士	2014-5-3	2014-8-2
16	采购部	采购专员	男	1990-6-8	511***199006084512	硕士	2014-5-4	2014-8-3
17	采购部	采购专员	男	1990-6-8	511***199006084555	博士	2014-5-5	2014-8-4
18	总经办	常务副总	女	1990-6-8	511***199006084525	硕士	2014-5-6	2014-8-5
19	总经办	生产副总	男	1990-6-8	511***199006084555	学士	2014-5-7	2014-8-6

图8-3

8.2 员工档案数据的维护

员工档案数据维护主要包括对员工生日信息维护和员工转正信息维护。员工生日信息维护是为了快速统计过生日员工信息，员工转正信息维护则可以及时了解到那些员工的试用期结束，应当转正还是不予录用。

8.2.1 员工生日信息维护

公司在员工生日时给员工送上生日祝福和生日礼物，或是在员工生日的时候组织公司其他员工为其举办庆生会，是体现公司对员工关怀的一项手段，既能增强员工的归属感和凝聚力，同时营造了企业氛围。

对于HR来说，准确快捷地统计出指定的时期内过生日的员工信息，是常做的工作，快捷的方法能省去很多的时间。统计生日人数的方法有多种，下面具体介绍使用筛选的方法统计生日在6月份的员工信息。

对于新手来说，还不太懂Excel的复杂操作，尤其对函数还不太熟悉的时候，可以采用筛选的方法快速得到所需结果，具体操作如下。

>> 素材文件：素材\第8章\员工信息数据表4.xlsx

>> 效果文件：效果\第8章\6月份出生员工信息表.xlsx

1 单击“筛选”按钮

❶打开“员工信息数据表4”文件，❷选择任意数据单元格，❸单击“数据”选项卡“排序和筛选”组的“筛选”按钮。

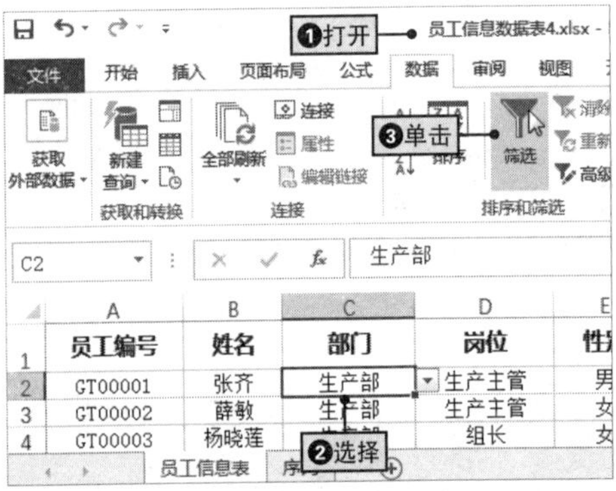

2 日期筛选

❶单击F1单元格右下角下拉按钮，❷在打开的面板中的搜索框中输入“六月”，单击“确定”按钮。

3 清除离职人员信息

❶单击M1单元格右下角的下拉按钮，❷在打开的筛选面板中仅选中“(空白)”复选框，单击“确定”按钮。

4 新建工作表并复制数据

❶新建“6月份出生员工信息表”工作表，❷通过复制粘贴快捷键将数据复制到该工作簿中。

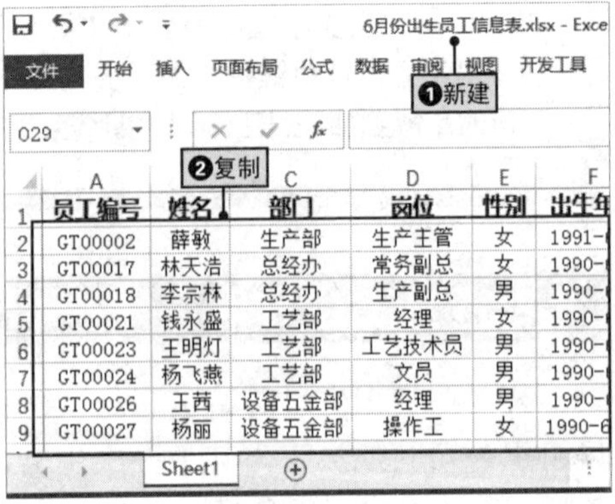

5 最终效果展示

删除G列单元格以后的数据，在第一行数据前插入一行单元格并合并，输入“6月份出生员工信息表”，再设置相应的字体格式。

6月份出生员工信息表					
员工编号	姓名	部门	岗位	性别	出生年月
GT00002	薛敏	生产部	生产主管	女	1991-6-8
GT00017	林天浩	总经办	常务副总	女	1990-6-8
GT00018	李宗林	总经办	生产副总	男	1990-6-8
GT00021	钱永盛	工艺部	经理	女	1990-6-8
GT00023	王明灯	工艺部	工艺技术员	男	1990-6-8
GT00024	杨飞燕	工艺部	文员	男	1990-6-8
GT00026	王茜	设备五金部	经理	男	1990-6-8
GT00027	杨丽	设备五金部	操作工	女	1990-6-28

设置

Sheet1

通过筛选的方法完成6月份员工生日信息的统计后，即可快速查看6月份公司员工的生日信息，其最终效果如图8-4所示。通过该工作表可以快速了解该月过生日员工的基本信息。

1	6月份出生员工信息表					
2	员工编号	姓名	部门	岗位	性别	出生年月
3	GT00002	薛敏	生产部	生产主管	女	1991-6-8
4	GT00017	林天浩	总经办	常务副总	女	1990-6-8
5	GT00018	李宗林	总经办	生产副总	男	1990-6-8
6	GT00021	钱永盛	工艺部	经理	女	1990-6-8
7	GT00023	王明灯	工艺部	工艺技术员	男	1990-6-8
8	GT00024	杨飞燕	工艺部	文员	男	1990-6-8
9	GT00026	王茜	设备五金部	经理	男	1990-6-8
10	GT00027	杨丽	设备五金部	操作工	女	1990-6-28

图8-4

知识链接

1.取消筛选

对表格数据进行筛选后，想要取消筛选，以筛选的“出生年月”字段为例，可以在打开的筛选面板中选择“从‘出生年月’中清除筛选”选项，或是选中“（全选）”复选框，如图8-5所示。还可以单击“开始”选项卡“编辑”组中的“排序和筛选”下拉按钮，选择“清除”选项，如图8-6所示。

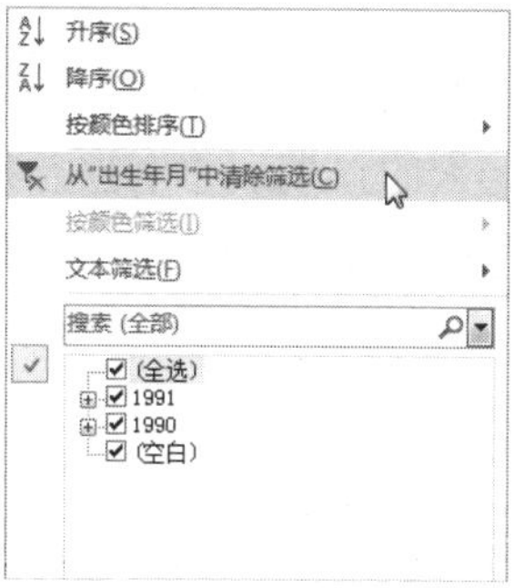

图8-5

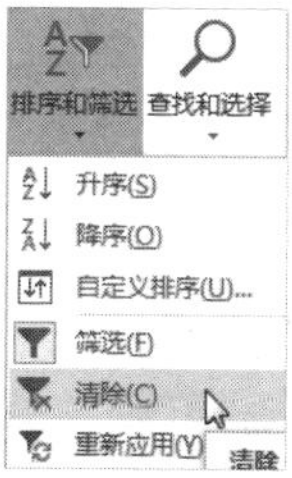

图8-6

2.退出筛选状态

通过退出筛选状态的方法也可以实现取消筛选的效果，当用户不再需要对数据进行筛选，则可以退出筛选状态。只需要单击“数据”选项卡“排序和筛选”组中的“筛选”按钮即可退出筛选状态，如图8-7所示。还可以单击“开始”选项卡“编辑”组中的“排序和筛选”下拉按钮，选择“筛选”选项，如图8-8所示。

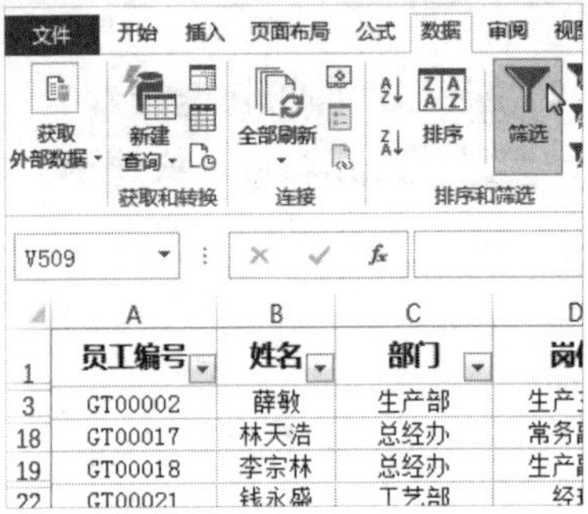

图8-7

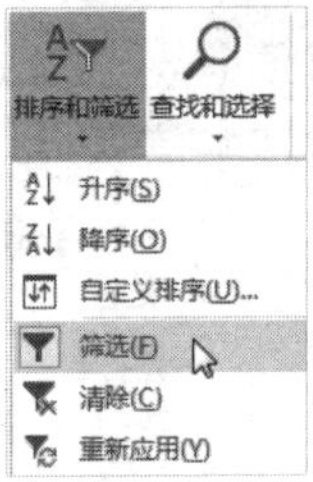

图8-8

8.2.2 劳动合同续签信息维护

在《劳动法》等相关法规中并没有规定劳动合同到期不续签需要提前通知，但在地方性规定中会要求提前通知。

从另一个角度考虑，劳动合同到期后无论公司还是员工，若不续签，两方都是需要提前准备的，对于公司来说需要提前招聘此岗位的人员，对于员工来说需要做好准备找下一份工作。所以无论地方法规中有没有规定提前通知劳动合同到期不续签，HR做好工作提前通知还是完全有必要的。

假定提前30天通知员工劳动合同到期续签或不续签，则需要超过30天的时间来统计信息，到提前30天前将续签或不续签的意向以书面形式通知员工。每天打开员工信息表来查询符合情况的员工信息既麻烦又浪费时间，可以以自然月进行提前统计，做一个月度计划表，到提前30天的日期后将书面意向送达员工。例如，5月25日～30日统计7月份劳动合同到期的员工信息，在6月份的时候按时间分别送达书面意向书。

下面具体介绍劳动合同到期统计表的制作方法.

>> 素材文件：素材\第8章\员工信息数据表5.xlsx

>> 效果文件：效果\第8章\员工信息数据表5.xlsx

1 新建工作表并输入数据

❶打开“员工信息数据表5”素材文件，❷创建“劳动合同到期统计表”工作表，❸录入表标题和表头数据。

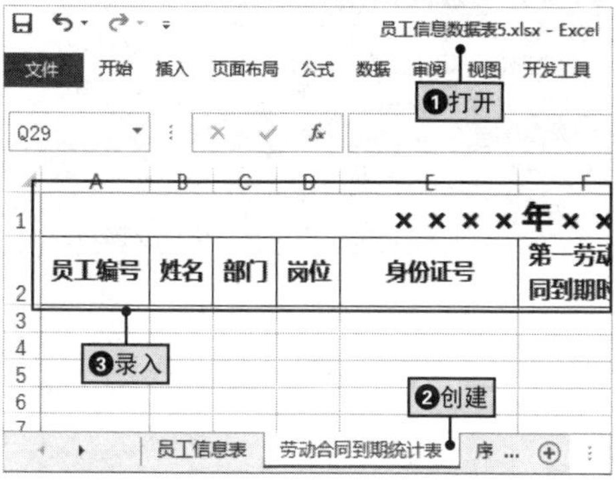

2 日期筛选

选择A3单元格，输入如下公式，按【Ctrl+Shift+Enter】组合键并向下填充到A102单元格，向右填充至E102单元格。

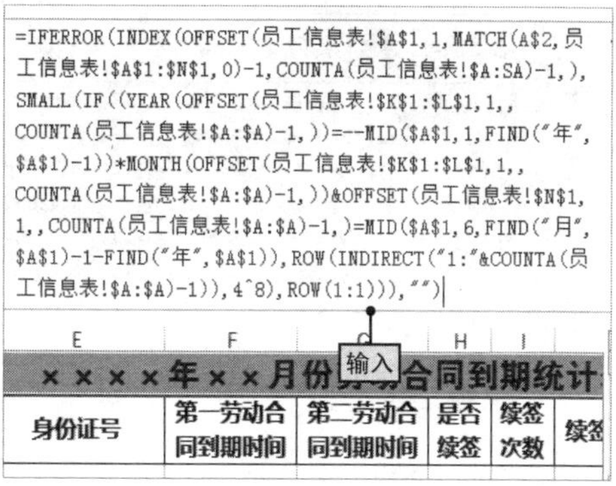

3 分别计算其他列数据

分别在F3、G3、I3、J3、K3和L3单元格中输入如下公式进行计算，并向下填充至第102行。

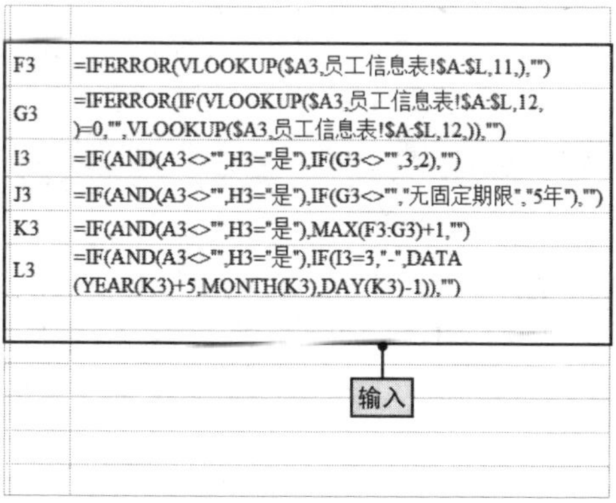

F3	=IFERROR(VLOOKUP($A3,员工信息表!$A:$L,11,),"")
G3	=IFERROR(IF(VLOOKUP($A3,员工信息表!$A:$L,12,)=0,"",VLOOKUP($A3,员工信息表!$A:$L,12,)),"")
I3	=IF(AND(A3<>"",H3="是"),IF(G3<>"",3,2),"")
J3	=IF(AND(A3<>"",H3="是"),IF(G3<>"","无固定期限","5年"),"")
K3	=IF(AND(A3<>"",H3="是"),MAX(F3:G3)+1,"")
L3	=IF(AND(A3<>"",H3="是"),IF(I3=3,"-",DATA(YEAR(K3)+5,MONTH(K3),DAY(K3)-1)),"")

4 设置单元格格式

❶将F列、G列、K列、L列设置日期格式为“YYYY-M-D”，❷将标题时间改为“2019年7月份劳动合同到期统计表”。

5 是否续签信息录入

❶在“是否续签”字段下输入“是”或“否”，❷即可查看到自动计算出续签期限等信息，如右图所示。

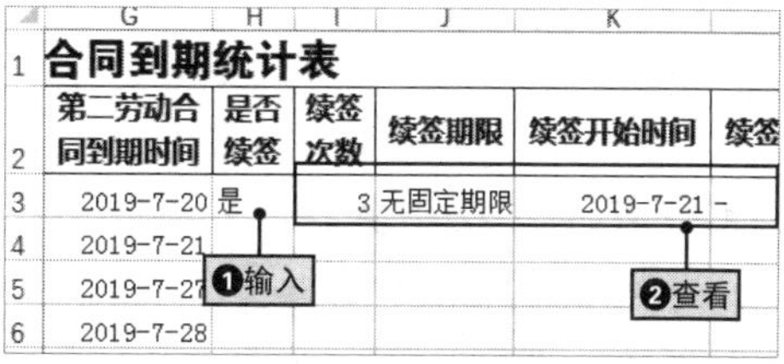

完成劳动合同到期统计表的设计后，即可快速查看该月份劳动合同即将到期的员工数据，其最终效果如图8-9所示。在该工作表中可以通过修改表标题的月份数实现对不同月份劳动合同到期数据统计。

2019年7月份劳动合同到期统计表

员工编号	姓名	部门	岗位	身份证号	第一劳动合同到期时间	第二劳动合同到期时间	是否续签	续签次数	续签期限	续签
GT00001	张齐	生产部	生产主管	510***199009051139	2017-7-20	2019-7-20	是	3	无固定期限	201
GT00002	薛敏	生产部	生产主管	426***199106081524	2017-7-21	2019-7-21	是	3	无固定期限	201
GT00008	马英	生产部	组长	511***199004084522	2017-7-27	2019-7-27	否			
GT00009	胡艳	生产部	组长	511***199003084545	2017-7-28	2019-7-28	否			
GT00010	李聃	品质部	QC主管	511***199002084525	2017-7-29	2019-7-29	是	3	无固定期限	201
GT00011	张炜	品质部	QC主管	511***199001084563	2017-7-30	2019-7-30	是	3	无固定期限	201

员工信息表 | 劳动合同到期统计表 | 序列

图8-9

TIP 本案例公式说明

本小节中使用到的公式“=IFERROR(INDEX(OFFSET(员工信息表!$A$1,1,MATCH(A$2,员工信息表!$A$1:$N$1,0)-1,COUNTA(员工信息表!$A:SA)-1,),SMALL(IF((YEAR(OFFSET(员工信息表!$K$1:$L$1,1,,COUNTA(员工信息表!$A:$A)-1,))=--MID($A$1,1,FIND("年",$A$1)-1))*MONTH(OFFSET(员工信息表!$K$1:$L$1,1,,COUNTA(员工信息表!$A:$A)-1,))&OFFSET(员工信息表!$N$1,1,,COUNTA(员工信息表!$A:$A)-1,)=MID($A$1,6,FIND("月",$A$1)-1-FIND("年",$A$1)),ROW(INDIRECT("1:"&COUNTA(员工信息表!$A:$A)-1)),4^8),ROW(1:1))),"")”，结合函数的环境来看，这个函数是返回2019年7月劳动合同到期且没有离职人员的员工编号。分解来看，它是用IF()函数来判断是否满足，如果都满足，则返回满足条件的这条信息所在的行号，并用SMALL()函数从小到大进行排序，然后用INDEX()函数将符合条件的员工编号分别提取出来，如果INDEX()函数在计算过程中出错，用IFERROR()函数返回空值。

知识链接

1.COUNTA()函数介绍

COUNTA()函数可计算单元格区域中不为空的单元格个数，即对包含任何类型数据的单元格进行计数，包括空文本（" "）和错误值，其具体语法结构为：COUNTA(value1,value2,…)。

参数value1、value2表示包含或引用各种类型数据的参数，参数的趋势范围为1～255个。对于参数的数据类型，可以是数值、文本或者逻辑数字。

2.FIND()函数介绍

FIND()函数搜索一个字符串在另一个字符串中出现的位置。其语法结构为：FIND(find_text,within_text,start_num)。该函数的各参数含义如下。

- find_text：用于指定需要查找的文本。
- within_text：用于指定在某个字符串或者单元格中查找。
- start_num：用于within_text中开始查找的字符的编号，start_num参数也可以省略，省略时表示从within_text的第一个字符开始查找。

需要注意的是，在使用FIND()函数查找指定文本时，如果查找的字符串中有两处相同的查找内容，将返回第一处查找内容的位置，如果指定查找位置，则会从指定位置开始查找，但返回的值都表示查找内容在整个字符串中的位置。如果参数within_text中没有要查找的字符串、start_num小于等于0，或start_num大于within_text的长度，系统都将自动返回错误值#VALUE！。

8.2.3 员工转正信息维护

《劳动合同法》中规定"同一用人单位与同一劳动者只能约定一次试用期。"所以员工在试用期是否合格，是继续聘用员工还是以试用期不合格为由与员工解除劳动合同，都要及时解决。对HR来说，需要主动出击，在转正日期前解除劳动合同，还是在转正日期后及时收集转正申请，并与待转正员工进行转正面谈，都是需要及时把握时间节点的。

假定员工拟转正日期向后顺延5天是转正申请表收集的最后期限，员工拟转正日期向后顺延8天是转正面谈的最后时间，我们可以做一个"员工转正统计表"，按自然月统计，放入月度工作文件夹里对自己进行提醒。因员工提前转正无规律可循，所以此表只统计正常转正的情况。

下面具体介绍劳动合同到期统计表的制作方法。

>> 素材文件：素材\第8章\员工信息数据表6.xlsx

>> 效果文件：效果\第8章\员工信息数据表6.xlsx

1 新建工作表并输入数据

❶打开“员工信息数据表6”素材文件，创建“员工转正统计表”工作表，❷录入表标题和表头数据。

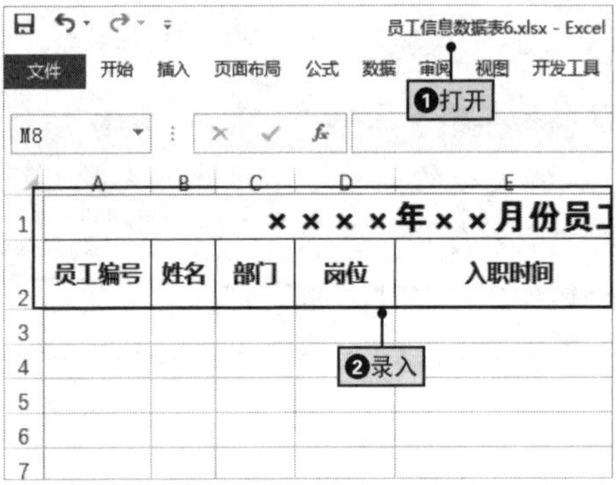

2 获取员工编号

选择A3单元格，输入如下公式，按【Ctrl+Shift+Enter】组合键并向下填充到A102单元格，向右填充至E102单元格。

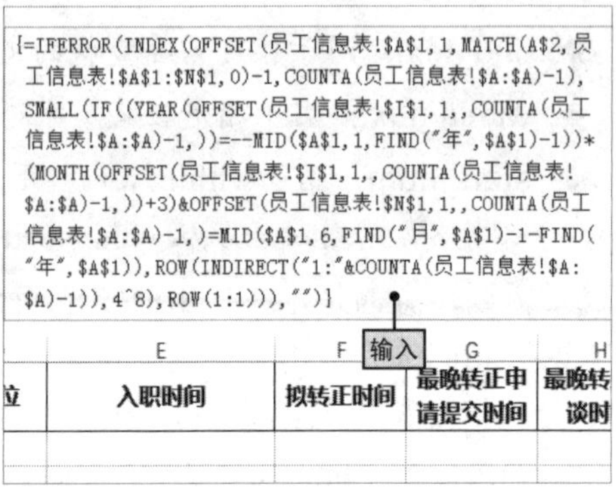

3 计算其他数据

在F3、G3和H3单元格中分别输入公式“=EDATE(E3,3)”，“=F3-5”，“=F3+8”向下填充数据。

4 设置单元格格式

❶将E～H列数据设置为日期格式“YYYY-M-D”格式，❷将标题改为“2014年8月份员工转正统计表”。

5 设置条件格式

选择A3:H102单元格区域，❶在打开的“新建格式规则”对话框中选择“使用公式确定要设置格式的单元格”选项，❷在打开的文本框中输入“=$A3<>""”，❸单击“格式”按钮。

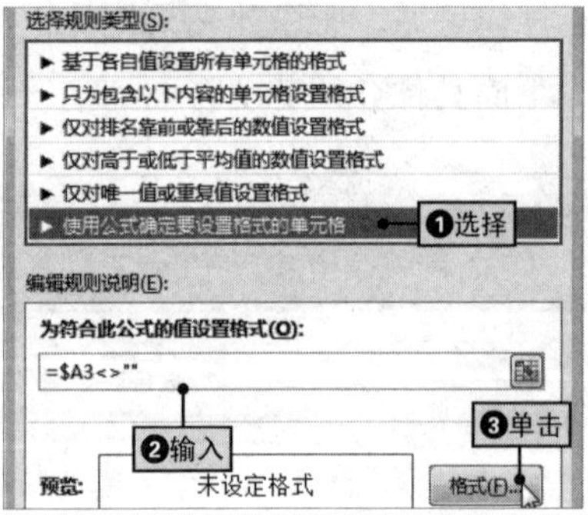

6 设置规则样式

❶在打开的“设置单元格格式”对话框中单击的“边框”选项卡，❷单击“外边框”按钮，依次单击“确定”按钮即可完成设置。

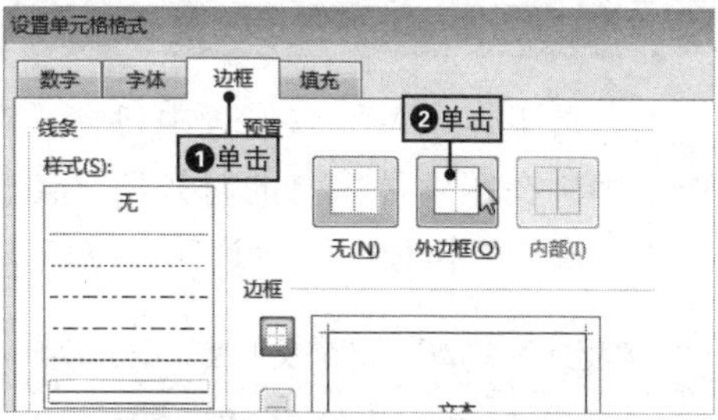

完成员工转正统计表的设计与制作后，即可快速查看该月份公司员工拟转正的相关数据，其最终效果如图8-10所示。在该工作表中同样可以通过修改表标题的年份和月份实现对不同月份即将转正的相关数据进行查看。

	A	B	C	D	E	F	G	H
1	2014年8月份员工转正统计表							
2	员工编号	姓名	部门	岗位	入职时间	拟转正时间	最晚转正申请提交时间	最晚转正面谈时间
3	GT00017	林天浩	总经办	常务副总	2014-5-6	2014-8-6	2014-8-1	2014-8-14
4	GT00018	李宗林	总经办	生产副总	2014-5-7	2014-8-7	2014-8-2	2014-8-15
5	GT00019	王红梅	总经办	总工程师	2014-5-8	2014-8-8	2014-8-3	2014-8-16
6	GT00020	柳云飞	工艺部	经理	2014-5-9	2014-8-9	2014-8-4	2014-8-17
7	GT00021	钱永盛	工艺部	经理	2014-5-10	2014-8-10	2014-8-5	2014-8-18
8	GT00022	陶菲菲	工艺部	工艺工程师	2014-5-11	2014-8-11	2014-8-6	2014-8-19
9	GT00023	王明灯	工艺部	工艺技术员	2014-5-12	2014-8-12	2014-8-7	2014-8-20
10	GT00024	杨飞燕	工艺部	文员	2014-5-13	2014-8-13	2014-8-8	2014-8-21
11	GT00025	柯凡	设备五金部	组长	2014-5-14	2014-8-14	2014-8-9	2014-8-22
12	GT00026	王茜	设备五金部	经理	2014-5-15	2014-8-15	2014-8-10	2014-8-23
13	GT00027	杨丽	设备五金部	操作工	2014-5-16	2014-8-16	2014-8-11	2014-8-24
14	GT00028	刘春明	技术部	电子工程师	2014-5-17	2014-8-17	2014-8-12	2014-8-25
15	GT00029	陈夏荷	人力资源部	人事助理	2014-5-18	2014-8-18	2014-8-13	2014-8-26

序列　员工转正统计表

图8-10

TIP 本案例公式说明

=IFERROR(INDEX(OFFSET(员工信息表!$A$1,1,MATCH(A$2,员工信息表!$A$1:$N$1,0)-1,COUNTA(员工信息表!$A:$A)-1),SMALL(IF((YEAR(OFFSET(员工信息表!$I$1,1,,COUNTA(员工信息表!$A:$A)-1,))=--MID($A$1,1,FIND("年",$A$1)-1))*(MONTH(OFFSET(员工信息表!$I$1,1,,COUNTA(员工信息表!$A:$A)-1,))+3)&OFFSET(员工信息表!$N$1,1,,COUNTA(员工信息表!$A:$A)-1,)=MID($A$1,6,FIND("月",$A$1)-1-FIND("年",$A$1)),ROW(INDIRECT("1:"&COUNTA(员工信息表!$A:$A)-1)),4^8),ROW(1:1))),"")。

结合函数的环境来看，这个函数是返回2014年6月份转正员工编号。分解来看，它是用IF()函数来判断是否满足拟转正日期年份为2014年、月份为入职日期向后延期3个月且没有离职3个情况。如果都满足则返回满足条件的这条信息所在的行号，并用SMALL()函数从小到大进行排序，然后用INDEX()函数将符合条件的员工编号分别提取出来，如果INDEX()函数在计算过程中出错，用IFERROR()函数返回空值。

8.2.4 在职员工信息管理

“员工信息表”工作表中包含了在职人员信息和离职人员信息，在日常工作中用到在职人员信息的时候还是比较多的，因此可以建立一个“在职人员信息统计表”工作表。下面具体介绍在职员工信息统计表的制作方法。

>> 素材文件：素材\第8章\员工信息数据表7.xlsx

>> 效果文件：效果\第8章\员工信息数据表7.xlsx

1 新建工作表并输入数据

❶打开“员工信息数据表7”素材文件，❷创建“在职人员信息统计表”工作表，❸录入表标题和表头数据。

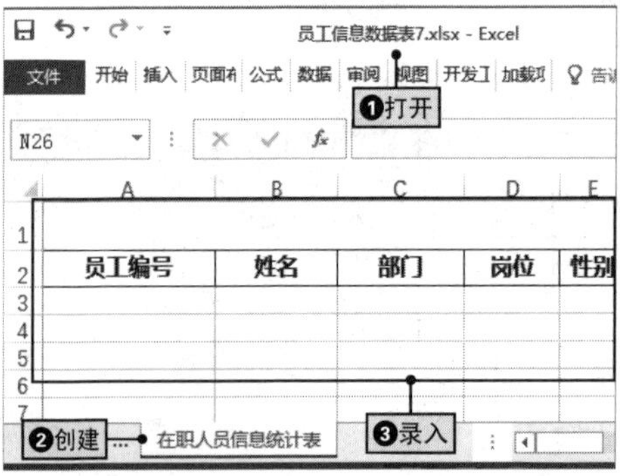

2 获取员工编号数据

❶选择A3单元格，❷在编辑栏中输入“=INDEX(员工信息表!A:A,SMALL(IF(LEN(员工信息表!$M$2:$M$1000)<=1,ROW($M$2:$S$1000),2000),ROW(1:1)))”。

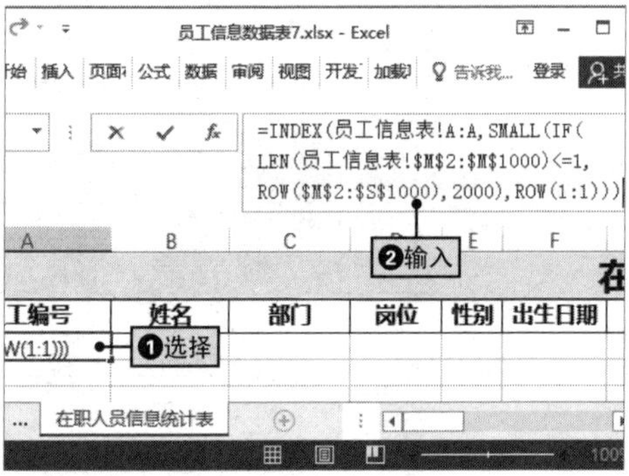

3 获取其他数据

按【Ctrl+Shift+Enter】组合键获取符合要求的数据，分别向下填充单元格，向右填充单元格。

4 选择“新建规则”命令

❶选择A3:L1000单元格区域，❷单击“样式”组中的“条件格式”下拉按钮，❸选择“新建规则”命令。

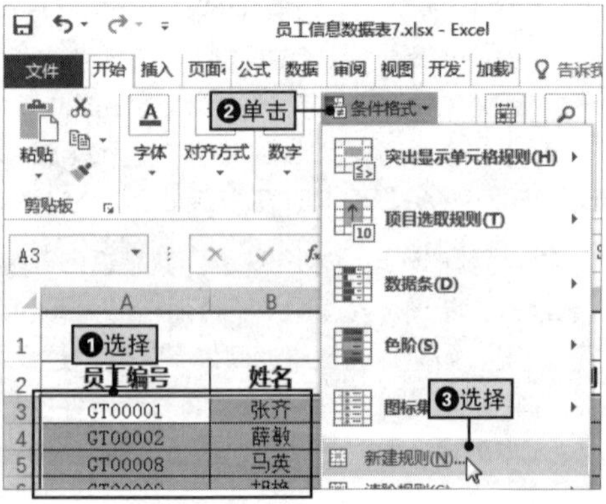

5 设置条件规则

❶在打开对话框的“选择规则类型”列表框中选择最后一个选项，❷在下方的文本框中输入“=$A4<>""”，❸单击“格式”按钮即可。

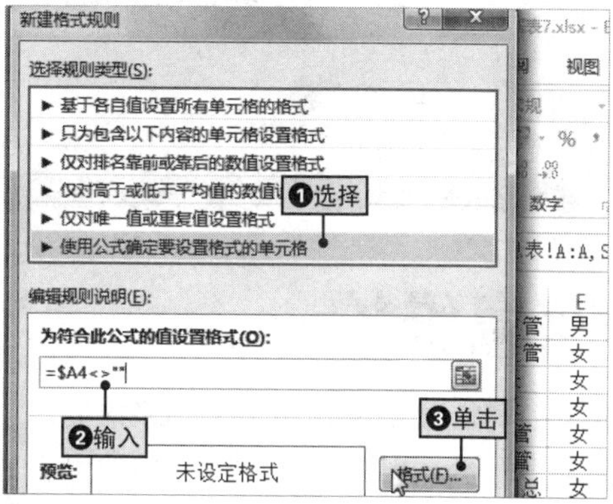

6 设置满足条件的样式

❶在打开的“设置单元格格式”对话框中单击“边框”选项卡，❷直接单击“外边框”按钮，然后依次单击“确定”按钮保存设置。

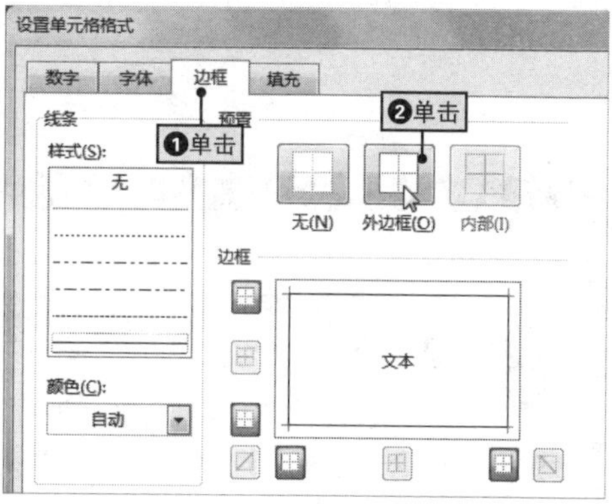

7 忽略零值

打开“Excel选项”对话框，❶单击左侧的“高级”选项卡，❷在右侧的“此工作表的显示选项”栏中取消选中“在具有零值的单元格中显示零”复选框，单击“确定”按钮即可。

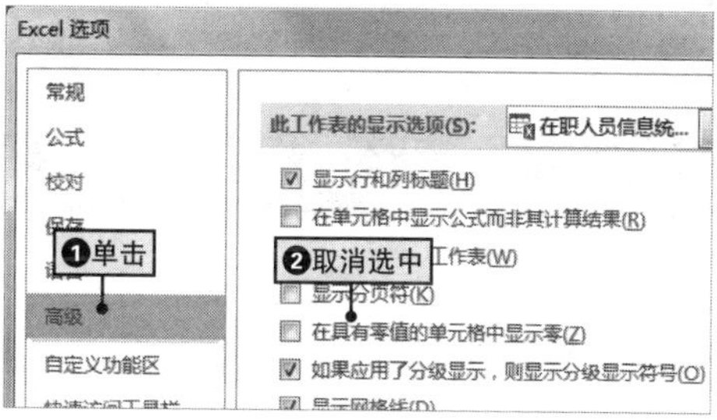

完成在职人员信息统计表的设计与制作后，即可查看公司在职员工的相关信息，其最终效果如图8-11所示。

2	员工编号	姓名	部门	岗位	性别	出生日期	身份证号	学历	入职时间	转正
3	GT00001	张齐	生产部	生产主管	男	1990-9-5	510***199009051139	本科	2014-4-20	2014-7
4	GT00002	薛敏	生产部	生产主管	女	1991-6-8	426***199106081524	硕士	2014-4-21	2014-7
5	GT00008	马英	生产部	组长	女	1990-4-8	511***199004084522	博士	2014-4-27	2014-7
6	GT00009	胡艳	生产部	组长	女	1990-3-8	511***199003084545	硕士	2014-4-28	2014-7
7	GT00010	李聃	品质部	QC主管	女	1990-2-8	511***199002084525	学士	2014-4-29	2014-7
8	GT00011	张炜	品质部	QC主管	女	1990-1-8	511***199001084563	博士	2014-4-30	2014-7
9	GT00017	林天浩	总经办	常务副总	女	1995-6-8	511***199506084525	硕士	2014-5-6	2014-
10	GT00018	李宗林	总经办	生产副总	男	1990-6-8	511***199006084555	学士	2014-5-7	2014-
11	GT00019	王红梅	总经办	总工程师	女	1993-2-8	511***199302084525	博士	2014-5-8	2014-
12	GT00020	柳云飞	工艺部	经理	男	1990-11-8	511***199011084555	硕士	2014-5-9	2014-
13	GT00021	钱永盛	工艺部	经理	女	1990-6-8	511***199006084525	学士	2014-5-10	2014-
14	GT00022	陶菲菲	工艺部	工艺工程师	男	1990-10-8	511***199010084555	博士	2014-5-11	2014-8
15	GT00023	王明灯	工艺部	工艺技术员	男	1994-6-8	511***199406084532	硕士	2014-5-12	2014-8
16	GT00024	杨飞燕	工艺部	文员	男	1990-6-8	511***199006084555	博士	2014-5-13	2014-8
17	GT00025	柯凡	设备五金部	组长	男	1990-9-4	511***199009044555	硕士	2014-5-14	2014-8
18	GT00026	王茜	设备五金部	经理	男	1994-6-8	511***199406084512	学士	2014-5-15	2014-8

图8-11

TIP 本案例公式说明

上述案例的公式中，“LEN(员工信息表!$M$2:$M$1000)<=1”用来判断“离职时间”字段是否为空，“IF(LEN(员工信息表!$M$2:$M$1000)<=1,ROW($M$2:$S$1000),2000),ROW(1:1)”用来判断员工是否为在职员工，并返回相应的结果，再用INDEX()函数获取数据。

8.3 员工人事变动信息维护

员工人事信息变动维护主要包括对公司临时人事数据的统计以及对员工岗位异动的维护。通过对员工人事变动信息的维护，可以更加直观地了解公司内人事调度情况。

8.3.1 临时人事数据统计

除了一些需要固定统计的数据外，人事专员也需要统计各种临时数据。统计临时数据在人事专员的数据统计工作中占用时间较多。人事专员不可能知道同事或者上级临时需要哪些数据，但无论统计什么数据，只要掌握了筛选方法或使用函数一般都能应对过来的。

例如领导需要硕士以上学历，年龄在23～28周岁的所有在职人员信息。当我们接到领导的工作安排后，先分析一下他安排的事项。他需要的是23～28周岁的人员，在员工信息表中没有显示年龄，我们可以用出生日期来计算员工的年龄，假如统计当天是2019年4月1日，那么出生日期在1991年4月1日以后和1996年4月1日以前出生的人员都在我们统计范围内。具体步骤如下。

>> 素材文件：素材\第8章\员工信息数据表8.xlsx

>> 效果文件：效果\第8章\员工信息数据表8.xlsx

1 保存单元格值

❶打开“员工信息数据表8”素材文件，❷复制“出生年月”字段数据，❸单击“粘贴”下拉按钮，❹在打开的下拉菜单中选择“值”选项。

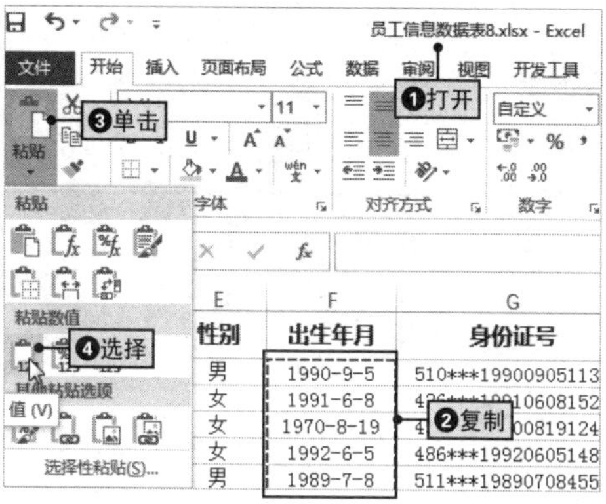

2 转换为日期格式

复制F列数据到其他空白单元格，将F列单元格删除，再在相同位置插入一列单元格，并将复制的值粘贴到当前插入的列中，将其转换为日期数据格式。

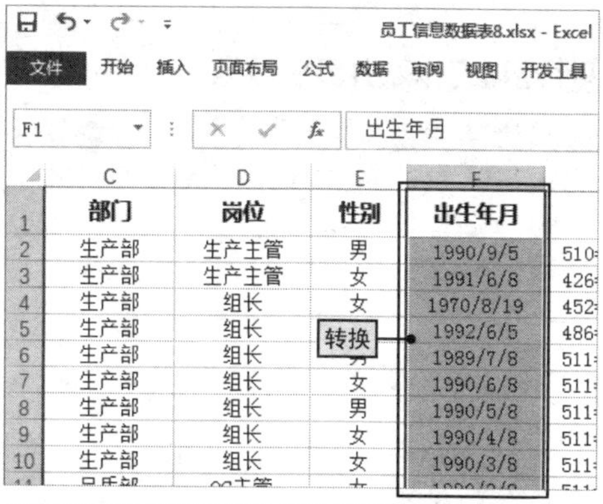

3 选择“介于”命令

进入筛选状态，❶单击F1单元格右下角的下拉按钮，❷在打开的面板中选择“日期筛选”命令，❸在其子菜单中选择“介于”命令。

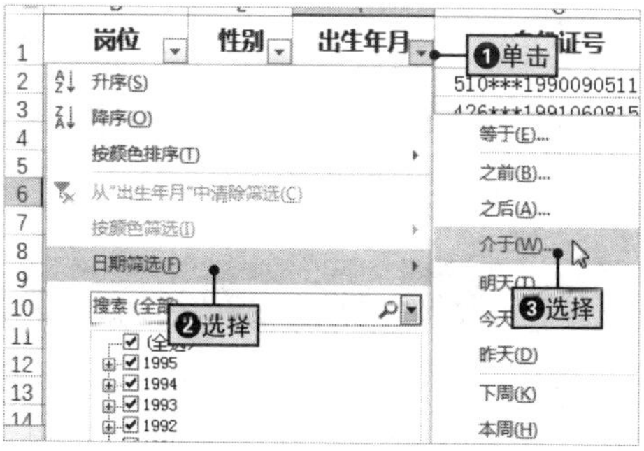

4 设置筛选条件

❶在打开的文本框的右侧上下文本框中分别输入“1991-4-1”和“1996-4-1”，❷单击“确定”按钮即可。

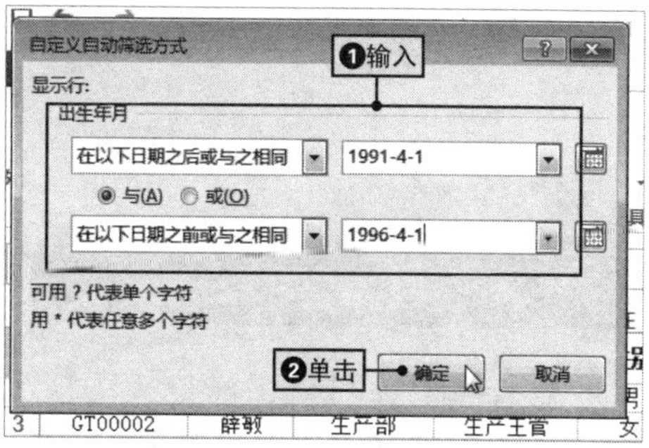

5 筛选硕士以上学历

❶单击H1单元格右下角的下拉按钮，❷仅选中“博士”和“硕士”复选框，单击“确定”按钮即可。

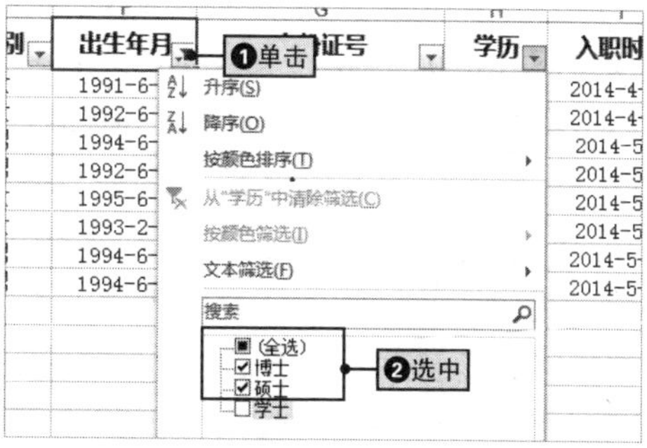

TIP 日期格式的转换

由前面的内容可知，该列数据是使用公式从F列单元格中的身份证号码获取的，所以该列单元格为文本格式，则无法进行日期筛选，要想进行日期筛选，只有复制并重新插入一列单元格，即可实现日期筛选。

6 新建工作表并复制数据

以同样的方法筛选出在职员工，❶新建“人员信息汇总表”工作表，❷将筛选出的数据复制到该工作表，再将M:N单元格区域多余数据删除，最终效果如右图所示。

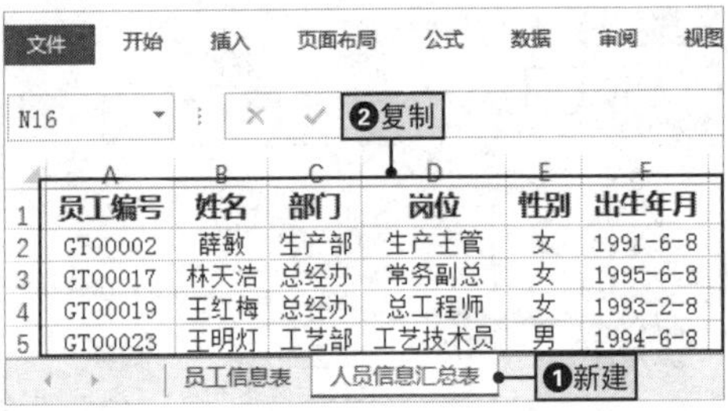

	A	B	C	D	E	F
1	员工编号	姓名	部门	岗位	性别	出生年月
2	GT00002	薛敏	生产部	生产主管	女	1991-6-8
3	GT00017	林天浩	总经办	常务副总	女	1995-6-8
4	GT00019	王红梅	总经办	总工程师	女	1993-2-8
5	GT00023	王明灯	工艺部	工艺技术员	男	1994-6-8

完成数据筛选后，其最终效果如图8-12所示。在该工作表中可以查看所有满足条件的数据。

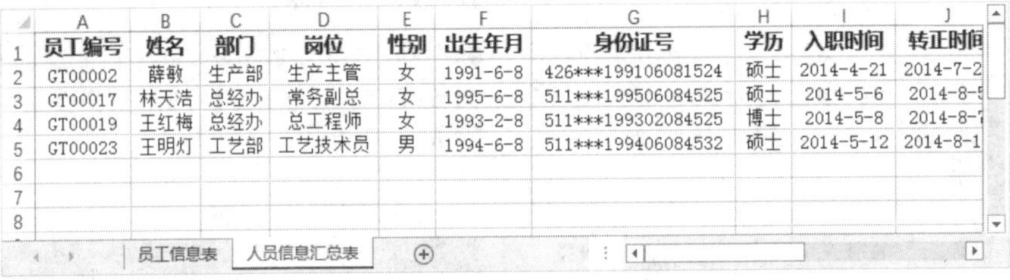

	A	B	C	D	E	F	G	H	I	J
1	员工编号	姓名	部门	岗位	性别	出生年月	身份证号	学历	入职时间	转正时间
2	GT00002	薛敏	生产部	生产主管	女	1991-6-8	426***199106081524	硕士	2014-4-21	2014-7-2
3	GT00017	林天浩	总经办	常务副总	女	1995-6-8	511***199506084525	硕士	2014-5-6	2014-8-
4	GT00019	王红梅	总经办	总工程师	女	1993-2-8	511***199302084525	博士	2014-5-8	2014-8-
5	GT00023	王明灯	工艺部	工艺技术员	男	1994-6-8	511***199406084532	硕士	2014-5-12	2014-8-1
6										
7										
8										

图8-12

8.3.2 员工岗位异动表设计维护

在公司中，对员工岗位异动情况进行记录，能清楚记录人力资源配置情况，是人事信息统计中的一项重要工作，同时也是记录员工在公司发展轨迹的重要手段。尤其是成立时间比较长的公司中，员工岗位变动情况越积越多，如果将这些情况记录下来，这对公司和员工来说都是笔财富。有的公司是用纸质的员工档案来记录异动情况，但这样不利于对相关情况进行汇总，可以用纸质档案和电子档案并行的方式进行记录。

员工岗位异动情况很多，试用期转正、跨部门岗位变动、本部门岗位变动、岗位晋升或降职、离职等情况都属于岗位异动。在员工岗位异动表中，只需要设计跨部门岗位变动、本部门岗位变动、岗位晋升或降职的内容即可。在这里将员工岗位变动分为平级变动、降级变动、晋升变动、岗位晋升、岗位降职5种情况。

员工岗位变动表中记录的信息项主要包括：员工编号、姓名、原部门、原岗位、新部门、新岗位、生效时间和变动类型等，下面进行具体介绍。

>> 素材文件：素材\第8章\员工信息数据表9.xlsx

>> 效果文件：效果\第8章\员工信息数据表9.xlsx

1 新建工作表并录入表头数据

❶打开“员工信息数据表9”素材文件，❷新建“员工岗位变动表”工作表，❸并录入表头数据。

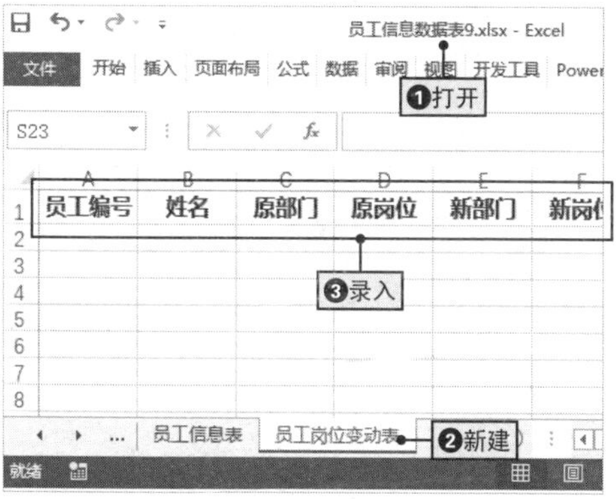

2 为A列设置数据验证

❶选择A2:A200单元格区域，❷在打开的“数据验证”对话框中的“允许”下拉列表框中选择“自定义”选项，❸在公式文本框中输入“=COUNTIF(员工信息表!A:A,A2)=1”,单击“确定”按钮。

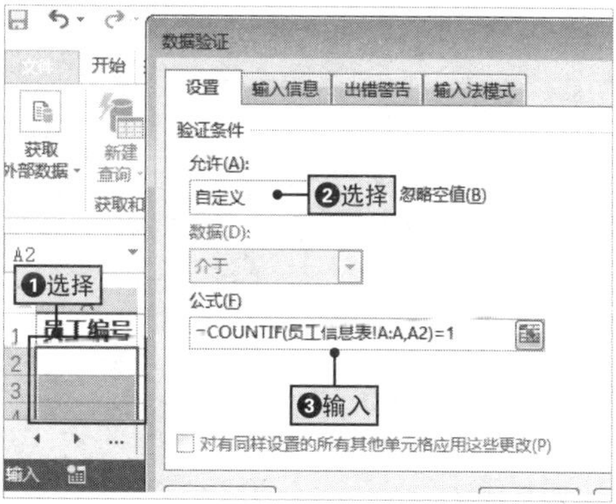

3 “姓名”字段设置

❶选择B2:B200区域，❷输入“=IFERROR(VLOOKUP(A2,员工信息表!A:B,2,0),"")”，快速获取姓名。

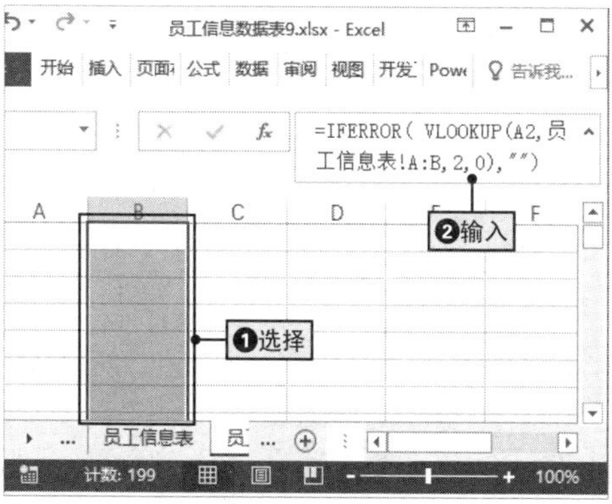

4 设置二级菜单

用前面介绍的方法分别为“原部门”“原岗位”和“新部门”“新岗位”设置二级联动下拉菜单。

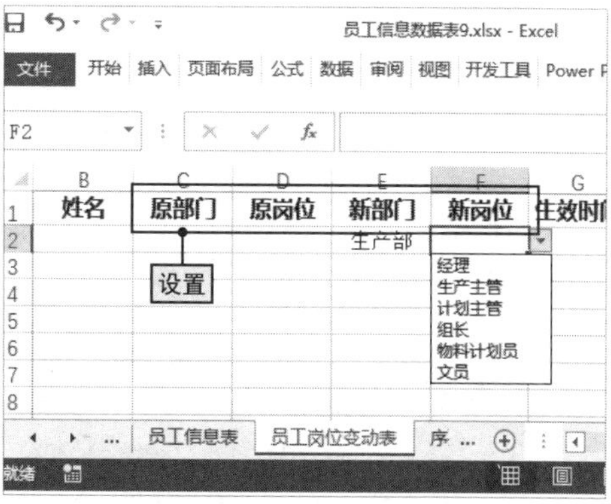

5 为其他列设置数据验证

然后为“生效时间”字段设置数据验证，如右图所示。接着为“变动类型”字段设置合适的数据验证，并设置相应的错误提示信息。

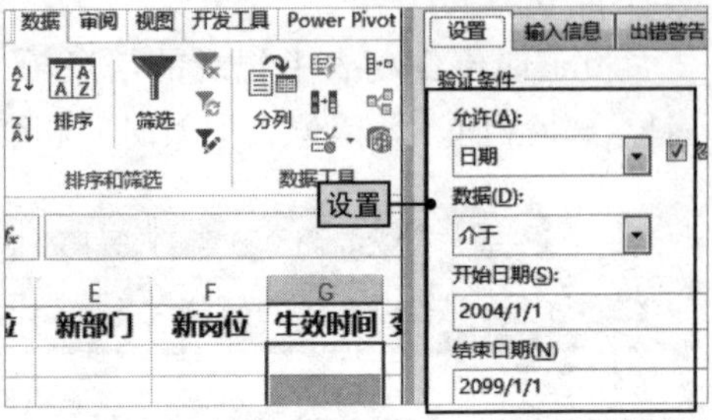

完成表格设置后，在表格中分别录入数据，其最终效果如图8-13所示。在该工作表中可以清楚地查看员工岗位变动情况。

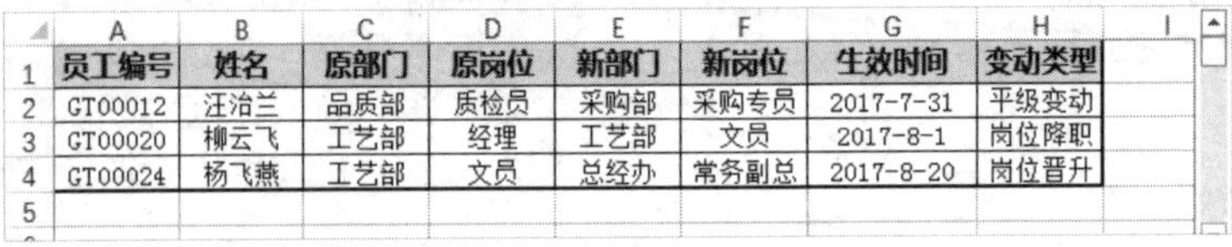

员工编号	姓名	原部门	原岗位	新部门	新岗位	生效时间	变动类型
GT00012	汪治兰	品质部	质检员	采购部	采购专员	2017-7-31	平级变动
GT00020	柳云飞	工艺部	经理	工艺部	文员	2017-8-1	岗位降职
GT00024	杨飞燕	工艺部	文员	总经办	常务副总	2017-8-20	岗位晋升

图8-13

第9章 09

员工基本信息的智能标记与处理

本章导读

员工信息的处理，并没有一些用户想象中的那么难，只需要熟练掌握Excel中的公式函数的用法，即可快速对员工信息进行处理。在员工进入公司后，都会对其基本信息进行存档，在需要时调用其中数据进行处理和分析即可。

本章要点

为员工档案奇偶行设置不同的格式
判断员工身份证号码位数是否正确
通过身份证号码计算年龄
查询某员工是否为本公司人员
……

9.1 员工信息标记处理

随着公司规模的扩大、公司人员的增加，逐个查找需要的员工信息会比较麻烦，这时可以使用Excel中的相关函数或方法对其进行信息设置。

9.1.1 为员工档案奇偶行设置不同的格式

某公司的员工档案记录表中记录的数据较多，为了便于阅读，现要求将数据记录区域的奇偶行设置为不同的格式予以区分。

为员工档案的数据区域奇偶行设置不同格式，可以通过条件格式功能来实现，本例中使用MOD()函数进行设置。

>> 素材文件：素材\第9章\员工档案表.xlsx

>> 效果文件：效果\第9章\员工档案表.xlsx

1 打开“新建格式规则”对话框

❶打开“员工档案表”文件，❷选择A3:K20单元格区域，❸单击“样式”组中的“条件格式”下拉按钮，❹在弹出的下拉菜单中选择“新建规则”命令。

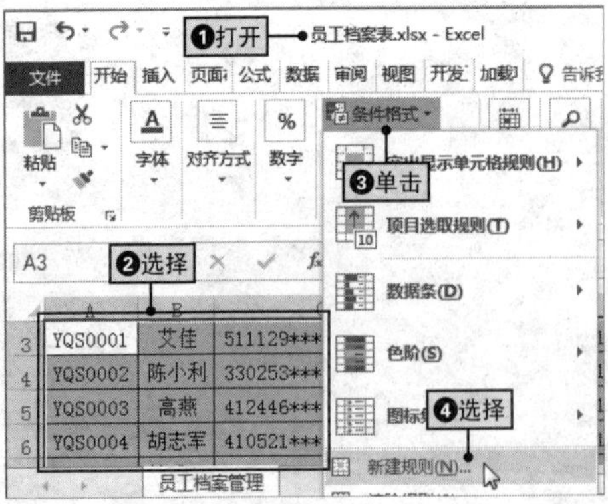

2 设置条件格式

❶在打开对话框的“选择规则类型”列表框中选择“使用公式确定要设置格式的单元格”选项，❷然后在下方的文本框中输入“=MOD(ROW(),2)”，❸单击“格式”按钮，

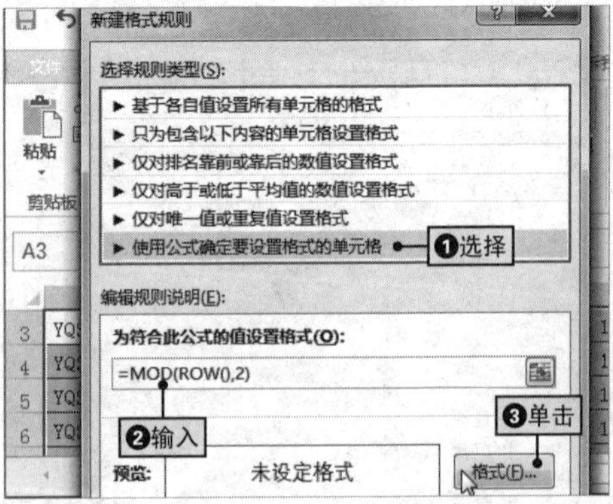

3 设置满足条件的单元格样式

❶在打开的“设置单元格格式”对话框中切换到“填充”选项卡，❷选择合适的填充颜色，依次单击“确定”按钮即可完成设置。

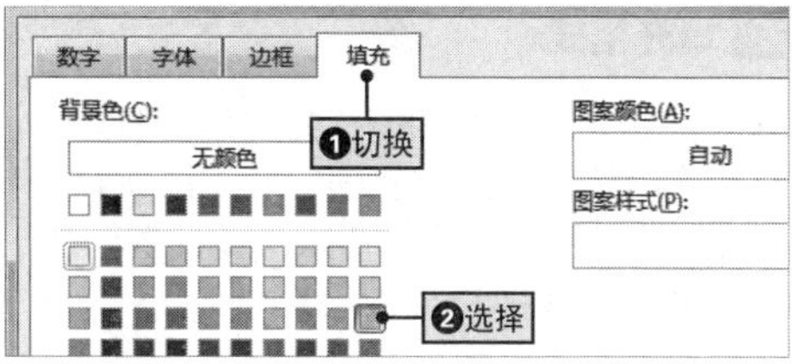

通过条件格式和公式的配合使用，即可快速为表格奇偶行设置不同格式，其最终效果展示如图9-1所示。

编号	姓名	身份证号码	性别	民族	出生年月	学历	籍贯	联系电话	部门	职务
YQS0001	艾佳	511129********6112	男	汉	1977年02月12日	硕士	绵阳	1314456****	销售部	经理
YQS0002	陈小利	330253********5472	男	汉	1984年10月23日	专科	郑州	1371512****	后勤部	送货员
YQS0003	高燕	412446********4565	女	汉	1982年03月26日	本科	泸州	1581512****	行政部	主管
YQS0004	胡志军	410521********6749	女	汉	1979年01月25日	本科	西安	1324465****	财务部	经理
YQS0005	蒋成军	513861********1246	男	汉	1981年05月21日	专科	贵阳	1591212****	销售部	销售代表
YQS0006	李海峰	610101********2308	男	汉	1981年03月17日	本科	天津	1324578****	销售部	销售代表
YQS0007	李有煜	310484********1121	女	汉	1983年03月07日	本科	杭州	1304453****	行政部	文员
YQS0008	欧阳明	101125********3464	男	汉	1978年12月22日	专科	佛山	1384451****	后勤部	主管
YQS0009	钱书	210456********2454	男	汉	1982年11月20日	本科	洛阳	1361212****	销售部	销售代表

图9-1

9.1.2 标记没有输入员工信息的单元格

在人事资料中的所有信息都是有用的，一般都要求将信息填写完整，但是可能由于某些原因，导致其中的部分信息未能够及时填写。防止遗忘填写该信息，可以通过条件格式为没有填写数据的单元格填充底色，起到提醒作用。

要标记没有输入员工信息数据的单元格，可以通过条件格式功能来实现，本例中使用ISBLANK()函数进行条件设置。

>> 素材文件：素材\第9章\员工信息表.xlsx

>> 效果文件：效果\第9章\员工信息表.xlsx

1 设置条件格式

打开“员工信息表”文件，❶选择A3单元格，以同样的方式打开“新建格式规则”对话框，❷在列表框中选择“使用公式确定要设置格式的单元格”选项，❸在文本框中输入“=ISBLANK(A3)”，单击“格式”按钮，在打开的对话框中选择一种合适的颜色即可。

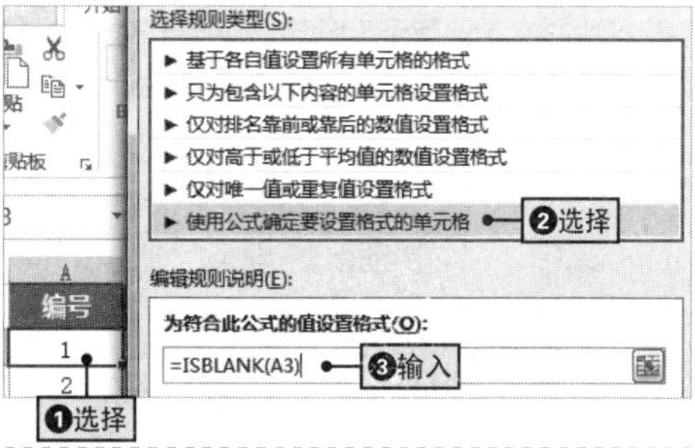

2 填充格式

❶向右拖动A3单元格的填充柄至H3单元格，❷单击“填充选项”按钮，❸选中“仅填充格式”单选按钮。以同样的方法向下填充到H15单元格即可。

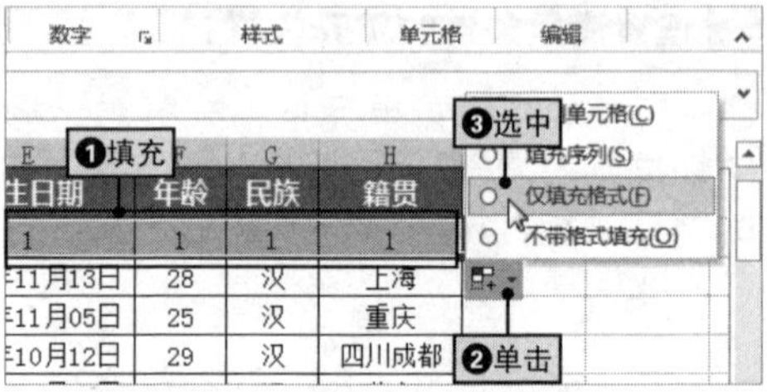

TIP 删除表格内容

为表格设置了条件格式后，若清除某个单元格中的数据，会发现这个单元格会立即被填充上底色。

通过设置条件格式和对条件格式进行填充，即可快速为表格中的空白单元格设置格式，其最终效果展示如图9-2所示。

编号	姓名	性别	身份证号码	出生日期	年龄	民族	籍贯
1	陈昭翔	男	****08198105140028	1981年05月14日	32	汉	湖南长沙
2	董晓佳	女	****08198511130711	1985年11月13日	28	汉	上海
3	冯家燕	女	****08198811051017	1988年11月05日	25	汉	重庆
4	龚燕	女	****08198410120711	1984年10月12日	29	汉	四川成都
5	刘雪琴	女	****08197908153121	1979年08月15日	34	汉	北京
6	罗成勇	男	****08198012105812	1980年12月10日	33	汉	
7	罗雪瑶	女	****08198803230019	1988年03月23日	25	汉	北京

图9-2

TIP 本案例公式说明

在上述示例的“=ISBLANK(A3)”公式中，“A3”参数表示表格填写信息的起始单元格。使用ISBLANK()函数可以检测选择区域中是否有空白单元格，若有则返回逻辑值TRUE，即填充底色，若没有则返回FALSE，不填充底色。

9.1.3 为没有填写完整的员工信息填充底色

当工作表中数据较多时，就可能因为填充了颜色的单元格不在Excel窗口显示区域中，不能够很好地起到提示作用。

因此，我们可以将没有填写完整的数据记录整行填充底色。这样，只要该行任意单元格处于窗口可视区域，就可以知道该行是否有信息没有填写了。

本例要为没有填写完整的员工信息整行填充底色，也可以通过条件格式功能来实现，本例中使用OR()函数进行条件设置。

>> 素材文件：素材\第9章\员工信息表2.xlsx

>> 效果文件：效果\第9章\员工信息表2.xlsx

1 打开“新建格式规则”对话框

❶打开“员工信息表2”文件，❷选择A3:K216单元格区域，❸单击“样式”组中的“条件格式”下拉按钮，❹在弹出的下拉菜单中选择“新建规则”命令。

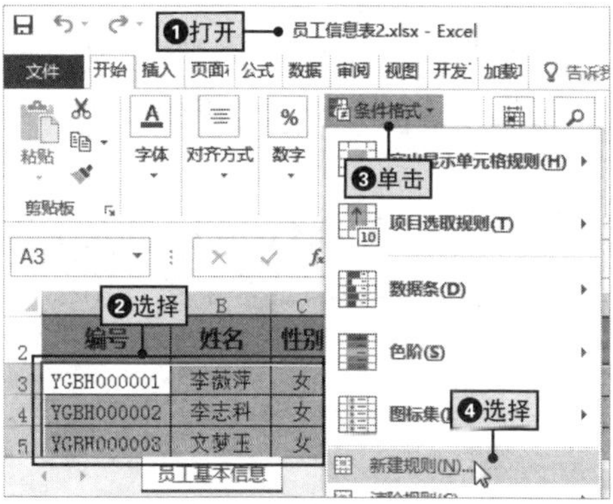

2 设置条件格式

❶在打开对话框的列表框中选择“使用公式确定要设置格式的单元格”选项，❷在下方的文本框中输入“=OR($A3:$K3="")”，❸单击“格式”按钮，选择填充颜色，依次单击“确定”按钮。

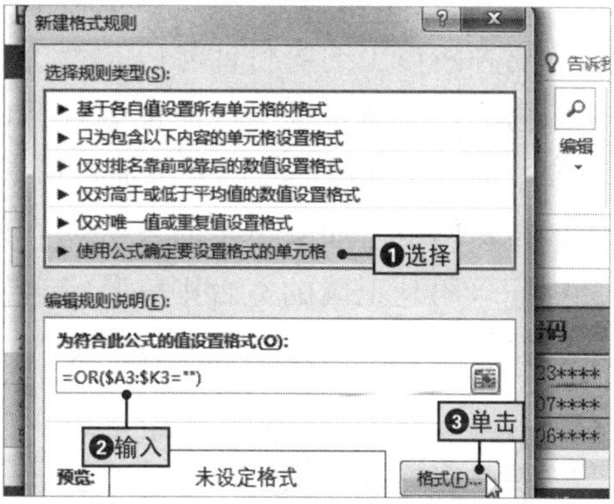

通过上述操作即可快速为表格中的空白单元格所在行设置填充色，其最终效果展示如图9-3所示，表格中的空白单元格对应的行被填充了底色。

B	C	D	E	F	G	H	I	J
姓名	性别	民族	身份证号码	出生年月	籍贯	参加工作时间	联系方式	所属部
李薇萍	女	汉	357***19750123****	1975年01月23日	福建省	1995年2月2日	1304019****	行政部
李志科	女	汉	619***19750507****	1975年05月07日	陕西省	1995年5月20日	1326943****	厂务部
文梦玉	女	汉	641***19750106****	1975年01月06日		1995年6月12日	1329520****	采购部
陈璨	男	汉	434***19750510****	1975年05月10日	湖南省	1995年8月23日	1323519****	厂务部
欧阳游	男	汉	116***19750528****	1975年05月28日	北京市	1996年1月10日	1368444****	采购部
林燕华	男	汉	429***19750720****	1975年07月20日	湖北省	1996年6月30日		厂务部
赖艳辉	女	汉	362***19750224****	1975年02月24日	江西省	1996年8月17日	1361987****	销售部
张霖	男	汉	469***19750311****	1975年03月11日		1996年9月12日	1395020****	厂务部
谭妮娜	男	汉	655***19750615****	1975年06月15日	新疆维吾尔自治区	1996年9月13日	1394757****	厂务部
刘易杰	男	汉	147***19760711****	1976年07月11日	山西省	1996年10月16日	1367850****	厂务部
钟其芳	男	汉	211***19760216****	1976年02月16日	辽宁省	1996年10月18日	1320336****	厂务部
陈桂凤	女	汉	134***19751203****	1975年12月03日	河北省	1996年10月18日	1363616****	厂务部

图9-3

9.2 员工的身份证号码还有哪些用处

每个员工在进入公司的时候，都会在人事部备份员工电子档案，其中就包含身份证号码。从中可以获取员工的性别、年龄等信息，下面具体介绍对员工身份证号码的处理方法。

9.2.1 判断员工身份证号码位数是否正确

要判断员工的身份证号码是否正确，首先判断的就是其位数是否正确。目前国内使用的身份证号码的位数只有18位，如果员工的身份证号码的位数不是18位，那么此身份证号码必然输入错误。

在本例中，如果员工的身份证号码的长度为18位，就可以初步判断员工的身份证号码是正确的，否则就是错误的。对于这种只需要满足若干条件中的一个条件的判断，可以使用OR()函数。

>> 素材文件：素材\第9章\员工信息表3.xlsx

>> 效果文件：效果\第9章\员工信息表3.xlsx

1 查看员工身份证号码

❶打开“员工信息表3”素材文件，❷在工作表中即可查看录入的员工的身份证号码。

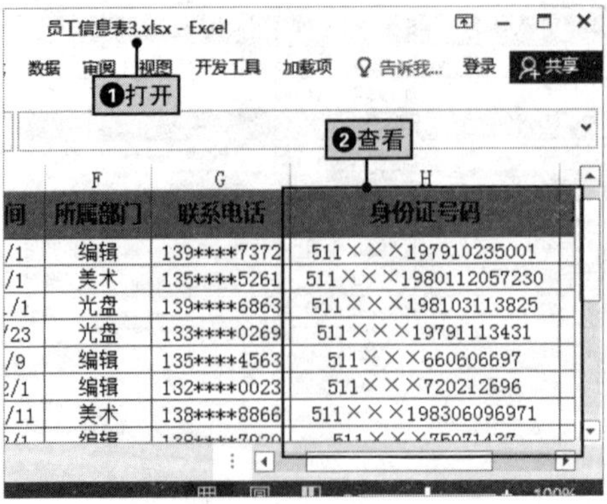

2 判断身份证号码位数是否正确

❶选择I3:I17单元格区域，❷在编辑栏中输入“=OR(LEN(H3)=18)”，按【Ctrl+Enter】组合键即可判断。

通过上述公式即可得出判断结果，TRUE表示号码位数正确和FLASE表示号码位数错误，其最终效果展示如图9-4所示。

编号	姓名	性别	学历	参工时间	所属部门	联系电话	身份证号码	是否正确
001	罗西	女	本科	2004/9/1	编辑	139****7372	511×××197910235001	TRUE
002	秦青	女	本科	2004/9/1	美术	135****5261	511×××1980112057230	FALSE
003	那娜	女	大专	2004/11/1	光盘	139****6863	511×××198103113825	TRUE
004	杨洋	男	本科	2003/6/23	光盘	133****0269	511×××19791113431	FALSE
005	何星	男	大专	1999/9/9	编辑	135****4563	511×××660606697	FALSE
006	刘欢欢	女	硕士	2002/12/1	编辑	132****0023	511×××720212696	FALSE
007	陈红	男	本科	2004/11/11	美术	138****8866	511×××198306096971	TRUE
008	代洪	男	硕士	2002/12/1	编辑	138****7920	511×××75071437	FALSE
009	柳飘飘	女	本科	2002/12/1	光盘	135****7233	511×××751202192	FALSE
010	连城星	男	本科	1999/7/1	财务	133****2589	511×××196901032334	TRUE

图9-4

9.2.2 判断员工性别信息是否正确

在人事档案中，员工性别信息相对比较简单，只有两种可能的取值。而人事部门的工作人员在输入该信息时一般是采用手动输入的，这就难免会出错，现在需要将可能输入错误的性别信息查找出来。

在人事档案中，一般还记录着员工的身份证号码，在其中就有员工的性别信息，可以通过该信息是否与手动输入的员工性别信息相同来判断是否输入错误。要忽略格式判断两个数据相同，可以直接使用等号“=”将其连接起来。

» 素材文件：素材\第9章\员工信息表4.xlsx

» 效果文件：效果\第9章\员工信息表4.xlsx

1 查看员工性别信息

❶打开“员工信息表4”素材文件，❷在工作表中即可查看手动录入的员工性别信息。

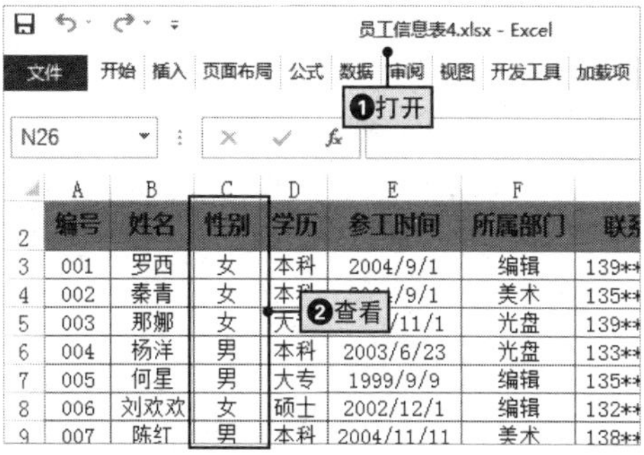

2 判断员工性别是否正确

❶选择I3:I17单元格区域，❷在编辑栏中输入“=C3=TEXT(MOD(MID(H3,17,1),2),"[=0]女；[=1]男")”，按【Ctrl+Enter】组合键即可判断。

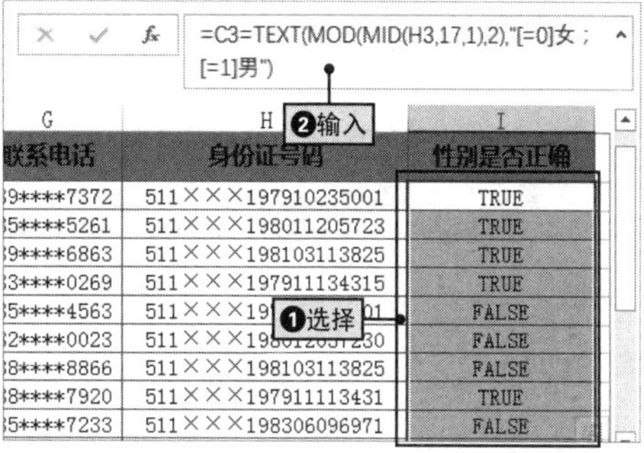

通过上述公式即可判断出录入的性别信息与身份证中获取的信息是否相符合，其最终效果展示如图9-5所示。

编号	姓名	性别	学历	参工时间	所属部门	联系电话	身份证号码	性别是否正确
001	罗西	女	本科	2004/9/1	编辑	139****7372	511×××197910235001	TRUE
002	秦青	女	本科	2004/9/1	美术	135****5261	511×××198011205723	TRUE
003	那娜	女	大专	2004/11/1	光盘	139****6863	511×××198103113825	TRUE
004	杨洋	男	本科	2003/6/23	光盘	133****0269	511×××197911134315	TRUE
005	何星	男	大专	1999/9/9	编辑	135****4563	511×××197910235001	FALSE
006	刘欢欢	女	硕士	2002/12/1	编辑	132****0023	511×××198012057230	FALSE
007	陈红	男	本科	2004/11/11	美术	138****8866	511×××198103113825	FALSE
008	代洪	男	硕士	2002/12/1	编辑	138****7920	511×××197911113431	TRUE
009	柳飘飘	女	本科	2002/12/1	光盘	135****7233	511×××198306096971	FALSE
010	连城星	男	本科	1999/7/1	财务	133****2589	511×××196901032334	TRUE

图9-5

TIP 本案例公式说明

在上述示例的“=C3=TEXT(MOD(MID(H3,17,1),2),"[=0]女;[=1]男")”公式中，参数“C3”表示员工的性别信息，参数“H3”表示员工身份证号码；函数“MID(H3,17,1)”可以返回身份证号码的第17位数字。

然后使用MOD()函数返回该数字与2的余数，可以为0或1，再使用TEXT()函数将数字转换成文本，0转换成“女”，1转换为“男”，最后让C3单元格中的员工性别与TEXT()得到的结果进行对比，得到逻辑值TRUE或FALSE。

9.2.3 通过身份证号码计算年龄

通过身份证号码，不仅可以了解员工性别和生日等信息，还可以知道身份证号码主人的年龄。在本例中，需要知道目前公司所有员工的年龄。

在本例中将使用MID()函数来提取代表出生年份的数字，首先使用TEXT()函数将其换格式，然后再用DATEDIF()根据获取的数据以及TODAY()函数获取的数据进行计算，从而得出年龄。

>> 素材文件：素材\第9章\员工信息表5.xlsx

>> 效果文件：效果\第9章\员工信息表5.xlsx

1 计算员工年龄

❶打开“员工信息表5”素材文件，选择K3单元格，❷在编辑栏输入“=DATEDIF(TEXT(MID(J3,7,8),"#-00-00"),TODAY(),"y")”，❸单击“输入”按钮。

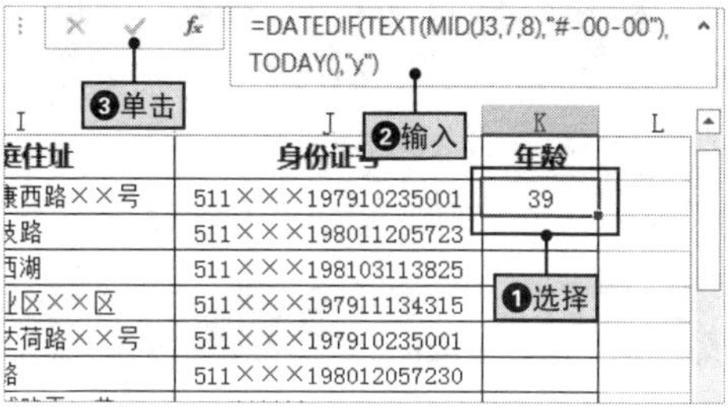

2 填充公式进行计算

❶向下拖动K3单元格的填充柄至K17单元格，❷单击“填充选项”按钮，❸选中“不带格式填充”单选按钮。

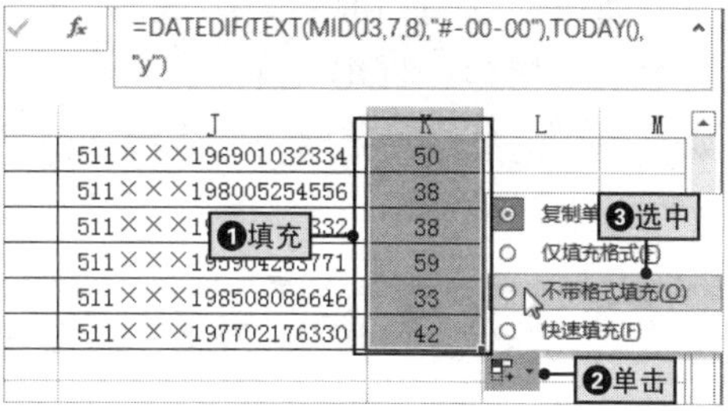

完成填充公式进行计算后，即可在K列的单元格中查看到各个员工对应的年龄数据，且该数据会随着日期的变化而变化，其最终效果展示如图9-6所示。

员工基本信息表

学历	参工时间	所属部门	联系电话	家庭住址	身份证号	年龄
本科	2004/9/1	编辑	139****7372	四川成都营康西路××号	511×××197910235001	39
本科	2004/9/1	美术	135****5261	四川绵阳科技路	511×××198011205723	38
大专	2004/11/1	光盘	139****6863	江苏扬州瘦西湖	511×××198103113825	37
本科	2003/6/23	光盘	133****0269	浙江温州工业区××区	511×××197911134315	39
大专	1999/9/9	编辑	135****4563	广东潮州爱达荷路××号	511×××197910235001	39
硕士	2002/12/1	编辑	132****0023	长沙市沿江路	511×××198012057230	38
本科	2004/11/11	美术	138****8866	四川德阳少城路平一巷	511×××198103113825	37
硕士	2002/12/1	编辑	138****7920	重庆歌乐山××号	511×××197911113431	39

图9-6

TIP 本案例公式说明

上述公式“=DATEDIF(TEXT(MID(J3,7,8),"#-00-00"), TODAY(),"y")”中，“TEXT(MID(J3,7,8),"#-00-00"”公式表示将提取出的数据转换成“#-00-00”格式的日期格式，最后再用提取出的时间与当天的日期进行计算，即可得出员工的实际年龄。

知识链接

1.DATEDIF()函数介绍

如果要快速计算两个日期的时间间隔，可以使用DATEDIF()函数来完成，其语法结构为：DATEDIF(start_date,end_date,unit)。各参数的具体含义如下。

◆ start_date：该参数用于指定一段时间内的第一个日期或起始日期。

◆ end_date：该参数用于指定一段时间内的最后一个日期或结束日期。

◆ unit：该参数用于指定计算时间间隔的单位和方式，该参数有多种值，参数值不同，函数返回的差值就不同。

2.TODAY()函数介绍

如果要返回当前系统的日期，可以使用系统提供的TODAY()函数来完成，其语法结构为：TODAY()。从语法结构可以看出，该函数没有参数任何参数，如果要在某个位置获取当前系统的日期，直接输入“=TODAY()”。

9.2.4 根据身份证号码统计女性员工人数

在身份证号码中包含着个人的性别信息，人事部门可以根据身份证号码统计男、女员工的人数。在本例中，需要根据员工的身份证号码统计员工中女性员工的人数。

在本例中，首先使用RIGHT()函数和LEFT()函数来提取身份证号码中代表性别的数字，再对2取余数，最后对所有的余数求和则可以得出女员工的人数。

>> 素材文件：素材\第9章\员工信息表6.xlsx

>> 效果文件：效果\第9章\员工信息表6.xlsx

1 查看员工身份证号码

打开“员工信息表6”素材文件，在工作表中即可查看录入的员工的身份证号码以及录入的性别信息。

2 统计女员工人数

❶选择J19单元格，❷在编辑栏中输入“=SUM(MOD(IF(LEN(J3:J17)=15,RIGHT(J3:J17),LEFT(RIGHT(J3:J17,2))),2))”，按【Ctrl+Shift+Enter】组合键即可统计。

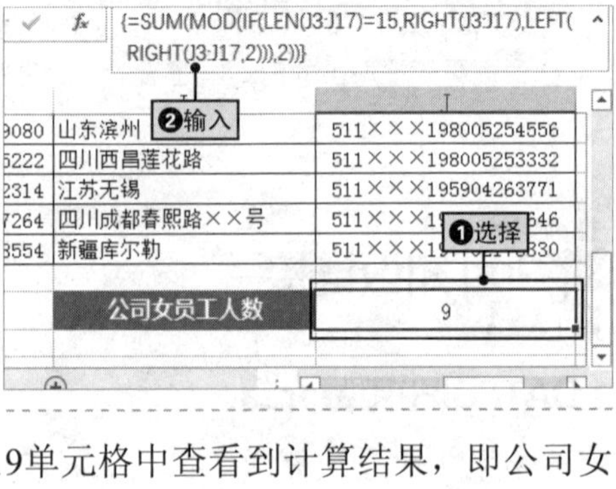

使用上述公式进行计算后，即可在J19单元格中查看到计算结果，即公司女员工人数，其最终效果展示如图9-7所示。

	员工基本信息表				
2	参工时间	所属部门	联系电话	家庭住址	身份证号
12	1999/7/1	财务	133****2589	四川达川市南区	511×××196901032334
13	2004/5/17	编辑	139****9080	山东滨州	511×××198005254556
14	2004/5/17	编辑	138****5222	四川西昌莲花路	511×××198005253332
15	2005/10/7	后勤	138****2314	江苏无锡	511×××195904263771
16	2005/12/22	财务	135****7264	四川成都春熙路××号	511×××198508086646
17	2006/4/1	美术	133****8554	新疆库尔勒	511×××197702176330
18					
19				公司女员工人数	9
20					

图9-7

TIP 本案例公式说明

在上述示例的“=SUM(MOD(IF(LEN(J3:J17)=15,RIGHT(J3:J17),LEFT(RIGHT(J3:J17,2))),2))”公式中，首先使用“LEN(J3:J17)=15”公式判断员工的身份证号码位数是否为15位，若是，返回逻辑值TRUE；若不是，则返回逻辑值FALSE。

再使用“RIGHT(J3:J17)”函数获取身份证号码的尾数，然后使用“LEFT(RIGHT(J3:J17,2))”函数获取身份证号码的倒数第二位数。

通过IF()函数将TRUE值返回对应的尾数，将FALSE值返回对应的倒数第二位数。再通过MOD()函数对得到的数组取2的余数，最后通过SUM()函数对余数为1的值求和得到结果。

9.3 人事信息快速查询

随着公司员工信息的增多，快速查询相关数据就显得特别重要，这时可以使用Excel中的相关函数对其进行条件查找。

9.3.1 根据员工姓名查找员工编号

某公司的员工档案管理表中记录了员工的基本信息。现在需要根据员工姓名查询其对应的员工编号。其中，员工姓名位于工作表的第2列，而员工编号位于工作表的第1列。

由于VLOOKUP()函数中要查找的结果内容，只能在查找目标列的右侧，即

“编号”列只能在“姓名”列的右侧，才能使用VLOOKUP()函数。

本例只需要将第1列和第2列中的数据调换位置即可，使用IF()函数可以实现该功能。在将第1列和第2列的数据调换位置之后，就可以使用VLOOKUP()函数来进行查找了。

>> 素材文件：素材\第9章\员工档案表1.xlsx

>> 效果文件：效果\第9章\员工档案表1.xlsx

1 输入要查询员工的姓名

❶打开“员工档案表1”素材文件，❷在F22单元格中输入需要查询员工编号的员工姓名，如“孙超”。

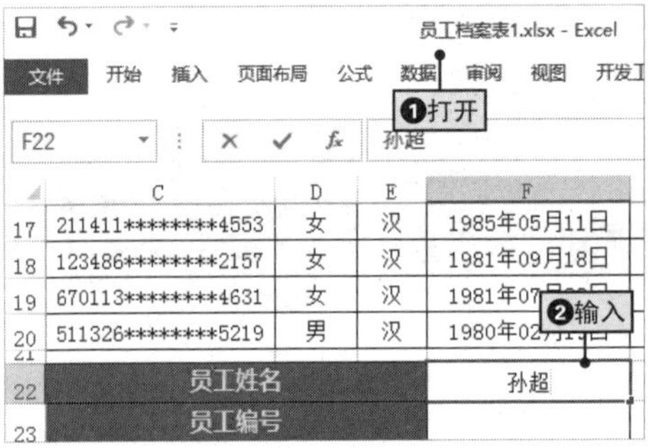

2 查询对应的编号

❶选择F23单元格，❷在编辑栏输入“=VLOOKUP($F$22,IF({1,0},B3:B20,A3:A20),2,FALSE)”，按【Ctrl+Enter】组合键即可查找对应的编号。

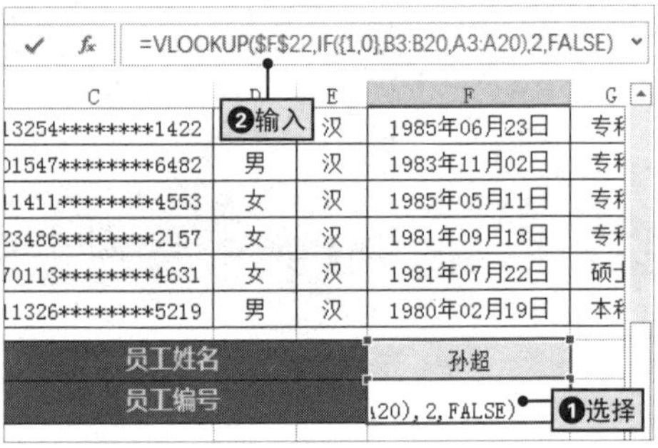

使用上述公式进行计算后，即可根据F22单元格中录入的员工姓名查找到对应的员工编号，其最终效果展示如图9-8所示。

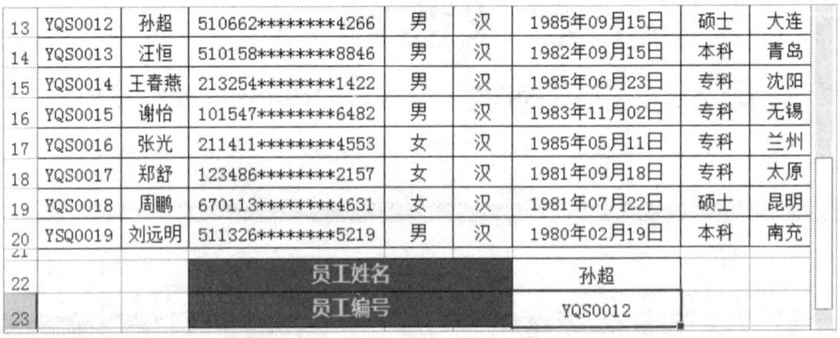

13	YQS0012	孙超	510662********4266	男	汉	1985年09月15日	硕士	大连
14	YQS0013	汪恒	510158********8846	男	汉	1982年09月15日	本科	青岛
15	YQS0014	王春燕	213254********1422	男	汉	1985年06月23日	专科	沈阳
16	YQS0015	谢怡	101547********6482	男	汉	1983年11月02日	专科	无锡
17	YQS0016	张光	211411********4553	女	汉	1985年05月11日	专科	兰州
18	YQS0017	郑舒	123486********2157	女	汉	1981年09月18日	专科	太原
19	YQS0018	周鹏	670113********4631	女	汉	1981年07月22日	硕士	昆明
20	YSQ0019	刘远明	511326********5219	男	汉	1980年02月19日	本科	南充
22			员工姓名			孙超		
23			员工编号			YQS0012		

图9-8

TIP 本案例公式说明

在上述示例的“=VLOOKUP($F$22,IF({1,0},B3:B20,A3:A20),2,FALSE)”公式中，“$F$22”参数表示查询的员工姓名，“IF({1,0},B3:B20,A3:A20)”部份可以将第1列和第2列的数据信息互换，然后使用VLOOKUP()函数返回与查找姓名同一行第2列中的数据。

9.3.2 根据姓名和编号查找员工信息

为了确保员工的信息安全和查询信息的方便，某公司要求在其员工基本信息表中建立一个简单的查询表格，该表格需要满足以下的条件。

第一，必须同时正确输入员工的姓名和编号才能够返回员工信息，否则返回提示信息“查无此人”；第二，在正确输入员工姓名、编号之后，可以自动返回员工的性别、年龄和职务。

本例是查找多列返回多列数据的问题，对于这一类问题，采用将多列转换为一列的方法来完成。

本例中，先使用CHOOSE()函数按照查找的要求将所要查找的值和返回的结果按照要求重新组合为一个符合要求的数组；然后将VLOOKUP()函数的第3个参数设置为常量数组，从而实现同时返回多个查找结果的目的，最后使用IFERROR()函数为公式添加出错提示信息。

>> 素材文件：素材\第9章\员工信息表7.xlsx

>> 效果文件：效果\第9章\员工信息表7.xlsx

1 输入员工姓名和编号

❶打开“员工信息表7”素材文件，❷在L3单元格中输入需要查询员工具体信息的员工姓名和编号，如“刘岩XSB1006”。

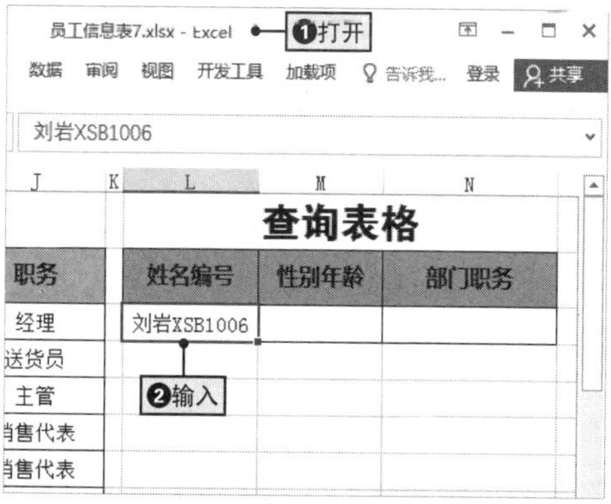

2 根据姓名和编号查找信息

❶选择M3:N3区域，❷在编辑栏中输入“=IFERROR(VLOOKUP(L3,CHOOSE({1,2,3},B3:B10&A3:A10,C3:C10&F3:F10,I3:I10&J3:J10),{2,3},FALSE),"查无此人")”，按【Ctrl+Shift+Enter】组合键即可查找。

使用上述公式进行计算后，即可根据L3单元格中录入的员工姓名和编号查找到对应员工的相关信息，其最终效果展示如图9-9所示。

员工基本信息						
民族	籍贯	年龄	学历	联系电话	工作部门	职务
汉	成都	28	本科	1314456****	销售部	经理
汉	宜宾	32	专科	1371512****	销售部	送货员
汉	泸州	24	本科	1581512****	销售部	主管
汉	广安	22	本科	1324465****	销售部	销售代表
汉	成都	23	专科	1591212****	销售部	销售代表
汉	成都	20	本科	1324578****	销售部	销售代表
汉	都江堰	24	本科	1304453****	销售部	销售代表

查询表格		
姓名编号	性别年龄	部门职务
刘岩XSB1006	女20	销售部销售代表

图9-9

TIP 本案例公式说明

在上述示例的"=IFERROR(VLOOKUP(L3,CHOOSE({1,2,3},B3:B10&A3:A10,C3:C10&F3:F10,I3:I10&J3:J10),{2,3},FALSE),"查无此人")"公式中，"L3"参数表示要查找相关信息的员工姓名和编号；"B3:B10&A3:A10"可将员工姓名和编号组合在一起；"C3:C10&F3:F10"参数将员工的性别和年龄组合在一起；"I3:I10&J3:J10"参数将工作部门和职务组合在一起。

然后使用CHOOSE()函数分别在这3个数组中挑选对应的员工信息，再用VLOOKUP()函数从挑选出来的数据中选择第2列和第3列中的数据，最后使用IFERROR()函数返回表达式自身的值或返回"查无此人"。

知识链接

CHOOSE()函数介绍

在某些公式中，由于条件不同，需要使用不同的值，或引用不同的单元格区域，此时就可使用CHOOSE()函数来实现选择，其语法格式为：CHOOSE(index_num,value1,[value2],...)。

从函数的语法格式可以看出，CHOOSE()包含两个必选参数index_num和value1以及2～254个可选参数valuen，各参数的意义如下。

- index_num：指定要选择的参数的序号，必须为1～254之间的整数。。
- value1、value2...：返回值列表，可以是单元格引用或名称、公式等，CHOOSE()函数将根据其排序，选择第index_num个参数作为函数返回值。

9.3.3 查询某员工是否为本公司人员

有的公司员工较多并且由于与其他公司的合作和人员交流较为频繁，所以经常需要确定某员工是否为本公司人员。在本例中，需要根据员工信息表中的数据确认查询的员工是否是本公司人员。

其本质是确认某一个数据是否出现在工作表记录之中。本例可以使用MATCH()函数将输入的员工姓名与员工信息表中的所有员工姓名相匹配，如果返回结果为数字，则表示该员工是本公司员工；如果返回的为错误值，则表示该员工不是本公司人员。

>> 素材文件：素材\第9章\员工信息表8.xlsx

>> 效果文件：效果\第9章\员工信息表8.xlsx

1 输入要查询人员的姓名

❶打开“员工信息表8”素材文件，❷在B16单元格中输入需要查询人员的姓名，如“兰扬”。

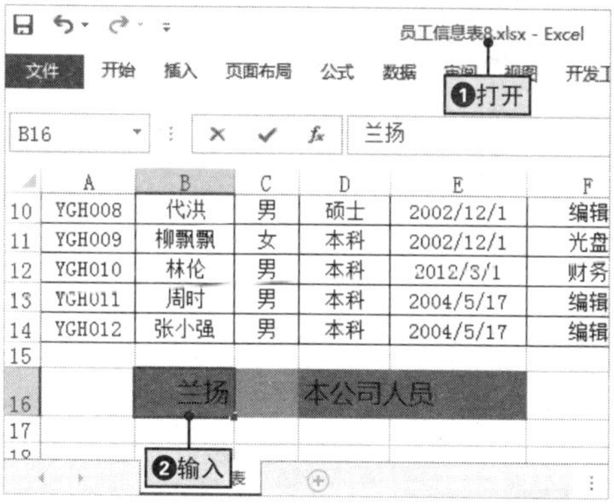

2 判断是否为本公司员工

❶选择C16单元格，❷在编辑栏中输入“=IF(ISERROR(MATCH(B16,B3:B14,0)),"不是","是")”，按【Ctrl+Enter】组合键即可判断是否为本公司人员。

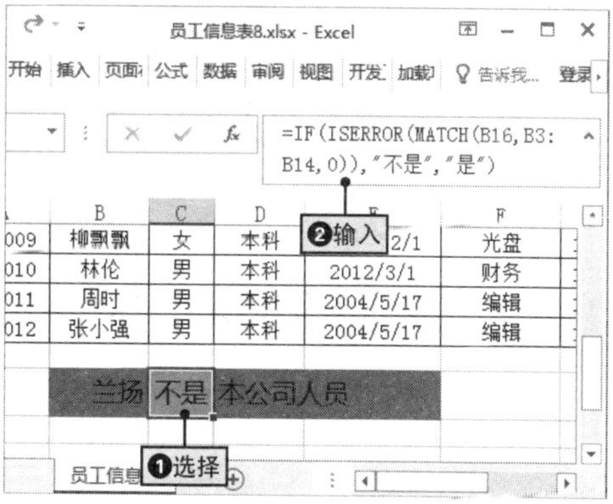

使用上述公式进行计算后，即可根据B16单元格中录入的员工姓名判断该人员是否是公司员工，其最终效果展示如图9-10所示。

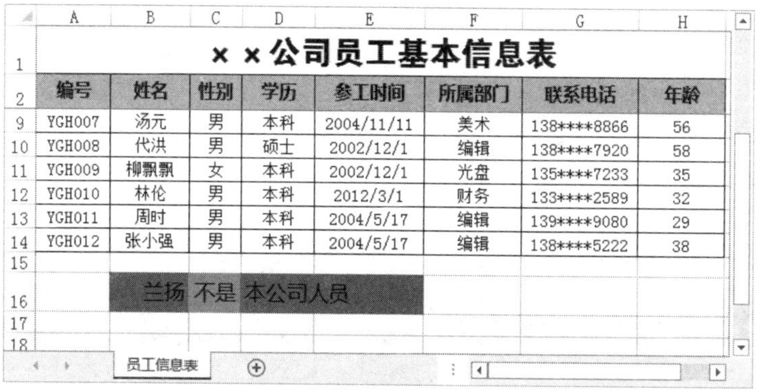

××公司员工基本信息表

编号	姓名	性别	学历	参工时间	所属部门	联系电话	年龄
YGH007	汤元	男	本科	2004/11/11	美术	138****8866	56
YGH008	代洪	男	硕士	2002/12/1	编辑	138****7920	58
YGH009	柳飘飘	女	本科	2002/12/1	光盘	135****7233	35
YGH010	林伦	男	本科	2012/3/1	财务	133****2589	32
YGH011	周时	男	本科	2004/5/17	编辑	139****9080	29
YGH012	张小强	男	本科	2004/5/17	编辑	138****5222	38
	兰扬	不是	本公司人员				

图9-10

TIP 本案例公式说明

在上述示例的“=IF(ISERROR(MATCH(B16,B3:B14,0)),"不是","是")”公式中，“B16”参数表示需要查询的员工姓名；“MATCH(B16,B3:B14,0)”部份用于在员工姓名数据中查找B16单元格中的姓名，若有该员工，则返回姓名所在位置，若没有此人，则返回错误值#N/A。

然后使用ISERROR()函数判断错误值，若上一步结果为错误值，则返回逻辑值TRUE，否则返回逻辑值FALSE。最后使用IF()函数判断逻辑值，若为逻辑值TRUE则返回结果“不是”，否则返回结果“是”。

除了使用MATCH()函数来查找外，还可以通过单条件计数函数COUNTIF()函数来判断在B16单元格中输入的员工是否存在于B3:B14单元格区域。其公式为“=IF(COUNTIF(B3:B14,B16),"是","不是")”，其结果如图9-11所示。

C16 =IF(COUNTIF(B3:B14,B16),"是","不是")

	A	B	C	D	E	F	G	H
1	××公司员工基本信息表							
2	编号	姓名	性别	学历	参工时间	所属部门	联系电话	年龄
9	YGH007	汤元	男	本科	2004/11/11	美术	138****8866	56
10	YGH008	代洪	男	硕士	2002/12/1	编辑	138****7920	58
11	YGH009	柳飘飘	女	本科	2002/12/1	光盘	135****7233	35
12	YGH010	林伦	男	本科	2012/3/1	财务	133****2589	32
13	YGH011	周时	男	本科	2004/5/17	编辑	139****9080	29
14	YGH012	张小强	男	本科	2004/5/17	编辑	138****5222	38
15								
16		林伦	是	本公司人员				

图9-11

9.3.4 查询符合条件的员工姓名

假如公司的某项活动需要抽调一名刚进入公司的员工，要求该员工为25岁以下的男性本科生或者35岁以下的硕士生。

本例要求查询25岁以下的男性本科生或者35岁以下的硕士生，这是多条件查询员工姓名，可以使用DGET()函数来完成。

>> 素材文件：素材\第9章\员工档案表2.xlsx

>> 效果文件：效果\第9章\员工档案表2.xlsx

1 输入查询条件

❶打开“员工档案表2”素材文件，❷在C22:E25单元格区域中输入要进行查询的条件并设置查询结果存放的位置，设置相应的格式。

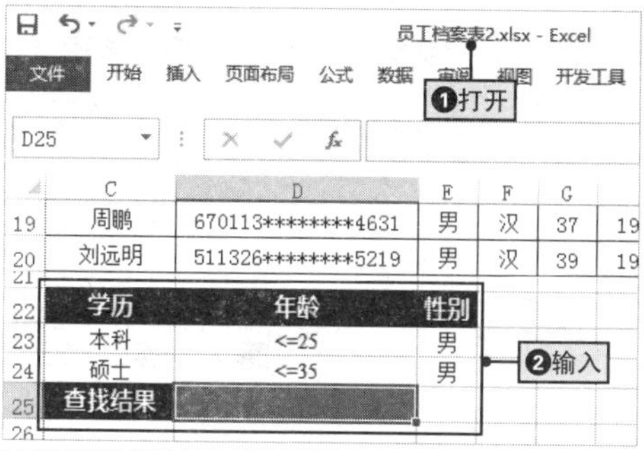

2 查询满足条件的人员

❶选择D25单元格，❷在编辑栏输入“=IFERROR(DGET($A$2:$M$20,3,C22:E24),IF(ERROR.TYPE(DGET($A$2:$M$20,3,C22:E24))=6,"多人满足条件","无人满足条件"))”，按【Ctrl+Enter】组合键即可查找。

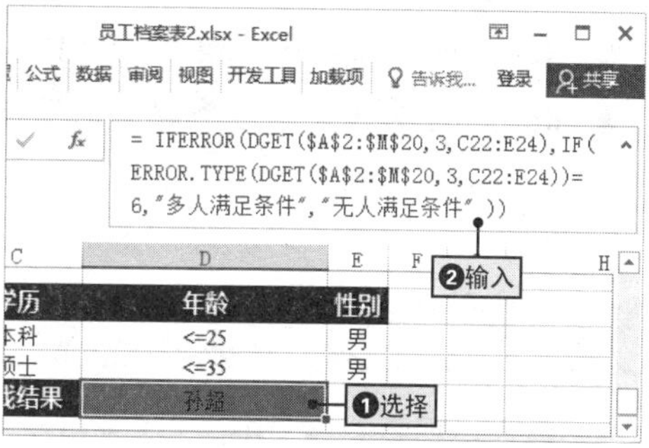

使用上述公式根据设置的条件进行计算后，即可查询满足设置条件的人员，其最终效果展示如图9-12所示。

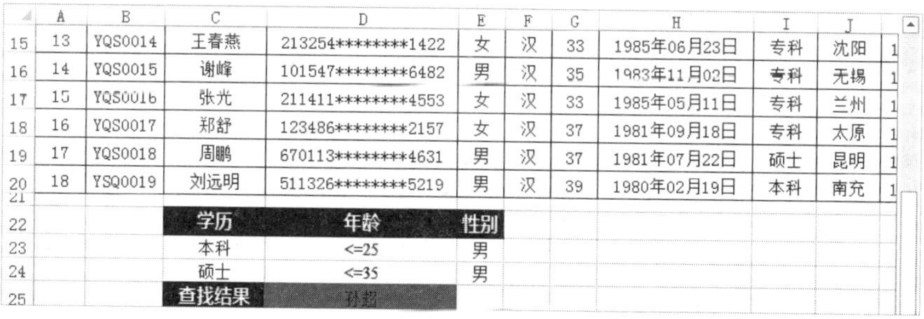

图9-12

TIP 本案例公式说明

在上述示例的“=DGET($A$2:$M$20,3,C22:E24)”公式中，“$A$2: $M$20”参数表示员工信息所在的单元格区域；参数“3”表示结果返回第3列中的名字；参数“C22:E24”表示查询条件所在的单元格区域，使用DGET()函数可在员工信息区域查询满足条件的员工姓名。

知识链接

DGET()函数介绍

在Excel中，如果要检查两个数据是否完全相等，就需要使用系统提供的

DELTA()函数来完成，其具体的语法结构为：DELTA(number1,number2)。

从语法结构中可以看出，该函数有两个参数，在使用该函数进行数据检测时，需要注意以下几点。

- number1表示第1个参数；number2表示第2个参数，参数的数据类型为数值数据；如果number1或number2为非数值型数据，则DELTA()函数将返回#VALUE!错误值。
- 如果number1=number2，则DELTA()函数返回1，否则DELTA()函数返回0。
- number2参数为可选参数。如果省略该参数，则DELTA()函数会自动假设number2的值为0。

9.3.5 根据关键字查找符合条件的员工

某公司根据员工平时的表现和业绩的考核，将员工评为一星员工、二星员工和三星员工，现为了奖励三星员工，需要统计出所有三星员工的姓名。

解决本例中的问题，首先需要判断员工是否为三星员工，从而得到一个由逻辑值组成的数组，再使用COUNIF()函数去除已经统计出的三星员工。

然后使用MATCH()函数得到所要统计的三星员工出现的位置，最后使用INDEX()函数提取对应位置的员工名称。

为了避免出现错误值，还要使用IFERROR()函数将错误值转换为空值。

>> 素材文件：素材\第9章\员工信息表9.xlsx

>> 效果文件：效果\第9章\员工信息表9.xlsx

1 输入要查询的内容

❶打开“员工信息表9”素材文件，❷在M4单元格中输入要进行查询的内容，例如“三星员工”。

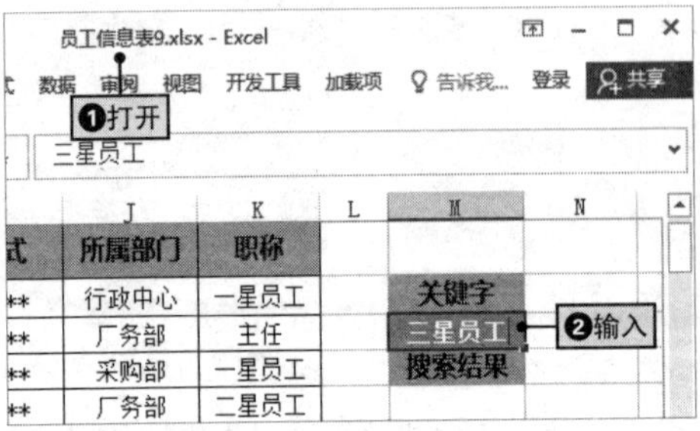

2 查找符合条件的员工

❶选择M6单元格，❷在编辑栏输入“=IFERROR(INDEX($B:$B,MATCH(1,(COUNTIF(M$5:M5,$B$3:$B$59)=0)*($K$3:$K$59=M$4),)+2),"")”，按【Ctrl+Shift+Enter】组合键并向下填充公式即可查找。

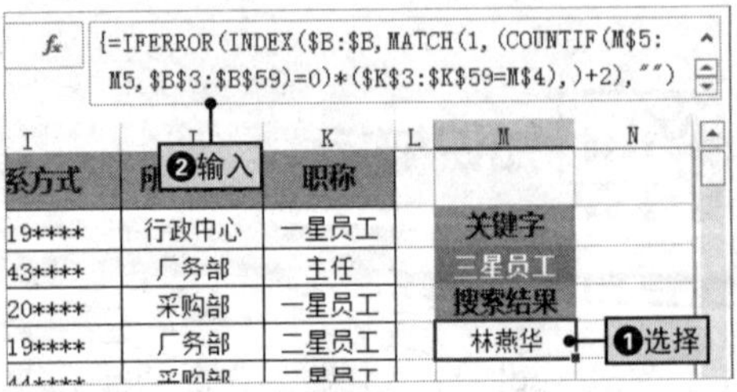

使用上述公式计算并向下填充公式后，即可查询符合条件的人员，其最终效果展示如图9-13所示。

	F	G	H	I	J	K	L	M
2	出生年月	籍贯	参加工作时间	联系方式	所属部门	职称		
3	1975年01月23日	福建省	1995年2月2日	1304019****	行政中心	一星员工		关键字
4	1975年05月07日	陕西省	1995年5月20日	1326943****	厂务部	主任		三星员工
5	1975年01月06日	宁夏回族自治区	1995年6月12日	1329520****	采购部	一星员工		搜索结果
6	1975年05月10日	湖南省	1995年8月23日	1323519****	厂务部	二星员工		林燕华
7	1975年05月28日	北京市	1996年1月10日	1368444****	采购部	二星员工		钟其芳
8	1975年07月20日	湖北省	1996年6月30日	1349547****	厂务部	三星员工		吴涛
9	1975年02月24日	江西省	1996年8月17日	1361987****	销售部	二星员工		王云
10	1975年03月11日	海南省	1996年9月12日	1395020****	厂务部	一星员工		荀蕊
11	1975年06月15日	新疆维吾尔自治区	1996年9月13日	1394757****	厂务部	一星员工		章颀

图9-13

TIP 本案例公式说明

在上述示例的“=IFERROR(INDEX($B:$B,MATCH(1,(COUNTIF(M$5:M5,$B$3:$B$59)=0)*($K$3:$K$59=M$4),)+2),"")”公式中，“COUNTIF (M$5:M5,$B$3:$B$59)”用于计算满足条件的员工个数，“$K$3:$K$59=M$4”用于挑选出三星员工。然后使用MATCH()函数返回满足条件的员工所在的位置，再使用INDEX()函数返回该位置对应的员工姓名，最后使用IFERROR()函数检测是否产生错误值并进行处理。

9.3.6 查询最后入职的员工

为了了解新员工融入公司的情况，公司决定通过面谈来了解最新进入公司的员工的生活工作状态。需要从员工信息表中查询最后进入公司的员工姓名。

首先需要从参工时间中得到距离现在最近的时间，考虑到时间是使用序列号来记录的，故可以使用MAX()函数来得到距离现在最近的时间，然后使用MATCH()函数来得到这个时间出现在员工信息表中的哪一行，最后使用INDEX()函数从B列中得到该时间对应的员工姓名。

>> 素材文件：素材\第9章\员工信息表10.xlsx

>> 效果文件：效果\第9章\员工信息表10.xlsx

1 查看员工信息

❶打开“员工信息表10”素材文件，❷即可在工作表中查看到公司所有的员工信息。

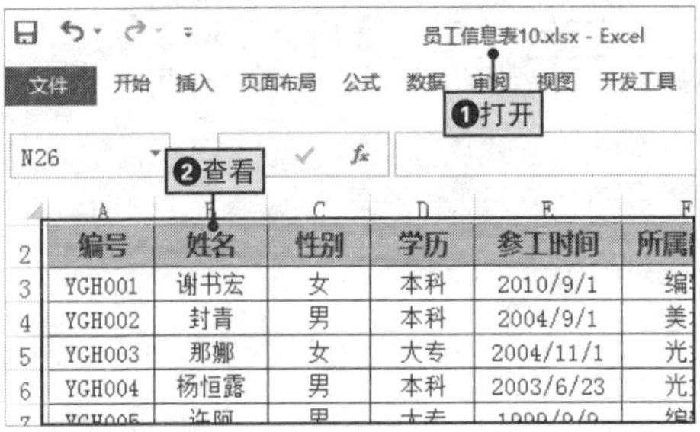

2 获取最后入职员工姓名

❶选择F16单元格，❷在编辑栏输入“=INDEX(B3:B14,MATCH(MAX(E3:E14),E3:E14,0))”，按【Ctrl+Enter】组合键即可查找最后入职的员工姓名。

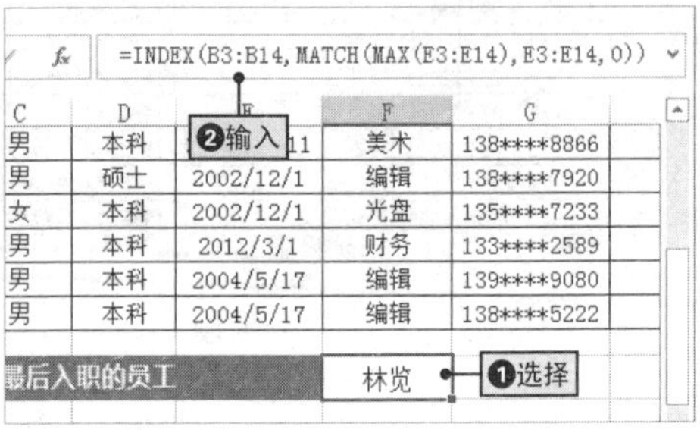

使用上述公式进行计算，即可快速从员工信息表中查询到最后入职的员工姓名，其最终效果展示如图9-14所示。

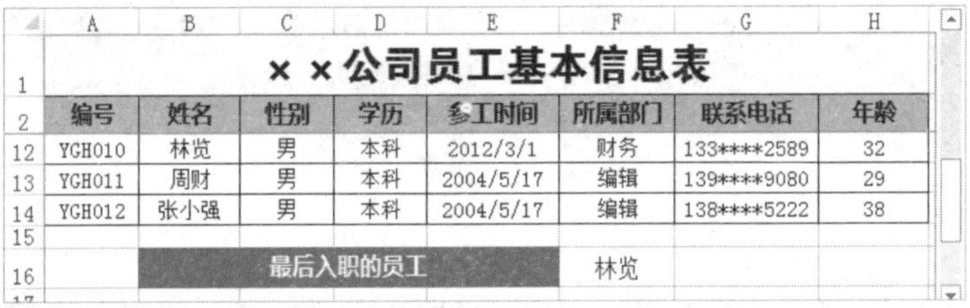

××公司员工基本信息表

编号	姓名	性别	学历	参工时间	所属部门	联系电话	年龄
YGH010	林觉	男	本科	2012/3/1	财务	133****2589	32
YGH011	周财	男	本科	2004/5/17	编辑	139****9080	29
YGH012	张小强	男	本科	2004/5/17	编辑	138****5222	38
	最后入职的员工				林觉		

图9-14

TIP 本案例公式说明

在上述示例的“=INDEX(B3:B14,MATCH(MAX(E3:E14),E3:E14,0))”公式中，“MAX(E3:E14)”函数用于返回时间代码中的最大值，再用MATCH()函数求得该时间代码的位置，最后使用INDEX()函数返回该位置对应的姓名。

第10章 10

员工结构的可视化分析与展示

本章导读

员工的年龄组成、学历组成以及人员流动等都属于员工结构。人事主管的工作主要围绕人事数据进行，主要集中在对人事数据的分析与处理上，以专业的角度将分析的数据应用到工作中，具体可以使用Excel中的图表对数据进行展示和分析。

本章要点

计算年龄最小的女员工工龄
统计本科以下及本科以上学历员工数
运用学历数据图分析学历结构
分析人才流失的原因
……

10.1 员工年龄的统计处理

员工年龄的统计处理主要是对员工信息表中员工的年龄信息进行统计与处理，方便了解员工年龄组成情况。

10.1.1 计算年龄最小的女员工工龄

在人事管理工作中，员工的工龄管理是非常重要的一个方面。在本例中，需要计算工龄最小的女员工的工龄，需要计算满足某种条件的最小值，可以使用MIN()函数与IF()函数的嵌套形式。

>> 素材文件：素材\第10章\员工工龄表.xlsx

>> 效果文件：效果\第10章\员工工龄表.xlsx

1 查看员工工龄信息

❶打开“员工工龄表”素材文件，❷即可在工作表中查看到公司员工的工龄等信息。

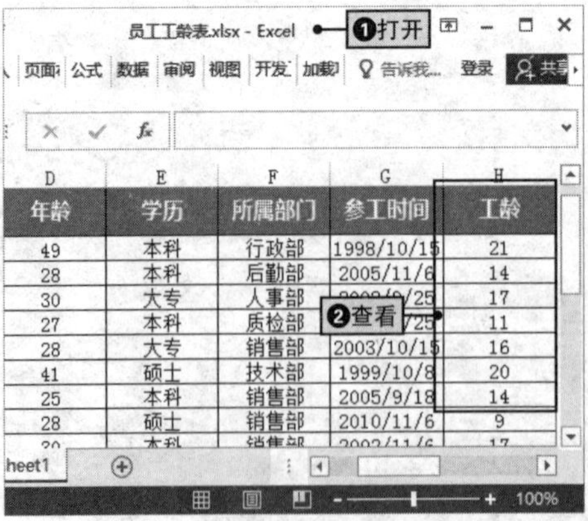

2 计算年龄最小的女员工的工龄

❶选择G20单元格，❷在编辑栏输入“=MIN(IF(C3:C18="女",C3:C18="女",100)*H3:H18)”，按【Ctrl+Shift+Enter】组合键计算出相对应的工龄。

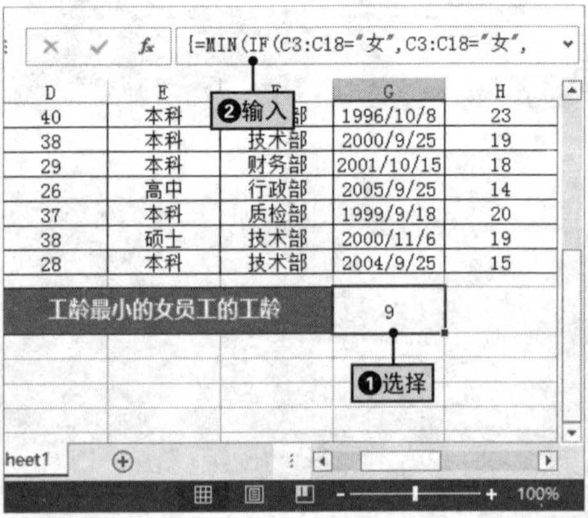

使用上述数组公式进行计算后，即可快速计算出该公司中年龄最小的女员工的工龄数据，其最终效果展示如图10-1所示。

	A	B	C	D	E	F	G	H
2	编号	姓名	性别	年龄	学历	所属部门	参工时间	工龄
10	XCL008	杨晓丽	女	28	硕士	销售部	2010/11/6	9
11	XCL009	胡康云	男	30	本科	销售部	2002/11/6	17
12	XCL010	徐佳	女	40	本科	财务部	1996/10/8	23
13	XCL011	柳凯	男	38	本科	技术部	2000/9/25	19
14	XCL012	郭明明	男	29	本科	财务部	2001/10/15	18
15	XCL013	邓艺娟	女	26	高中	行政部	2005/9/25	14
16	XCL014	范奇	男	37	本科	质检部	1999/9/18	20
17	XCL015	张君	男	38	硕士	技术部	2000/11/6	19
18	XCL016	赵臻	男	28	本科	技术部	2004/9/25	15
19								
20				工龄最小的女员工的工龄			9	
21								
22								

Sheet1

图10-1

TIP 本案例公式说明

在上述示例的“=MIN(IF(C3:C18="女",C3:C18="女",100)*H3:H18)”公式中，“C3:C18="女"”公式用于判断员工的性别，然后使用IF()函数将FALSE值返回100，再将结果乘以H3:H18单元格区域中对应的工龄，最后使用MIN()函数返回数组中的最小值。

10.1.2 计算销售部25～35岁的员工比例

不同行业对员工的年龄构成有着不同的要求，例如销售行业要求员工要年轻一些，而对于一些技术性较强的行业，则是希望员工年龄偏大一些。在本例中，需要计算年龄在25～35岁之间的员工比例。

要计算该年龄段的员工比例，需要知道该年龄段的员工人数和员工总人数。其中计算该年龄段的员工人数可以使用两个COUNTIF()函数来完成，计算员工总人数可以使用COUNT()函数来完成。

下面具体介绍计算公司销售部员工年龄在25～35岁之间的所占比例。

>> 素材文件：素材\第10章\销售部员工信息表.xlsx

>> 效果文件：效果\第10章\销售部员工信息表.xlsx

1 查看员工年龄信息

打开“销售部员工信息表”素材文件，在打开的工作表中即可查看公司员工的年龄信息。

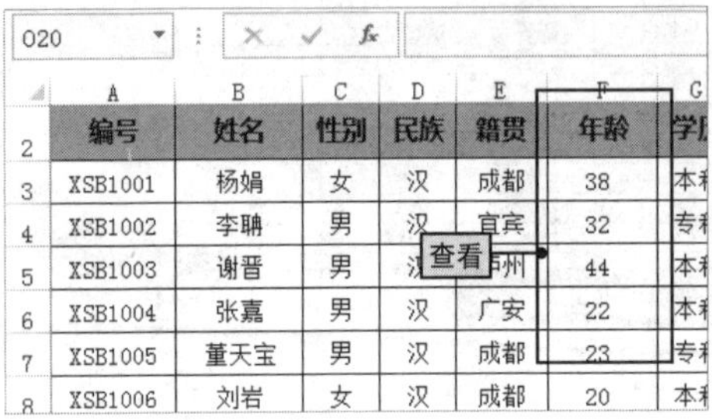

2 计算25～35岁的员工比例

❶选择F18单元格，❷在编辑栏中输入“=(COUNTIF(F3:F16,">=25")-COUNTIF(F3:F16,">35"))/COUNT(F3:F16)”，按【Ctrl+Enter】组合键即可进行计算。

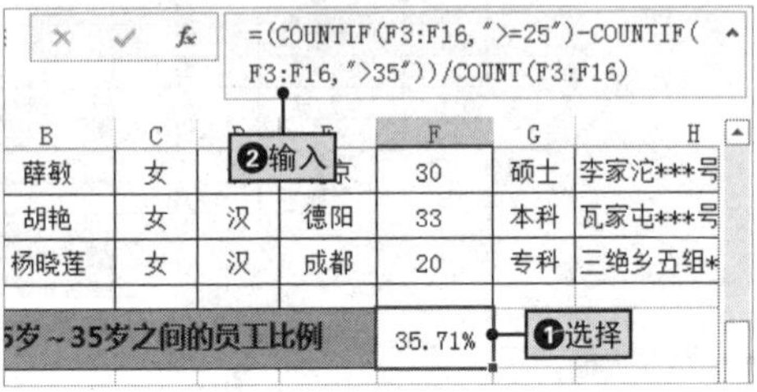

使用公式进行计算后，其最终效果展示如图10-2所示，从该图中可以清晰地查看该部门年龄在25～35岁之间的员工人数占该部门员工的总人数的比例。

销售部员工基本信息

编号	姓名	性别	民族	籍贯	年龄	学历	现居地址	联系电话	工作部门	职务
XSB1010	万邦舟	男	汉	绵阳	38	专科	一环路四段***号	1334678****	销售部	销售代表
XSB1011	张炜	男	汉	上海	31	专科	肖家祥小区***栋	1398066****	销售部	销售代表
XSB1012	薛敏	女	汉	北京	30	硕士	李家沱***号	1359641****	销售部	销售代表
XSB1013	胡艳	女	汉	德阳	33	本科	瓦家屯***号	1369458****	销售部	销售代表
XSB1014	杨晓莲	女	汉	成都	20	专科	三绝乡五组**号	1342674****	销售部	销售代表
年龄在25岁～35岁之间的员工比例					35.71%					

图10-2

TIP 本案例公式说明

在上述示例的“=(COUNTIF(F3:F16,">=25")-COUNTIF(F3:F16,">35"))/COUNT(F3:F16)”公式中，“COUNTIF(F3:F16,">=25")”公式用于统计F3:F16单元格区域中年龄>=25岁的员工人数，“COUNTIF(F3:F16,">35")”公式用于统计F3:F16单元格区域中年龄>35岁的员工人数。两者相减即为年龄在25～35岁之间的员工人数，然后除以“COUNT(F3:F16)”函数统计的员工总人数就可得到需要的结果。

知识链接

COUNT()函数介绍

如果要对给定数据集合或者单元格区域中数据的个数进行计数，可以使用系统提供的COUNT()函数来完成，其语法结构为：COUNT(value1,value 2,…)。

从语法结构中可以看出，COUNT()函数至少要包含一个参数，在使用该函数计数时，需要注意以下几点。

- value1,value 2,…参数用于指定数据集合或者单元格区域。该参数个数的取值范围为1～255。
- COUNT()函数只能对数字数据进行统计，对空白单元格、逻辑值或者文本数据将忽略，因此可以利用该函数来判断给定的单元格区域中是否包含空白单元格。

10.1.3 求同龄异性员工的人数

在“公司员工信息简表”中，给出了员工的性别和年龄等信息，其中男女员工的信息是分列显示的，现在需要求同龄异性员工的人数。

同龄异性员工的人数，实际上就是有女性同龄人的男员工和有男性同龄人的女员工。可以先使用RANK()函数求男员工年龄在女员工年龄中的排名，有相同的则会有一个数字结果，否则返回错误值，然后对得到的结果中的数字进行统计，就可以得到有女性同龄人的男员工人数。求男性同龄人的女员工的方法是相同的。

>> 素材文件：素材\第10章\员工信息简表.xlsx

>> 效果文件：效果\第10章\员工信息简表.xlsx

1 计算有女性同龄人的男员工数

❶打开“员工信息简表”素材文件，❷选择E20单元格，❸在编辑栏中输入“=COUNT(RANK(C3:C18,F3:F16))&"人"”，按【Ctrl+Shift+Enter】组合键即可计算有女性同龄人的男员工数。

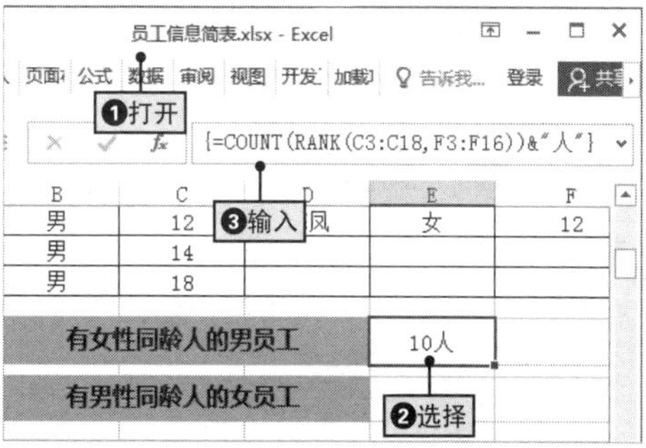

2 计算有男性同龄人的女员工数

❶选择E22单元格，❷在编辑栏中输入“=COUNT(RANK(F3:F16,C3:C18))&"人"”公式，按【Ctrl+Shift+Enter】组合键即可计算有男性同龄人的女员工数。

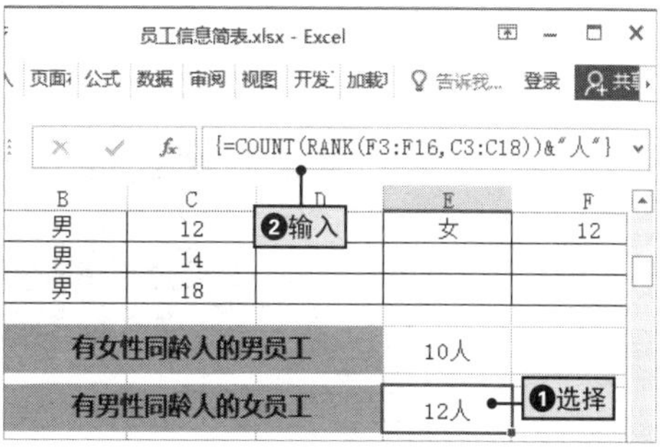

使用数组公式进行计算后，其最终效果展示如图10-3所示，从该图中可以清晰地查看该公司有女性同龄人的男员工数和有男性同龄人的女员工数。

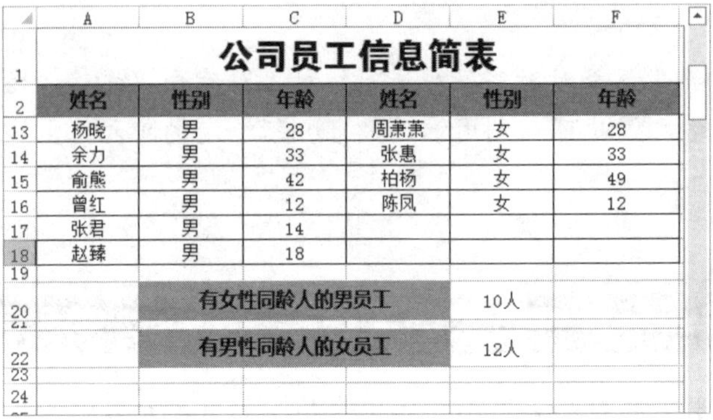

	A	B	C	D	E	F
1	公司员工信息简表					
2	姓名	性别	年龄	姓名	性别	年龄
13	杨晓	男	28	周萧萧	女	28
14	余力	男	33	张惠	女	33
15	俞熊	男	42	柏杨	女	49
16	曾红	男	12	陈凤	女	12
17	张君	男	14			
18	赵臻	男	18			
20		有女性同龄人的男员工			10人	
22		有男性同龄人的女员工			12人	

图10-3

TIP 本案例公式说明

在上述示例的"=COUNT(RANK(C3:C18,F3:F16))&"人""公式中，"RANK(C3:C18,F3:F16)"函数用于获取男员工年龄在女员工年龄中的排名，若有相同的数据则返回对应的排名，若没有相同的数据则返回逻辑值FALSE，再使用COUNT()函数对数字个数进行统计，即求取有女性同龄人的男员工数。

上述示例的"=COUNT(RANK(F3:F16,C3:C18))&"人""公式的运行流程与示例中的第一个公式相同，这里就不重复介绍了。

本例还可以使用IF()函数、COUNT()函数和COUNTIF()函数的嵌套形式来完成，其中计算有男性同龄人的女员工数的公式为"=COUNT(IF(COUNTIF(C3:C18,F3:F16),COUNTIF(C3:C18,F3:F16)))&"人""，其结果如图10-4所示。该公式不仅对数字起作用，而且对文本同样起作用。

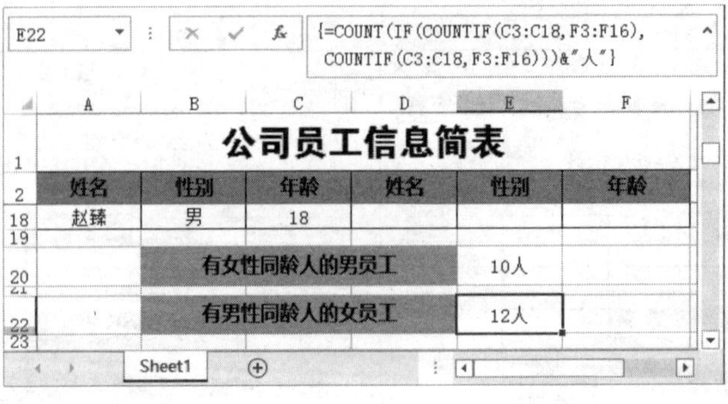

	A	B	C	D	E	F
1	公司员工信息简表					
2	姓名	性别	年龄	姓名	性别	年龄
18	赵臻	男	18			
20		有女性同龄人的男员工			10人	
22		有男性同龄人的女员工			12人	

图10-4

10.1.4 计算女职工的最大年龄

公司想要了解现在公司销售部女员工的年龄，预将年龄较大的女员工调配到其他部门，现需要计算出女性员工的最大年龄。

在本例中，要计算女员工的最大年龄可以使用MAX()函数来得到结果。下面进行具体介绍。

>> 素材文件：素材\第10章\销售部员工信息表1.xlsx

>> 效果文件：效果\第10章\销售部员工信息表1.xlsx

1 查看员工年龄信息

❶打开“销售部员工信息表1”素材文件，❷在工作表中即可查看公司员工的年龄等基本信息。

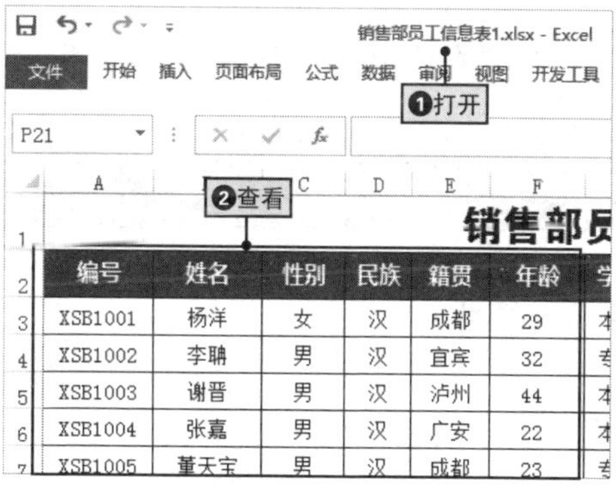

2 计算女职工的最大年龄

❶选择C18单元格，❷在编辑栏输入“=MAX((C3:C16="女")*F3:F16)”，按【Ctrl+Shift+Enter】组合键即可计算。

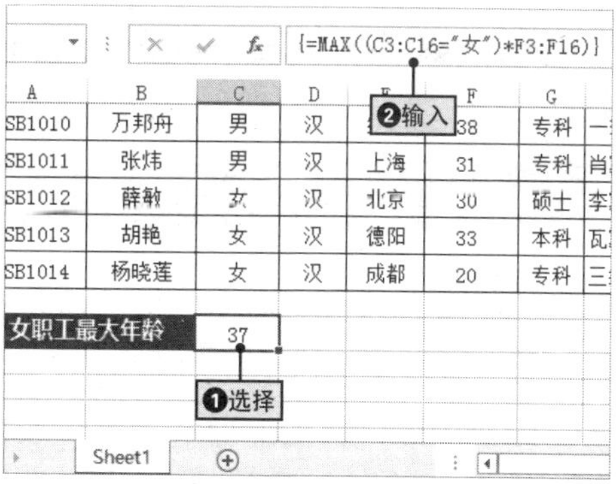

使用数组公式进行计算后，其最终效果展示如图10-5所示，从该图中可以清晰地查看销售部门女职工的最大年龄。

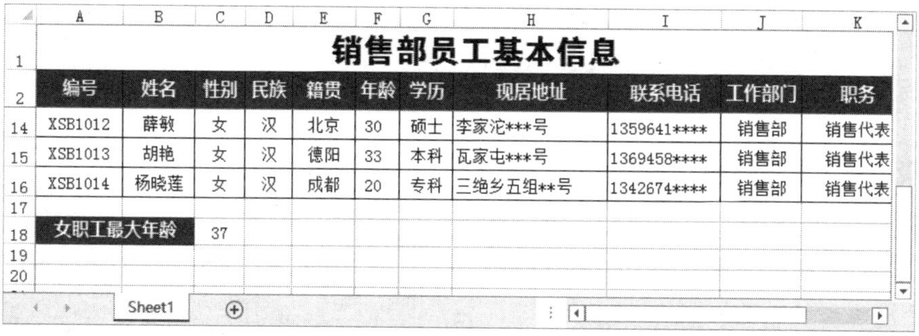

	A	B	C	D	E	F	G	H	I	J	K
1	销售部员工基本信息										
2	编号	姓名	性别	民族	籍贯	年龄	学历	现居地址	联系电话	工作部门	职务
14	XSB1012	薛敏	女	汉	北京	30	硕士	李家沱***号	1359641****	销售部	销售代表
15	XSB1013	胡艳	女	汉	德阳	33	本科	瓦家屯***号	1369458****	销售部	销售代表
16	XSB1014	杨晓莲	女	汉	成都	20	专科	三绝乡五组**号	1342674****	销售部	销售代表
17											
18	女职工最大年龄		37								

图10-5

TIP 本案例公式说明

在上述示例的"=MAX((C3:C16="女")*F3:F16)"公式中，"C3:C16="女""公式用于找出公司中的女员工，再通过MAX()函数返回年龄最大的女性员工的年龄。

MAX()函数可以对1～255个数或数组取最大值，以区域作为参数时，可以使用普通公式；以常数组作为参数时，也可以使用普通公式；以内存数组作为参数时则必须使用数组公式录入公式，否则公式仅返回数组中的第一个值。

10.2 员工学历的统计处理

在一些大型企业中，除了考察员工的工作能力和专业知识外，对员工学历的考察也十分重视。本节主要介绍统计员工学历的相关方法。

10.2.1 统计本科以下及本科以上学历员工数

为了分析企业未来的发展方向，企业需要统计公司员工中本科和硕士学历人数以及高中和大专学历的人数。

本例中要统计的对象是文本，而FREQUENCY()函数是不支持文本型参数的，故需先将其转换为其他该函数支持的数据类型。本例中需要对学历进行判断，可以先将文本型数据转换为逻辑值，再把逻辑值作为FREQUENCY()函数的参数，就可以得到想要的结果了。下面具体介绍对员工学历统计的方法。

>> 素材文件：素材\第10章\员工档案表.xlsx

>> 效果文件：效果\第10章\员工档案表.xlsx

1 查看员工学历信息

打开"员工档案表"素材文件，在工作表中即可查看公司员工的学历等基本信息。

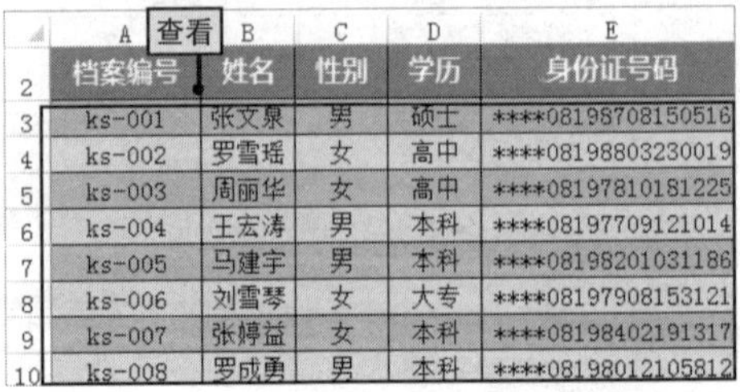

	A	B	C	D	E
2	档案编号	姓名	性别	学历	身份证号码
3	ks-001	张文泉	男	硕士	****08198708150516
4	ks-002	罗雪瑶	女	高中	****08198803230019
5	ks-003	周丽华	女	高中	****08197810181225
6	ks-004	王宏涛	男	本科	****08197709121014
7	ks-005	马建宇	男	本科	****08198201031186
8	ks-006	刘雪琴	女	大专	****08197908153121
9	ks-007	张婷益	女	本科	****08198402191317
10	ks-008	罗成勇	男	本科	****08198012105812

2 输入公式计算数据

❶选择E15:E16单元格区域，❷在编辑栏输入“=FREQUENCY(($D$3:$D$13<>"高中")*($D$3:$D$13<>"大专"),0)”，按【Ctrl+Shift+Enter】组合键即可计算。

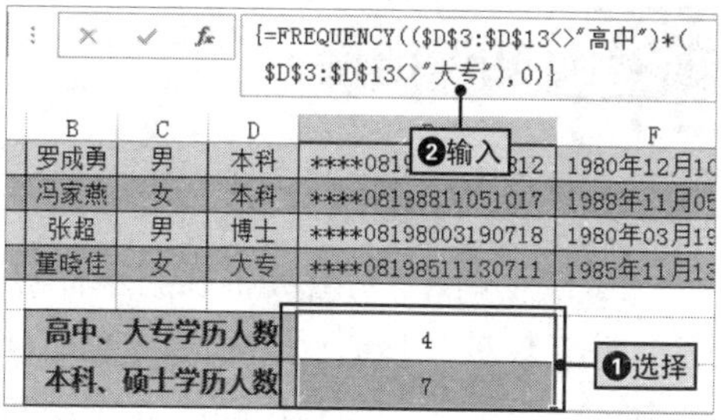

使用数组公式进行计算后，即可在工作表中查看到高中和大专学历的人数以及本科和硕士学历的人数，其最终效果展示如图10-6所示。

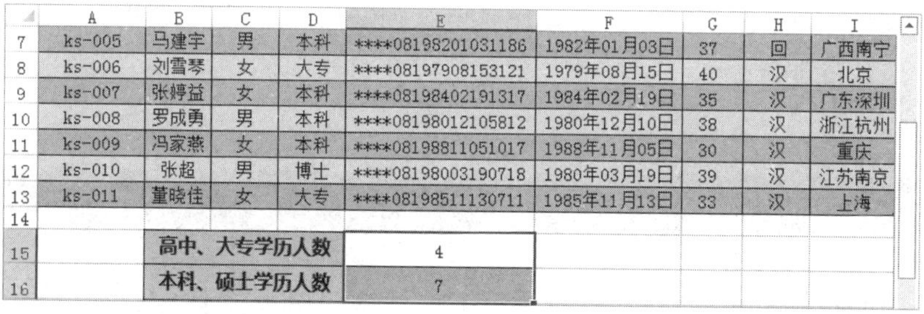

	A	B	C	D	E	F	G	H	I
7	ks-005	马建宇	男	本科	****08198201031186	1982年01月03日	37	回	广西南宁
8	ks-006	刘雪琴	女	大专	****08197908153121	1979年08月15日	40	汉	北京
9	ks-007	张婷益	女	本科	****08198402191317	1984年02月19日	35	汉	广东深圳
10	ks-008	罗成勇	男	本科	****08198012105812	1980年12月10日	38	汉	浙江杭州
11	ks-009	冯家燕	女	本科	****08198811051017	1988年11月05日	30	汉	重庆
12	ks-010	张超	男	博士	****08198003190718	1980年03月19日	39	汉	江苏南京
13	ks-011	董晓佳	女	大专	****08198511130711	1985年11月13日	33	汉	上海
14									
15		高中、大专学历人数			4				
16		本科、硕士学历人数			7				

图10-6

> **TIP 本案例公式说明**
>
> 在上述示例的“=FREQUENCY(($D$3:$D$13<>"高中")*($D$3:$D$13<>"大专"),0)”公式中，“$D$3:$D$13<>"高中"”公式用于判断高中以上的学历，结果返回TRUE值和FALSE值；“$D$3:$D$13<>"大专"”公式用于判断大专以上的学历，结果同样返回TRUE值和FALSE值。将两个数组相乘，得到包含0和1的一组数组，最后使用FREQUENCY()函数分别返回0和1在该数组中出现的频率，即本科以下和本科以上学历员工数。

本例也可以使用COUNTIF()函数来计算相应学历的人数，但是需要分两步才能够完成。第一步，在E15单元格中输入“=SUM(COUNTIF(D3:D13,{"高中","大专"}))”，统计本科以下学历的员工人数，结果如图10-7所示。第二步，用同样的方法统计本科学历以上人数即可。

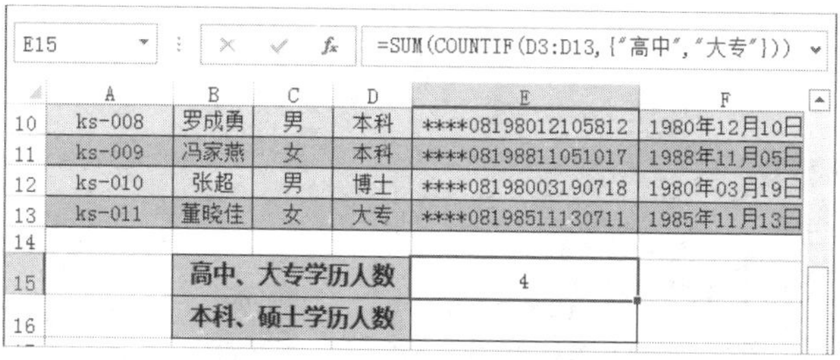

	A	B	C	D	E	F
10	ks-008	罗成勇	男	本科	****08198012105812	1980年12月10日
11	ks-009	冯家燕	女	本科	****08198811051017	1988年11月05日
12	ks-010	张超	男	博士	****08198003190718	1980年03月19日
13	ks-011	董晓佳	女	大专	****08198511130711	1985年11月13日
14						
15		高中、大专学历人数			4	
16		本科、硕士学历人数				

图10-7

知识链接

FREQUENCY()函数介绍

FREQUENCY()函数主要用于计算数值在某个区域内的出现频率，然后返回一个垂直数组，其语法结构为：FREQUENCY(data_array,bins_array)。从语法结构中可以看出，该函数中包含两个必须参数，各参数的具体说明如下。

- data_array：表示一组数据或单元格区域的引用，要为它计算频率，通俗理解就是需要进行频率统计的数据源。
- bins_array：表示一个区间数组或对区间的引用，该区间用于对data_array中的数值进行分组，通俗理解就是区间分割点。

10.2.2 统计各学历员工数

合理的员工构架有助于提高员工工作效率、降低企业运行成本。在本例中，需要统计出各个学历的员工人数，以分析企业的员工构架是否合理。

本例中要统计的对象是文本，而FREQUENCY()函数不支持文本型参数，故需要将其转换为其他该函数支持的数据类型。由于本例中各学历名称的第一个字不同，可以使用CODE()函数将其转换为编码，使用该编码作为学历的代码，再进行统计。下面具体介绍统计各个学历员工人数的方法。

>> 素材文件：素材\第10章\员工档案表1.xlsx

>> 效果文件：效果\第10章\员工档案表1.xlsx

1 查看员工各学历信息

❶打开“员工档案表1”素材文件，❷在工作表中即可查看公司不同员工的学历等基本信息。

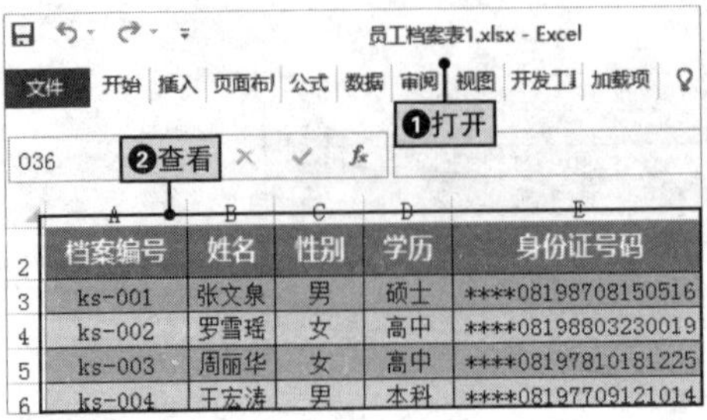

2 统计各学历员工数

❶选择E16:E20单元格区域，❷在编辑栏输入“=FREQUENCY(CODE($D$3:$D$13),CODE($D$16:$D$20))”，按【Ctrl+Shift+Enter】组合键即可统计各学历员工数。

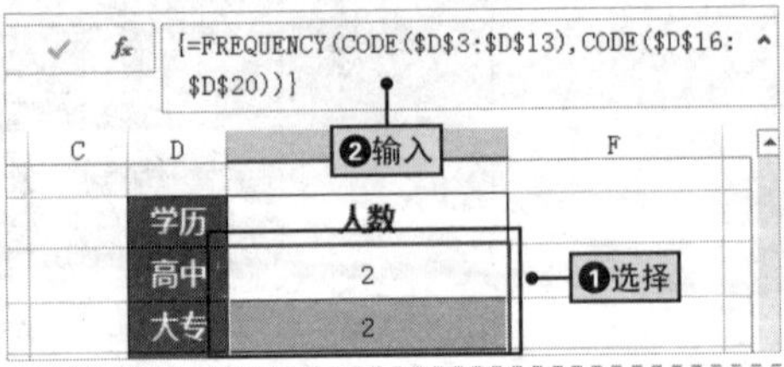

使用数组公式进行计算后，即可在工作表中E16:E20单元格区域中分别查看各个学历对应的员工人数，其最终效果展示如图10-8所示。

	A	B	C	D	E	F	G	H	I
12	ks-010	张超	男	博士	****08198003190718	1980年03月19日	39	汉	江苏南京
13	ks-011	董晓佳	女	大专	****08198511130711	1985年11月13日	33	汉	上海
14									
15				学历	人数				
16				高中	2				
17				大专	2				
18				本科	5				
19				硕士	1				
20				博士	1				

图10-8

TIP 本案例公式说明

在上述示例的“=FREQUENCY(CODE($D$3:$D$13),CODE($D$16:$D$20))”公式中，“CODE($D$3:$D$13)”函数用于将员工学历文本的第一个字符返回数字代码，“CODE($D$16:$D$20)”函数用于将所有学历文本的第一个字符返回数字代码。

然后使用FREQUENCY()函数分别求取各学历数字代码在员工学历数字代码中出现的频率，即各学历的员工人数。

因为CODE()函数只能够将字符串的第一个字符转换为编码，所以这种统计文本频率的方法只适用于像本例中首字符不相同的文本。若首字符出现相同的情况，则可以使用通用公式“=FREQUENCY(LOOKUP(D3:D13,{"本科","博士","大专","高中","硕士"},{3,5,2,1,4}),{1,2,3,4,5})”进行计算。

知识链接

CODE()函数介绍

CODE()函数用于返回文本字符串中第一个字符的数字代码，返回的代码对应于计算机当前使用的字符集。其语法格式为：CODE(text)。该函数只有一个text参数，用于指定要为其获取第一个字符的代码的文本。

10.3 在职人员结构分析

在职人员结构分析主要是借助图表对公司各部门在职人员的各项数据进行统计分析，为公司的发展提供数据支持。

10.3.1 运用图表展示各部门的员工人数

使用图表展示在职人员的各部门分布情况，可以方便公司管理人员了解公司人员结构。同时关注哪些部门人员过多哪些部门人员太少，及时做出决策，招聘新员工或是裁员。

要使用图表分析各部门员工数量，首先需要对各部门的员工数量进行统计，可以借助COUNTIF()函数进行统计，然后再使用饼图进行各部门的数据展示即可。

下面具体介绍实现过程。

>> 素材文件：素材\第10章\员工信息表.xlsx

>> 效果文件：效果\第10章\员工信息表.xlsx

1 新建工作表并录入表头数据

❶打开“员工信息表”素材文件，❷新建“部门人数统计”工作表，❸录入需要的表头数据并设置格式。

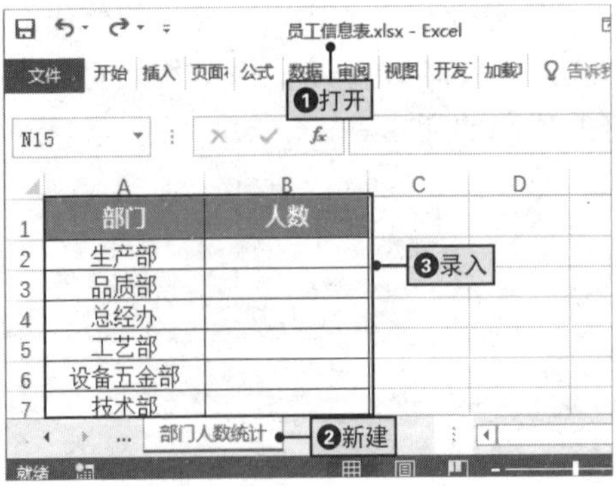

2 统计各部门的人数

❶选择B2:B8单元格区域，❷在编辑栏输入“=COUNTIF(在职人员信息统计表!C3:C21,$A2)”，按【Ctrl+Enter】组合键即可统计各部门人数。

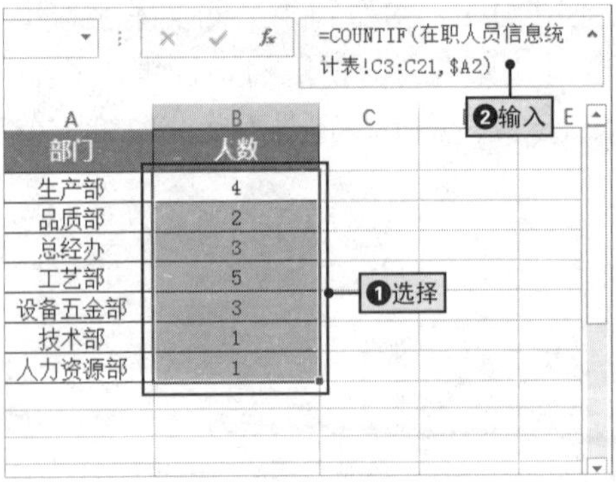

3 创建图表

❶选择A1:B8单元格区域，❷单击“插入”选项卡“图表”组中的“插入饼图或圆环图”下拉按钮，❸选择“饼图”选项。

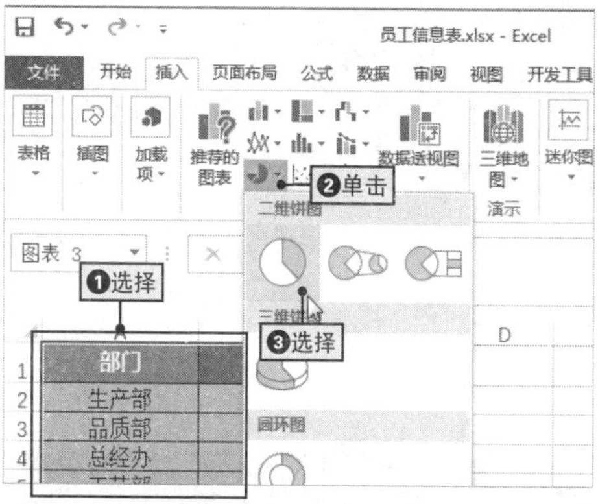

4 设置图表布局样式

❶保持图表的选择状态，单击“图表工具 设计”选项卡“图表布局”组中的“快速布局”下拉按钮，❷选择“布局4”选项。

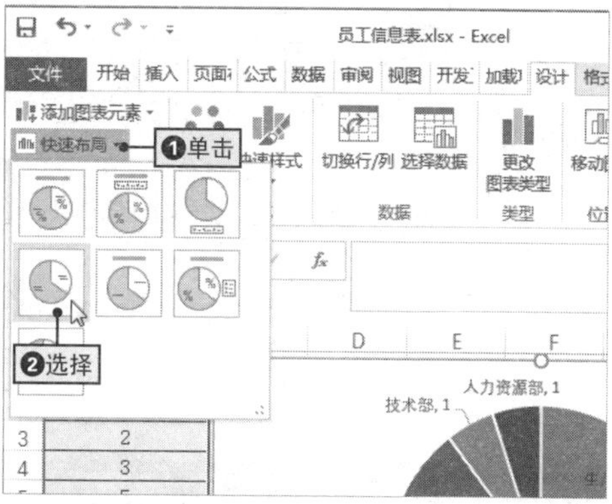

5 设置饼图分离程度

❶双击图表中的数据系列，❷在打开的窗格中的“饼图分离程度”数值框中输入“12%”。

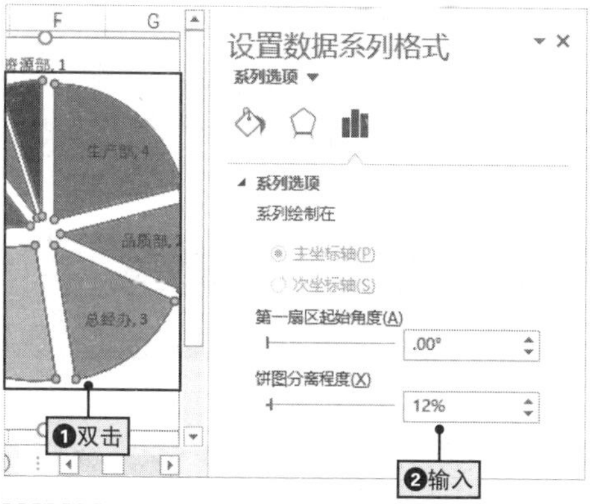

6 移动数据标签的位置

将图表中的数据标签移动到数据系列之外，将图表移动到合适的位置并调整图表的大小

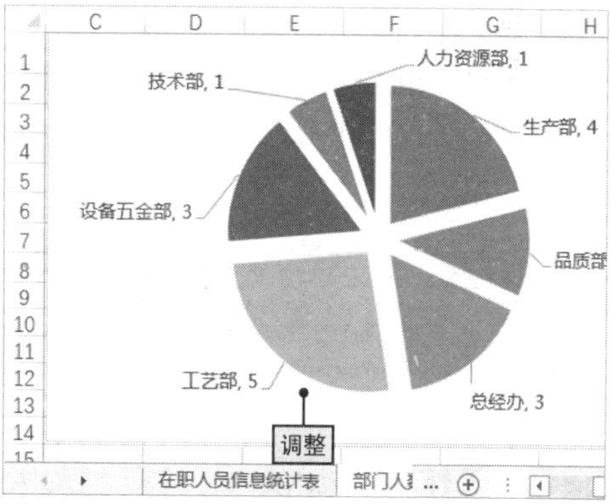

TIP 突出显示单个数据系列

在实际工作中，经常需要突出显示一个或多个数据系列。在饼图中，则可以使用改变数据系列分离程度的方法实现。只需要选择某一个需要突出的数据系列，双击，在打开的窗格中的“点爆炸型”数值框中输入具体的值即可实现突出显示该数据系列。

使用公式统计各部门人数，并使用饼图进行展示，其最终效果展示如图10-9所示。在饼图中即可清楚地查看各部门在职员工的具体数量，以及所占的比例。

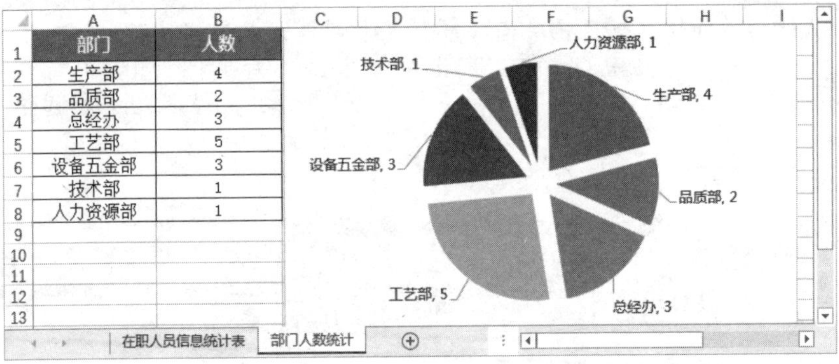

图10-9

10.3.2 运用学历数据图分析学历结构

一般来说，学历层次高的人，其才华学识一般较强。就人才群体说，高学位的比例大，标志人才群体的业务基础好。但不同的工作岗位需要有不同能力、不同学历的人员，人才群体中应有合理的学历结构，才能充分发挥各类人员的作用。

要想了解公司员工的学历结构情况，可以使用条形图进行展示。首先需要使用COUNTIF()函数快速统计公司中各学历的人数，然后再插入合适的图表进行展示分析即可。

>> 素材文件：素材\第10章\员工信息表1.xlsx

>> 效果文件：效果\第10章\员工信息表1.xlsx

1 新建工作表并录入数据

❶打开“员工信息表1”素材文件，❷新建“公司学历统计”工作表，❸在工作表中录入需要的表头数据并为表格设置合适的格式。

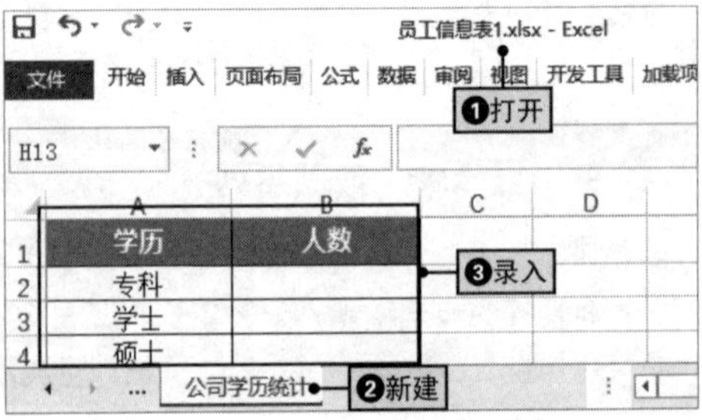

2 统计学历数据

❶选择B2:B5单元格区域，❷在编辑栏输入“=COUNTIF(在职人员信息统计表!H3:H21,$A2)”，按【Ctrl+Enter】组合键即可统计学历数据。

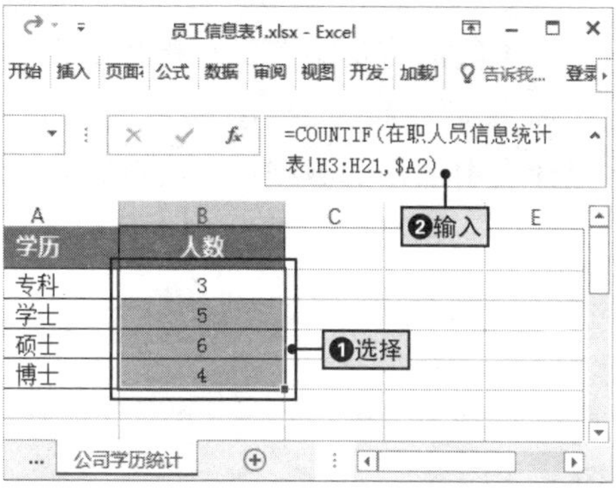

3 插入图表

❶选择A1:B5单元格区域，❷单击“插入”选项卡“图表”组中的“插入柱形图或条形图”下拉按钮，❸选择“簇状条形图”选项。

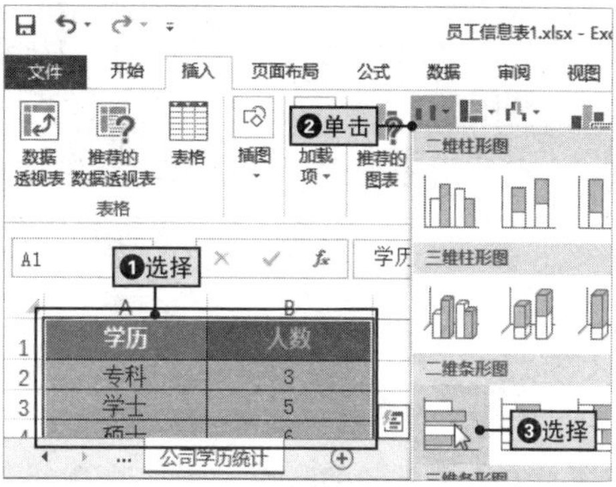

4 套用表样式

❶选择图表，❷在“图表工具 设计”选项卡“图表样式”组中的“图表样式”栏中选择“样式3”选项。修改图表的标题并将图表移动到合适的位置。

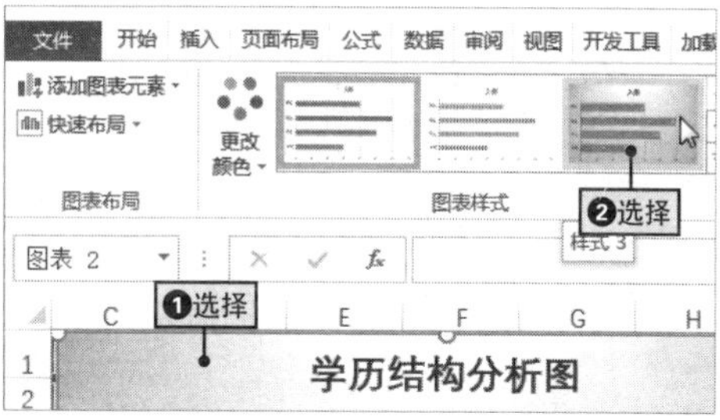

使用公式统计公司员工的学历情况，并使用条形图进行数据展示，其最终效果展示如图10-10所示。从中可以快速了解到公司员工的学历结构，方便相关管理人员对公司学历结构进行调整。

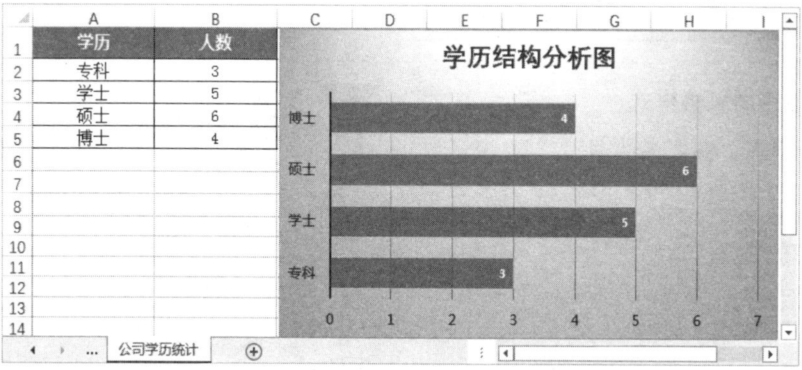

图10-10

10.3.3 运用图表分析员工年龄分布

公司年龄结构应保持在相对稳定的水平，这样才有利于公司的发展，实现利益最大化。如果公司员工年龄结构偏大，公司内部可能关系复杂，公司老龄化、不阳光、没朝气。养老及退休提前，面临一大笔开支。

这就要求公司管理人员及时做出调整，尽可能的将员工年龄结构控制在合适的范围。

在使用图表进行分析前，首先需要将统计表中部门的数据进行合并，可以使用SUM()函数实现。下面进行具体介绍。

>> 素材文件：素材\第10章\公司年龄统计表.xlsx

>> 效果文件：效果\第10章\公司年龄统计表.xlsx

1 求和各年龄段的数据

❶打开“公司年龄统计表”素材文件，❷选择B3:H9单元格区域，❸单击“公式”选项卡“函数库”组中的“自动求和”按钮。

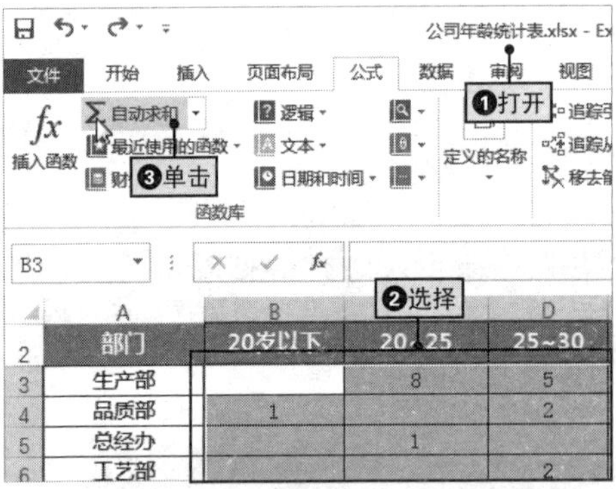

2 插入图表

❶选择A2:H2、A10:H10单元格区域，❷单击“插入”选项卡“图表”组中的“插入饼图或圆环图”下拉按钮，❸选择“饼图”选项。

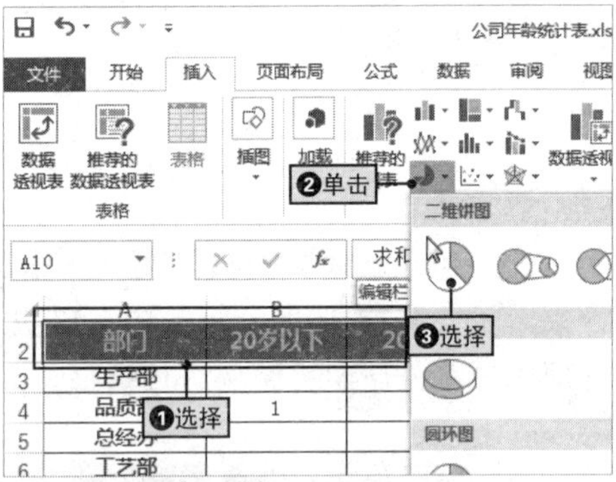

3 快速布局表格样式

❶选择图表，❷单击“图表工具 设计”选项卡“图表布局”组中的“快速布局”下拉按钮，❸选择“布局5”选项即可快速布局。

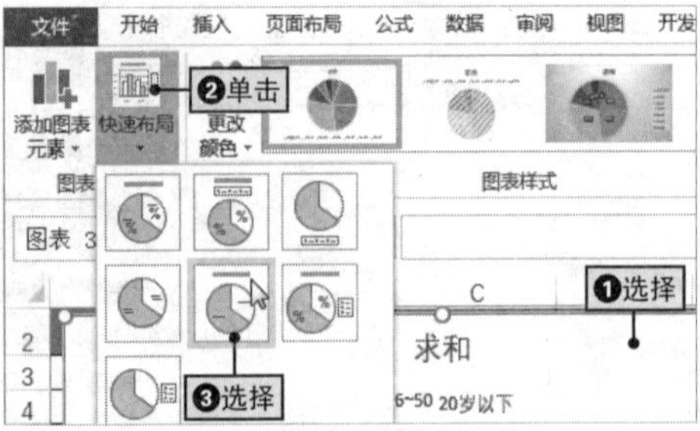

4 完善图表

❶将图表标题重命名为“公司年龄分析”，❷将数据标签移动到合适的位置，最后将图表移动到合适的位置

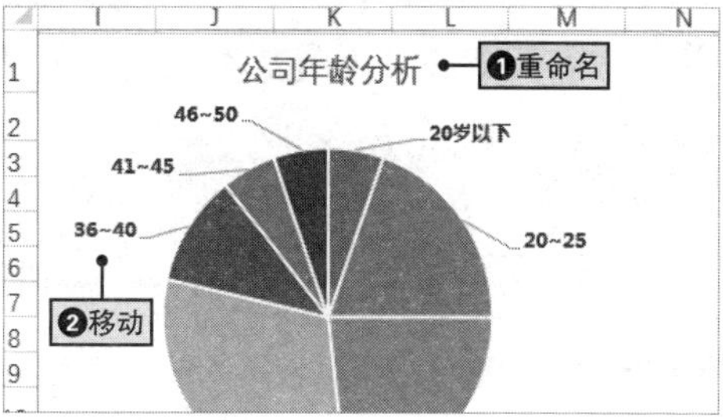

使用公式统计公司员工的年龄情况，然后用饼图进行展示，其最终效果展示如图10-11所示。从中可以快速了解到公司员工的年龄状况，根据展示出的各年龄段人数所占比例，可以帮助相关管理人员进行公司年龄结构调整。

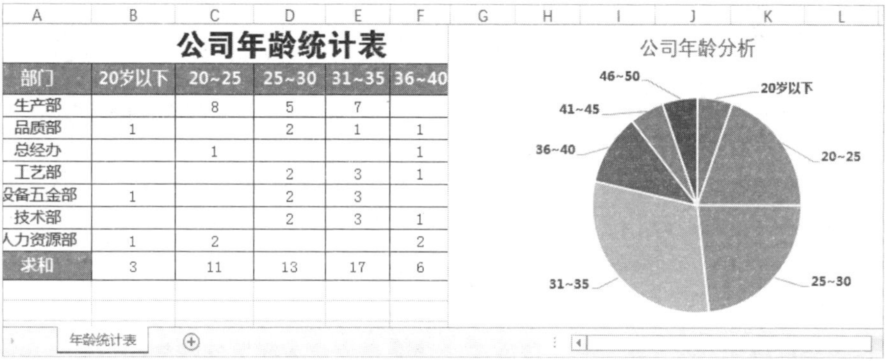

公司年龄统计表

部门	20岁以下	20~25	25~30	31~35	36~40
生产部		8	5	7	
品质部	1		2	1	1
总经办		1			1
工艺部			2	3	1
设备五金部	1		2	3	
技术部			2	3	1
人力资源部	1	2			2
求和	3	11	13	17	6

图10-11

10.4 人员流动情况统计分析

人员流动情况分析是完全有必要的，企业从多维度、多指标中分析人员流动情况，从而找出企业在日常管理中存在的问题加以改善。

10.4.1 动态查看入职与离职数据变化

因为公司大小不同、人员流动情况不同、共同关注人员流动的侧重点不同

以及HR的思维习惯不同等，所以对人员流动情况分析在维度和指标上会体现出差异。本节主要是讲解基本的人员流动数据的动态分析。

>> 素材文件：素材\第10章\人员流动统计表.xlsx

>> 效果文件：效果\第10章\人员流动统计表.xlsx

1 添加辅助列

❶打开“人员流动统计表”素材文件，❷在AC2:AC13单元格区域分别输入“1月～12月”，在AC14单元格输入“合计”文本。

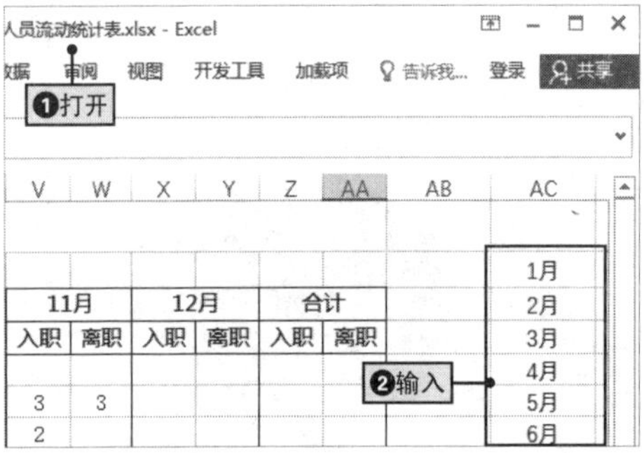

2 插入下拉列表控件

❶单击“开发工具”选项卡“控件”组中的“插入”下拉按钮，❷选择“组合框”选项，然后进行绘制即可。

3 设置控件格式

右击控件，在弹出的快捷菜单中选择“社会控件格式”命令，❶在打开的对话框中的“数据源区域”文本框中输入“$AC$2:$AC$14”，❷在“单元格链接”文本框中输入“$AD$1”，单击“确定”按钮。

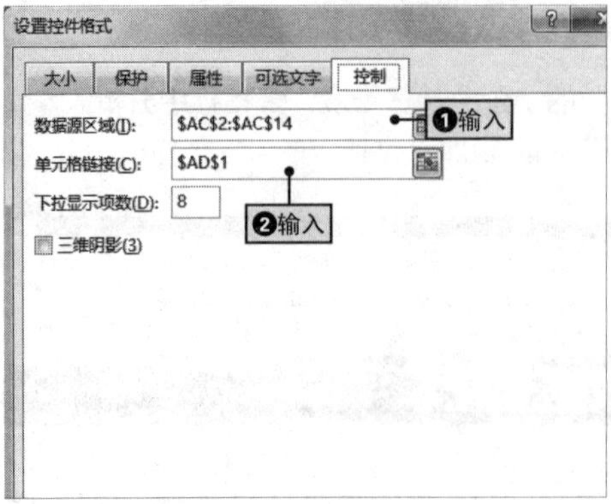

4 定义“入职”字段名称

❶单击“公式”选项卡“定义的名称”组中的“定义名称”按钮，❷在打开的对话框的“名称”文本框中输入“人员流动情况入职数据”，❸在“引用位置”文本框中输入“=OFFSET(人员流动分析!$B$5:$B$16,,($AD$1-1)*2)”，❹单击“确定”按钮。

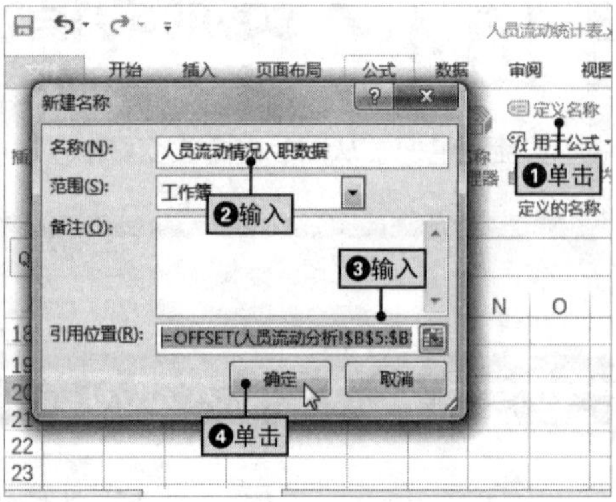

5 定义“离职”字段名称

以同样的方法选择C5:C16单元格区域，为其定义名称，引用位置为“=OFFSET(人员流动分析!$C$5:$C$16,,($AD$1-1)*2)”。

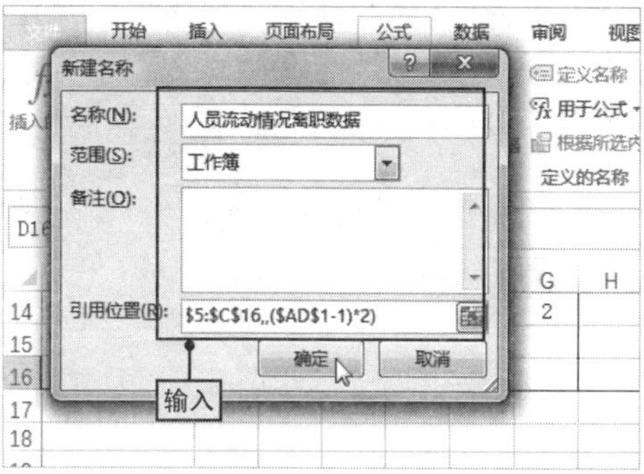

6 创建图表

❶选择A4:C16单元格区域，❷单击“插入”选项卡“图表”组中的“插入柱形图或条形图”下拉按钮，选择“簇状柱形图”选项。

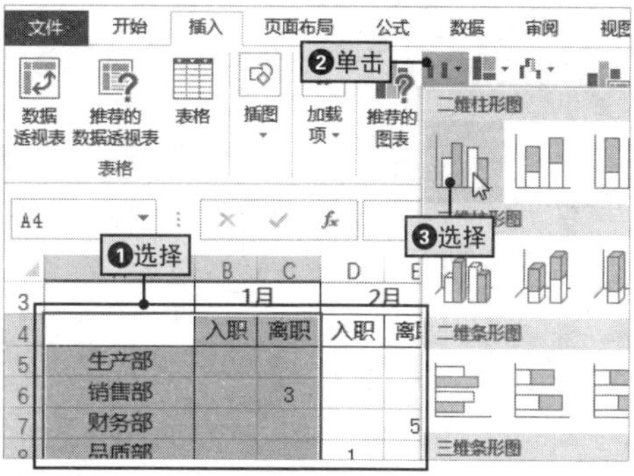

7 重新设置入职数据

右击图表，选择“选择数据”命令，❶在打开的对话框中选择“入职”选项，❷单击“编辑”按钮，❸在打开对话框中的“系列值”文本框中输入“=人员流动分析!人员流动情况入职数据”。

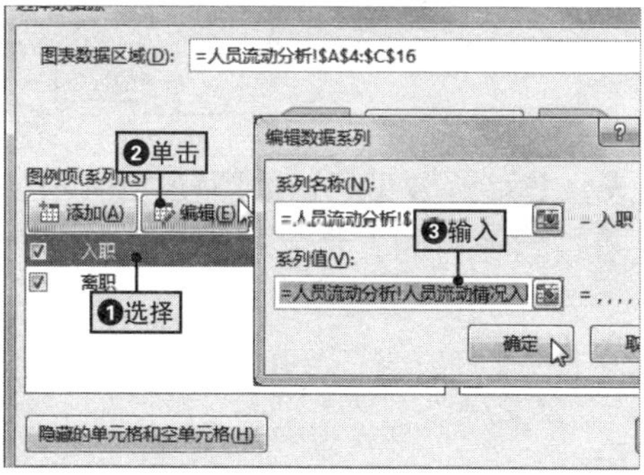

8 重新设置离职数据

以同样的方法，❶在打开的对话框中选择“离职”选项，❷单击“编辑”按钮，❸在打开对话框中“系列值”文本框中输入“=人员流动分析!人员流动情况离职数据”，❹单击“确定”按钮。

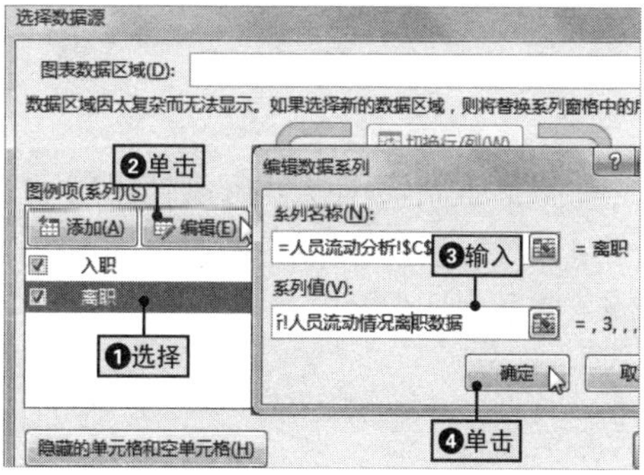

9 设置垂直坐标轴格式

❶双击垂直坐标轴，❷在打开的窗格中的“最小值”和“最大值”文本框中分别输入“-8”和“8”即可。

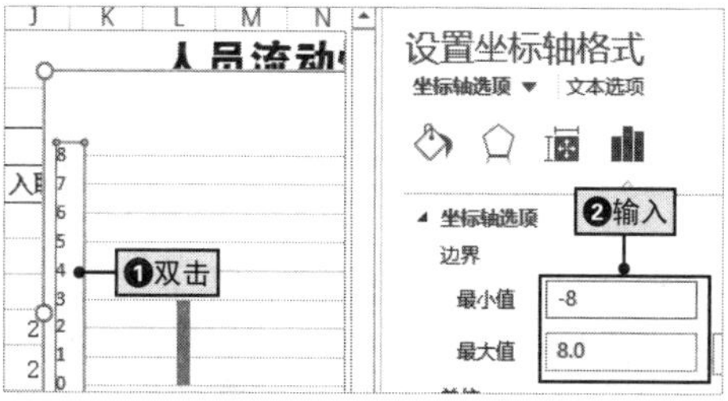

10 设置次坐标轴

❶双击图表中的离职数据系列，❷在打开的窗格中的“系列选项”选项卡中选中“次坐标轴”单选按钮。

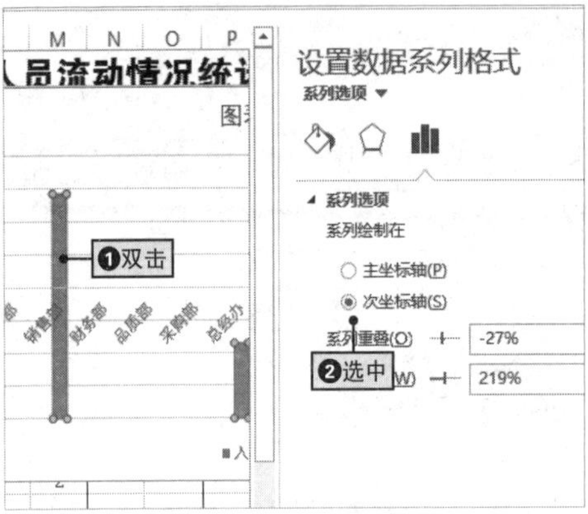

11 设置逆序刻度值

❶双击右侧坐标轴，❷在打开的窗格中单击“坐标轴选项”选项卡，分别设置边界的最大值和最小值，❸选中“逆序刻度值”复选框即可。

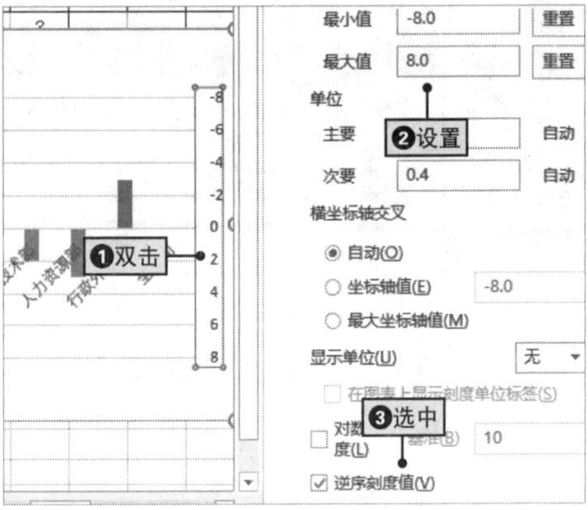

12 完善图表

❶将之前创建的控件移动到图表上，❷更改图表名，❸并为每个数据系列设置数据标签，其最终效果如右图所示。

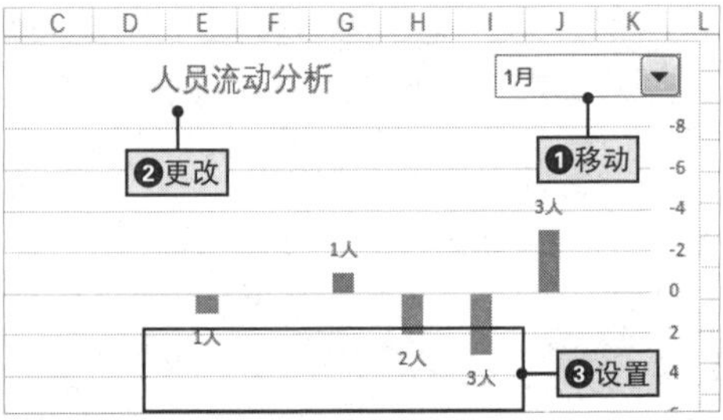

根据人员流动统计表制作出的动态图表，其最终效果展示如图10-12所示。通过改变控件中的月份数据即可动态地查看公司该月的人员流动情况，各部门的入职和离职信息。

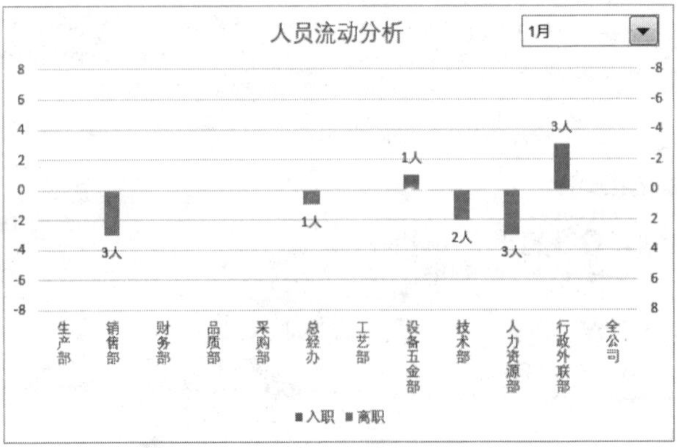

图10-12

10.4.2 分析人才流失的原因

在公司发展的过程中，了解到员工离职、重要人才流失的原因是很重要的，只有认识到了自身的缺陷，知道了人才流失的原因，才能更好地帮助公司发展壮大。

本节主要是根据统计出的员工离职原因相关数据创建离职原因分析图表，从而对人才流失原因进行分析。

下面具体介绍人才流失原因的分析方法。

>> 素材文件：素材\第10章\离职原因统计表.xlsx

>> 效果文件：效果\第10章\离职原因统计表.xlsx

1 计算各种原因离职人数比例

❶打开“离职原因统计表”素材文件，❷选择C4:C18单元格区域，❸输入公式“=B4/SUM($B$5:$B$18)”，按【Ctrl+Enter】组合键即可计算比例。

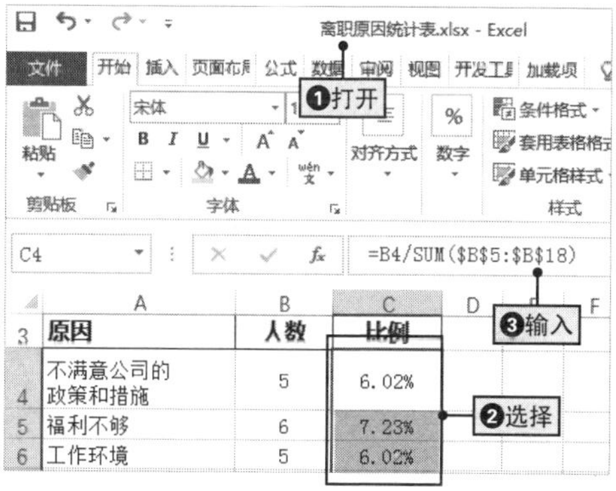

2 插入图表

❶选择A3:A18、C3:C18单元格区域，❷单击“插入”选项卡“图表”组中的“插入折线图或面积图”下拉按钮，❸选择“带数据标记的折线图”选项。

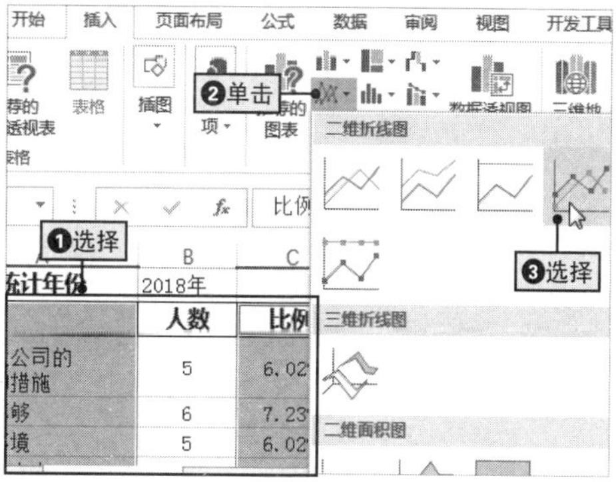

3 添加数据标签

❶选择新创建的图表，❷单击“图表工具 设计”选项卡“图表布局”组中的“添加图表元素”下拉按钮，❸在下拉列表中选择“数据标签/上方”选项即可添加数据标签。

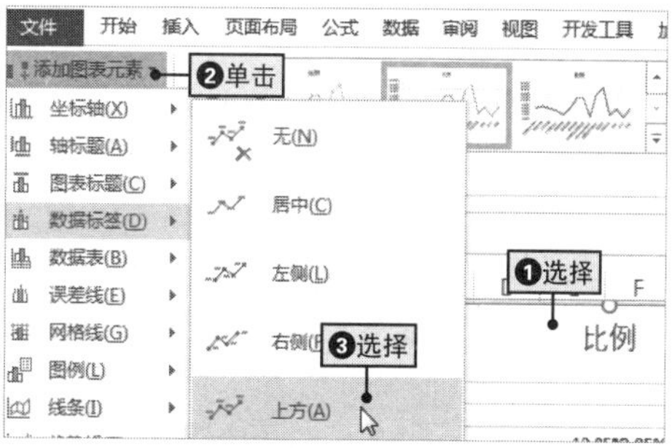

4 完善图表

❶在图表中录入标题“离职原因分析”，❷将图表移动到合适的位置并调整图表的大小。

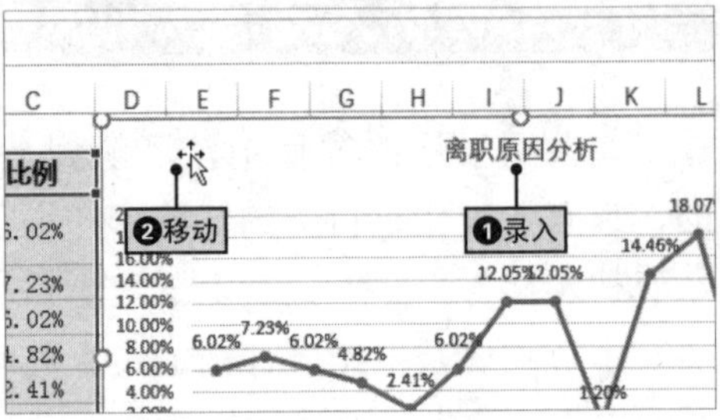

根据不同的离职原因计算出比例并创建折线图进行展示，其最终效果展示如图10-13所示。在图表中即可发现公司的主要离职原因，即人才流失的原因，与此同时，公司管理人员应当引起重视。

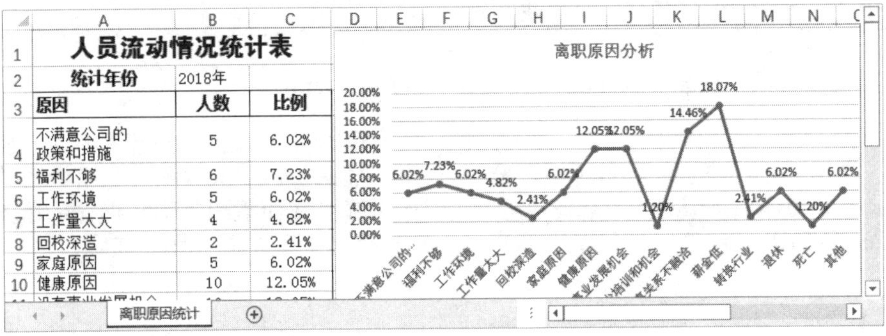

图10-13

第11章 11

员工薪酬管理，让工资数据简单化

本章导读

工资数据的管理是公司管理人员和财务人员关注的重点，也是较为复杂的工作。但使用模板可以很好地实现薪资数据的轻松管理。作为公司的管理人员还应当知道如何从工资数据中获取需要的数据，进行数据分析，为以后公司决策的制定提供依据。

本章要点

加班统计表模板
根据入职日期计算员工带薪休假的天数
打印工资表
部门工资数据对比
……

11.1 薪酬管理相关模板

薪酬管理，顾名思义，就是对与员工相关的各项资金进行管理，使公司的各项资金管理更加合理。

11.1.1 加班统计表模板

在进行模板设计之前，首先需要对相关知识有一定了解。对于加班及加班工资劳动法中有相关规定，需要把握以下几个要点。

①加班的法律规定。《劳动法》中规定“用人单位由于生产经营需要，经与工会和劳动者协商后可以延长工作时间，一般每日不得超过一小时，因特殊原因需要延长工作时间的，在保障劳动者身体健康的条件下延长工作时同每日不得超过3小时，但是每月不得超过三十六小时”。

②加班工资计算基数的规定。劳动合同中有约定的遵从约定，没约定或约定不明的按实际工资作为基数。无论哪种情况，不得低于当地最低工资标准。

实际加班审批制，用户在统计加班时间时，只需统计员工编号、姓名、加班时长即可，然后将法定节假日加班时间、周末加班时间和平时加班时间进行分别统计。

③最低工资标准中不包含加班工资。

④公司应注意的事项：尽量在劳动合同中将加班工资基数明确；出台加班制度对加班情况及加班工资支付等进行明确规定，尽量要体现加班审批制。

公司人数少或加班情况少的话，可以直接在表格中输入，如果公司人数多或加班情况多的话，可以利用辅助表格，在辅助表格中输入数据再引入加班统计表中，减少输入时间。

下面具体介绍操作步骤（假定公司的员工不超过100人，月加班不超过500人次）。

>> 素材文件：素材\第11章\无

>> 效果文件：效果\第11章\加班统计表模板.xlsx

1 新建“加班数据”工作表

❶新建“加班统计表模板”文件，❷新建“加班数据”工作表，❸在A1:D1单元格区域录入表头并设置数据格式。

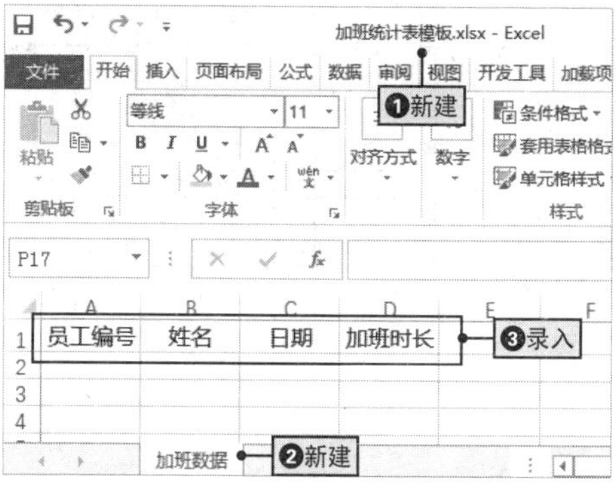

2 新建“加班统计表”工作表

❶新建“加班统计表”工作表，❷在工作表中录入需要的表格数据并设置单元格格式。

3 计算星期数据

❶选择C4单元格，❷在编辑栏中输入“=IF(C3<>"",WEEKDAY(DATE($B$1,$B$2,C$3),2),"")”进行计算，并向右填充到AG4单元格。

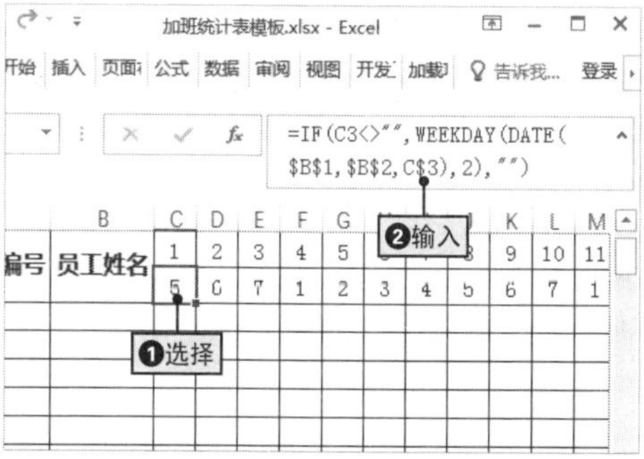

4 输入公式进行计算

在A5、B5、C5、AH5、AI5和AJ5单元格中分别输入如下公式，按【Ctrl+Shift+Enter】组合键计算并向下填充单元格即可。

单元格	公式
A5	=INDEX(加班数据!A:A,MATCH(0,COUNTIF(A$4:A4,加班数据!A$2:A$1000),0)+1)&""
B5	=IFERROR(VLOOKUP(A5,加班数据!A:B,2,),"")
C5	=SUMIFS(加班数据!$D:$D,加班数据!$A:$A,$A5,加班数据!$C:C,C3)
AH5	=SUMIF($C$4:$AG$4,8,$C5:$AG5)
AI5	=SUM(SUMIF($C$4:$AG4,{6,7},$C5:$AG5))
AJ5	=SUMIF($C$4:$AG$4,"<6",$C5:$AG5)

输入

5 计算法定加班

如果当月存在法定节假日，则把对应的星期数据改为“8”，程序将自动识别并将计算结果展示在“法定加班”字段的下方。

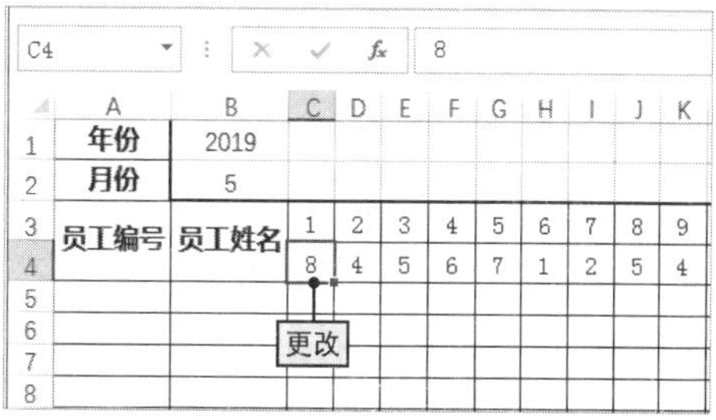

完成加班统计表模板设计后，其最终效果展示如图11-1所示。在“加班数据”工作表中输入加班数据，程序会自动将加班数据统计到“加班统计表”工作表中。

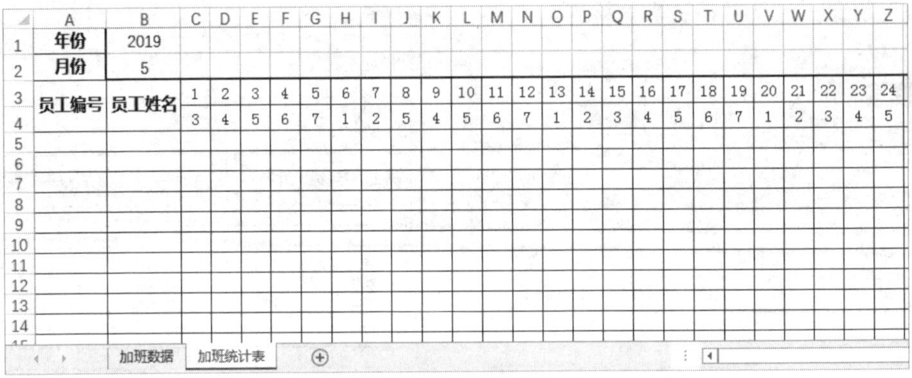

图11-1

11.1.2 考勤工资表模板

员工的考勤工资表是由考勤表数据汇总得出的，其中包括员工在上个月内的病假、事假及迟到等考勤数据。人事部门根据考勤统计表，一方面可以监督员工的出勤状况，另一方面能为薪酬表提供相应的考勤扣额数据。

在考勤工资表模板的设计过程中要注意正确地使用公式进行计算，从而获得准确的员工工资数据。

下面具体介绍考勤工资表模板的设计方法。

>> 素材文件：素材\第11章\无

>> 效果文件：效果\第11章\考勤工资表模板.xlsx

1 新建工作簿并设置表格结构

❶新建“考勤工资表模板”工作簿，❷在工作表中合并单元格，并设置表格边框，其最终效果如右图所示。

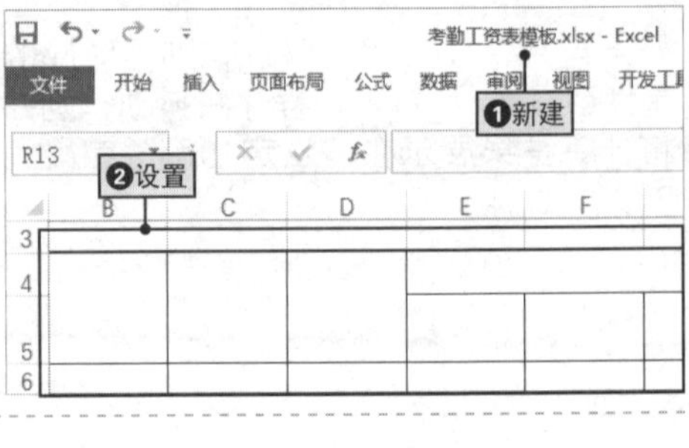

2 在表格中录入数据

在相应的表格中录入数据，并设置单元格格式、字体格式等，其最终效果如下图所示。

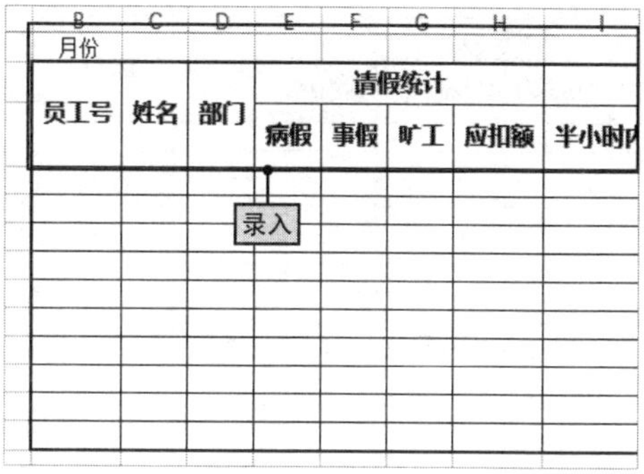

3 获取上一月份

❶选择C3单元格，❷在编辑栏中输入“=MONTH(TODAY())-1”，按【Ctrl+Enter】组合键即可。

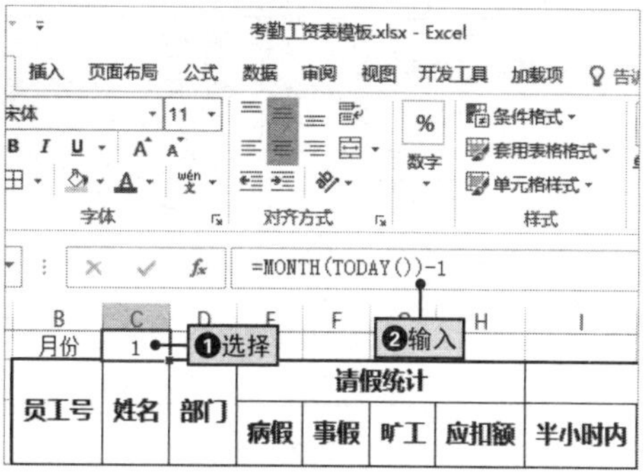

4 计算请假扣款数据

❶选择H6:H15单元格区域，❷在编辑栏中输入“=E6*50+F6*200+G6*300”，按【Ctrl+Enter】组合键即可计算。

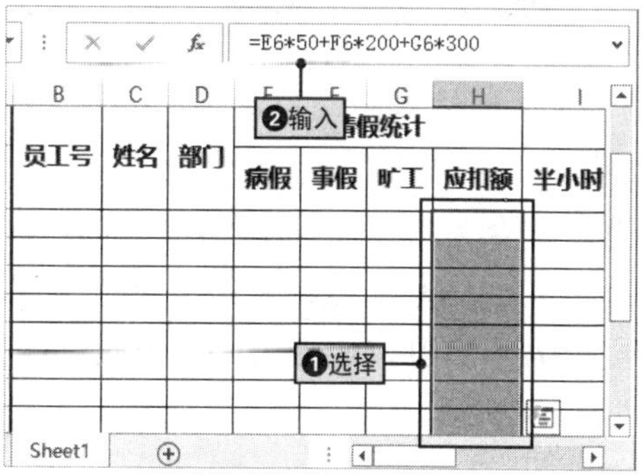

5 输入其他公式进行计算

分别在L6、M6和N6单元格中输入公式进行计算，并向下填充至第15行。

L6	I6*50+J6*100+K6*200
M6	H6+I6
N6	IF(M6=0,200,"")

输入

6 输入备注信息

❶在B16单元格中输入“备注：”，❷在B17～B19单元格中分别输入迟到、病假和满勤奖的相关信息。

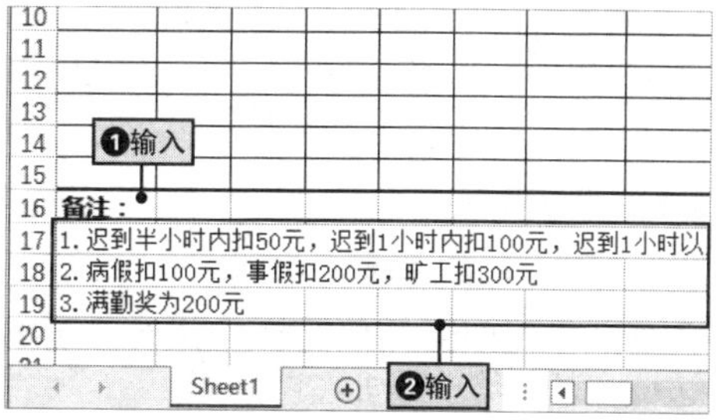

完成考勤工资表模板设计后，其最终效果展示如图11-2所示。在表格中录入缺勤或迟到相关数据后，程序会根据录入的数据自动计算出员工当月的扣款数据或全勤奖数据。

考勤工资表

月份 1

员工号	姓名	部门	请假统计				迟到统计				应扣总额	满勤奖
			病假	事假	旷工	应扣额	半小时内	1小时内	1小时以上	应扣额		
												200
												200
												200
												200
												200
												200
												200
												200
												200
												200

备注：

1.迟到半小时内扣50元，迟到1小时内扣100元，迟到1小时以上扣200元

2.病假扣100元，事假扣200元，旷工扣300元

图11-2

11.1.3 销售提成表模板

对企业的销售部门来说，奖金的计算通常与其销售金额相对应，并且采用不同的销售金额来计提奖金的比例。

本例中假设销售额小于10万，大于5万，奖金为1%；销售金额小于15万，大于10万，奖金为2%；销售金额小于20万，大于15万，奖金为3%；销售金额小于25万，大于20万，奖金为4%；销售金额大于25万，奖金为5%，但不超过15000元，以此为例进行模板的设计。

下面具体介绍考勤工资表模板的设计方法。

> 素材文件：素材\第11章\无
>
> 效果文件：效果\第11章\销售提成表模板.xlsx

1 新建工作表

❶新建“销售提成表模板”工作簿，❷在工作表中合并单元格，并设置表格边框，其最终效果如右图所示。

2 录入表格数据

❶在工作表中录入表标题，❷在新建的表格结构中分别输入表头数据和表格中的数据。

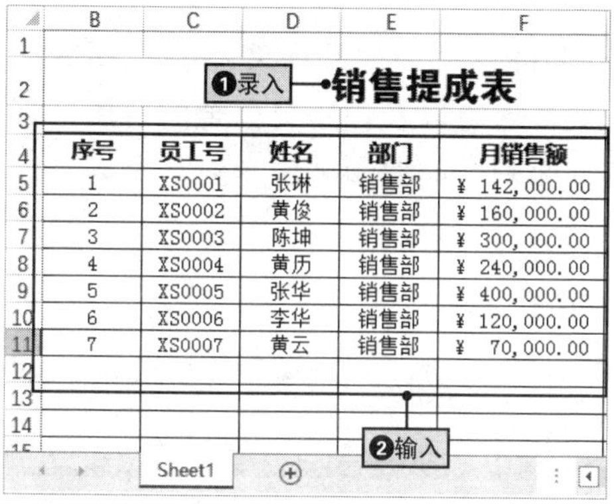

序号	员工号	姓名	部门	月销售额
1	XS0001	张琳	销售部	¥ 142,000.00
2	XS0002	黄俊	销售部	¥ 160,000.00
3	XS0003	陈坤	销售部	¥ 300,000.00
4	XS0004	黄历	销售部	¥ 240,000.00
5	XS0005	张华	销售部	¥ 400,000.00
6	XS0006	李华	销售部	¥ 120,000.00
7	XS0007	黄云	销售部	¥ 70,000.00

3 计算奖金

❶选择H5:H15单元格区域，❷在编辑栏中输入“=IF(F5<300000,ROUND(F5*G5,0),150000)”，按【Ctrl+Enter】组合键即可。

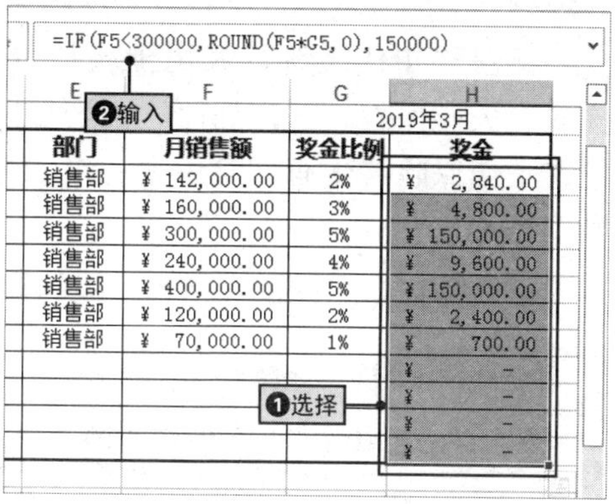

部门	月销售额	奖金比例	奖金
销售部	¥ 142,000.00	2%	¥ 2,840.00
销售部	¥ 160,000.00	3%	¥ 4,800.00
销售部	¥ 300,000.00	5%	¥ 150,000.00
销售部	¥ 240,000.00	4%	¥ 9,600.00
销售部	¥ 400,000.00	5%	¥ 150,000.00
销售部	¥ 120,000.00	2%	¥ 2,400.00
销售部	¥ 70,000.00	1%	¥ 700.00
			¥ -
			¥ -
			¥ -
			¥ -

4 输入备注信息

❶在B17单元格中输入“备注：”，❷在B18～B22单元格中分别输入各个销售额分段对应的奖金比例。

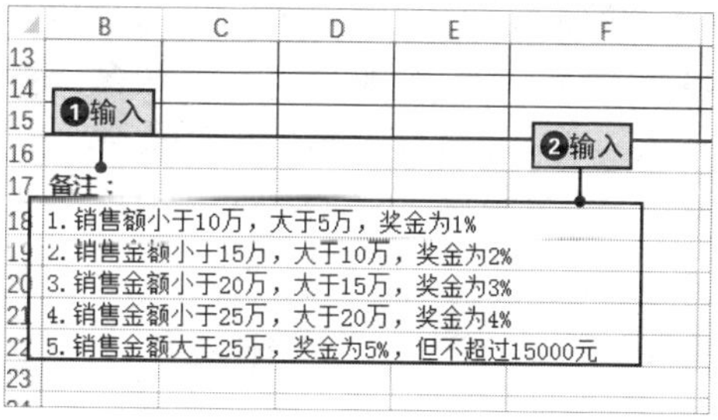

完成销售提成表模板设计后，其最终效果展示如图11-3所示。在表格中录入员工销售数据后即可快速计算员工的奖金提成。

销售提成表

2019年3月

序号	员工号	姓名	部门	月销售额	奖金比例	奖金
1	XS0001	张琳	销售部	¥ 142,000.00	2%	¥ 2,840.00
2	XS0002	黄俊	销售部	¥ 160,000.00	3%	¥ 4,800.00
3	XS0003	陈坤	销售部	¥ 300,000.00	5%	¥ 150,000.00
4	XS0004	黄历	销售部	¥ 240,000.00	4%	¥ 9,600.00
5	XS0005	张华	销售部	¥ 400,000.00	5%	¥ 150,000.00
6	XS0006	李华	销售部	¥ 120,000.00	2%	¥ 2,400.00
7	XS0007	黄云	销售部	¥ 70,000.00	1%	¥ 700.00
						¥ -
						¥ -
						¥ -
						¥ -

图11-3

11.1.4 社保代扣表模板

在我国，社会保险（Social Insurance）是社会保障体系的重要组成部分。社会保险是一种为丧失劳动能力、暂时失去劳动岗位或因健康原因造成损失的人口提供收入或补偿的一种社会和经济制度。

社保代扣代缴统计表用于统计每个员工每月缴纳的社保费用，包括养老保险、失业保险、医疗保险、工伤保险、生育保险以及住房公积金的费用。其中，工伤保险与生有保险由企业单独缴纳，而剩余的费用则由企业与个人共同缴纳。

下面具体介绍社保代扣表模板的设计方法。

>> 素材文件：素材\第11章\无

>> 效果文件：效果\第11章\社保代扣表模板.xlsx

1 新建工作簿

❶新建“社保代扣表模板”工作簿，❷在工作表中合并单元格，设置表格边框并录入表头数据。

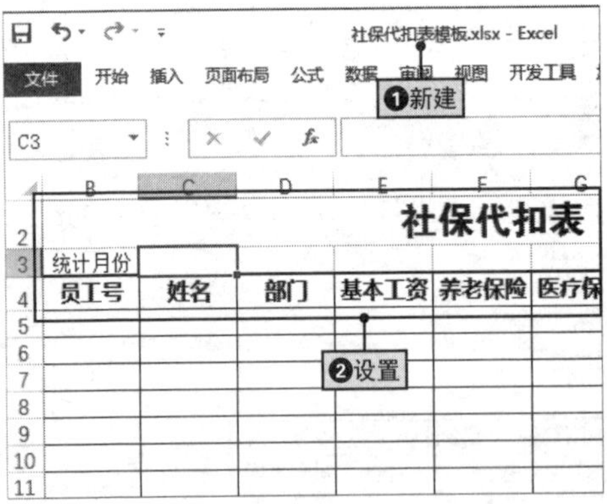

2 计算上个月月份

❶选择C3单元格，❷在编辑栏中输入“=MONTH((TODAY())-1)”，按【Ctrl+Enter】组合键获取上个月月份。

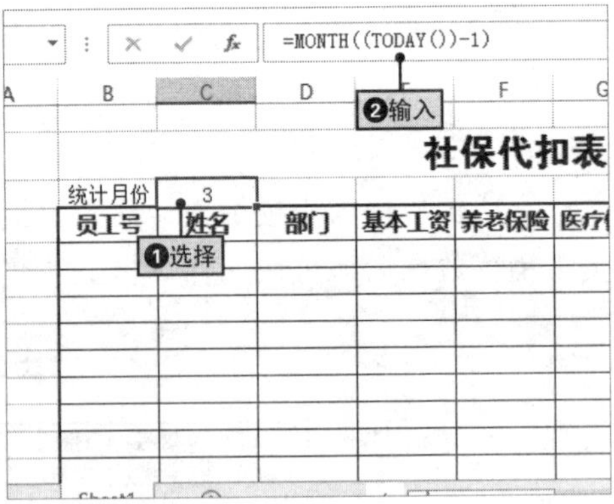

3 计算代扣金额

在F5、G5、H5、I5和J5单元格中分别输入“=E5*8%”、“=E5*2%+3”、“=E5*0.2%”、“=E5*12%”和“=SUM(F5:I5)”，计算完后分别向下填充至第14行。

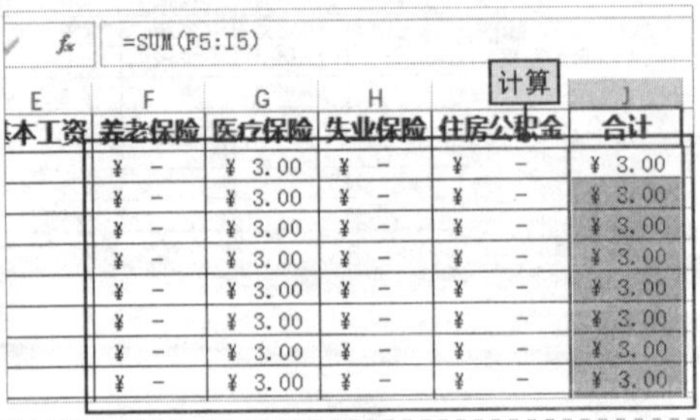

4 输入备注信息

❶在B15单元格中输入“备注：”，❷在C15单元格中输入备注信息。

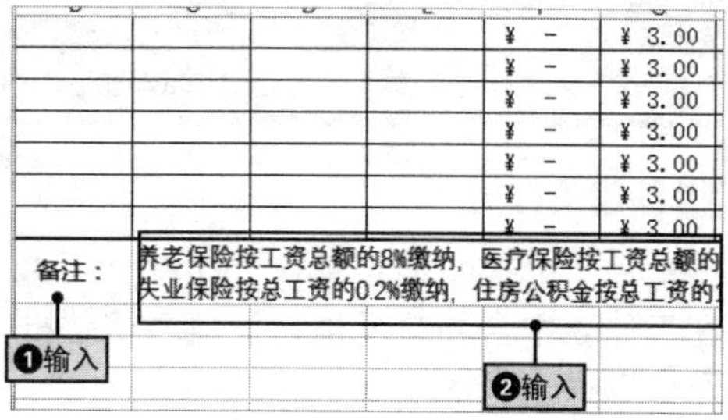

完成社保代扣表模板设计后，其最终效果展示如图11-4所示。在表格中录入员工的月收入信息后，程序会自动计算代扣社保的各项费用，以及员工合计需要缴纳的总费用。

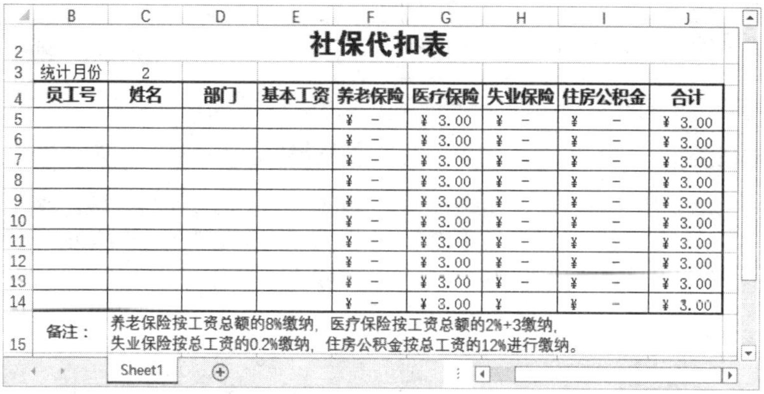

社保代扣表								
统计月份	2							
员工号	姓名	部门	基本工资	养老保险	医疗保险	失业保险	住房公积金	合计
				¥ -	¥ 3.00	¥ -	¥ -	¥ 3.00
				¥ -	¥ 3.00	¥ -	¥ -	¥ 3.00
				¥ -	¥ 3.00	¥ -	¥ -	¥ 3.00
				¥ -	¥ 3.00	¥ -	¥ -	¥ 3.00
				¥ -	¥ 3.00	¥ -	¥ -	¥ 3.00
				¥ -	¥ 3.00	¥ -	¥ -	¥ 3.00
				¥ -	¥ 3.00	¥ -	¥ -	¥ 3.00
				¥ -	¥ 3.00	¥ -	¥ -	¥ 3.00
				¥ -	¥ 3.00	¥ -	¥ -	¥ 3.00
				¥ -	¥ 3.00	¥	¥ -	¥ 3.00
备注：	养老保险按工资总额的8%缴纳，医疗保险按工资总额的2%+3缴纳，失业保险按总工资的0.2%缴纳，住房公积金按总工资的12%进行缴纳。							

图11-4

11.1.5 工资明细表模板

核定员工的工资是人力资源部门每个月的必备工作。具体表现为制作每个月份的员工月度工资统计表。这份表格通常由基础工资、福利补贴、奖金、加班费、缺勤以及保险和个税等项目组成。

在设计工资明细表的过程中会涉及到个人所得税的计算，以5000元作为个人所得税的起征点，计算个人所得税，计算公式为：个人所得税=（（总工资）－（三险一金）－（免征额））×税率－速算扣除数。个税参考7级超额累进税率，在工资明细表中会进行介绍。

>> 素材文件：素材\第11章\无

>> 效果文件：效果\第11章\工资明细表模板.xlsx

1 新建工作簿

❶新建“工资明细表模板”工作簿，❷在工作表中合并单元格，设置表格边框并录入表头数据。

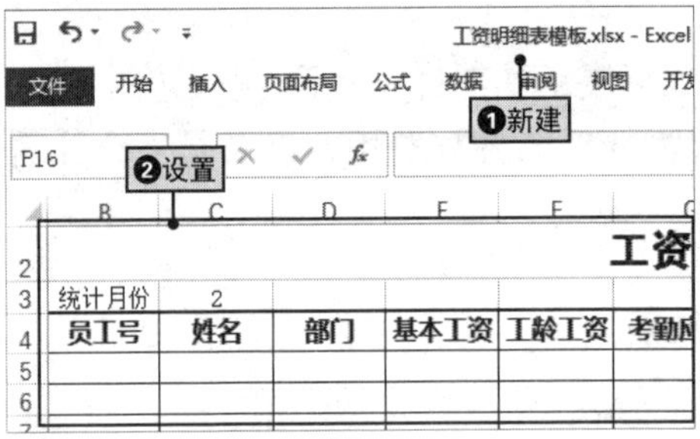

2 计算代扣代缴额

❶选择H5:H14单元格区域，❷在编辑栏输入“=E5*19%+3”，按【Ctrl+Enter】组合键即可计算代扣代缴额。

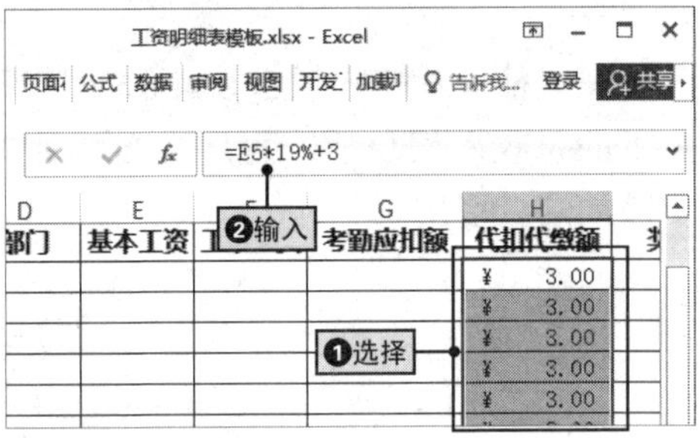

3 计算应付工资

❶选择J5:J14单元格区域，❷在编辑栏输入“=E5+F5-G5-H5+I5”公式，按【Ctrl+Enter】组合键即可计算应付工资。

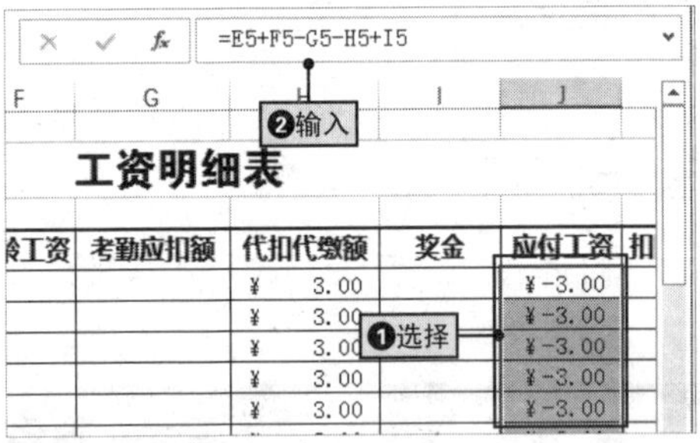

4 计算实付工资

❶选择L5:L14单元格区域，❷在编辑栏中输入“=J5-K5”，按【Ctrl+Enter】组合键即可计算实付工资。

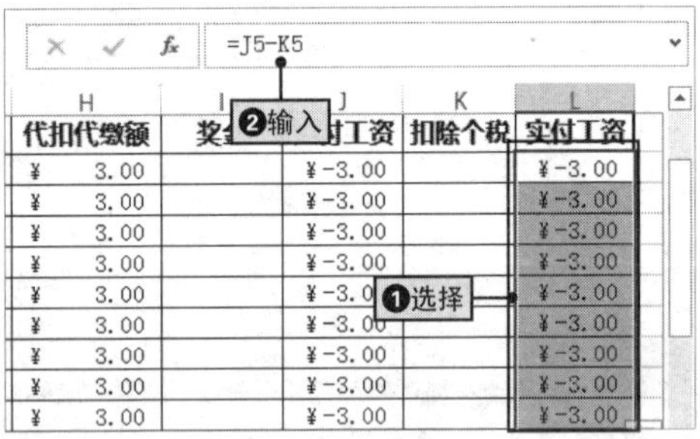

5 计算个人所得税

❶选择K5:K14单元格，❷在编辑栏输入“=ROUND(IF((J5-5000)>80000,(J5-5000)*0.45-15160,IF((J5-5000)>55000,(J5-5000)*0.35-7160,IF((J5-5000)>35000,(J5-5000)*0.3-4410,IF((J5-5000)>25000,(J5-5000)*0.25-2660,IF((J5-5000)>12000,(J5-5000)*0.2-1410,IF((J5-5000)>3000,(J5-5000)*0.1-210,IF((J5-5000)>0,(J5-5000)*0.03,0))))))),2)”，按【Ctrl+Enter】组合键即可计算。

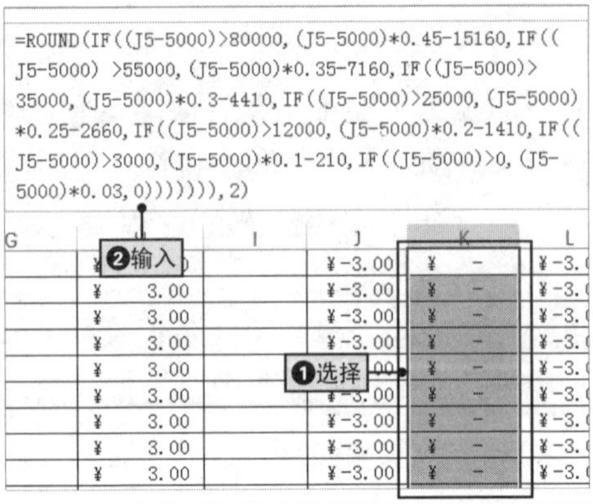

6 输入备注信息

在B15单元格中输入“备注：”，在其下方输入个税计算的具体参考数据，即7级超额累进税率表。

级数	全月应纳所得税税额	税率	速算扣除数（元）
1	全月应纳税额不超过3000元部分	3%	0
2	全月应纳税额超过3000~12000元部分	10%	210
3	全月应纳税额超过12000~25000元部分	20%	1410
4	全月应纳税额超过25000~35000元部分	25%	2660
5	全月应纳税额超过35000~55000元部分	30%	4410

输入

完成工资明细表模板设计后，其最终效果展示如图11-5所示。在表格中录入员工的月收入、社保代扣等数据后，程序会自动计算个人所得税、应发工资以及实付工资等数据。

工资明细表

统计月份　2

员工号	姓名	部门	基本工资	工龄工资	考勤应扣额	代扣代缴额	奖金	应付工资	扣除个税	实付工资
						¥ 3.00		¥-3.00	¥ -	¥ -3.00
						¥ 3.00		¥-3.00	¥ -	¥ -3.00
						¥ 3.00		¥-3.00	¥ -	¥ -3.00
						¥ 3.00		¥-3.00	¥ -	¥ -3.00
						¥ 3.00		¥-3.00	¥ -	¥ -3.00
						¥ 3.00		¥-3.00	¥ -	¥ -3.00
						¥ 3.00		¥-3.00	¥ -	¥ -3.00
						¥ 3.00		¥-3.00	¥ -	¥ -3.00
						¥ 3.00		¥-3.00	¥ -	¥ -3.00
						¥ 3.00		¥-3.00	¥ -	¥ -3.00

备注：

Sheet1

图11-5

11.2 员工福利计算与查询

员工福利是公司给员工的间接报酬，一般包括带薪休假、年终奖励等。在实际工作中涉及到计算员工带薪休假天数、计算员工年终奖等问题时，可以使用Excel中的相关函数来快速解决。

11.2.1 根据入职日期计算员工带薪休假的天数

某企业规定，员工工作时间不足半年的，可享有3天带薪休假；工作时间在半年到一年的，可享有6天带薪休假；以后每增加一年的工作时间，可以增加两天带薪休假，但最多不可以超过20天。现在需要统计每个员工目前拥有的带薪休假天数。

在本例中，首先需要使用DATEDIF()函数得出员工入职之后的工作时间，然后使用IF()函数得出员工可以拥有的带薪休假天数，最后使用MIN()函数将计算出来超过20天带薪年假的时间转换为20即可。

>> 素材文件：素材\第11章\员工信息表.xlsx

>> 效果文件：效果\第11章\员工信息表.xlsx

1 打开素材查看入职时间

❶打开“员工信息表”素材文件，❷在工作表中即可查看员工的入职时间等相关信息。

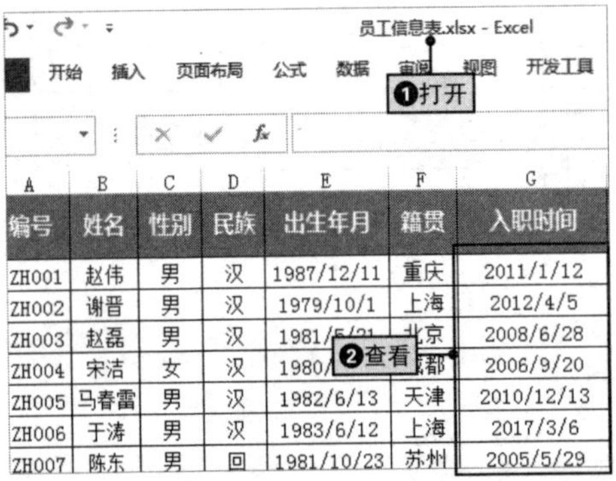

2 计算带薪休假的天数

❶选择I3:I12单元格区域，❷在编辑栏输入“=MIN(IF(DATEDIF(G3,TODAY(),"M")<6,3,IF(DATEDIF(G3,TODAY(),"Y")<1,6,DATEDIF(G3,TODAY(),"Y")*2+6)),20)”，按【Ctrl+Enter】组合键即可计算。

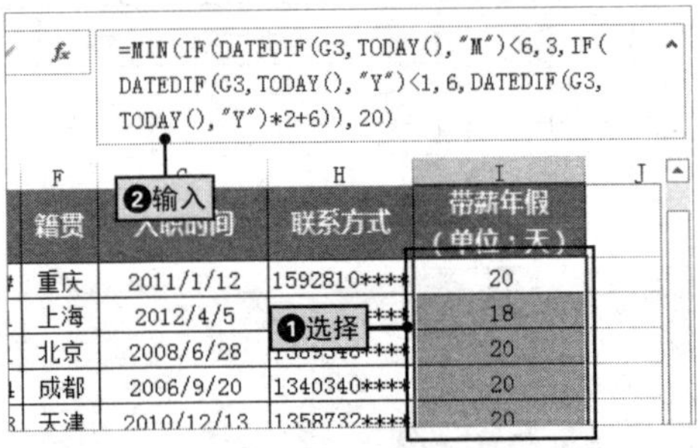

使用公式对带病年假天数进行计算后，其最终效果展示如图11-6所示。相关领导或员工可以从该表格中查看带薪年假的天数。

编号	姓名	性别	民族	出生年月	籍贯	入职时间	联系方式	带薪年假（单位：天）
LZH001	赵伟	男	汉	1987/12/11	重庆	2011/1/12	1592810****	20
LZH002	谢晋	男	汉	1979/10/1	上海	2012/4/5	1337383****	18
LZH003	赵磊	男	汉	1981/5/21	北京	2008/6/28	1589348****	20
LZH004	宋洁	女	汉	1980/7/14	成都	2006/9/20	1340340****	20
LZH005	马春雷	男	汉	1982/6/13	天津	2010/12/13	1358732****	20
LZH006	于涛	男	汉	1983/6/12	上海	2017/3/6	1387638****	8
LZH007	陈东	男	回	1981/10/23	苏州	2005/5/29	1533870****	20
LZH008	陈守宁	男	回	1976/9/12	杭州	2012/12/20	1897553****	18
LZH009	王鑫	女	汉	1976/5/8	南京	2000/11/12	1518433****	20
LZH010	王小波	女	汉	1979/10/9	宁波	2006/2/4	1308387****	20

图11-6

TIP 本案例公式说明

在上述示例的“=MIN(IF(DATEDIF(G3,TODAY(),"M")<6,3,IF(DATEDIF(G3,TODAY(),"Y")<1,6,DATEDIF(G3,TODAY(),"Y")*2+6)),20)”公式中，参数“G3”表示员工的入职时间，“TODAY()”函数将当前日期转换成序列号。

函数“DATEDIF(G3,TODAY(),"M")”可以返回当前日期距员工入职日期的月数，再与6比较，可以判断员工在职时间是否小于半年，若是则返回最终结果3，若不是则继续下一步公式计算。“IF(DATEDIF(G3,TODAY(),"Y")<1”表达式可以判断员工在职时间是否小于一年，若是则返回最终结果6，若不是则继续下一步公式计算。

“DATEDIF(G3,TODAY(),"Y")*2+6”表达式可以将员工在职的年数乘以2再加一年的带薪休假天数6，得到员工实际的带薪休假天数，最后使用MIN()函数在该天数和20之间取最小值，即最终结果。

11.2.2 计算员工享有的病假天数

某公司规定在职大于半年且小于一年的员工享有3天病假，以后每增加一年的工作时间，可以增加3天病假。若是新入职的员工，需按比例计算病假天数。若员工在15日之前(包括15日)入职，则算为该月入职，若员工是在15日之后入职，则算为下月入职。

首先需要使用YEAR()函数计算在职大于一年的员工享有的病假天数，然后使用MONTH()函数计算新入职的员工应享有的病假天数。

>> 素材文件：素材\第11章\员工信息表2.xlsx

>> 效果文件：效果\第11章\员工信息表2.xlsx

1 计算员工享有病假的天数

❶打开“员工信息表2”素材文件，选择F3单元格，❷在编辑栏中输入“=ROUND(IF(YEAR(E3-15)<2013,3*(YEAR(TODAY())-YEAR(E3-15)),((12-MONTH(E3-15))/12)*3),1)”，按【Ctrl+Enter】组合键计算病假天数。

2 填充公式进行计算

❶填充公式到A12单元格，❷单击“自动填充选项”下拉按钮，❸选中“不带格式填充”单选按钮即可快速计算所有员工病假天数。

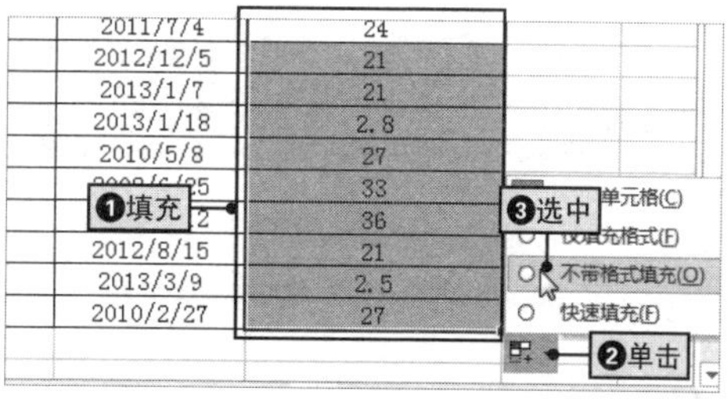

完成公式的填充后，即可完成员工病假天数的计算，其最终效果展示如图11-7所示。

	A	B	C	D	E	F
2	编号	姓名	性别	部门	入职日期	享有的病假天数
3	YG001	张嘉	男	技术部	2011/7/4	24
4	YG002	王晓敏	女	行政部	2012/12/5	21
5	YG003	谢春红	女	财务部	2013/1/7	21
6	YG004	刘磊	男	技术部	2013/1/18	2.8
7	YG005	杨兰兰	女	财务部	2010/5/8	27
8	YG006	吴旭	男	销售部	2008/6/25	33
9	YG007	张光良	男	销售部	2007/3/12	36
10	YG008	陈邵彬	男	技术部	2012/8/15	21
11	YG009	封锦城	男	质检部	2013/3/9	2.5
12	YG010	刘洋	女	质检部	2010/2/27	27

图11-7

TIP 本案例公式说明

在上述示例的"=ROUND(IF(YEAR(E3-15)<2013,3*(YEAR(TODAY())-YEAR(E3-15)),((12-MONTH(E3-15))/12)*3),1)"公式中，"YEAR(E3-15) <2013"表达式可以判断员工入职年份是否小于2013年，结果返回逻辑值TRUE或FALSE。"TODAY()"可返回当前日期的序列号，通过YEAR()函数将其转换成年份，再减"YEAR(E3-15)"入职年份，将其差值乘以3得到员工在职时间大于一年时享有的病假天数。

"MONTH(E3-15)"函数可以计算员工在职月数，通过"12-MONTH(E3-15))/12)*3"表达式可以得到员工在职时间小于半年时按比例应享有的病假天数。然后通过IF()函数返回逻辑值对应的结果。

11.2.3 根据工作年限计算员工年终奖

在年终的时候，发放年终奖是公司嘉奖员工的重要形式。在发放年终奖时，不同的公司有不同的标准。

在本例中，公司是依据员工的工作年限来发放年终奖的，并规定员工工作年限大于10年（包含10年）的发放年终奖12000元整，大于5年（包含5年）而不足10年的发放年终奖8000元整，不足5年的一律发放年终奖3000元整。

下面具体介绍根据工作年限计算员工年终奖的方法。

>> 素材文件：素材\第11章\员工信息表3.xlsx

>> 效果文件：效果\第11章\员工信息表3.xlsx

1 录入年终奖结算时间

❶打开“员工信息表3”素材文件，❷在J2单元格中输入年终奖结算时间，如“2018/12/31”。

2 计算带薪休假的天数

❶选择I3:I17单元格区域，❷在编辑栏输入“=TEXT(YEARFRAC(F3,$J$2,3),"[>=10]￥1!2!0!0!0!.!0!0;[>=5]￥8!0!0!0!.!0!0;￥3!0!0!0!.!0!0")”，按【Ctrl+Enter】组合键即可计算。

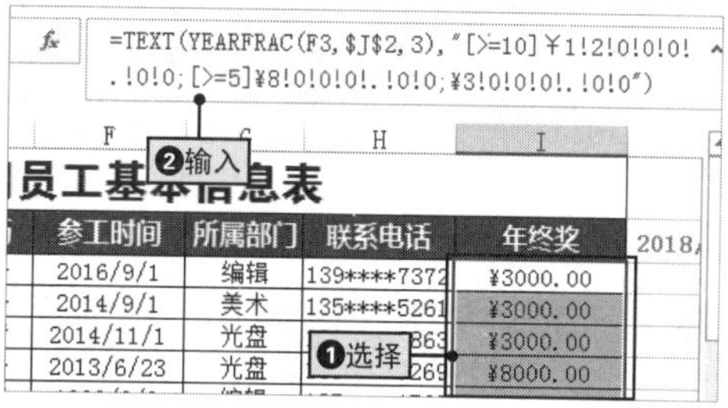

使用上述公式对员工的年终奖金额进行计算后，即可在工作表中进行查看，其最终效果展示如图11-8所示。

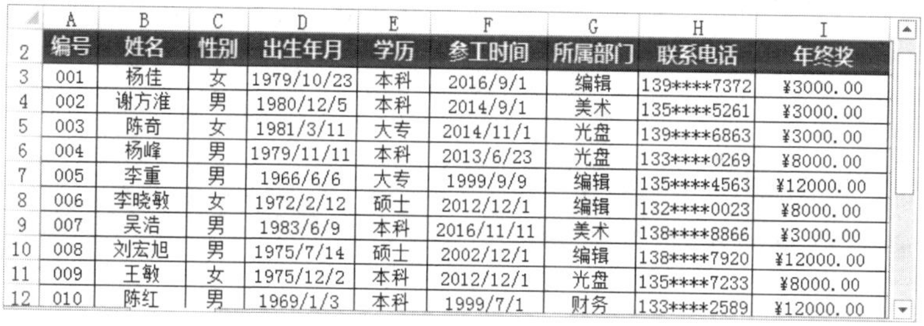

编号	姓名	性别	出生年月	学历	参工时间	所属部门	联系电话	年终奖
001	杨佳	女	1979/10/23	本科	2016/9/1	编辑	139****7372	¥3000.00
002	谢方淮	男	1980/12/5	本科	2014/9/1	美术	135****5261	¥3000.00
003	陈奇	女	1981/3/11	大专	2014/11/1	光盘	139****6863	¥3000.00
004	杨峰	男	1979/11/11	本科	2013/6/23	光盘	133****0269	¥8000.00
005	李重	男	1966/6/6	大专	1999/9/9	编辑	135****4563	¥12000.00
006	李晓敏	女	1972/2/12	硕士	2012/12/1	编辑	132****0023	¥8000.00
007	吴浩	男	1983/6/9	本科	2016/11/11	美术	138****8866	¥3000.00
008	刘宏旭	男	1975/7/14	硕士	2002/12/1	编辑	138****7920	¥12000.00
009	王敏	女	1975/12/2	本科	2012/12/1	光盘	135****7233	¥8000.00
010	陈红	男	1969/1/3	本科	1999/7/1	财务	133****2589	¥12000.00

图11-8

TIP 本案例公式说明

在上述示例的“=TEXT(YEARFRAC(F3,$J$2,3),"[>=10]¥1!2!0!0!0!.!0!0;[>=5]¥8!0!0!0!.!0!0;￥3!0!0!0!.!0!0")”公式中，参数“F3”表示员工的参工时间，参数“$J$2”表示员工领取年终奖时的年份，“YEARFRAC(F3,$J$2,3)”函数可以计算员工的在职年限，然后使用TEXT()函数将结果返回指定的文本类型。

知识链接

YEARFRAC()函数介绍

YEARFRAC()函数用于计算指定开始时间和指定结束时间之间的天数占全年天数的百分比。其语法结构为：YEARFRAC(start_date, end_date, [basis])。各参数的具体含义如下。

- Start_date：必需。一个代表开始日期的日期。
- End_date：必需。一个代表终止日期的日期。
- Basis：可选。要使用的日计数基准类型。如果参数值为0或省略，日计数基准为“US (NASD) 30/360”；参数值为1，日计数基准为“实际天数/实际天数”；参数值为2，日计数基准为“实际天数/360”；参数值为3，日计数基准为“实际天数/365”；参数值为4，日计数基准为“欧洲30/360”。

11.2.4 查询员工应得福利费

某公司的员工福利汇总表中给出了员工的福利明细和汇总，现在需要在该工作表中建立一个查询表格，以查询员工应得的福利费。

本例中，可以以员工姓名为依据来查询员工应得福利费。由于员工的姓名和其应得福利费处于同一行，故可以使用LOOKUP()函数的数组形式来完成员工应得福利费的查询。

>> 素材文件：素材\第11章\员工福利汇总.xlsx

>> 效果文件：效果\第11章\员工福利汇总.xlsx

1 对数据进行排序

❶打开“员工福利汇总”素材文件，❷选择A3:A18单元格区域，❸单击“数据”选项卡“排序和筛选”组中的“升序”按钮，❹在打开的对话框中直接单击“排序”按钮。

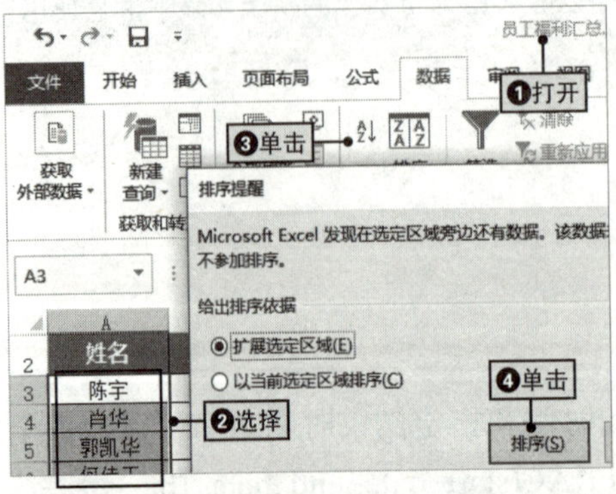

2 计算应得福利费

❶选择C20单元格，❷在编辑栏输入“=LOOKUP($A$20,$A$3:$G$18)”，按【Ctrl+Enter】组合键即可获取该员工应得的福利费。

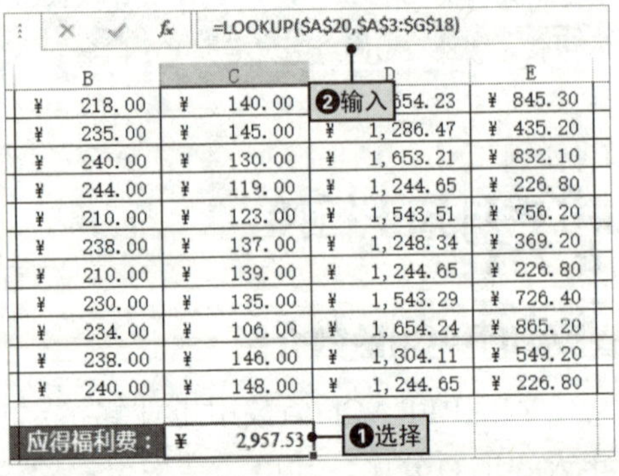

对要查询的数据所在列（“姓名”字段）进行排序后，再使用VLOOKUP()函数进行查询，即可在工作表中获取姓名对应的福利费用，其最终效果展示如图11-9所示。

	A	B	C	D	E	F	G
1	××公司员工福利汇总表						
2	姓名	工资外补贴	教育经费	社会保险费	住房公积金	困难补助	汇总
14	王明	¥ 210.00	¥ 139.00	¥ 1,244.65	¥ 226.80	¥ 200.00	¥ 2,020.45
15	王强	¥ 230.00	¥ 135.00	¥ 1,543.29	¥ 726.40	¥ 100.00	¥ 2,734.69
16	肖华	¥ 234.00	¥ 106.00	¥ 1,654.24	¥ 865.20	¥ 100.00	¥ 2,959.44
17	周凯	¥ 238.00	¥ 146.00	¥ 1,304.11	¥ 549.20	¥ 150.00	¥ 2,387.31
18	朱丽丽	¥ 240.00	¥ 148.00	¥ 1,244.65	¥ 226.80	¥ 200.00	¥ 2,059.45
19							
20	李娟	应得福利费：	¥ 2,957.53				
21							

图11-9

11.2.5 查询员工福利相关信息

某公司的员工福利汇总表中记录了所有员工的福利相关信息，现在需要建立一个简单的查询表格以便在众多的数据中快速地查找员工的福利信息。

本例中需要查询员工福利相关信息，可以使用INDEX()函数和MATCH()函数进行查询。

>> 素材文件：素材\第11章\员工福利汇总1.xlsx

>> 效果文件：效果\第11章\员工福利汇总1.xlsx

1 查看员工福利数据

❶打开“员工福利汇总1”素材文件，❷在A21单元格中选择或输入要查询人员的姓名，可以查看员工的相关福利信息。

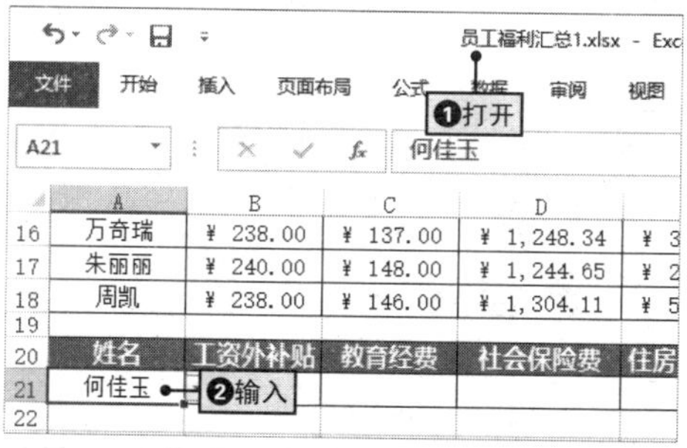

2 查询员工的福利明细数据

❶选择B21:G21单元格区域，❷在编辑栏输入“=INDEX($B$3:$G$18,MATCH($A$21,$A$3:$A$18,0),MATCH(B$20,$B$2:$G$2,0))”，按【Ctrl+Enter】组合键即可获取该员工的福利信息。

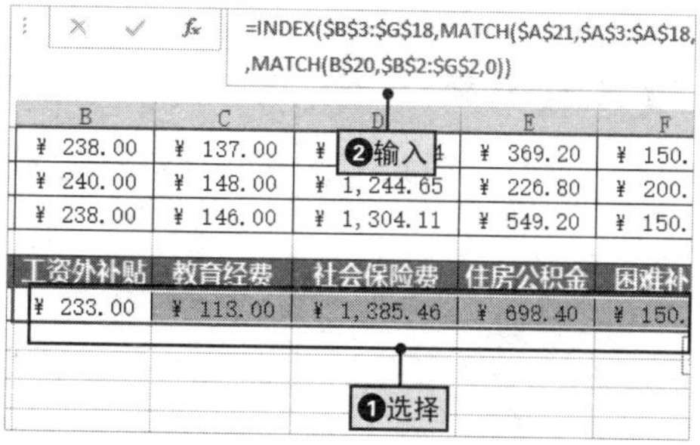

与查询应得福利费用不同，查询员工福利相关信息要查询员工的所有福利数据明细，查询结果的展示与表格中相同，其最终效果如图11-10所示。

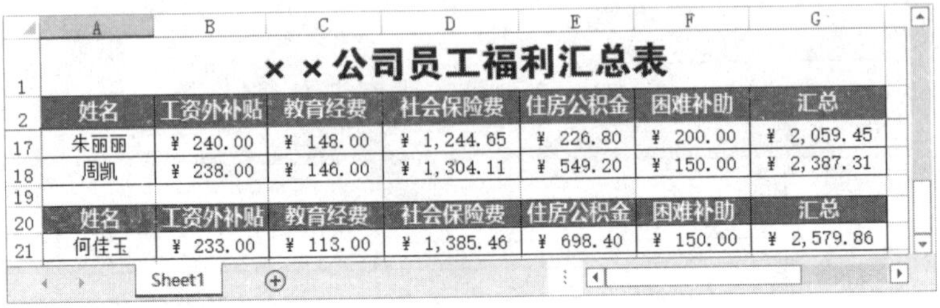

××公司员工福利汇总表

姓名	工资外补贴	教育经费	社会保险费	住房公积金	困难补助	汇总
朱丽丽	¥ 240.00	¥ 148.00	¥ 1,244.65	¥ 226.80	¥ 200.00	¥ 2,059.45
周凯	¥ 238.00	¥ 146.00	¥ 1,304.11	¥ 549.20	¥ 150.00	¥ 2,387.31
姓名	工资外补贴	教育经费	社会保险费	住房公积金	困难补助	汇总
何佳玉	¥ 233.00	¥ 113.00	¥ 1,385.46	¥ 698.40	¥ 150.00	¥ 2,579.86

图11-10

11.3 工资数据的打印

完成了工资表模板的设计，在其中录入数据后，就需要将其打印出来，以便分发给各部门或个人。本节主要介绍工资数据的打印操作。

11.3.1 打印工资表

工资模板做好后，并不代表工资表完成了，还需要调整数据格式、调整页面以及分部门汇总打印等。

>> 素材文件：素材\第11章\2019年3月工资表.xlsx

>> 效果文件：效果\第11章\2019年3月工资表.xlsx

1 调整页边距

打开“2019年3月工资表”素材文件，❶单击“页面布局”选项卡“页面设置”组中的“页边距”下拉按钮，❷选择“窄”选项。

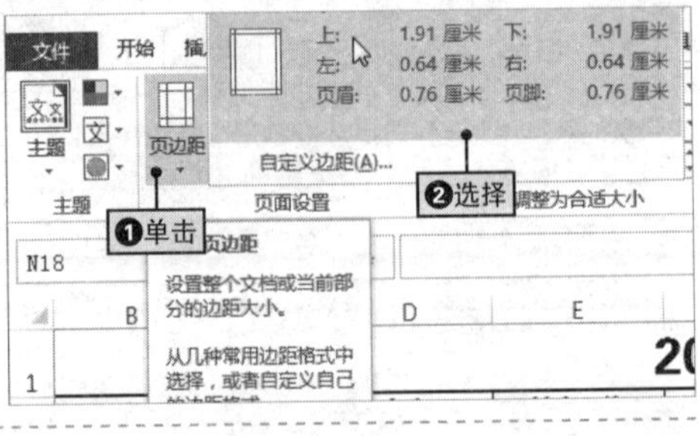

2 设置标题行

❶单击“页面布局”选项卡“页面设置”组中的“打印标题”按钮，❷在打开的“页面设置”对话框的“顶端标题行”文本框中输入“$1:$2”。

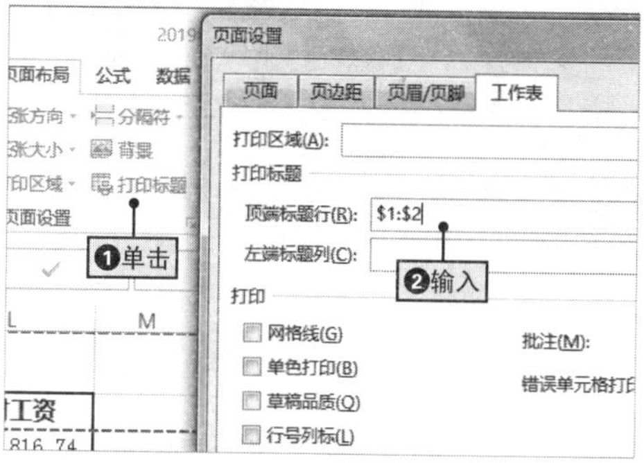

3 设置页面方向

❶在该对话框中单击“页面”选项卡，❷选中“方向”栏中的“横向”单选按钮，单击“确定”按钮即可。

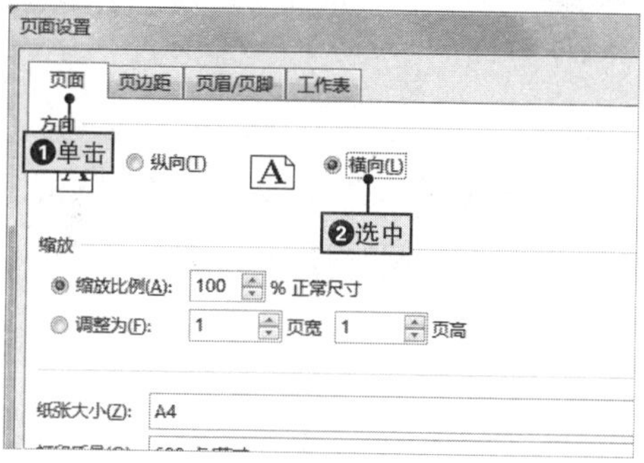

4 对“部门”字段进行降序排序

❶选择“部门”字段中任意单元格，❷单击“数据”选项卡“排序和筛选”组中的“降序”按钮。

5 单击“分类汇总”按钮

❶选择任意数据单元格，❷单击“数据”选项卡“分级显示”组中的“分类汇总”按钮。

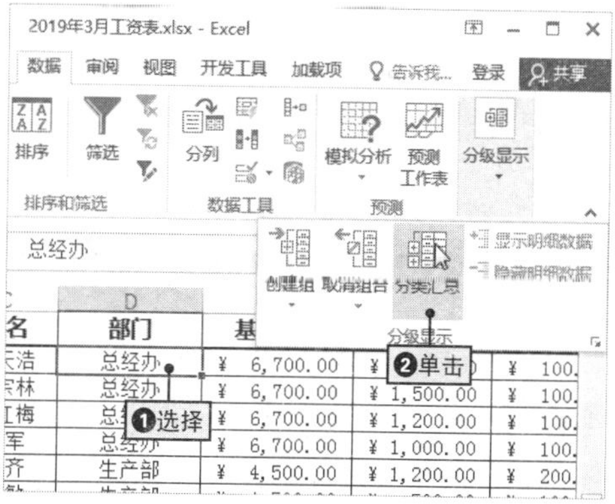

6 设置分类条件

❶在“分类字段”下拉列表框中选择“部门”选项，❷在“选定汇总项”列表框中选中所有金额复选框，❸选中“每组数据分页”复选框，单击“确定”按钮即可。

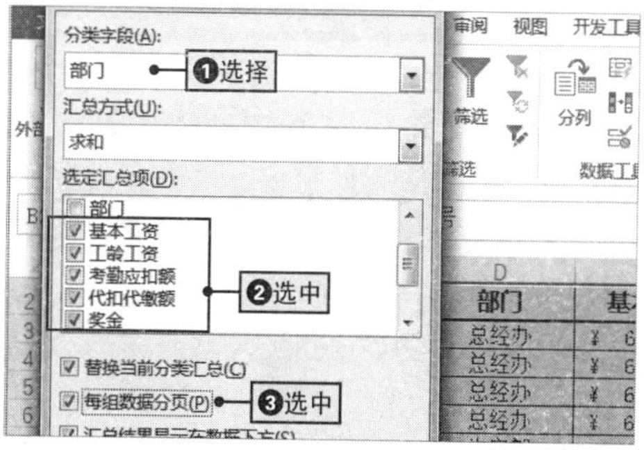

7 单击“打印预览”按钮

❶单击“页面布局”选项卡“页面设置”组中的“对话框启动器”按钮，❷在打开的对话框中单击“打印预览”按钮，在打开的界面中即可查看表格页面效果。

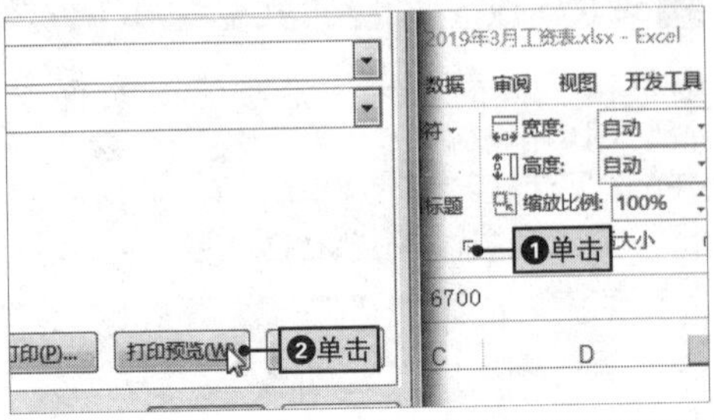

在打开的界面中即可查看各部门的数据分页显示，也可以分页进行打印，其最终预览效果如图11-11所示。

2019年3月工资明细表

员工号	姓名	部门	基本工资	工龄工资	考勤应扣额	代扣代缴额	奖金	应付工资	扣除个税	实付工资
GT00001	张齐	生产部	¥4,500.00	¥1,200.00	¥200.00	¥858.00	¥1,200.00	¥5,842.00	¥25.26	¥5,816.74
GT00002	薛敏	生产部	¥4,500.00	¥500.00	¥100.00	¥858.00	¥1,200.00	¥5,242.00	¥7.26	¥5,234.74
GT00003	杨晓莲	生产部	¥4,500.00	¥700.00		¥858.00	¥1,200.00	¥5,542.00	¥16.26	¥5,525.74
GT00004	康新如	生产部	¥4,500.00	¥600.00		¥858.00	¥1,200.00	¥5,442.00	¥13.26	¥5,428.74
GT00005	钟莹	生产部	¥4,500.00	¥400.00	¥300.00	¥858.00	¥1,000.00	¥4,742.00	¥0.00	¥4,742.00
GT00006	曹密	生产部	¥4,500.00	¥200.00	¥200.00	¥858.00	¥1,000.00	¥4,642.00	¥0.00	¥4,642.00
GT00007	祝苗	生产部	¥4,500.00	¥1,000.00	¥300.00	¥858.00	¥1,000.00	¥5,342.00	¥10.26	¥5,331.74
GT00008	马英	生产部	¥4,500.00	¥700.00	¥400.00	¥858.00	¥1,000.00	¥4,942.00	¥0.00	¥4,942.00
GT00009	明艳	生产部	¥4,500.00	¥600.00	¥200.00	¥858.00	¥1,000.00	¥5,042.00	¥1.26	¥5,040.74
		生产部 汇总	¥40,500.00	¥5,900.00	¥1,700.00	¥7,722.00	¥9,800.00	¥46,778.00	¥73.56	¥46,704.44

2 共9页

图11-11

11.3.2 打印工资条

工资发放以后，应当将工资条打印出来发给员工，以便让员工知晓工资明细。具体操作步骤如下。

>> 素材文件：素材\第11章\2019年3月工资表1.xlsx

>> 效果文件：效果\第11章\2019年3月工资表1.xlsx

1 新建工作表

❶打开“2019年3月工资表1”素材文件并将工作表中的A列单元格删除掉，❷新建“工资条”工作表。

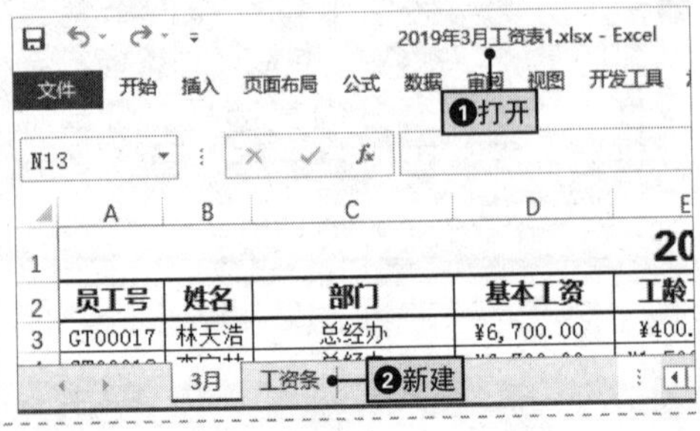

2 引入公式计算

❶在“工资条”工作表选择A1单元格，❷在编辑栏输入“=IF(MOD(ROW(),3)=0,"",IF(MOD(ROW(),3)=1,'3月'!A$2,INDEX('3月'!A:A,INT(ROW()/3+3),)))”公式，按【Ctrl+Enter】组合键进行计算。

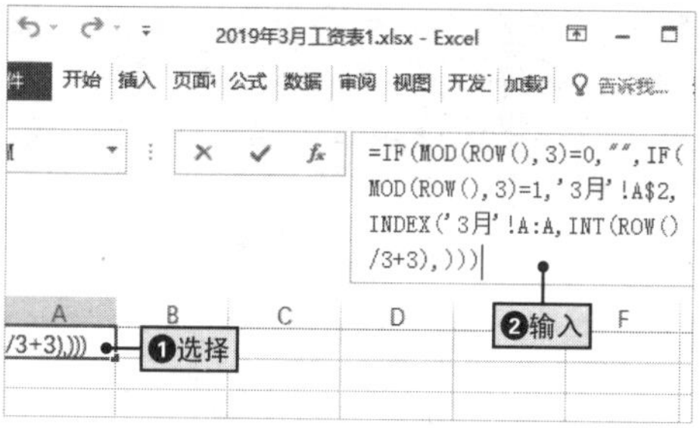

3 填充公式进行计算

向右填充公式至I1单元格，向下填充公式至最后一条数据为止，完成后对数据设置样式，同时设置字体格式。最终效果如下图所示

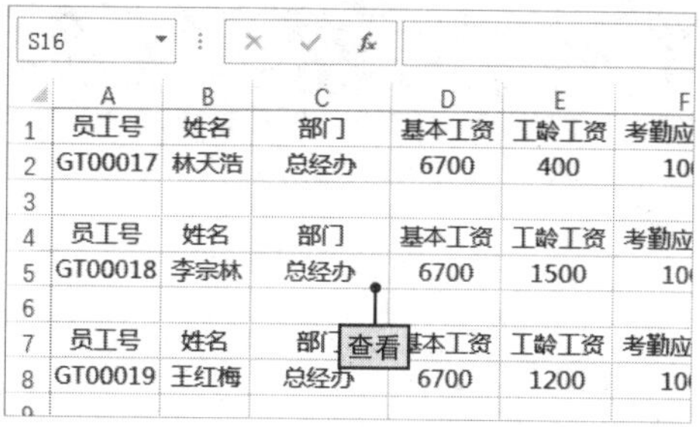

为表格设置相应的格式后，即可完成工资条的制作，用户只需要对其进行打印即可，其最终预览效果如图11-12所示。

员工号	姓名	部门	基本工资	工龄工资	考勤应扣额	代扣代缴额	奖金	应付工资
GT00017	林天浩	总经办	6700	400	100	1276	1000	6724
员工号	姓名	部门	基本工资	工龄工资	考勤应扣额	代扣代缴额	奖金	应付工资
GT00018	李宗林	总经办	6700	1500	100	1276	1400	8224
员工号	姓名	部门	基本工资	工龄工资	考勤应扣额	代扣代缴额	奖金	应付工资
GT00019	王红梅	总经办	6700	1200	100	1276	1400	7924
员工号	姓名	部门	基本工资	工龄工资	考勤应扣额	代扣代缴额	奖金	应付工资
GT00036	胡军	总经办	6700	1000	100	1276	800	7124

图11-12

11.4 工资数据统计分析

在对工资数据进行统计后，还可以对工资数据进行分析，从中获取公司员工的收入情况，以及各部门收入差异等数据。

11.4.1 部门工资数据对比

全年部门工资支出情况、人均收入情况是需要对比的几项数据，可以对最低收入、最高收入、平均收入、人数以及工资总额占比等进行汇总。

>> 素材文件：素材\第11章\2019年3月工资表2.xlsx

>> 效果文件：效果\第11章\2019年3月工资表2.xlsx

1 插入数据透视表

打开“2019年3月工资表2”文件，❶选择任意数据单元格，❷单击“插入”选项卡“表格”组中的“数据透视表”按钮，❸在打开的对话框中直接单击“确定”按钮。

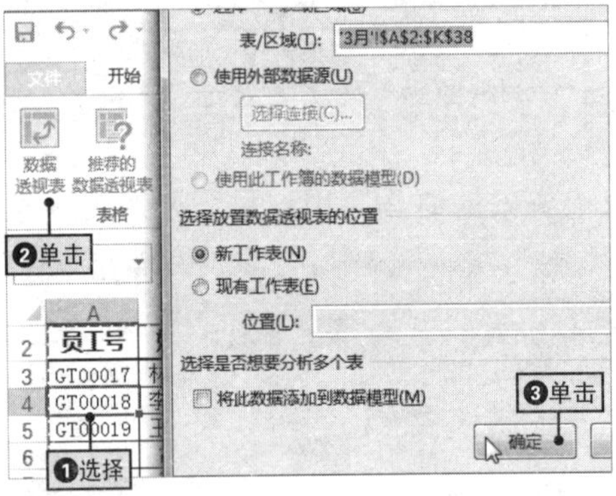

2 设置数据透视表

❶将打开的工作表右侧窗格中的“部门”字段拖动到“列”区域，❷将“实付工资”字段连续五次拖动到“值”区域，将“员工号”字段拖动到“值”区域第一个“实付工资”字段下方。

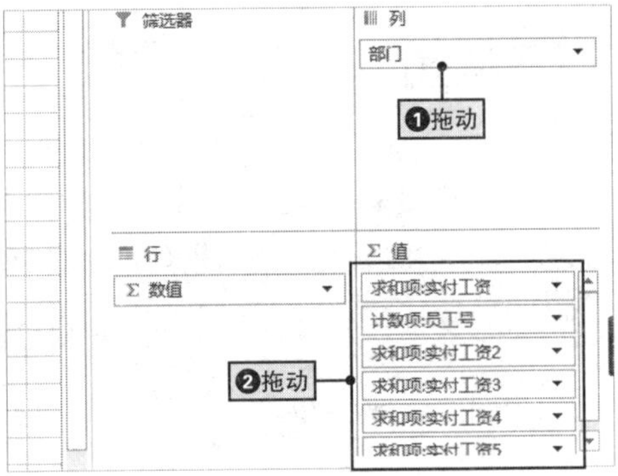

3 值字段设置

❶右击第二个“实付工资”字段，❷选择“值字段设置”命令，❸在“值显示方式”选项卡“值显示方式”下拉列表框中选择“行汇总的百分比”选项。

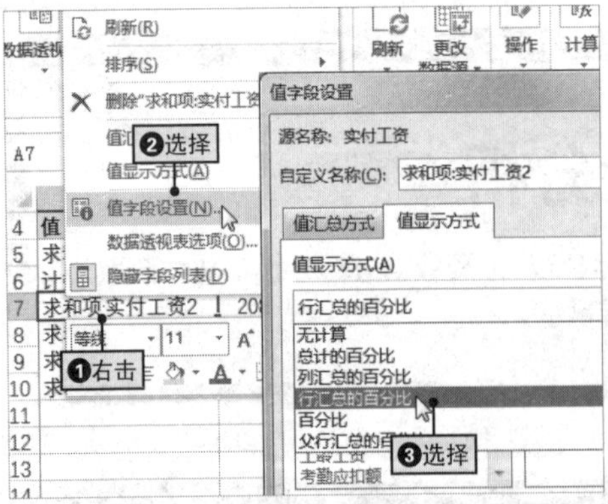

4 为其他字段进行设置

分别设置第三个、第四个和第五个“实付工资”字段的汇总方式为“最小值”、“平均值”和“最大值”，完成后的效果如下所示。

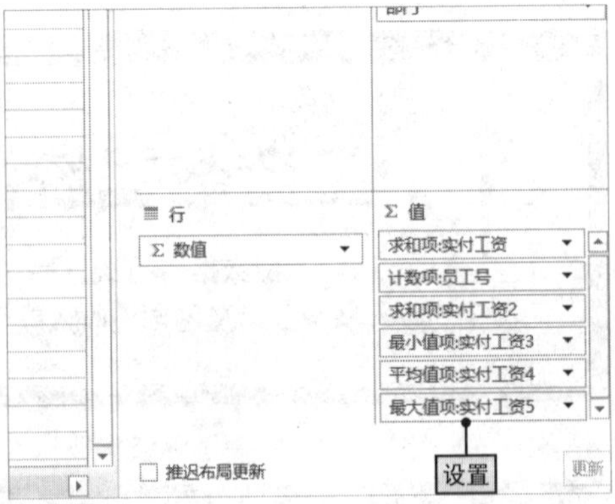

5 完善数据透视表

❶将B3单元格中的“列标签”文本改为“部门”，❷将A4单元格中的“值”文本更改为“项目”即可完成各部门工资数据的对比。

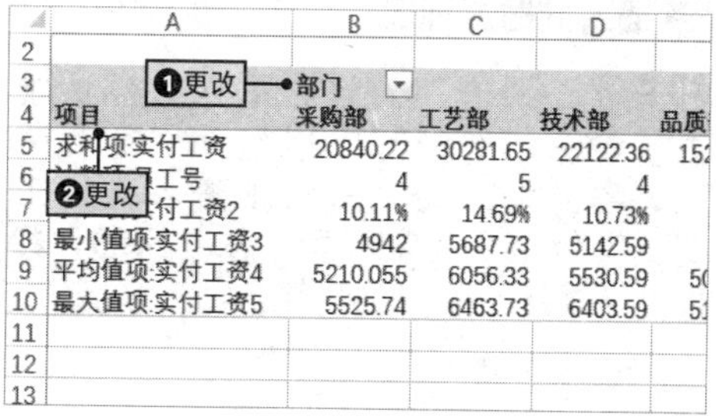

	A	B	C	D	
2					
3		部门			
4	项目	采购部	工艺部	技术部	品质
5	求和项:实付工资	20840.22	30281.65	22122.36	152
6	工号	4	5	4	
7	付工资2	10.11%	14.69%	10.73%	
8	最小值项:实付工资3	4942	5687.73	5142.59	
9	平均值项:实付工资4	5210.055	6056.33	5530.59	50
10	最大值项:实付工资5	5525.74	6463.73	6403.59	51
11					
12					
13					

完善数据透视表后，还可以对数据透视表进行美化，设置合适的表格样式和字体样式，其最终预览效果如图11-13所示。通过B3单元格中的下拉按钮进行部门的筛选可以十分方便的对比各部门的工资情况。

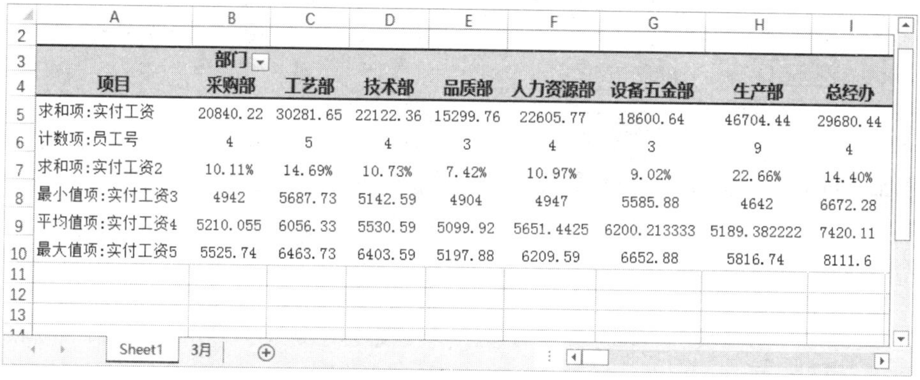

	A	B	C	D	E	F	G	H	I
2									
3		部门							
4	项目	采购部	工艺部	技术部	品质部	人力资源部	设备五金部	生产部	总经办
5	求和项:实付工资	20840.22	30281.65	22122.36	15299.76	22605.77	18600.64	46704.44	29680.44
6	计数项:员工号	4	5	4	3	4	3	9	4
7	求和项:实付工资2	10.11%	14.69%	10.73%	7.42%	10.97%	9.02%	22.66%	14.40%
8	最小值项:实付工资3	4942	5687.73	5142.59	4904	4947	5585.88	4642	6672.28
9	平均值项:实付工资4	5210.055	6056.33	5530.59	5099.92	5651.4425	6200.213333	5189.382222	7420.11
10	最大值项:实付工资5	5525.74	6463.73	6403.59	5197.88	6209.59	6652.88	5816.74	8111.6
11									
12									
13									

图11-13

11.4.2 员工工资收入对比

公司经营活动中，因各部门员工为公司带来的效益、所在岗位、员工学历层次、工作经验等不同，或者公司实行薪资保密制度进行谈判工资等，势必会造成员工收入之间的差距。对员工工资收入情况进行统计分析时，可以将同一岗位层级的员工进行对比，通过对比分析，保证工资收入差距的合理分布。用应发工资最小值、应发工资最大值和实发工资平均值进行对比分析。

具体设计步骤如下。

>> 素材文件：素材\第11章\工资表.xlsx

>> 效果文件：效果\第11章\工资表.xlsx

1 插入数据透视表

打开“工资表”文件，插入数据透视表，❶将“部门”字段拖到“行”区域，❷分别拖动“应付工资、实付工资、实付工资”字段到“值”区域，❸拖动“层级”字段到“筛选器”区域。

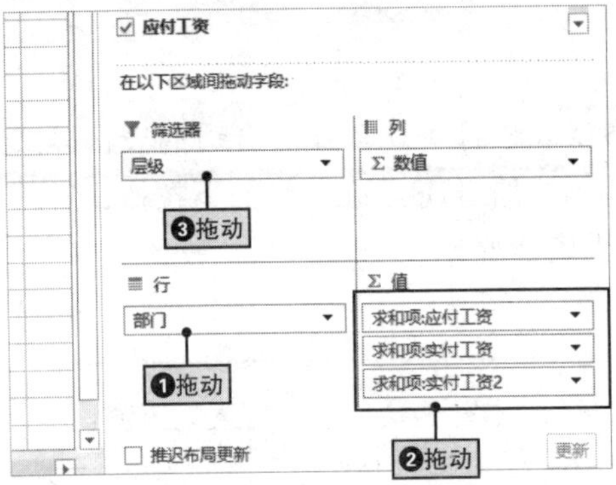

2 值字段设置

❶第一个“应付工资”字段“值显示方式”设置为“最小值”，❷第一个“实付工资”字段“值显示方式”设置为“平均值”，❸第二个“实付工资”字段“值显示方式”设置为“最大值”。

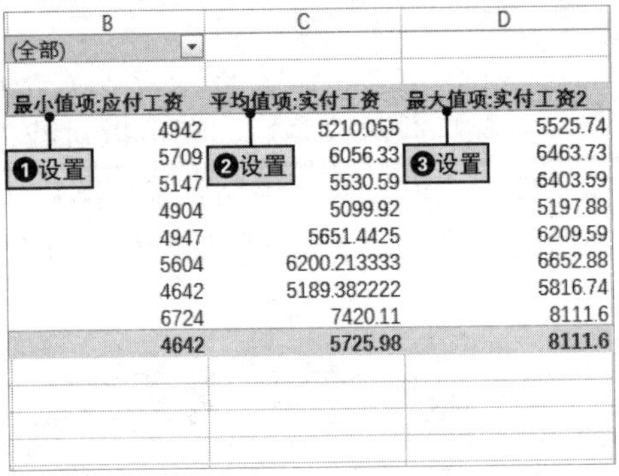

3 插入图表展示数据

❶在B1单元格中筛选出“一般员工”，❷选择A3:C10单元格区域，❸单击“插入”选项卡“图表”组中的“插入柱形图或条形图”下拉按钮，❹选择“堆积条形图”选项。

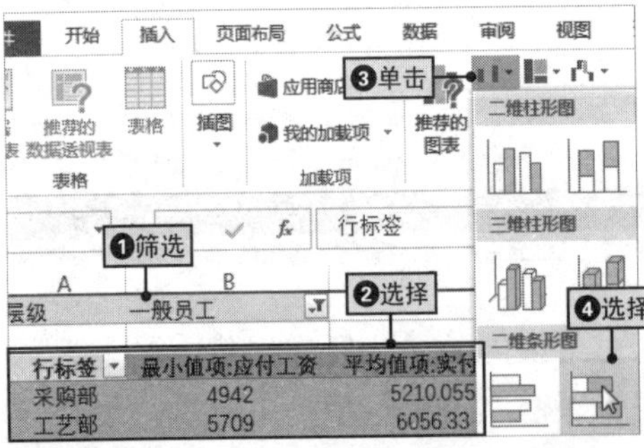

4 为图表套用布局样式

选择图表，❶单击“数据透视图工具 设计”选项卡“图表布局”组中的“快速布局”下拉按钮，❷选择“布局2”选项，❸为图表输入表标题“部门员工工资收入对比”。

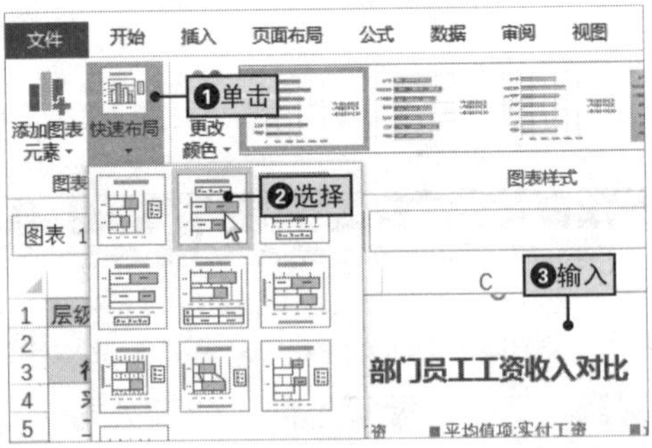

5 美化图表

将图表移动到合适的位置，调整图表的大小，对图表进行美化，其最终效果如右图所示。

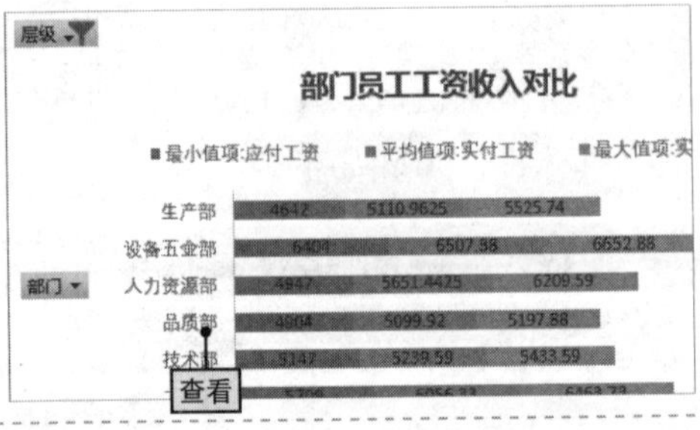

通过数据透视表对表格数据进行分析，再使用图表将透视结果展示出来，其最终预览效果如图11-14所示。从图表中即可对各部门员工的最低收入、最高收入等进行对比。

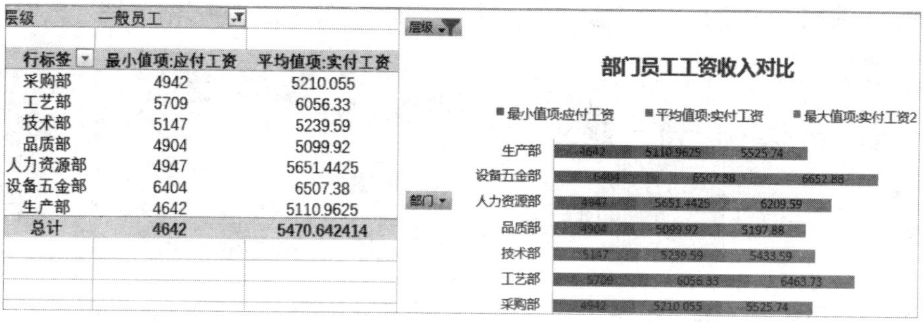

图11-14

11.4.3 工资总额构成分析

工资支出包含哪些项目，每个项目总额多少，这也是在总结中需要分析的一个方面。具体涉及步骤如下。

>> 素材文件：素材\第11章\工资表1.xlsx

>> 效果文件：效果\第11章\工资表1.xlsx

1 复制数据

打开“工资表1”素材并创建数据透视表，将项目中的各个资金字段拖动到“值”区域，并复制透视表中的数据。

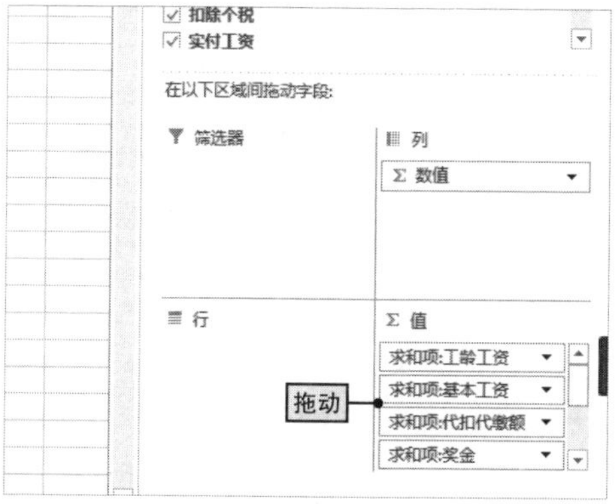

2 新建工作表并粘贴数据

❶新建“工资结构”工作表，❷单击“粘贴”下拉按钮，❸在弹出的下拉菜单中选择“转置”选项。

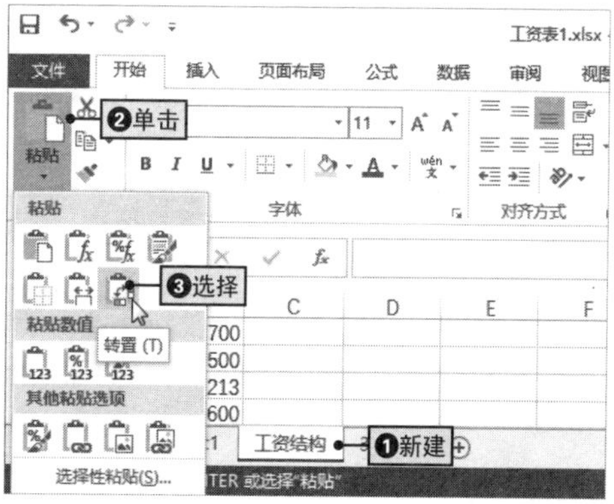

3 完善表格

完善表格内容和格式设置，❶选择C2:C9单元格区域，❷在编辑栏输入“=B2/$B$6”，按【Ctrl+Enter】组合键计算。

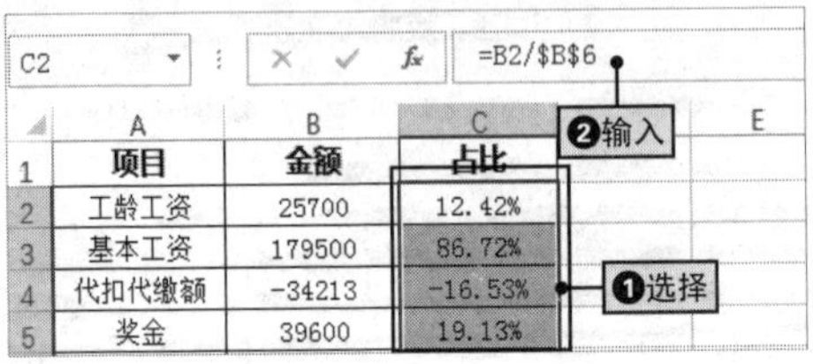

4 插入图表分析数据

❶选择A1:C9单元格区域，❷单击“图表”组中的“插入柱形图或条形图”下拉按钮，❸选择“堆积柱形图”选项。

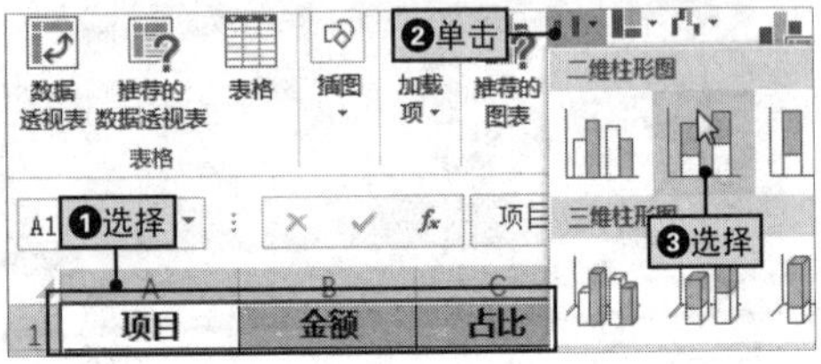

5 快速应用图表样式

❶选择图表，❷在“图表工具 设计”选项卡“图表样式”组中“快速样式”栏中选择“样式4”选项。

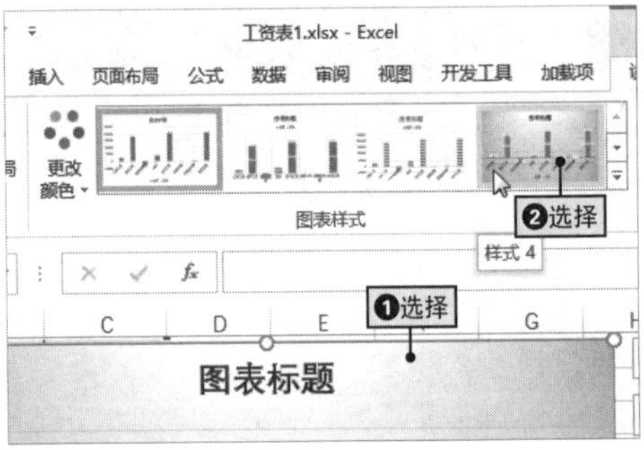

6 美化图表

将图表移动到合适的位置，更改数据标签的颜色为黑色，调整水平坐标轴的位置，最终效果如下图所示。

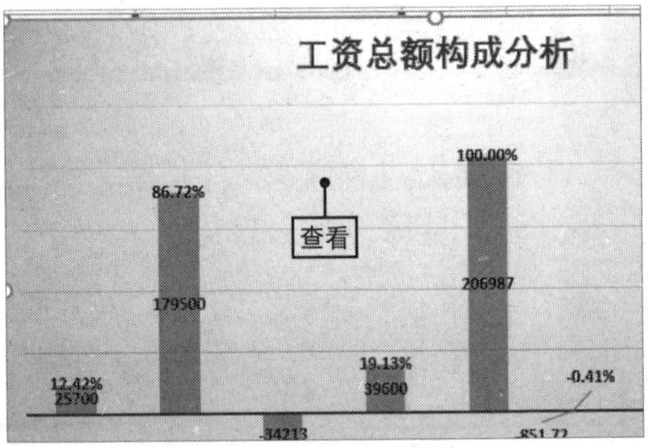

先使用公式计算工资组成中各项目的具体占比，再根据表格创建图表进行分析，其最终预览效果如图11-15所示。

项目	金额	占比
工龄工资	25700	12.42%
基本工资	179500	86.72%
代扣代缴额	-34213	-16.53%
奖金	39600	19.13%
应付工资	206987	100.00%
扣除个税	-851.72	-0.41%
考勤应扣额	-3600	-1.74%
实付工资	206135.28	99.59%

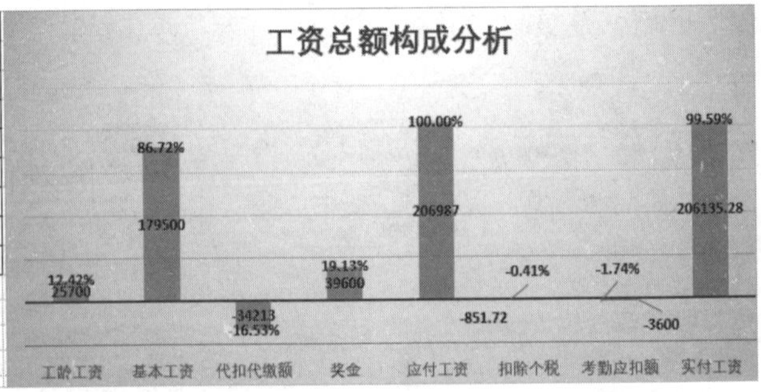

图11-15

第12章 12

员工业绩数据计算与分析

本章导读

员工业绩是维持公司正常运行的一个重要指标，所以大多数公司对员工业绩的管理都十分严格。行政人员在评估员工业绩的工作中。会涉及有关员工业绩的统计、查询以及业绩排名的操作，在Excel中使用公式函数和其自带的筛选、排序和分类汇总等方法即可轻松搞定。

本章要点

统计符合要求的本科学历男性业务员
统计未完成任务和超额完成任务的人数
按指定顺序分析业绩数据
筛选指定日期范围的业绩数据
……

12.1 快速计算与查询员工业绩

员工业绩是公司的基础数据，具有重要分析意义。在分析之前，用户首先需要掌握员工业绩快速计算与查询的方法。

12.1.1 统计符合要求的本科学历男性业务员

公司在进行人才招聘之前，一般都会对公司内部现有员工的工作情况进行一定的分析，以此判断需要招聘具有什么特长的员工对于公司的发展最为有利。在本例中，需要统计业绩大于300000元的本科学历男性业务员的人数。

要统计业绩300000元以上具有本科学历的男性业务员人数，条件有以下3个：业绩300000元以上、学历本科以及性别男，可以使用COUNTIFS()函数完成统计。

>> 素材文件：素材\第12章\业务提成汇总表.xlsx

>> 效果文件：效果\第12章\业务提成汇总表.xlsx

1 查看工作表中的数据

❶打开“业务提成汇总表”素材文件，❷在工作表中即可查看员工的业绩、性别以及学历等信息。

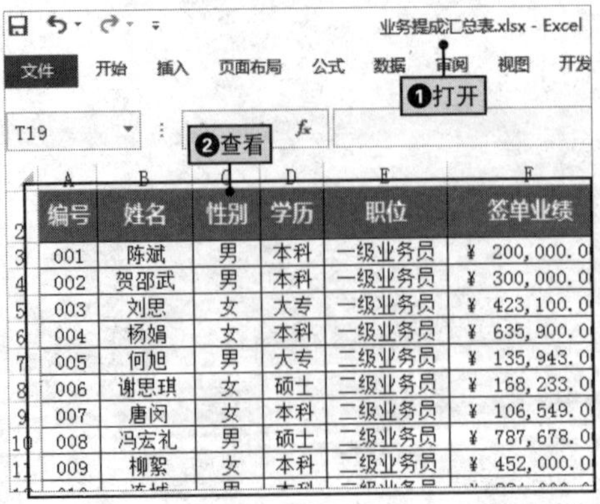

2 统计符合要求的人数

❶选择G19单元格，❷在编辑栏中输入“=SUM(COUNTIFS(F3:F17,">=300000",D3:D17,"本科",C3:C17,"男"))&"人"”，按【Ctrl+Enter】组合键即可统计。

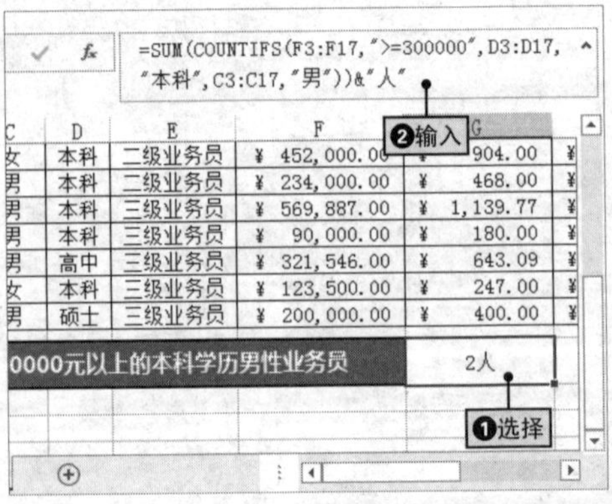

在G19单元格中输入以上公式，即可快速统计出公司中业绩300000元以上具有本科学历的男性业务员人数，其效果展示如图12-1所示。

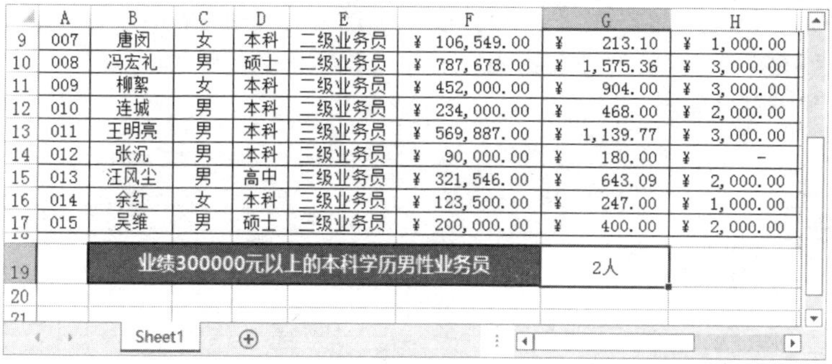

	A	B	C	D	E	F	G	H
9	007	唐闵	女	本科	二级业务员	¥ 106,549.00	¥ 213.10	¥ 1,000.00
10	008	冯宏礼	男	硕士	二级业务员	¥ 787,678.00	¥ 1,575.36	¥ 3,000.00
11	009	柳絮	女	本科	二级业务员	¥ 452,000.00	¥ 904.00	¥ 3,000.00
12	010	连城	男	本科	二级业务员	¥ 234,000.00	¥ 468.00	¥ 2,000.00
13	011	王明亮	男	本科	三级业务员	¥ 569,887.00	¥ 1,139.77	¥ 3,000.00
14	012	张沉	男	本科	三级业务员	¥ 90,000.00	¥ 180.00	¥ -
15	013	汪风尘	男	高中	三级业务员	¥ 321,546.00	¥ 643.09	¥ 2,000.00
16	014	余红	女	本科	三级业务员	¥ 123,500.00	¥ 247.00	¥ 1,000.00
17	015	吴维	男	硕士	三级业务员	¥ 200,000.00	¥ 400.00	¥ 2,000.00
19		业绩300000元以上的本科学历男性业务员					2人	

图12-1

TIP 本案例公式说明

在上述示例的“=SUM(COUNTIFS(F3:F17,">=300000",D3:D17,"本科",C3:C17,"男"))&"人"”公式中，“F3:F17,">=300000"”参数可以判断员工的签单业绩是否在30000元以上；“D3:D17,"本科"”参数可以判断员工的学历是否为本科，“C3:C17,"男"”参数可以判断员工的性别是否为男。

然后使用COUNTIFS()函数返回同时满足以上3个条件的单元格数目，最后使用SUM()函数返回最终结果。

12.1.2 统计各级业务员业绩异常的人数

某公司中，假设将业务员签单成绩小于100000元和大于300000元的称之为业绩异常，现需要统计出各级业务员业绩异常的人数。

在本例中，需要统计的对象需要满足两个条件，其一是其对应业务员等级，其二是签单业绩出现异常。这是多条件计数，可以使用COUNTIFS()函数来实现。

>> 素材文件：素材\第12章\业务提成汇总表1.xlsx

>> 效果文件：效果\第12章\业务提成汇总表1.xlsx

1 计算一级业务员业绩异常人数

❶打开“业务提成汇总表1”文件，❷选择G20单元格，❸在编辑栏输入“=SUM(COUNTIFS($E$3:$E$17,$F20,$F$3:$F$17,{">300000","<100000"}))”。

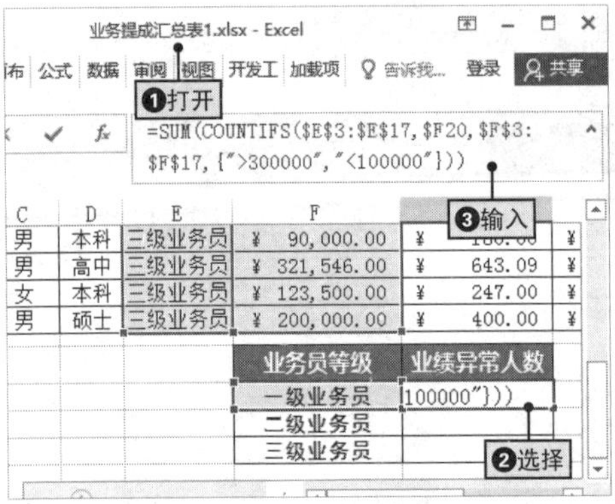

2 统计其他两级员工的异常人数

❶单击“输入”按钮，❷拖动G20单元格的填充柄向下填充到G22单元格即可完成异常人数的统计。

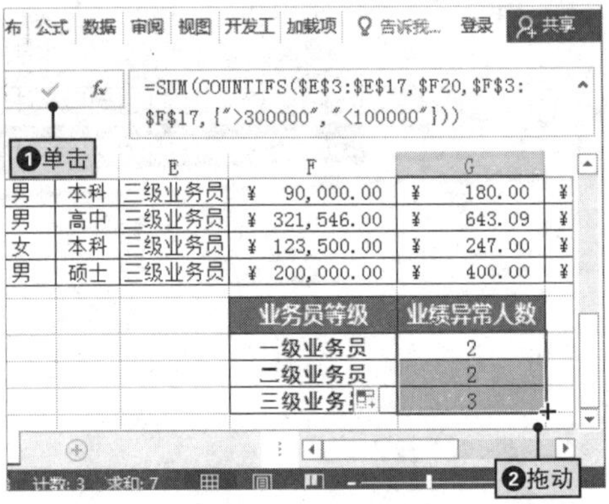

通过上述操作，使用公式进行计算，并向下填充单元格进行计算后，即可统计出各级业务员中业务异常人数，其效果展示如图12-2所示。

编号	姓名	性别	学历	职位	签单业绩	提成	奖金
013	汪风尘	男	高中	三级业务员	¥ 321,546.00	¥ 643.09	¥ 2,000.00
014	余红	女	本科	三级业务员	¥ 123,500.00	¥ 247.00	¥ 1,000.00
015	吴维	男	硕士	三级业务员	¥ 200,000.00	¥ 400.00	¥ 2,000.00

业务员等级	业绩异常人数
一级业务员	2
二级业务员	2
三级业务员	3

图12-2

TIP 本案例公式说明

在上述示例的“=SUM(COUNTIFS($E$3:$E$17,$F20,$F$3:$F$17,{">300000","<100000"}))”公式中，参数“F20”表示业务员等级所在位置，“$E$3:$E$17,$F20”参数可以判断员工是否是F20单元格中显示的员工等级，“$F$3:$F$17,{">300000","<100000"}”参数可以判断员工的业绩是否大于300000或者小于100000。

12.1.3 统计未完成任务和超额完成任务的人数

销售人员的销售业绩，一般以销售人员所销售出的产品数量或销售金额来衡量。公司会给出销售人员一个参考的销售业绩，如果销售人员的销售业绩在这个范围之内，则属于正常情况；如果低于该范围的最小值，则记为未完成任务；如果高于该范围的最大值，则记为超额完成任务。

在本例中，该公司给出的员工销售业绩参考范围为10000～50000元，现在要统计该公司未完成任务和超额完成任务的人数。

本例中员工的销售业绩，通过公司给出的业绩参考范围，有3个业绩段，使用FREQUENCY()函数可以统计出各个业绩段的人数，其结果为一个包含有3个元素的垂直数组。最后可以使用LOOKUP()函数来查找出未完成任务和超额完成任务的人数。

>> 素材文件：素材\第12章\业务提成汇总表2.xlsx

>> 效果文件：效果\第12章\业务提成汇总表2.xlsx

1 输入需要的表格内容

❶打开“业务提成汇总表2”素材文件，❷在F19和F20单元格中分别输入数值“1”和“3”。

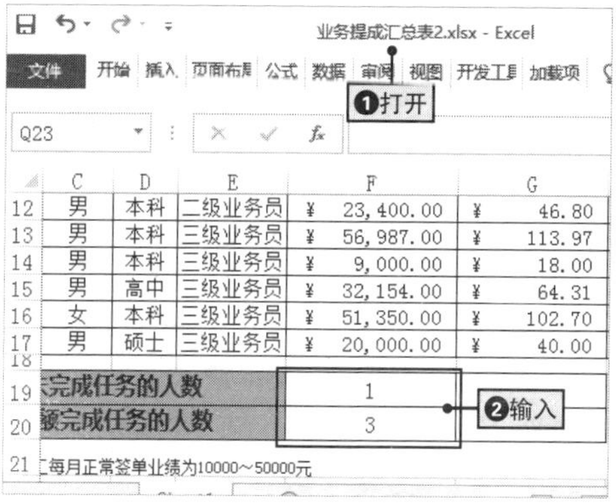

2 统计符合要求的人数

❶选择G19:G20单元格区域，❷在编辑栏中输入“=LOOKUP(F19,{1,2,3},FREQUENCY($F$3:$F$17,{10000,50000}))&"人"”，按【Ctrl+Enter】组合键即可统计。

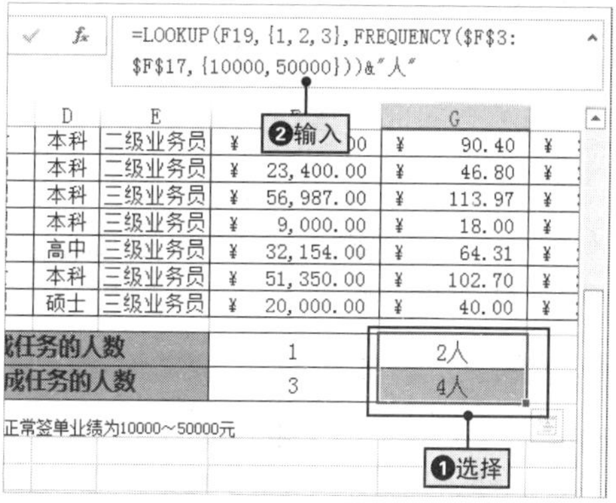

根据上述操作，设置序列{1,2,3}，分别用“1”代表未完成任务的人数；“2”代表正常的签单业绩；“3”代表超额完成任务的人数。根据序列中的值即可快速计算对应的人数，其效果展示如图12-3所示。

××公司业务员提成及奖金汇总							
编号	姓名	性别	学历	职位	签单业绩	提成	奖金
012	张沉	男	本科	三级业务员	¥ 9,000.00	¥ 18.00	¥ -
013	汪风尘	男	高中	三级业务员	¥ 32,154.00	¥ 64.31	¥ 2,000.00
014	余红	女	本科	三级业务员	¥ 51,350.00	¥ 102.70	¥ 3,000.00
015	吴维	男	硕士	三级业务员	¥ 20,000.00	¥ 40.00	¥ 2,000.00
	未完成任务的人数				1	2人	
	超额完成任务的人数				3	4人	
说明：该公司规定员工每月正常签单业绩为10000～50000元							

图12-3

TIP 本案例公式说明

在上述示例公式中，参数“F19”表示所求结果的第一种可能，即完成任务的情况，参数“$F$3:$F$17”表示员工的销售业绩，参数“{10000,50000}”表示销售业绩参考范围。使用FREQUENCY()函数让销售数据垂直返回以10000和50000为分段点的销售数据频率，再通过LOOKUP()函数返回数组中指定的值。

12.1.4 判断员工业绩是否连续3个月超过标准

某公司为员工制定了20000/月的销售标准业绩，并规定只要员工连续3个月业绩超过标准业绩，就可以得到一定的奖励，现需要从员工的上半年业绩表中判断各员工是否连续3个月业绩超过了标准业绩。

在本例中，要判断员工业绩是否连续3个月超过标准，可以使用SUM()函数和IF()函数的嵌套形式来完成。

>> 素材文件：素材\第12章\上半年员工业绩统计表.xlsx

>> 效果文件：效果\第12章\上半年员工业绩统计表.xlsx

1 查看员工销售数据

❶打开“上半年员工业绩统计表”素材文件，❷在工作表中即可查看员工2018年上半年各月份的销售数据。

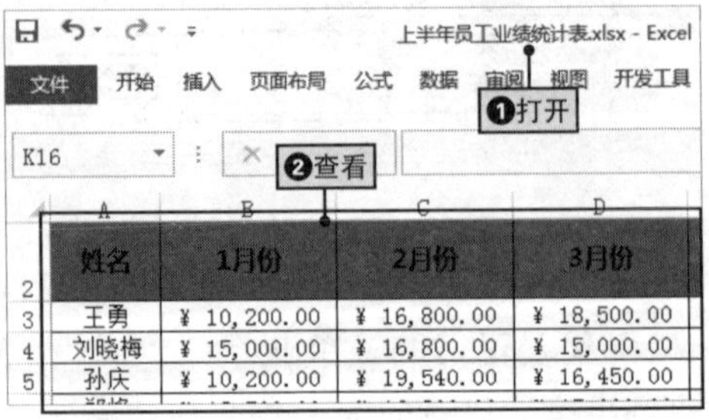

2 计算员工是否连续3个月业绩超标

❶选择H3单元格，❷在编辑栏中输入“=IF(SUM((B3:E3>20000)*(C3:F3>20000)*(D3:G3>20000)),"是","否")”，按【Ctrl+Shift+Enter】组合键，向下填充至H18单元格即可统计。

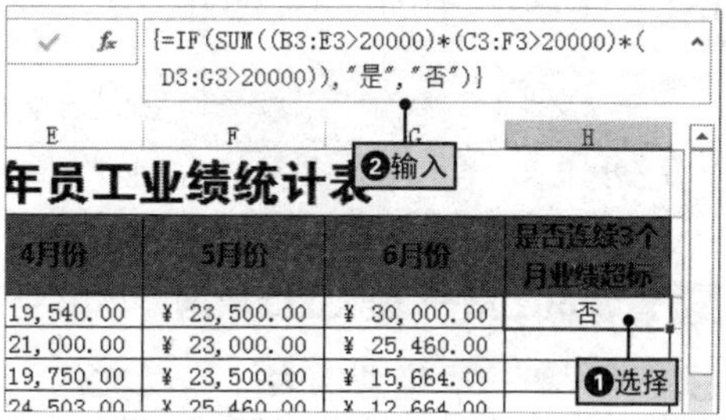

使用数组公式进行计算，即可快速统计公司业务员上半年是否有连续3个月业绩超标，并据此发放奖励，其效果展示如图12-4所示。

	A	B	C	D	E	F	G	H
1	销售部2018年上半年员工业绩统计表							
2	姓名	1月份	2月份	3月份	4月份	5月份	6月份	是否连续3个月业绩超标
3	王勇	¥ 10,200.00	¥ 16,800.00	¥ 18,500.00	¥ 19,540.00	¥ 23,500.00	¥ 30,000.00	否
4	刘晓梅	¥ 15,000.00	¥ 16,800.00	¥ 15,000.00	¥ 21,000.00	¥ 23,000.00	¥ 25,460.00	是
5	孙庆	¥ 10,200.00	¥ 19,540.00	¥ 16,450.00	¥ 19,750.00	¥ 23,500.00	¥ 15,664.00	否
6	郑峰	¥ 18,500.00	¥ 16,800.00	¥ 15,000.00	¥ 24,503.00	¥ 25,460.00	¥ 12,664.00	否
7	李伟	¥ 10,200.00	¥ 24,850.00	¥ 26,450.00	¥ 19,980.00	¥ 23,500.00	¥ 31,250.00	否
8	李娟	¥ 15,560.00	¥ 16,800.00	¥ 18,500.00	¥ 26,400.00	¥ 19,750.00	¥ 24,560.00	否
9	汤盈盈	¥ 16,420.00	¥ 31,000.00	¥ 15,000.00	¥ 19,500.00	¥ 25,850.00	¥ 24,630.00	否
10	周伟强	¥ 19,750.00	¥ 16,800.00	¥ 15,000.00	¥ 21,000.00	¥ 23,500.00	¥ 35,440.00	是
11	祝明明	¥ 10,200.00	¥ 16,800.00	¥ 15,000.00	¥ 23,100.00	¥ 35,200.00	¥ 25,468.00	是

Sheet1

图12-4

TIP 本案例公式说明

在上述示例的“=IF(SUM((B3:E3>20000)*(C3:F3>20000)*(D3:G3>20000)),"是","否")”公式中，“B3:E3>20000”、“C3:F3>20000”、“D3:G3>20000”参数分别可以判断1～4月份、2～5月份、3～6月份员工的业绩是否大于20000元，若是返回逻辑值TRUE，否则返回逻辑值FALSE。

再将得到的3个数组相乘，返回结果0或1，最后通过IF()函数将0返回最终结果“否”，将1返回最终结果“是”。

12.1.5 制作第一季度员工业绩排行榜

本例需要使用Excel根据第一季度员工业绩制作出第一季度业绩排行榜。

在Excel中，制作排行榜都需要以某些数据作为排行依据。业绩排行榜，就是按照业绩的多少对员工进行排序，可以先用LARGE()函数来按大小找出其中的数据，然后用MATCH()函数找出业绩对应的员工姓名的行号，最后用

INDEX()函数引用该员工的姓名，从而达到将业绩按大小排列的目的。

>> 素材文件：素材\第12章\第一季度业绩表.xlsx

>> 效果文件：效果\第12章\第一季度业绩表.xlsx

1 查看员工第一季度业绩数据

❶打开“第一季度业绩表”素材文件，❷在工作表中即可查看公司员工第一季度业绩数据。

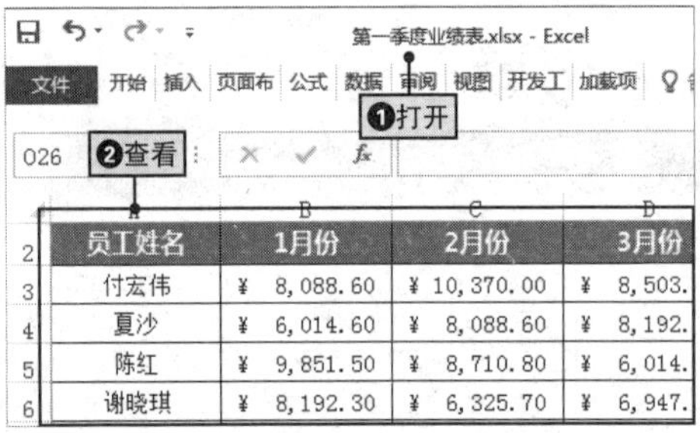

员工姓名	1月份	2月份	3月份
付宏伟	¥ 8,088.60	¥ 10,370.00	¥ 8,503.
夏沙	¥ 6,014.60	¥ 8,088.60	¥ 8,192.
陈红	¥ 9,851.50	¥ 8,710.80	¥ 6,014.
谢晓琪	¥ 8,192.30	¥ 6,325.70	¥ 6,947.

2 制作员工业绩排行榜

❶选择G3:G10单元格区域，❷在编辑栏输入“=INDEX($A$3:$A$10,MATCH(LARGE($E$3:$E$10,ROW($A1)),$E$3:$E$10,0))”，按【Ctrl+Enter】组合键即可计算。

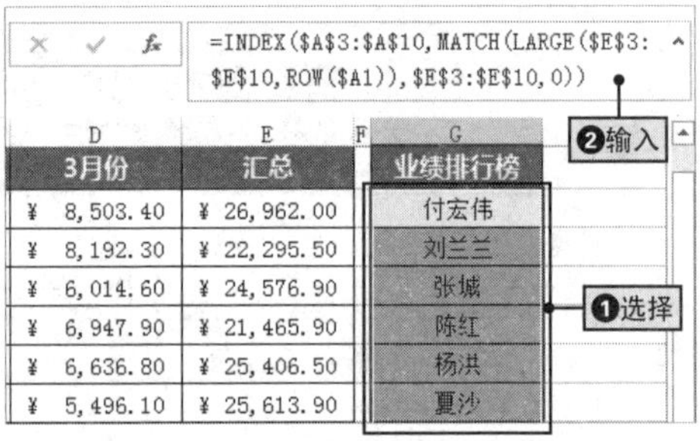

3月份	汇总	业绩排行榜
¥ 8,503.40	¥ 26,962.00	付宏伟
¥ 8,192.30	¥ 22,295.50	刘兰兰
¥ 6,014.60	¥ 24,576.90	张城
¥ 6,947.90	¥ 21,465.90	陈红
¥ 6,636.80	¥ 25,406.50	杨洪
¥ 5,496.10	¥ 25,613.90	夏沙

通过上述操作，即可在选择的单元格区域中对汇总的销售额数据进行排序，最后以其对应的姓名进行排序，其效果展示如图12-5所示。

员工姓名	1月份	2月份	3月份	汇总	业绩排行榜
付宏伟	¥ 8,088.60	¥ 10,370.00	¥ 8,503.40	¥ 26,962.00	付宏伟
夏沙	¥ 6,014.60	¥ 8,088.60	¥ 8,192.30	¥ 22,295.50	刘兰兰
陈红	¥ 9,851.50	¥ 8,710.80	¥ 6,014.60	¥ 24,576.90	张城
谢晓琪	¥ 8,192.30	¥ 6,325.70	¥ 6,947.90	¥ 21,465.90	陈红
张城	¥ 9,747.80	¥ 9,021.90	¥ 6,636.80	¥ 25,406.50	杨洪
刘兰兰	¥ 9,851.50	¥ 10,266.30	¥ 5,496.10	¥ 25,613.90	夏沙
王敏	¥ 8,710.80	¥ 5,392.40	¥ 6,118.30	¥ 20,221.50	谢晓琪
杨洪	¥ 5,910.90	¥ 9,747.80	¥ 6,740.50	¥ 22,399.20	王敏

图12-5

TIP 本案例公式说明

在上述示例的“=INDEX($A$3:$A$10,MATCH(LARGE($E$3:$E$10,ROW($A1)),$E$3:$E$10,0))”公式中，“ROW($A1)”函数用于返回引用的行号，它会随着数据的填充而发生改变，并作为LARGE()函数的第2个参数，再通过LARGE()函数返回$E$3:$E$10单元格区域中第n个最大值。

然后使用MATCH()函数返回该最大值对应的行号，最后使用INDEX()函数返回该行号对应的员工姓名。

12.1.6 分别求4～6月排前三的销售业绩

商品销售量在某种角度上表现出了商品的受欢迎程度。因此，统计出同类产品在相同条件下的销售情况，就可以大致分析出其中最受欢迎的商品。在本例中，就需要查找出各个月份销售量排前三的产品，以便分析出何时该产品比较受欢迎，可以使用LARGE()函数快速实现。

>> 素材文件：素材\第12章\上半年产品销量表.xlsx

>> 效果文件：效果\第12章\上半年产品销量表.xlsx

1 查看表格内容

❶打开“上半年产品销量表”素材文件，❷在工作表中即可查看公司各产品上半年每月的销售数据。

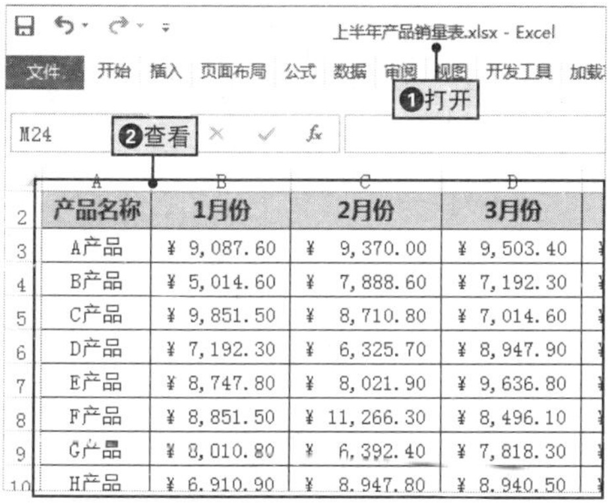

2 计算4月份最大销量

❶选择B13单元格，❷在编辑栏中输入“=LARGE(E$3:E$10,$A13)”，按【Ctrl+Enter】组合键即可进行计算。

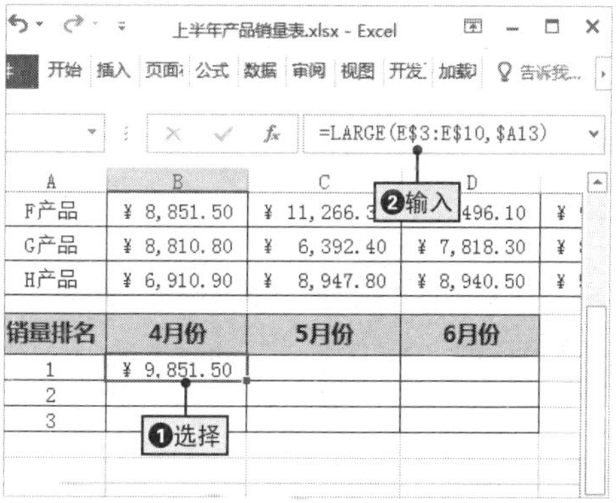

3 单元格填充

❶分别向右和向下填充至D15单元格，❷单击“自动填充选项”下拉按钮，❸选中“不带格式填充”单选按钮。

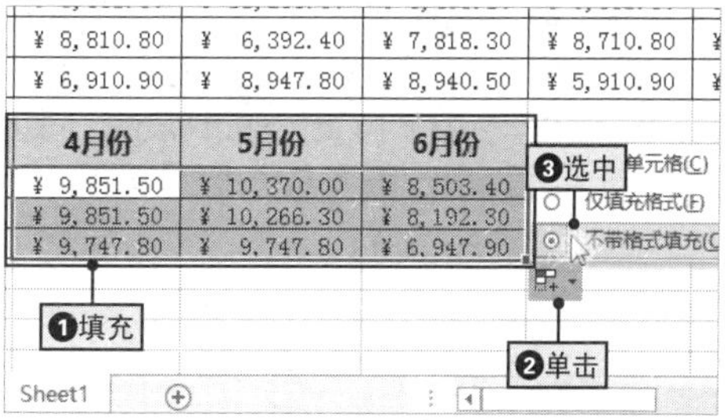

使用上述公式进行计算，拖动填充柄对单元格进行填充，即可获取4～6月排行前三的销售数据，其效果展示如图12-6所示。

××公司上半年产品销量表							
产品名称	1月份	2月份	3月份	4月份	5月份	6月份	汇总
G产品	¥ 8,810.80	¥ 6,392.40	¥ 7,818.30	¥ 8,710.80	¥ 5,392.40	¥ 6,118.30	¥ 43,243.00
H产品	¥ 6,910.90	¥ 8,947.80	¥ 8,940.50	¥ 5,910.90	¥ 9,747.80	¥ 6,740.50	¥ 47,198.40
销量排名	4月份	5月份	6月份				
1	¥ 9,851.50	¥ 10,370.00	¥ 8,503.40				
2	¥ 9,851.50	¥ 10,266.30	¥ 8,192.30				
3	¥ 9,747.80	¥ 9,747.80	¥ 6,947.90				

图12-6

12.1.7 查找业绩最高、最低在职员工的姓名

某公司已统计出9月份在职员工和离职员工的签单业绩，公司决定对在职员工中签单业绩最高者进行奖励，同时对在职员工中签单业绩最低者进行惩罚，现需要提取在职员工业绩最高和最低者的姓名。

在本例中，由于同时罗列了在职和离职员工的业绩，为了只提取在职员工的姓名，可以使用LEFT()函数提取出“在职”文本，再使用MATCH()函数返回业绩最高或最低的在职员工所在的行号，然后使用INDEX()函数返回行号对应的员工姓名即可。

>> 素材文件：素材\第12章\9月签单业绩.xlsx

>> 效果文件：效果\第12章\9月签单业绩.xlsx

1 计算业绩最高的在职员工

打开“9月签单业绩”素材，❶选择F20单元格，❷在编辑栏输入“=INDEX(B:B,MATCH(MAX(IF(E3:E17=LEFT(F19,2),F3:F17)),F:F,))”，按【Ctrl+Shift+Enter】组合键即可计算业绩最高的在职员工。

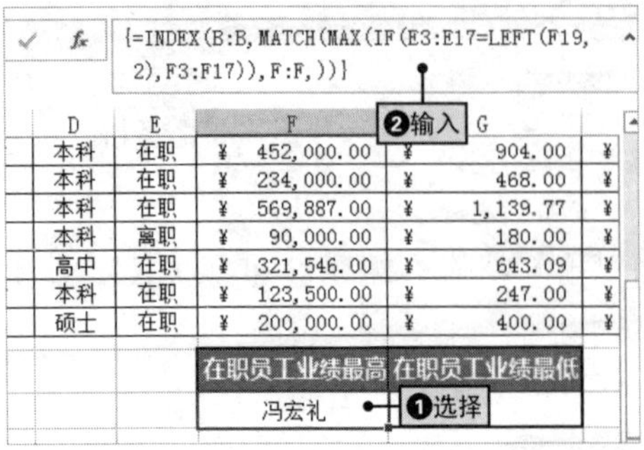

2 计算业绩最低的在职员工

❶选择G20单元格，❷在单元格中输入“=INDEX(B:B,MATCH(MIN(IF(E3:E17=LEFT(F19,2),F3:F17)),F:F,))”，按【Ctrl+Shift+Enter】组合键即可计算在职员工业绩最低的员工。

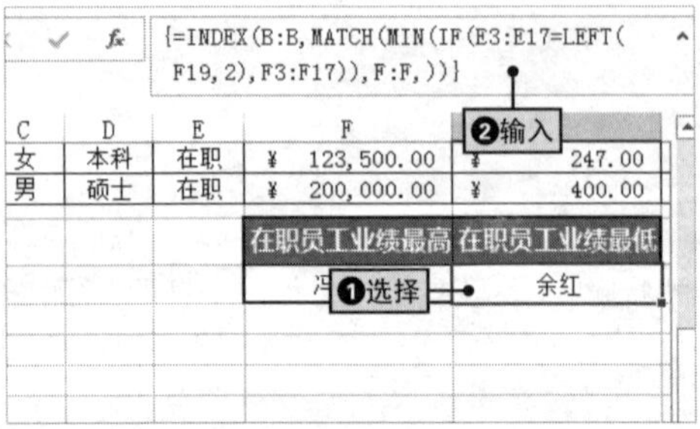

使用数组公式进行计算后，其效果展示如图12-7所示，从F20和G20单元格中即可快速查看在职员工中业绩最高和最低的员工姓名。

2	编号	姓名	性别	学历	状态	签单业绩	提成	奖金
12	H010	连城	男	本科	在职	¥ 234,000.00	¥ 468.00	¥ 2,000.00
13	H011	王明亮	男	本科	在职	¥ 569,887.00	¥ 1,139.77	¥ 3,000.00
14	H012	张沉	男	本科	离职	¥ 90,000.00	¥ 180.00	¥ -
15	H013	汪风尘	男	高中	在职	¥ 321,546.00	¥ 643.09	¥ 2,000.00
16	H014	余红	女	本科	在职	¥ 123,500.00	¥ 247.00	¥ 1,000.00
17	H015	吴维	男	硕士	在职	¥ 200,000.00	¥ 400.00	¥ 2,000.00
19						在职员工业绩最高	在职员工业绩最低	
20						冯宏礼	余红	

图12-7

TIP 本案例公式说明

上述公式中，“LEFT(F19,2)”函数用于返回F19单元格中数据的前两位文本“在职”，与E3:E17单元格区域中的文本比较，得到一组TRUE值和FALSE值数组，使用IF()函数返回F3:F17签单业绩单元格区域中的TRUE值对应的数据。

再通过MAX()函数提取该数值组中的最大值，然后通过MATCH()函数返回该值对应的行号，最后通过INDEX()函数返回该行号在B:B区域中对应的姓名，即最终结果。

知识链接

LEFT()函数介绍

LEFT()函数用于获取文本数据左边指定位置的字符，其语法结构为：LEFT(text,num_chars)。各参数的具体含义如下。

- text：用于指定包含提取字符的字符串
- num_chars：用于指定截取text参数中的前几个字符，若返回第一个字符，该参数可以省略。如果指定返回的字符数（num_chars）大于或等于文本字符串（text）的字符数，将返回整个文本字符串（text）。

12.2 简单快捷的业绩数据分析方法

业绩数据的分析可以使用函数进行查询排名等，一般情况下使用Excel提供的排序、筛选和分类汇总等功能即可简单快捷地分析数据。

12.2.1 按指定顺序分析业绩数据

员工的业绩数据通常与员工的能力、学历以及从事职业时间长度有关，但却不一定呈正相关。本例中主要需要分析员工的学历与销售业绩的关系。

首先需要将自定义学历排序，然后再将学历数据按照该序列进行自定义排序，即可根据得到的排序分析业绩数据与学历的关系。

>> 素材文件：素材\第12章\7月员工业绩表.xlsx

>> 效果文件：效果\第12章\7月员工业绩表.xlsx

1 单击“排序”按钮

❶打开“7月员工业绩表”素材文件，❷选择任意数据单元格，❸单击“数据”选项卡“排序和筛选”组中的“排序”按钮。

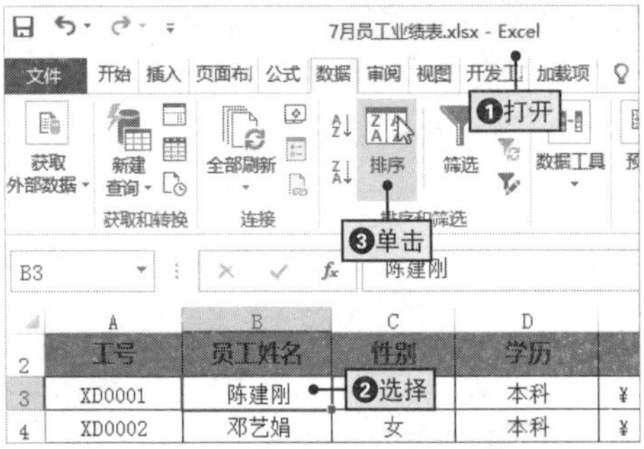

2 设置主要关键字

❶在打开对话框的“主要关键字”栏中的“列”下拉列表框中选择“学历”选项，❷在“次序”下拉列表框中选择“自定义序列”命令。

3 自定义序列

❶在打开的对话框的“自定义序列”列表框中选择“新序列”选项，❷在“输入序列”文本框中输入新序列，完成后依次单击“确定”按钮。

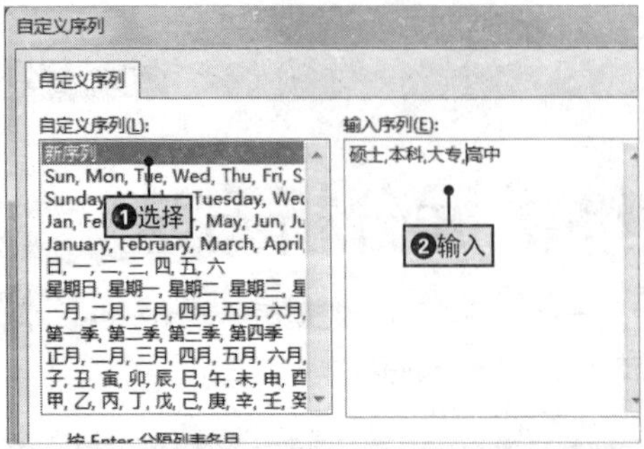

4 查看效果

返回到工作表中即可查看到工作表中的数据按照“学历”字段的“硕士,本科,大专,高中”顺序进行排序。

员工姓名	性别	学历	销售业绩
李晓霞	女	硕士	¥ 168,233.00
柳凯	女	硕士	¥ 787,678.00
张君	男	硕士	¥ 200,000.00
郭凯华	男	硕士	¥ 106,549.00
曾雪	女	硕士	¥ 452,000.00
罗强	男	硕士	¥ 106,549.00
徐德利	女	硕士	¥ 234,000.00
孙海平	女	硕士	¥ 90,000.00
陈建刚	男	本科	¥ 200,000.00
邓艺娟	女	本科	¥ 300,000.00
郭明明	女	本科	¥ 635,900.00

TIP 保存自定义的序列

用户自定义的序列可能不止会使用一次，为了减少工作量，避免下次重复操作，可以在第一次创建序列时将其保存。只需要在打开的“自定义序列”对话框中输入完序列后，单击“添加”按钮即可将序列添加到左侧列表中，如图12-8所示。

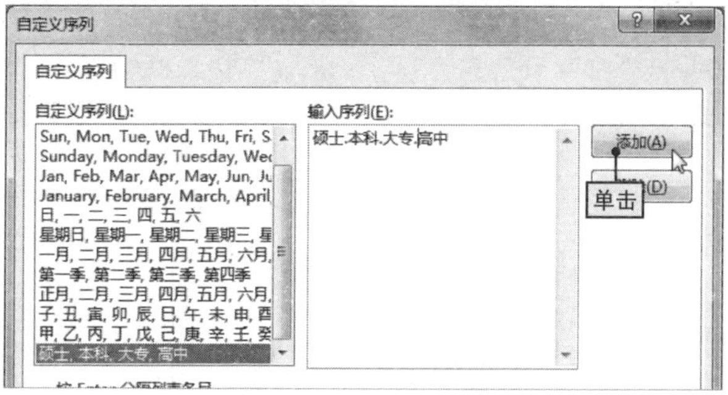

图12-8

完成数据排序后，其效果展示如图12-9所示，从图中可以发现更低学历的员工的业绩可能比高学历员工的业绩更好，学历与员工的业绩收入等没有明显的正相关。

2	工号	员工姓名	性别	学历	销售业绩
9	XD0035	徐德利	女	硕士	¥ 234,000.00
10	XD0037	孙海平	女	硕士	¥ 90,000.00
11	XD0001	陈建刚	男	本科	¥ 200,000.00
12	XD0002	邓艺娟	女	本科	¥ 300,000.00
13	XD0004	郭明明	女	本科	¥ 635,900.00
14	XD0007	刘毅	男	本科	¥ 106,549.00
15	XD0009	工敏	女	本科	¥ 452,000.00
16	XD0010	徐佳	女	本科	¥ 234,000.00
17	XD0011	杨晓丽	女	本科	¥ 569,887.00
18	XD0012	余慧娟	男	本科	¥ 90,000.00

图12-9

12.2.2 筛选符合条件的数据

前面介绍了统计符合要求的本科学历男性业务员的人数，主要使用公式和函数进行计算。本节则使用Excel自带的高级筛选功能将符合条件的数据筛选出来，帮助用户更加直观地分析数据。

本例中需要筛选出公司中在职的男员工，且签单业绩大于200000元。下面具体介绍操作方法。

>> 素材文件：素材\第12章\9月签单业绩1.xlsx

>> 效果文件：效果\第12章\9月签单业绩1.xlsx

1 输入筛选条件

❶打开“9月签单业绩1”素材文件，❷在D31:F32单元格区域录入筛选条件，❸单击“数据”选项卡“排序和筛选”组中的“高级”按钮。

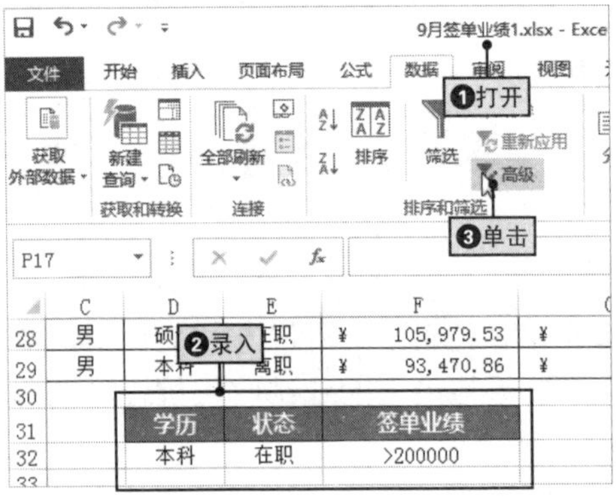

2 设置筛选条件

❶在打开的对话框选中“将筛选结果复制到其他位置”单选按钮，❷在“条件区域”文本框中输入“$D$31:$F$32”，❸在“复制到”文本框中输入“Sheet1!$A$34”，❹单击“确定”按钮。

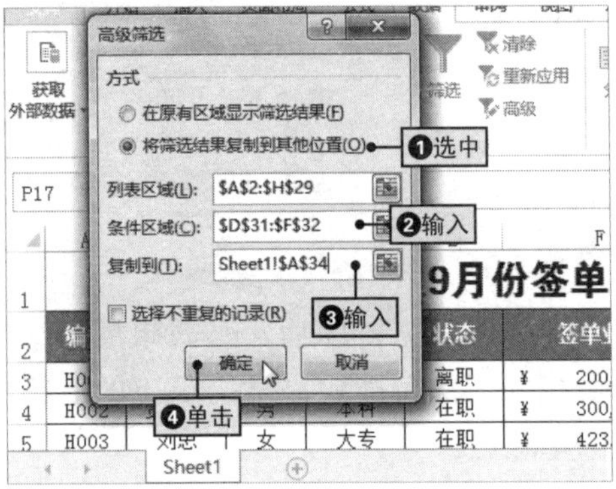

完成筛选操作后，返回到工作表中即可查看筛选结果，其效果展示如图12-10所示，筛选出在职且签单业绩大于200000元的男员工的相关信息。

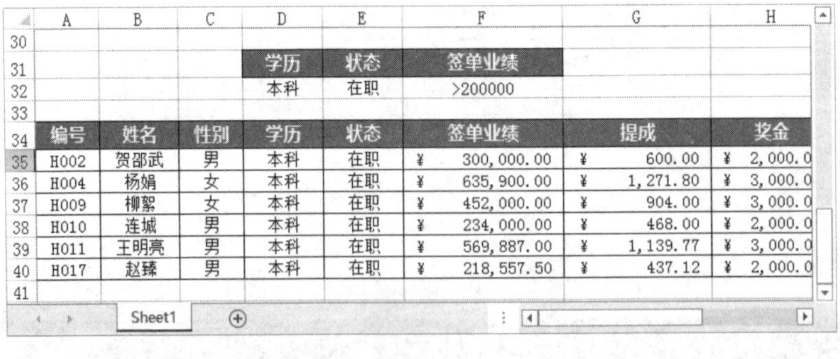

	A	B	C	D	E	F	G	H
30								
31				学历	状态	签单业绩		
32				本科	在职	>200000		
33								
34	编号	姓名	性别	学历	状态	签单业绩	提成	奖金
35	H002	贺部武	男	本科	在职	¥ 300,000.00	¥ 600.00	¥ 2,000.0
36	H004	杨娟	女	本科	在职	¥ 635,900.00	¥ 1,271.80	¥ 3,000.0
37	H009	柳絮	女	本科	在职	¥ 452,000.00	¥ 904.00	¥ 3,000.0
38	H010	连城	男	本科	在职	¥ 234,000.00	¥ 468.00	¥ 2,000.0
39	H011	王明亮	男	本科	在职	¥ 569,887.00	¥ 1,139.77	¥ 3,000.0
40	H017	赵臻	男	本科	在职	¥ 218,557.50	¥ 437.12	¥ 2,000.0
41								

图12-10

12.2.3 筛选指定日期范围的业绩数据

在对员工的工作业绩进行统计时，很多时候都需要获取一段时间内的数据，此时就可以使用Excel筛选功能中的日期筛选方法。

本例中需要在员工7月份业绩表中筛选出后半个月（7月16日～7月31日）的业绩数据。下面具体介绍操作方法。

>> 素材文件：素材\第12章\7月员工业绩表1.xlsx

>> 效果文件：效果\第12章\7月员工业绩表1.xlsx

1 进入筛选状态

❶打开“7月员工业绩表1”素材文件，❷选择任意数据单元格，❸单击“数据”选项卡“排序和筛选”组中的“筛选”按钮进入筛选状态。

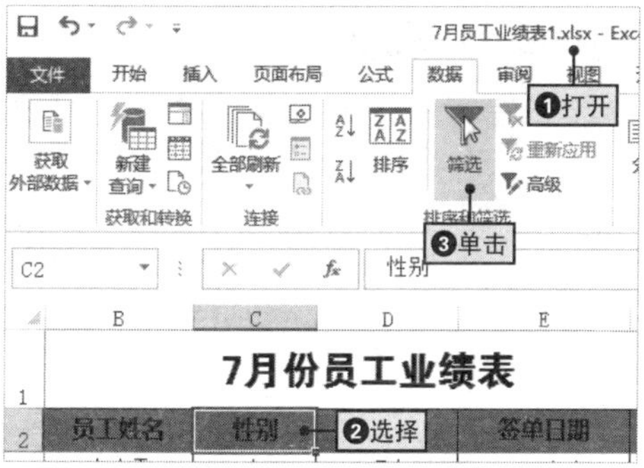

2 选择“之后”命令

❶单击E2单元格右下角的下拉按钮，❷在打开的面板中选择“日期筛选\之后”命令即可。

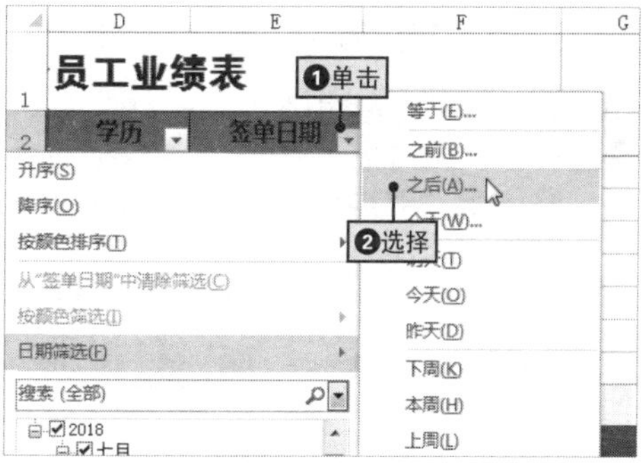

3 设置筛选日期的范围

❶在打开的对话框中第一行右侧的文本框中输入“2018/7/15”，❷单击“确定”按钮，返回工作表即可。

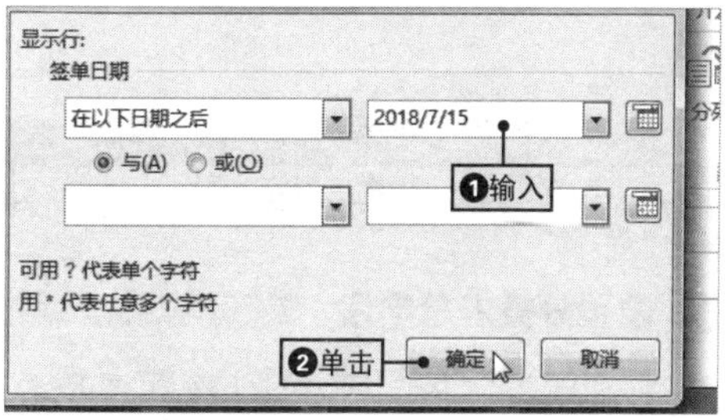

返回到工作表中即可查看筛选结果，其效果展示如图12-11所示，原表格中日期在7月15日以后的数据被筛选了出来，其他数据自动隐藏。

工号	员工姓名	性别	学历	签单日期	销售业绩
XD0004	郭明明	女	本科	2018/7/16	¥ 635,900.00
XD0007	刘毅	男	本科	2018/7/17	¥ 106,549.00
XD0009	王敏	女	本科	2018/7/18	¥ 452,000.00
XD0010	徐佳	女	本科	2018/7/19	¥ 234,000.00
XD0011	杨晓丽	女	本科	2018/7/20	¥ 569,887.00
XD0012	余慧娟	男	本科	2018/7/23	¥ 90,000.00
XD0014	曾红	男	本科	2018/7/23	¥ 123,500.00

图12-11

12.2.4 业绩数据的分类汇总操作

在上一章中制作并打印工资条时，使用到了数据的分类汇总操作。使用分类汇总可以快速地将数据按照需要的方式进行分类，然后根据选择的汇总方式进行汇总。

本节中需要在员工的业绩表中按照员工姓名汇总其半年内的销售业绩，下面具体介绍使用分类汇总实现该要求的操作。

>> 素材文件：素材\第12章\7月销售明细表.xlsx

>> 效果文件：效果\第12章\7月销售明细表.xlsx

1 对表格进行排序

❶打开“7月销售明细表”素材文件，❷选择“员工姓名”字段任意数据单元格，❸单击“数据”选项卡“排序和筛选”组中的“升序”按钮。

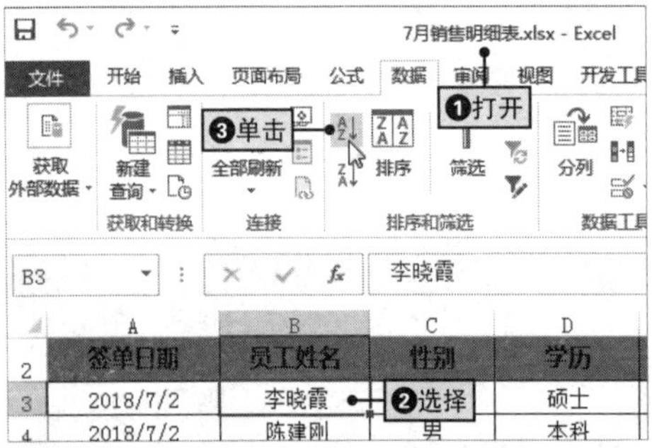

2 单击“分类汇总”按钮

❶选择任意数据单元格，❷单击“数据”选项卡“分级显示”组中的“分类汇总”按钮。

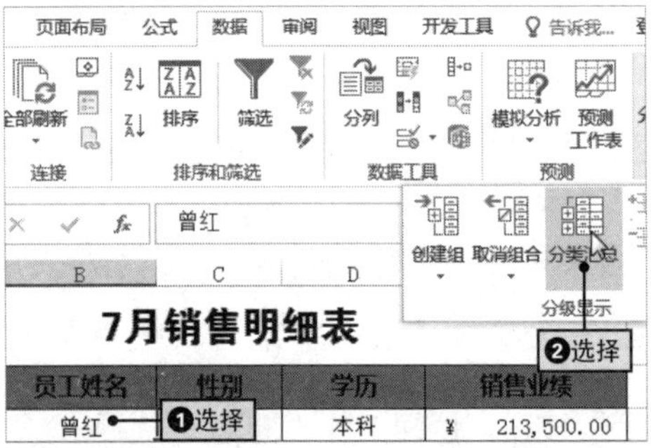

3 设置分类汇总字段

❶在“分类字段”下拉列表框中选择“员工姓名”，❷在“选定汇总项”列表框中选中“销售业绩”复选框。

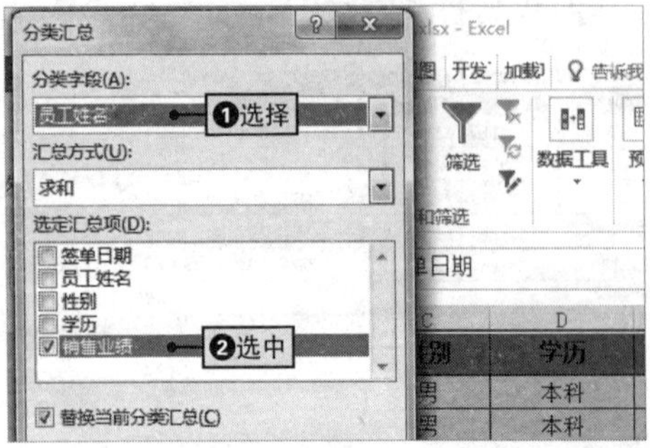

4 最终效果查看

单击“确定”按钮后，返回到工作表中即可查看最终分类汇总的效果。

分类汇总结果如图12-12所示，从表格中可以发现所有的表格数据都是按照“姓名”字段进行了分类，并且在每一类的下方都进行了求和汇总。

	A	B	C	D	E
2	签单日期	员工姓名	性别	学历	销售业绩
3	2018/7/11	曾红	男	本科	¥ 213,500.00
4	2018/7/23	曾红	男	本科	¥ 123,500.00
5		曾红 汇总			¥ 337,000.00
6	2018/7/2	陈建刚	男	本科	¥ 110,000.00
7	2018/7/10	陈建刚	男	本科	¥ 200,000.00
8	2018/7/12	陈建刚	男	本科	¥ 200,000.00
9		陈建刚 汇总			¥ 510,000.00
10	2018/7/5	邓艺娟	女	本科	¥ 110,000.00
11	2018/7/13	邓艺娟	女	本科	¥ 300,000.00
12		邓艺娟 汇总			¥ 410,000.00
13	2018/7/11	范奇	女	大专	¥ 103,100.00

图12-12

知识链接

1.更改分类汇总显示级别

对表格数据进行分类汇总后，在工作表的左侧会出现一个区域，用于展开/收起分类内容和调整显示级别。如果需要调整分类汇总的显示级别，只需要单击工作区域左上角的按钮即可，如图12-12所示为3级分类汇总，单击“2”按钮即可设置为2级分类汇总，其效果如图12-13所示。

单击

	A	B	C	D	E
2	签单日期	员工姓名	性别	学历	销售业绩
5		曾红 汇总			¥ 337,000.00
9		陈建刚 汇总			¥ 510,000.00
12		邓艺娟 汇总			¥ 410,000.00
15		范奇 汇总			¥ 526,200.00
18		郭明明 汇总			¥ 731,800.00
20		胡康云 汇总			¥ 135,943.00
22		李晓霞 汇总			¥ 168,233.00
25		刘毅 汇总			¥ 303,098.00
28		柳凯 汇总			¥ 1,525,356.00
31		王敏 汇总			¥ 544,000.00
34		徐佳 汇总			¥ 328,000.00

Sheet1

图12-13

2.取消分类汇总

对工作表进行过分类汇总后，如果需要取消分类，或是对分类条件进行重新设置，也是可以轻松实现的。

如果需要修改汇总方式或字段，只需要在打开的“分类汇总”对话框中进行修改，保存后即可。

如果需要取消分类汇总，同样需要先打开“分类汇总”对话框，单击“全部清除”按钮即可，如图12-14所示，回到工作表中即可查看到效果。

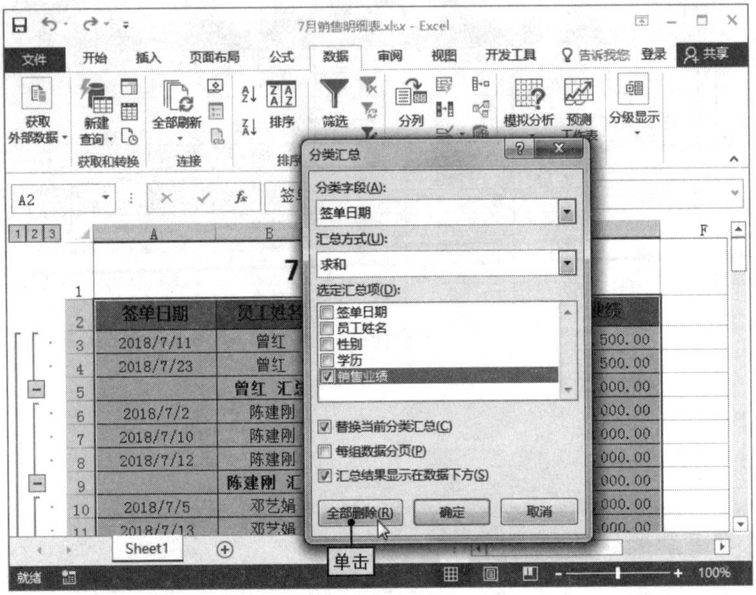

图12-14